Masculin
ou féminin ?

Le fil rouge

Section 2   **Psychanalyse et psychiatrie
de l'enfant**

dirigée par   J. de Ajuriaguerra
René Diatkine
Serge Lebovici

Robert J. Stoller

Masculin

ou féminin ?

Traduit de l'américain
par Yvonne Noizet
et Colette Chiland

Presses Universitaires de France

Le présent ouvrage est la traduction française de
PRESENTATIONS OF GENDER
by Robert J. STOLLER

© 1985, Yale University Press, New Haven and London

ISBN 2 13 042498 8
ISSN 0768 066x

Dépôt légal — 1re édition : 1989, octobre

© Presses Universitaires de France, 1989
108, boulevard Saint-Germain, 75006 Paris

Sommaire

Préface

Bien que de la dimension d'un livre, le présent travail est simplement un autre chapitre de ma quête en cours pour comprendre les origines, le développement, la dynamique et la pathologie de l'identité de genre — la masculinité et la féminité. Comme toujours, je travaille selon le point de vue du psychanalyste. Je suis parfois en désaccord avec les constats d'autres analystes, je le suis souvent avec leur théorie, presque toujours lorsque leur jargon conduit à une rhétorique de certitude scientifique, mais je suis d'accord avec eux sur au moins trois principes : le traitement psychanalytique est le seul moyen de pénétrer dans la vie intérieure d'un autre individu et de la partager ; les événements de la petite enfance et de l'enfance contribuent au comportement ultérieur ; et ces événements peuvent être éclaircis par l'observation du bébé et, chez l'adulte, par le traitement qui fait passer les événements de l'état inconscient à celui de souvenirs conscients. Quelque déséquilibre qu'introduisent dans notre conception nos enthousiasmes à courte portée, je crois aussi que l'ensemble de la contribution des psychanalystes à la compréhension de l'identité de genre est important, élément nécessaire d'une structure de recherche qui doit aussi inclure les techniques et les théories d'autres disciplines. Si je parle peu de ces autres modes d'étude, je sais néanmoins qu'ils sont indispensables.

Pour étudier la subjectivité, nous n'avons toujours pas d'outil aussi puissant que la psychanalyse, cette technique extrêmement délicate et incertaine où la subjectivité d'une personne est mesurée par celle d'une autre. Les analystes praticiens sont constamment conscients que l'instrument de mesure que nous utilisons — nous-mêmes — est inexact et susceptible d'erreurs grossières dues à nos névroses (contre-transfert). Cependant, les publications des analystes, en particulier lorsqu'il s'agit de construire une théorie, ne commencent pas à prendre en compte l'influence de la personnalité de l'analyste sur ses observations et les conclusions (théories) qui en résultent. La situation n'est pas désespérée, mais nous ferions mieux de nous révéler davantage de façon que les autres puissent juger plus clairement nos constats.

Ce livre-chapitre comporte deux thèmes principaux. Premièrement, je souhaite exposer la pensée actuelle relative à l'identité de genre en modelant les constats dans ce domaine selon ma propre perspective. Deuxièmement, ce livre est une esquisse préliminaire de la façon dont un psychanalyste peut établir des hypothèses et les vérifier. Car j'estime que, si primitif que soit l'instrument de recherche qu'est l'analyse, son concept fondamental est valable : il nous faut un microscope pour comprendre la nature du comportement en fonction du subjectif, du non-neural. La psychanalyse, dans sa pratique et sa théorie, est encore trop rudimentaire pour un travail scientifique fiable, mais ses travaux, comme ceux d'autres inventions, peuvent être affinés.

En complément de la tentative de faire de la psychanalyse un outil de recherche, vient ma conviction que les rapports des psychanalystes ne sont pas construits lorsque l'investigation est terminée, mais font partie de son tissu vivant. Bien qu'il n'en soit pas ainsi de la méthode scientifique familière pour nous dans les sciences naturelles, tous les constats dans une psychanalyse sont des interprétations, et, qui pis est, des interprétations qui ne peuvent jamais être vérifiées par un observateur extérieur. Aussi notre auditoire est-il toujours à la merci de ce que nous décidons de relater, de la façon dont nous en avons d'abord fait l'expérience, et des mots que nous utilisons pour nos

descriptions. Cela constitue pour l'analyste en tant qu'écri-
vain une charge peut-être plus lourde qu'il ne peut sup-
porter. En tout cas, nos rapports cliniques, jusqu'ici, ne
peuvent être lus qu'à titre d'histoires intéressantes. La
confirmation demandera beaucoup plus de temps et de
soin que les psychanalystes n'en ont proposé jusqu'ici.

Pour l'instant, je souhaite faciliter ce problème de com-
munication honnête en tentant d'adopter un style d'écriture
qui simule ma façon de parler. Car, à mon sens, est au
fond peu recommandable la manière habituelle de l'écriture
psychanalytique — par exemple, « investir l'autre sexe
avec de la libido », « la manifestation de certains stades
transitionnels passagers dans le mouvement de la libido
narcissique », en particulier dans les périodes où le patient
était en passe de ré-établir la mobilisation fondamentale
de son soi grandiose dans la relation de gémelléité fusion-
nelle. La théorie psychanalytique, à la différence de ce qui
apparaît dans la littérature, démarre dans le ventre, pas
dans la tête. A ce stade encore primitif de notre dévelop-
pement, les analystes que nous sommes ne devraient pas
dissimuler ces origines, mais — j'en conjure — devraient
s'empresser de révéler l'incertitude de leurs idées. Lorsque
nous procédons autrement, nous ne faisons qu'irriter nos
critiques qui succombent rarement à notre rhétorique pseudo-
scientifique.

Une note ici sur un grand problème auquel sont affrontés
ceux qui utilisent le traitement analytique pour étudier
les origines d'un trouble : on fait un pari. Une analyse
demande des années, et nonobstant nous ne trouverons peut-
être pas ce que nous souhaitons. On ferait donc mieux
d'aimer la pratique de l'analyse pour elle-même et d'être
capable de laisser de côté les intérêts pour la recherche.
Freud avait tort de dire qu'un intérêt pour la recherche
devait être ennemi du traitement analytique ; c'était, pour
le moins, complexe pour lui de faire cette déclaration si
l'on considère que, chez lui, l'intérêt pour la recherche était
particulièrement vif. Bien que vous deviez m'en croire
(comme je ne cesse de dire que vous devez le faire de tout
ce que relate n'importe lequel d'entre nous), si j'en avais
le temps, je crois que je pourrais vous convaincre que ma

curiosité entrave moins mon travail thérapeutique que ce n'est le cas des préoccupations de certains collègues quant à, disons, l'argent, leur mal de dos chronique, leur dépression non traitée, leur mariage malheureux, ou la fatigue de travailler avec dix patients par jour. En fait, j'estime que mon intérêt pour mes études aide le traitement plus qu'il ne le gêne. En tout cas, on voit qu'un pari comme celui-là rend encore moins probable que nous étudiions assez de cas pour répondre aux exigences de la méthode scientifique. On n'a qu'une vie. Néanmoins, nous n'avons pas à être défensifs, car, pour me répéter, notre mission — mission non misérable — est d'être les plus fins des naturalistes, pas des spécialistes de sciences naturelles.

A partir de ces commentaires, permettez-moi d'avancer quelques directives pour lire ce livre. Il ne prétend pas être un traité scientifique présentant des résultats obtenus par une méthode scientifique acceptable. Les arguments ne sont pas polis de manière à paraître hermétiques, et j'ai tendance à ne pas dissimuler mes idiosyncrasies sous une objectivité polie. Je pense donc qu'une meilleure lecture de ce matériel consiste à le boire plutôt qu'à le mâcher, à l'avaler et à le digérer sans se soucier des composants chimiques et des configurations moléculaires des ingrédients de la recette. Parlons ensemble — argumentons ensemble — sachant que jusqu'ici nous n'en savons pas assez.

Remerciements

Je remercie Gladys Topkis pour avoir été l'éditeur dont j'avais besoin : ferme et plein de jugement judicieux.

Je suis également redevable à mon collègue, le Pr Gilbert H. Herdt, qui m'a initié à l'ethnographie et s'est joint à moi pour écrire nos idées sur le développement du genre chez les Sambias, mais plus encore pour m'avoir permis de regarder directement ce qu'il m'avait appris.

Mes remerciements vont aussi à ma secrétaire, Flora Degen. Le fait de pouvoir toujours compter sur elle, sur son bon sens et ses capacités m'a permis de me livrer en toute tranquillité à la réflexion et à la rédaction.

Je souhaite exprimer mes remerciements aux éditeurs et aux revues qui suivent pour m'avoir autorisé à utiliser des textes antérieurement publiés par eux :

A contribution to the study of gender identity, *Int. J. Psycho-Anal.*, *60* (1979), 433-441.

Fathers of transsexual children, *JAPA*, 27 (1979), 837-866.

Near Miss, *in* M. Zales (ed.), *Eating, sleeping, and sexuality*, New York, Brunner/Mazel, 1962.

Two feminized male american indians, *Arch. Sex. Behav.*, *6* (1979), 529-538.

The development of masculinity : A cross-cultural contribution, *JAPA*, *30* (1982), 29-59.

Gender identity, *in* B. B. Wolman, *International encyclopedia of psychiatry, psychoanalysis and neurology*, vol. 5. New York, Human Sciences Press Periodicals, 1977.

Gender identity, *in* S. Krauss (ed.), *Encyclopeadic handbook of medical psychology*, London, Butterworths, 1976.

Maternal influences in the precocious emergence of fetishism in a tow-year-old boy, *in* E. J. Anthony and G. H. Pollock, *Parental influences*, Boston, Little, Brown & Co, 1985.

Disorders of masculinity and feminity, *in* D. Noshpitz (ed.), *Basic handbook of child psychiatry*, vol. 2, New York, Basic Books, 1979.

1

Observation naturaliste
en psychanalyse :
quête n'est pas recherche

Au premier stade du développement d'une discipline qui étudie un aspect du monde naturel, nous regardons, généralement, simplement autour de nous, ou, si nous avons déjà des idées préconçues, commençons à creuser pour extraire ce que nous soupçonnons. Utilisant les outils existants et en inventant de meilleurs à mesure que la tâche devient plus claire, nous collectons progressivement des données qui délimitent la forme et la qualité de notre sujet. Cette période de roue libre, excitante, un fondement de la science, devrait, cependant, passer à un autre stade : les constats et les théories qui leur sont liées doivent être confirmés dans de nouvelles circonstances, selon des perspectives différentes et par les autres. Les deux processus — observation naturaliste et confirmation — sont nécessaires ; omettre l'un ou l'autre compromet l'aventure.

Parce que j'y prends plaisir (non pas en vertu d'une croyance selon laquelle elle est meilleure), j'insiste sur l'observation naturaliste lorsque j'étudie l'identité de genre. Pour cela, j'ai collecté des données de trois façons : en voyant brièvement — en évaluation et/ou pour un traitement de courte durée — de nombreuses personnes présentant des troubles de genre ; en analysant des adultes présentant ces états ; et en travaillant des années avec des familles en utilisant la psychanalyse comme moyen d'étudier les influences psychiques sur le tout début du développement. Les styles d'observation dans les grandes lignes et au microscope se soutiennent les uns les autres et, en fournissant une rétroaction, aident à corriger des impressions antérieures erronées. Toutes, naturellement, sont préliminaires aux études que les chercheurs pourraient effectuer qui ont une valeur prédictive et qui s'adaptent mieux à la méthode expérimentale.

Au départ, mon objectif était de trouver des racines non biologiques du comportement de genre. Je ne suis pas formé, ni fait par tempérament, pour travailler dans un laboratoire ou pour approcher un sujet à l'aide d'expérimentations — choix convenable des échantillons et analyse des variables — sur l'animal ou sur l'homme. Bien que j'aime étudier des individus extrêmement aberrants, j'en ai peu vu ces dix dernières années. Au lieu de cela, j'ai régressé depuis les extrémités du continuum, ayant appris, avec les cas plus prononcés, quoi rechercher chez les gens ordinaires (j'emploie des circonlocutions pour éviter le mot *normal*). Après avoir étudié l'identité de genre pendant vingt-cinq ans, *n'importe qui* me servira de sujet.

Résidant dans une université, et entouré de collègues qui sont des hommes de science, je ne sais pas enfler mon travail en alléguant qu'il constitue une expérimentation (par exemple, « toute psychanalyse est une expérimentation ») ou de la science (« notre science »). *Recherche* n'est pas synonyme de *quête* et ne devrait pas apparaître dans une phrase d'un psychanalyste si le mot est là pour la propagande. Au mieux, nous analystes, sommes des observateurs naturalistes du comportement, avec des techniques — instables mais puissantes — que personne d'autre ne possède. C'est un bon début. Je m'arrêterai sur des mots tels que *travail* et *études*.

Comment en suis-je venu à étudier l'identité de genre ? Fournir une réponse n'est pas m'accorder une complaisance autobiographique, mais émettre un propos qui devrait être parmi les plus importants pour ceux qui aspirent à la recherche psychanalytique : lorsque la technique première de quelqu'un est la psychanalyse, l'instrument utilisé est, très littéralement, lui-même. Ce mécanisme très délicat ne peut pas être calibré, aussi les données (*données* sera utilisé comme synonyme d'*observations*) sont-elles difficiles à évaluer. Outre cela, comme les données sont arbitrairement extraites de la séance d'analyse — cette masse embrouillée de syntaxe, de souvenirs, de mouvements, d'affects et de fantasmes — et encore modifiées lorsqu'elles sont mises sous forme écrite, le rapport final est dangereusement éloigné des événements originaux de l'analyse, pour ne pas dire les expériences du passé que le patient a rapportées. Aussi, quel que soit le risque — même que nous puissions montrer que nos données sont biaisées et nos conclusions incertaines — je pense que les rapports de cas des analystes doivent être écrits différemment ou que l'on devrait les ignorer.

Medawar (1963) dit :

« L'article scientifique peut être une fraude parce qu'il dénature les processus de pensée qui ont accompagné ou fait naître le travail qui est décrit dans le texte... Le point de départ de l'induction, l'observation naïve, l'observation innocente, est une pure fiction philosophique. Une observation sans préjugés, cela n'existe pas. Tout acte d'observation de notre part est biaisé. Ce que nous voyons ou sentons est fonction de ce que nous avons vu ou senti par le passé... L'article scientifique est une fraude au sens où il donne en fait un récit totalement trompeur des processus de pensée qui président à l'établissement de découvertes scientifiques. »

Si nous ne savons rien de l'analyste — l'instrument — qui fait le travail, la plupart de ses autres constats échappent au jugement. Croyant que ce problème existe aussi quand un analyste crée une méthode pour étudier formellement un problème, j'écrirai dans un style informel et montrerai les aspects au hasard de ma méthode ; sans cela, je pourrais, à tout le moins, déguiser les réalités, en particulier les faiblesses, des données et des idées (et cacher les faiblesses duperait quelques lecteurs respectés et empêcherait les autres d'être confrontés aux points forts).

Peut-être fut-ce une aide, dans cette entreprise, de ne pas savoir, les premières années, qu'il allait s'agir d'un intérêt de longue durée. Autrement, j'aurais pu faire ce que font les chercheurs : préparer un plan. Cela, façonné par le besoin d'influencer les organismes accordant une subvention, nécessiterait un protocole de recherche dans lequel sont présentés une revue minutieuse de la littérature ; un énoncé des hypothèses ; les mesures à prendre pour faire l'assaut de ces hypothèses avec des échantillons adéquats, des contrôles et une défense sophistiquée des données avec des statistiques ; une technique de collecte des données ; la preuve à l'avance que les données vérifieront les hypothèses et donneront lieu à des conclusions utiles ; et la garantie que les résultats seront importants, justifieront de dépenser beaucoup d'argent, et — fait important dans les études sur le sexe — seront justifiables contre les politiciens et les autres citoyens concernés. De l'ensemble du sujet de l'identité de genre, j'aurais pu sélectionner une question facile à traiter, ou deux ; ou (plus impressionnant bien qu'impossible à traiter par moi) le programme pourrait être plus considérable, exiger beaucoup de temps, d'argent, de sujets et de chercheurs.

Mais ce qui m'intéressait surtout, c'était de parler avec les patients, habituellement, mais non nécessairement, dans une situation de traitement, et je n'avais aucune idée de là où me mènerait cet intérêt, et aucune hypothèse consciemment énoncée à vérifier. Sans plan plus complexe que de me plaire au travail de chaque jour, et aucune des charges de la recherche organisée, je pouvais vagabonder, guidé non par les règlements et les traditions d'un organisme, mais par ma curiosité.

Nos motivations sont donc un facteur crucial dans la forme que prennent nos constats. Alors, permettez-moi d'en dire un peu plus sur ce point. La première raison cognitive pour laquelle je ne me suis pas intéressé plus tôt à l'étude de la sexualité — identité de genre et excitation érotique — fut que je ne pouvais pas discerner d'importants problèmes non résolus lorsque j'étais confronté aux patients. Quelle que soit ma contribution, consciente ou inconsciente, à cette attitude, la formation psychanalytique dans les années 1950 y a pris sa part. A l'époque, les analystes soulevaient peu de questions sur les origines ou le maintien du comportement de genre ; la théorie analytique paraissait suffisamment sophistiquée pour rendre compte de tout événement clinique, de toute observation, de toutes données collectées par quelque méthode que ce fût. En fait, la défense finale contre les idées nouvelles fut l'argument plausible, bien que spécieux, selon lequel les parts imprécises pouvaient être expliquées par la biologie (la biologie des philosophes — par exemple, l'instinct de mort, l'investissement libidinal, l'énergie psychique, les fantasmes héréditaires — non pas la biologie scientifique de pratique journalière).

En dépit d'un projet de recherche de longue durée fait par des collègues de notre Département à l'Université de Californie à Los Angeles, je continuais à trouver le sujet inintéressant, même après qu'ils m'eurent invité à interviewer des patients pour leur recherche (la première recherche sérieuse jamais menée) sur le transsexualisme (Worden et Marsh, 1955). Le patient que je me rappelle avoir vu pour eux ne m'intéressa ni par son état clinique, encore qu'il fût suffisamment bizarre, ni par les inconnues qu'il présentait que j'estimais mériter réflexion. C'était un homme anatomiquement normal qui avait besoin de mettre des vêtements de femme et d'être enchaîné pour être sexuellement excité : aussi jugeai-je qu'il n'était rien de plus qu'un pervers, assez facilement compris en considérant les vicissitudes des instincts, des fixations libidinales et des traumatismes œdipiens. En ce temps-là — au milieu des années 50 — les psychanalystes et les candidats analystes pouvaient manier de telles données sans sourciller.

Ce qui me fit rejeter de tels sujets fut la grossièreté de leur pathologie ; l'expliquer ne demandait aucun effort. Cette innocence disparut un jour de 1958, littéralement en un instant. Mes amis avaient terminé leur projet, mais avaient donné un rendez-vous à un patient qu'ils n'avaient pas vu mais qui était catégorisé comme

« femme transsexuelle » (une femelle biologique qui néanmoins se considérait un homme). Ils me demandèrent
de la voir pour lui dire que la recherche était terminée.

Peu avant l'heure du rendez-vous, j'étais presque tombé
en léthargie à une réunion de comité dans une salle
de conférences avec un mur vitré qui nous permettait
de voir passer les gens. Un homme passa ; je le remarquai
à peine. Un moment plus tard, une secrétaire m'annonça
mon patient de onze heures. A ma surprise, le patient
n'était pas ce que j'attendais — une femme qui se comportait de façon masculine et, ce faisant, rejetait sa
féminité un rien trop, avec acharnement et pathétique-
ment. Au lieu de cela, c'était un homme, sans rien de
particulier, d'allure normale[1] — un homme ordinaire
(je l'ai suivi huit ans jusqu'à sa mort et cette impression
ne changea jamais). La théorie analytique, bien qu'elle
puisse tout expliquer, ne rendait pas compte, me sem-
blait-il, du naturel de sa masculinité, de sa présence
depuis le tout début de l'enfance (confirmée par les photographies de l'album familial), de sa qualité non histrionique et son acceptation indiscutée, dans la société,
comme mâle. Les généralisations sur le conflit œdipien
et les descriptions métapsychologiques reposant sur le
« moi », le « surmoi », le « ça », l' « investissement », la
« libido », les « instincts » et autres devaient, à mon sens,
céder aux données — les réalités de la présence de ce
patient. (Et quelques années plus tard j'en vins à penser
que notre métapsychologie[2] ne parvenait pas mieux à
décrire n'importe qui, non pas simplement quelqu'un
d'aussi aberrant qu'un transsexuel.)

Ma version des réponses psychanalytiques contempo-
raines était alors inadéquate ; bien que les théories fussent
fort bien équipées pour rendre compte de la bizarrerie,
elles ne pouvaient pas élucider le naturel. J'étais alors

---

1. Des années plus tôt, il avait eu une mammectomie et une hystérectomie
totale et avait pris des hormones mâles.
2. J'utiliserai *métapsychologie* non comme synonyme de théorie psychanalytique, mais, comme Gill (1976) l'a recommandé, pour les aspects de la
théorie fondés sur la croyance que l'énergie psychique est une énergie
réelle, comme ce mot est utilisé en physique : plus qu'une métaphore.

dans des problèmes de self, d'identité, d'identification, de relation de la culture et du passé historique au développement de l'individu, peut-être même le territoire non exploré (en dépit des idées de Hartmann) du développement libre de conflit. Par exemple, de quelle façon l'action, l'imitation, l'imposture, la personnalité multiple, l'habituation, l'incorporation, l'introjection, l'identification et l'intériorisation sont-elles liées et différentes ?

L'année suivante, ce patient m'adressa un ami, une « femelle » homosexuelle homasse qui s'avéra être un mâle pseudohermaphrodite. Un article publié sur ce cas (Stoller et Rosen, 1959) entraîna l'adresse d'un patient intersexué (qu'on appela alors « syndrome du testicule féminisant ») qui des années plus tard se révéla être réellement un transsexuel mâle (Schwabe *et al.*, 1962 ; Stoller, 1964, 1968 *b*). A l'époque, je savais que les questions ne manquaient pas ; mes patients m'embarrassaient tous — libéraient ma confusion latente.

Aucune de ces incertitudes n'était manifeste en moi à ce moment, mais dans les vingt-cinq années qui ont suivi, j'ai découvert qu'elles avaient été présentes sous une forme ou sous une autre. Le temps les a amenées à la conscience, ce qui m'a alors permis de poser les questions qui ont constitué la plus grande partie de mes études. Grâce aux heureuses circonstances d'être un analyste dégagé d'obligations dans une université sympathique, j'ai vagabondé au hasard autour des sujets de la masculinité, de la féminité et du désir érotique, selon ce qui m'intéressait.

J'ai vu des centaines de patients et les membres de leurs familles en consultation ou en traitement. Quiconque venait, de quelque façon qu'il fût adressé, était étudié à fond et tous ceux qui avaient de graves troubles de genre et qui demandaient de l'aide étaient traités ainsi que leurs familles. Comme processus de sélection pour un projet de recherche méthodique, cela est inacceptable ; comme façon d'apprendre, cela marchait bien pour moi. Au début, avec des racines plongées dans la médecine mais celles de l'analyse encore en formation, je m'occupais particulièrement de problèmes biologiques — les relations entre anomalies physiques démontrables et comportement de genre — et de diagnostic — découvrir des syndromes et la physiologie et/ou la psychodynamique qui les sous-tend. Aussi étudiai-je ceux chez qui la condition elle-même — un changement à partir de la fonction cérébrale attendue — stimulait le comportement correspondant à l'autre genre (par exemple, hypogonadisme congénital, tel que certains cas XXY — syndrome de Klinefelter) et ceux chez qui l'aberration était produite par la réaction de la société (laquelle inclut les parents) à une apparence anatomique anormale (hermaphrodisme), non pas par une force biologique. Ces patients confirmaient les hypothèses décrites antérieurement par Money (1955) et par Money et Hampson (1955 a, 1955 b, 1957) qui avaient constaté que le comportement masculin et féminin d'un intersexué était généralement fortement déterminé par l'assignation du sexe à la naissance et par l'éducation ultérieure de l'enfant conformément à cette assignation.

Mais rien de cela n'était psychanalytique ; je n'étais qu'un analyste arrivant aux mêmes conclusions que d'autres qui n'avaient pas de formation analytique. La différence évidente résidait dans le fait que je voyais les patients plus en profondeur, car je suivais ma tendance naturelle à parler avec les gens sur quelque base qu'ils le souhaitassent quant à la durée ou à l'intensité de la relation.

A côté de ceux qui avaient des troubles biologiques, venaient des patients sans aberrations physiques. Sans intérêt pour l'étude des aberrations sexuelles en général, je travaillais avec des gens qui présentaient des anomalies prononcées de la masculinité et de la féminité dont la manifestation la plus visible était de porter les vêtements du sexe opposé. Certains désiraient un changement de sexe, et certains portaient des vêtements du sexe opposé pour d'autres raisons.

Cette accumulation de patients sur une douzaine d'années m'entraîna progressivement à discerner plusieurs catégories de comportement correspondant à l'autre genre, une classification qui non seulement cadrait avec mon expérience clinique, mais paraissait compatible avec des syndromes que d'autres avaient observés mais n'avaient pas décrits de façon détaillée. L'observation naturaliste se développa en une taxonomie. Un diagnostic différentiel exploitable pour le comportement correspondant à l'autre genre émergea du brouillard (voir chap. 2). A ce moment seulement je sentis que mon intérêt prenait une forme organisée. Bien que cette classification puisse avoir une utilisation pratique, indiquant différents traitements, elle me sert principalement à étudier le développement et le maintien de l' « identité de genre » (étiquette que j'ai fabriquée pour les degrés différents de masculinité et de féminité que l'on peut trouver chez une personne).

Pour être précis, un court exercice de vocabulaire : *sexe* (état de mâle et état de femelle) renvoie à un domaine biologique quant à ces dimensions — chromosomes, organes génitaux externes, gonades, appareils sexuels internes (par exemple, utérus, prostate), état hormonal, caractères sexuels secondaires et cerveau ; *genre* (identité de genre) est un état psychologique — masculinité et féminité[3]. Le sexe et le genre ne sont nullement nécessairement liés. Dans la plupart des cas, chez l'homme, les expériences postnatales peuvent modifier et parfois dominer des tendances biologiques déjà présentes.

Bien que je fusse alors intéressé par le sujet, je n'avais pas l'intention d'étudier l'identité de genre. Le tournant dans mon engagement se produisit avec l'entrée en traitement de la famille du garçon très féminin esquissé au chapitre 4. Cela introduisit la psychanalyse dans le processus de l'observation, où auparavant on aurait pu dire que c'était un analyste qui faisait les observations.

Une bonne façon de trouver quelque chose est d'aller voir (ou d'être là et de le noter quand cela se produit). Cette approche comporte deux faiblesses ; elle peut

---

3. On voit souvent utilisés les termes *rôle sexuel*, *rôle de genre* et *rôle d'identité de genre*. *Rôle* renvoie à une part que l'on prend ; il n'y a pas de référence à l'intensité, à l'intention ou à l'engagement dans le comportement. *Identité*, par contre, implique que l'être même de la personne est en cause. On *joue* un rôle ; on *est* son identité.

prendre longtemps et les données sont seulement suggestives à moins d'être confirmées. Alors, pour gagner
du temps et franchir les distances, on prend des risques :
la méthode scientifique. Autrement dit, on monte des
expérimentations qui se rapprochent de la découverte
que l'on recherche. Mais je ne peux pas le faire, et pour
simuler la méthode scientifique de vérification des constats
naturalistes à l'aide de contrôles, pendant des années,
j'ai vu en analyse des adultes et des parents d'enfants
ayant des troubles de genre apparentés mais différents.
J'ai aussi observé, sans utiliser l'analyse, d'autres familles
et d'autres sujets.

Je voulais utiliser l'analyse pour étudier les origines
du comportement de genre, non pas simplement les
manifestations et la classification. Pour ma satisfaction
personnelle, donc, autant que pour des raisons scientifiques, j'en vins à utiliser de plus en plus l'analyse. Ce
tournant débuta au milieu de la phase de voir-beaucoup-
de-patients, mais s'est accentué, si bien que maintenant
la quasi-totalité de mon travail clinique se fait par
l'analyse.

Toutefois, cet effort est faible pour plusieurs raisons
qui seront indiquées au fur et à mesure de mes propos ; la
plus franche est que je ne peux pas trouver de patients
présentant de très grands troubles de genre qui désirent
une analyse. Ils souhaitent seulement changer le monde
extérieur — leur anatomie, les gens qu'ils connaissent,
la société. Aussi, pendant quelques années, ma pratique
analytique s'est-elle surtout limitée aux parents d'enfants
présentant des troubles de genre. Tandis que l'enfant et
un des parents étaient vus par des collègues, j'ai analysé
l'autre parent — jusqu'ici, seulement les mères. Les
pères des garçons avec troubles de genre que j'ai étudiés
(jusqu'ici, j'ai moins d'expérience du travail avec les
filles présentant des aberrations de genre) n'entrent pas
en traitement eux-mêmes, ce qui reflète la part qu'ils
prennent dans la création de la pathologie de leurs enfants.
La nature de l'analyse empêche manifestement de voir
beaucoup de patients, aussi doit-on se contenter de la
profondeur des données ; l'ampleur — nombre de per-

sonnes vues — est terriblement inadéquate (non pas que la profondeur soit suffisamment bonne non plus).

Avec d'autres, j'en suis venu à croire que si l'on souhaite comprendre les origines de la structure du caractère chez l'enfant, on ne peut pas tabler sur les informations recueillies dans le transfert[4]. Bien que l'analyse du transfert soit une bonne source de données sur la façon dont le patient a vécu son enfance, on ne devrait pas confondre cela avec ce qui s'est en fait passé. Pour nous rapprocher de ce dernier état de choses, nous devons également trouver ce que les parents ont fait et éprouvé. Pour moi, le grand progrès susceptible de faire passer la psychanalyse vers la science qu'elle déclare être est l'observation détaillée et contrôlée des enfants. Lorsqu'on y ajoute l'analyse des parents, qui sont au cœur du développement de l'enfant, on obtient une image meilleure, encore que toujours incomplète, qu'on ne peut en obtenir en analysant seulement les adultes. Aussi suis-je fortement partisan de chercher des réponses en voyant l'enfant et les parents dans un traitement approfondi et de longue durée.

Aussi, pendant plus de quinze ans, ai-je été impliqué dans une «expérimentation» psychanalytique, dans laquelle j'ai avancé lentement avec une succession de familles, le cas central étant un garçon très féminin et ses parents. (Jusque récemment, j'appelais ces enfants des « garçons transsexuels », parce qu'ils désiraient très fortement être des filles, mais il est plus sûr de ne pas leur donner cette étiquette diagnostique puisque nous ne pouvons pas dire quelle est la fréquence de ceux qui grandissent sans que cette pulsion se modifie. Les chapitres 4 et 5 traitent de ce problème plus abondamment.) Dans ce cas « de référence », la situation analytique a révélé la dynamique qui, à mon sens, cause cet état (Stoller, 1968 a). Cette dynamique mise au jour, j'ai vu quinze

---

4. Pour les lecteurs non familiers avec le terme *transfert*, permettez-moi de le définir comme le processus selon lequel, au cours du traitement, on revit, on ne fait pas que se rappeler, le passé dans le présent.

familles avec des enfants de ce type (certains en traitement, mais non en analyse, certains simplement pour une évaluation) pour vérifier les hypothèses qui s'étaient constituées dans le traitement de la première famille.

En confirmant ces constats, j'ai estimé que le degré auquel une telle dynamique était présente dans une famille quelle qu'elle soit détermine le degré de féminité d'un garçon. L'étape suivante fut donc de trouver d'autres garçons dans des conditions comparables, mais non identiques, pour voir dans quelle mesure variait la dynamique de la famille. Aussi ai-je travaillé également en analyse avec la mère d'un autre garçon très féminin, mais qui avait aussi des qualités masculines, pour déterminer ce qui était différent dans *cette* famille pour produire une forme de féminité différente (chap. 8) ; avec la mère d'un garçon, alors âgé de deux ans et demi, qui devenait sexuellement excité lorsqu'il caressait les collants de sa mère (chap. 9) ; et avec la mère d'un adolescent transvesti (chap. 10). Je me contenterai de dire que des différences existaient entre ces cas quant aux attitudes des parents, à la façon dont ils s'y prenaient avec l'enfant et aux relations entre la mère et le père qui pouvaient rendre compte des différences de troubles du genre des garçons. Malheureusement, les psychanalyses prennent des années, aussi cette « expérimentation » progresse-t-elle lentement. Celui qui souhaite faire de la recherche analytique qui utilise la pratique de l'analyse — non pas simplement la théorie — ne doit pas être trop pressé de terminer son travail.

Les enfants extrêmement féminins sont très rares ; cependant, leur petite enfance a donné des aperçus d'une dynamique qui, beaucoup moins intense mais qualitativement similaire, a éclairé pour moi la dynamique de la masculinité et de la féminité en général, de la perversion et de l'excitation sexuelle. Le constat original fut le suivant : si un bébé mâle a une relation trop intime avec sa mère (son corps, sa psyché) et si elle essaie de maintenir cette intimité indéfiniment dans une ambiance de plaisir sans traumatisme, sans frustration, il ne parvient pas (n'est pas motivé) à se séparer de son corps et de sa psyché de la façon dont le font généralement les garçons. Il s'ensuit que, dès le départ, il est féminin. L'hypothèse consécutive est que moins ces facteurs sont présents, moins il sera féminin. Dans ce qu'on appelle la masculinité normale, ces facteurs devraient être minimaux. Et s'il n'y a *aucune* intimité entre la mère et le bébé, il y a risques de masculinité « excessive » — le caractère phallique — du genre de ce que l'on voit dans le développement des transsexuels femelles ou de certains guerriers phalliques.

Généralement, naturellement, il existe une période d'intimité prononcée entre la mère et le bébé, nécessaire à un développement sain. Mais je présume que même cette période minimale et un moindre degré d'intimité laissent, chez les garçons, une trace, un rien d'incertitude quant à l'intégrité de leur masculinité (identité). (Chez les femelles, cela sera une disposition à la féminité, mais cela ne devrait pas être un problème.) Ce défaut précoce, habituellement réparable, suggère que la masculinité chez les garçons n'est peut-être pas un état aussi absolu et aussi stable que Freud l'indiquait, et met en doute une partie de sa théorie sur le développement de la masculinité et de la féminité (voir chap. 2).

À cette série de garçons très féminins, j'ai opposé quatorze familles avec une fille très masculine. Si trop de mère et trop peu de père dirigeait vers des garçons féminins, trop peu de mère et trop de père pourrait donner lieu à des filles masculines. Il en est ainsi (Stoller, 1975 *a*).

Bien que le sujet, à l'époque, fût toujours l'identité de genre, et bien que le but plus profond fût d'en comprendre davantage sur les individus ordinaires, j'étais contraint de travailler parfois avec des pervers. En particulier, lorsque je compris mieux les origines d'une extrême féminité chez les garçons, je commençai à penser que toutes les aberrations n'étaient pas des perversions au sens habituel où ce terme est employé dans les cercles psychodynamiques. Les analystes que nous sommes ont tendance à croire que le comportement aberrant quel qu'il soit est, en l'absence d'une force biologique manifeste, le produit de tentatives pour résoudre traumatismes, frustrations et conflits intrapsychiques[5]. Ainsi furent expliquées les perversions et — sans preuves adéquates — toutes les aberrations furent vues comme des perversions. Mais je voyais des gens dont le comportement, bien que tout à fait inhabituel, n'était pas toujours, dans la mesure où j'ai pu le déterminer, le produit de traumatisme, de frustration ou de conflit intrapsychique.

Aussi — troisième phase de cette étude — ai-je essayé de définir les perversions, de comprendre leur dynamique et de voir en quoi elles diffèrent d'autres aberrations. Ce faisant, je tombai sur le fait curieux que les femmes ne sont pas représentées dans la plupart des diagnostics de perversions ; quels que soient leurs fantasmes, les femmes pratiquent moins les perversions que les hommes. Cela pourrait-il être lié à la peur des hommes de ne pas être suffisamment masculins, peur émanant en partie de la fusion merveilleuse avec la mère et son encouragement à la féminité (Stoller, 1975 *b*) ?

Dans cette troisième — actuelle — phase, je ne vois que des adultes présentant des troubles de genre/troubles érotiques, en analyse ou en quelque chose d'aussi proche de l'analyse qu'ils le permettent. Comme j'estime maintenant que les descriptions de cas inférieurs à la taille d'un livre sont pour le mieux des fables, et même qu'un vrai livre n'est rien de plus qu'une biopsie — et comme il me faut plusieurs années pour écrire un livre — peu de rapports naîtront de cette phase actuelle.

C'est donc, pour le meilleur ou pour le pire, la façon dont un intérêt pour un patient ou deux présentant un trouble prononcé de genre conduisit à l'étude de l'identité de genre. Que mes hypothèses soient, à la longue, confirmées ou non, j'ai essayé, en faisant ce travail, d'établir une méthode d'opérer telle que l'analyste n'ait pas à continuer d'être victime des techniques de recueil

5. Je suis surpris que l'observation de maintes personnes selon laquelle le conflit n'est pas la seule cause du développement aberrant soit clamée par Kohut (et acclamée par ses tenants) comme l'une de ses importantes contributions à la théorie analytique.

de données qui excluent la mise à l'épreuve et la prédiction. Malgré toutes les faiblesses inhérentes à un tel travail, la tâche n'est peut-être pas impossible.

Voici des suggestions idiosyncrasiques pour mettre en œuvre un programme d'investigation psychanalytique pour ces premiers temps de création de l'analyse.

1. Faites ce que vous aimez.

2. Soyez curieux (caractère essentiel du scepticisme qui à son tour est un caractère essentiel du comportement scientifique).

3. N'ayez pas de plan bien défini.

4. Ignorez ce que seront vos conclusions ou même vers quoi vous tendez ; ne tendez à rien.

5. Ayez de la patience ; puis soyez toujours impatient.

6. Repensez les choses ; laissez-les s'imbiber, écoutez attentivement les répétitions ; laissez les découvertes venir à vous.

7. Utilisez les techniques de collecte des données qui vous plaisent, quelles qu'elles soient, mais ne cessez jamais de psychanalyser.

8. Cherchez des gens plus honorablement impliqués dans la méthode scientifique que vous et collez-leur le sale travail de confirmer comme il faut les hypothèses.

9. N'essayez pas d'obtenir une subvention si son acceptation signifie que vous devez réaliser ce que vous avez promis.

10. Etant donné qu'aucune recherche, nulle part, ne parvient à des conclusions définitives, point n'est besoin de vous presser. Faites comme si vous deviez vivre toujours ; cela ne changera rien pour vous si cette estimation est fausse.

2

ABCD de l'identité de genre

Ce chapitre constitue une vue d'ensemble de mes conceptions sur l'identité de genre et ses principaux troubles. Pour les lecteurs peu familiers du sujet, ce qui suit est une introduction ; pour les collègues avertis, c'est une description de base de mes perspectives par rapport à laquelle interpréter leurs opinions et leurs données. Et pour les deux publics, ce chapitre présente la toile de fond nécessaire pour comprendre comment j'utilise les chapitres qui suivent comme vérifications de mes hypothèses.

DÉVELOPPEMENT

Les préoccupations quant aux origines et au maintien de la masculinité et de la féminité ont été essentielles à la pensée psychanalytique dès le début. Avec des concepts tels que l'angoisse de castration et l'envie du pénis, Freud a placé les problèmes de la masculinité et de la féminité au centre de ses théories concernant les origines de toute la psychopathologie. Bien qu'il ait élaboré ces concepts au cours des années, sa conviction sur la nature de ces problèmes — qui sera réexaminée ci-dessous — est demeurée inchangée tout au long de sa vie, et pendant plus d'une génération après, la théorie analytique s'est tenue à ces positions. Récemment, cependant, cet aspect de la sexualité, l'identité de genre, a été abondamment réexaminé par les analystes (par exemple, *JAPA*, Supplément 1976). Il est également devenu le centre du travail de non-analystes — psychologues de l'animal, neurophysiologistes, endocrinologues, généticiens, théoriciens de l'apprentissage — dont les découvertes excitantes nous ont aidés à repenser et à modifier les croyances psychanalytiques établies.

Le terme *identité de genre* reflète ces nouvelles données et ces nouvelles conceptions (Stoller, 1964). Il renvoie au mélange de masculinité et de féminité dans un individu, ce qui implique que l'on trouve et la masculinité et la féminité chez chacun, mais sous des formes différentes et à des degrés différents. Ce n'est pas la même chose que l'état de mâle et l'état de femelle, qui ont une connotation biologique ; l'identité de genre implique un comportement psychologiquement motivé. Bien que la masculinité cadre bien avec l'état de mâle et que la féminité aille avec l'état de femelle, le sexe et le genre ne sont pas nécessairement liés. De nombreux hommes biologiquement intacts doivent essayer d'éviter d'avoir ce qu'ils ressentent comme des pulsions et un comportement féminins ; l'inverse est vrai pour les femmes. Il peut même y avoir un renversement du genre assez complet, comme dans le cas de mâles ou de femelles biologiquement normaux qui vivent en tant que membres du sexe opposé.

Mais ces désignations ne nous sont pas utiles à moins que nous soyons au clair également sur ce qui est entendu par masculinité et féminité. La masculinité, ou la féminité, est définie ici comme toute qualité ressentie comme masculine ou féminine par son possesseur. Autrement dit, la masculinité, ou la féminité, est une croyance — plus précisément, une masse dense de croyances, une somme algébrique de si, de mais et de et — non un fait indéniable. En plus d'une disposition biologique, on tire ces croyances des attitudes parentales, en particulier dans l'enfance, ces attitudes étant plus ou moins celles adoptées par la société en général, filtrées par les personnalités idiosyncrasiques des parents. Par conséquent, ces convictions ne sont pas des vérités éternelles ; elles se modifient lorsque les sociétés changent. Un guerrier amérindien portait les cheveux longs et se sentait masculin, un prussien représentait son affirmation de la virilité par des cheveux très courts. La masculinité n'est pas mesurée par la longueur des cheveux, mais par la conviction d'une personne que les cheveux longs, ou courts, sont masculins.

Noyau de l'identité de genre

Le premier stade du développement de la masculinité et de la féminité peut être conçu comme le sentiment que l'on a de son sexe — de l'état de mâle chez les mâles et de l'état de femelle chez les femelles, et, dans les rares cas d'hermaphrodites anatomiques, d'être hermaphrodite, ou même un sentiment vague d'appartenir au sexe opposé. Cela fait partie de, mais n'est pas identique à, l'identité de genre, concept qui recouvre un bien plus vaste éventail de comportements. Le noyau de l'identité de genre est la conviction que l'assignation de son sexe a été anatomiquement, et finalement psychologiquement, correcte (Stoller, 1968 a). C'est le premier pas dans la progression vers l'identité de genre finale de l'individu et la connection autour de laquelle la masculinité et la féminité s'accroissent progressivement. Le noyau de l'identité de genre n'a aucune implication de rôle ou de relations d'objet. A l'âge de deux ou trois ans, époque à laquelle on peut observer une nette masculinité chez les garçons et une nette féminité chez les filles, il est si solide qu'il est quasi inaltérable. Les efforts pour le modifier par la suite échoueront probablement (Money *et al.*, 1955 a, 1955 b).

Le noyau de l'identité de genre résulte, à mon sens, de ce qui suit :

1. Une « force » biologique : prenant naissance dans la vie fœtale et généralement d'origine génétique, cet effet — pour autant qu'on le sache — naît de l'organisation neurophysiologique (système nerveux central) du cerveau fœtal.

2. L'assignation du sexe à la naissance : le message que l'apparence des organes génitaux externes du bébé apporte à ceux qui peuvent assigner le sexe — le médecin présent et les parents — et l'effet ultérieur sans équivoque de cette assignation les convaincant du sexe de l'enfant.

3. L'empiétement incessant des attitudes des parents, spécialement celles de la mère, quant au sexe de *cet* enfant et la construction de ces perceptions par l'enfant en événements — c'est-à-dire en expériences motivées, significatives *via* sa capacité, en voie de développement, de fantasmer.

4. Phénomènes « biopsychiques » : effets postnataux précoces causés par certains modes habituels de s'y prendre avec l'enfant — conditionnement, empreinte, ou autres formes d'acquisition qui, supposons-nous, modifient en permanence le cerveau du bébé et le comportement qui en résulte sans que les processus mentaux du bébé le protègent de tels inputs sensoriels. Cette catégorie est liée au point 3 ; elle est mentionnée séparément pour y insister et pour la distinguer des processus mentaux (également le résultat des empiétements des parents) qui nous sont plus familiers, tels que l'angoisse de castration (Freud, 1909).

5. Le moi corporel en développement : les innombrables qualités et quantités de sensations, en particulier en provenance des organes génitaux, qui définissent le physique et aident à définir les dimensions psychiques de son propre sexe, confirment ainsi pour le bébé les convictions de ses parents sur le sexe de leur bébé.

Dans le cas habituel — de loin de plus courant — chacun de ces facteurs contribue au noyau de l'identité de genre qui en résulte. Cependant, ce n'est qu'en cas d'aberration que nous voyons effectivement nettement un quelconque de ces facteurs. Autrement dit, ils ont été découverts dans le pathologique, non pas dans le normatif. Suivent quelques exemples :

1. La « *force biologique* ». Chez tous les mammifères, y compris chez les humains, l'état de mâle anatomique

ne peut pas apparaître sans l'addition d'androgènes fœtaux. Pour les mammifères, l'état du tissu au repos est femelle, et les organes mâles (excepté les testicules) ne sont produits que si une « impulsion » androgène est ajoutée (Josi, 1972 ; Ohno, 1978). Ce processus de différenciation sexuelle est déclenché par le chromosome Y, dont la fonction est d'induire la production de l'antigène d'histocompatibilité H-Y. Cette molécule, la protéine de la membrane plasmatique organisant le testicule, a été assignée à la tâche, tout au long de l'évolution, de changer la gonade, au départ indifférenciée, en un testicule (Ohno, 1978). Il en est ainsi que les chromosomes soient mâles (XY) ou femelles (XX). Cependant, la masculinisation du cerveau est très probablement due à un processus complexe dans lequel, chez les mâles, la testostérone est transformée en une hormone *femelle*, œstrogène, agent direct de la masculinisation du cerveau. Chez le fœtus femelle, qui produit peu de testostérone mais une quantité importante d'œstrogène, l'effet de l'œstrogène est peut-être bloqué par un système de fixation de l'œstrogène plasmatique ou par la progestérone (Mac Lusky et Naftolin, 1981).

Si ces hormones fœtales sont présentes au bon moment, en quantité adéquate et selon la structure chimique qui convient, l'état de mâle anatomique et la masculinité postnatale seront possibles indépendamment de l'état de mâle ou de femelle chromosomique. Jusqu'ici, cette règle s'est avérée constante dans toutes les espèces testées. Etant donné que la manipulation expérimentale est impossible chez les humains, on a utilisé des « expérimentations naturelles » qui toutes confirment la règle générale des mammifères. Ainsi, par exemple, tous les sujets étudiés présentant une forme complète du syndrome d'insensibilité aux androgènes étaient des filles et des femmes féminines bien qu'elles aient eu des chromosomes mâles (XY) et aient produit des quantités normales de testostérone (à partir de testicules cryptorchides). Parce que ces personnes ont une incapacité somatique de réagir à la testostérone, leur apparence anatomique est femelle et leur identité de genre féminine.

De la même manière, toutes les personnes présentant un syndrome de Turner (XO) sont féminines, aucun androgène fœtal n'étant présent.

Nous savons, néanmoins, que plus est avancé le développement de l'évolution, moins absolu est l'effet des facteurs somatiques et plus nous avons affaire à une psychologie dans laquelle entre le concept de choix. Et le facteur de choix conduit à la signification — fantasme, interprétation — et au besoin d'une terminologie du comportement uniquement utile pour décrire les humains : la masculinité et la féminité. (La meilleure revue de ces problèmes est celle de Money et Ehrhardt, 1972.)

2. *Assignation du sexe.* Lorsque l'apparence des organes génitaux externes est sans équivoque, l'enfant est assigné au sexe approprié ; que les parents soient satisfaits ou non, ils ne mettent pas en doute l'assignation. Bien que leur satisfaction ou leur insatisfaction puisse contribuer aux complexités de la masculinité ou de la féminité en voie de développement de l'enfant, l'enfant, s'il ne fait pas partie de ceux qui sont sous l'influence d'hormones prénatales de l'autre sexe, ne doute pas que son corps soit celui du sexe assigné.

3. *Attitudes parentales.* Prenons comme exemple, ici, une femelle née avec des organes génitaux qui n'apparaissent ni mâles ni femelles, mais plutot bisexuels. Lors de l'accouchement, le docteur dit à la mère qu'elle venait d'avoir un hermaphrodite, que ce n'était pas tout à fait un garçon ni une fille ; cependant, son attention étant attirée par une partie d'allure femelle de l'anatomie génitale, il ajouta : « Vous pourriez tout aussi bien l'élever comme si c'était une fille. » Ce que fit la mère qui par là fit partager sa croyance à l'enfant à qui on ne donna aucune raison de douter dans sa petite enfance qu'il n'était ni un mâle ni une femelle, mais appartenait à un autre sexe. Un enfant comme celui-là pense qu'il est le seul cas de ce type dans l'existence. Adulte, la patiente croit qu'elle n'est ni un mâle ni une femelle, mais « quelque chose » (*a* « *it* ») qui imite les femmes.

4. *Phénomènes « biopsychiques »*. Les stimuli environ-
nementaux qui, au début de la vie, n'ont aucun effet
mental sur le bébé, « conditionnent » en permanence,
« imprègnent » ou « fixent » — nous ne comprenons pas
encore ces processus, aussi n'avons-nous pas encore de
langage précis pour eux — certains modes de comportement. Dans des cas rares, malgré des organes génitaux biologiquement normaux et une assignation de
sexe adéquate, le noyau de l'identité de genre peut
néanmoins être influencé par de telles communications
subliminales ou inconscientes de la mère en direction
du bébé. Cela se produit, par exemple, chez les transsexuels primaires, des garçons féminins qui croient être,
d'une certaine façon, femelles, tout en reconnaissant leur
anatomie et leur assignation de sexe. Bien que ne souf-
frant d'aucune anomalie congénitale démontrable, avec
des organes génitaux externes normaux et une assignation de sexe exacte, et acceptés par leurs parents, ces
garçons, dans leur première ou leur seconde année, comme
nous le verrons, manifestent les effets des soins trop
agréables de leurs mères. Je ne trouve pas de preuves que
ces bébés soient traumatisés dans la symbiose ou soumis à
des frustrations qui pourraient causer un conflit intrapsychique, comme on le voit chez les homosexuels efféminés.

5. *Moi corporel*. A la vaste littérature au sujet du
sentiment que l'on a des dimensions, des usages et de
l'importance du corps, je peux apporter une note (Stoller,
1968 *a*). Même lorsque l'anatomie est défectueuse, de
sorte que l'apparence des organes génitaux et leurs sensations sont différentes de celles de mâles ou de femelles
intacts, l'individu développe un sentiment sans équivoque d'état de mâle ou de femelle si l'assignation du
sexe et l'éducation sont sans équivoque.

Théorie analytique classique et identité de genre

Ce qui suit est un réexamen de la théorie de Freud
sur la masculinité et la féminité en termes de noyau
de l'identité de genre.

Tout d'abord, la description classique du développement de la masculinité chez les mâles : en bref, Freud croyait que l'état de mâle et la masculinité sont les états primaires et les plus naturels et que les mâles et les femelles estiment de moins grande valeur l'état de femelle et la féminité (Freud, 1933). L'état de mâle et l'état de femelle, cependant, sont envahis par des attributs de l'autre sexe, et cette bisexualité innée a des conséquences pour le développement tant normal qu'anormal (Freud, 1905). Le garçon, disait Freud (1905, 1909), entre dans la vie mieux équipé que la fille. Ses organes génitaux sont visibles, accessibles, et capables de sensations érotiques facilement produites et fiables. Et bien que ce qu'il possède déjà puisse être menacé, le danger potentiel n'est pas un problème aussi fondamental que d'en avoir été privé dès le départ, ce qui est la condition des femelles. Alors — autre face puissante — le garçon commence sa vie comme hétérosexuel. Parce que son premier objet d'amour, sa mère, est du sexe opposé, son développement sexuel est parti pour bien débuter. Comme c'était vrai pour ses organes génitaux, c'est seulement contre une menace, non pas contre une absence première, qu'il doit lutter, car il est équipé d'un noyau de l'identité de genre biologiquement assuré, exempt de conflits au plan postnatal.

Cependant, en dépit de cette avance saine, à la longue, il sera plus ou moins menacé, et précisément dans la mesure où il est masculin et hétérosexuel. C'est sa situation fâcheuse que d'être mis en danger par son désir naturel pour sa mère : il découvre que son père est un rival trop puissant. Plus il montre qu'il désire sa mère, plus son père l'interdit, menaçant la partie même de lui — ses organes génitaux — qui annonce le plus clairement ce désir. L'angoisse de castration survient, par exemple, quand le garçon observe des femelles — créatures sans pénis. Un tel traumatisme bloque ce qui, autrement, serait une avancée sans incidents vers la masculinité et l'hétérosexualité.

Ainsi le garçon est-il contraint de manœuvrer dans son conflit œdipien avec des techniques qui évitent la castration (imaginée, attendue). Pour qu'il réussisse, ses parents doivent l'aider. Ils le font de deux façons. Premièrement, ils lui apprennent à déplacer son désir pour sa mère sur d'autres femelles, à attendre jusqu'à ce que des années ultérieures et la maturité lui apportent des relations amoureuses et érotiques avec les femmes. Deuxièmement, son père se comportera de manière à lui servir non seulement de rival, mais de modèle d'identification masculine. Si les menaces envers l'état de mâle et la masculinité sont trop aiguës, la perversion ou la névrose survient ; dans la meilleure situation, cependant, l'évolution est le « primat génital », dont la masculinité et l'hétérosexualité sont des parties essentielles.

La fille, par contre, a des difficultés dès le départ, dit Freud. Ses organes génitaux sont inférieurs et son premier objet d'amour est homosexuel. Il n'y aura jamais une route directe à la féminité ; au lieu de cela, à partir de la naissance, elle doit lutter pour atteindre la féminité. Du fait qu'elle est privée de pénis, elle est pleine d'envie. La façon dont elle s'arrange de cette douleur détermine sa future sexualité. Si l'envie est trop forte, elle tente d'avoir un pénis fantasmé ; ou elle développe des qualités masculines qui remplaceront le pénis ; ou, consciente de son infériorité biologique, elle peut accepter simplement la défaite et se trouver fixée dans une désespérance à vie, passive, masochiste ; ou, considérant son clitoris comme un phallus, bien qu'un phallus inadéquat, elle peut centrer son érotisme génital sur un organe inadéquat, dénier la reproductivité féminine, interne, de son vagin et de son utérus et se retrouver avec une teinte très masculine — le complexe de fantasmes centrés sur son clitoris — sans l'acceptation enrichissante de son intérieur reproducteur femelle.

Cependant, si elle peut vaincre son envie de pénis et la fixation sur son clitoris comme substitut de pénis, elle se sera dirigée vers la féminité. Lorsque cela se produit, elle peut alors supporter de renoncer à sa mère et de se tourner vers son père comme nouvel objet d'amour. Elle a alors l'impulsion à l'hétérosexualité et à avoir un bébé. Alors seulement — quand elle est

déjà devenue féminine — peut-elle s'engager dans les
risques et les promesses du conflit œdipien. Mais, esti-
mait Freud, est exceptionnelle la fille qui lâche sa mère
(homosexualité) et se tourne vers son père (hétérosexualité), abandonne l'espoir de pénis (homosexualité)
et accepte les potentialités du vagin et de l'utérus (hétérosexualité). Cela signifie que peu de filles sont suffisamment compétentes pour s'engager totalement dans
le conflit œdipien, par opposition aux garçons pour qui
c'est quasi toujours le cas. Même alors, cette fille doit
continuer à résoudre ce conflit : renoncer à son père
en différant sa maternité génitale et dans le même temps
acquérir la féminité en s'identifiant à sa mère. Pour
Freud, la féminité est donc un état défensif, secondaire,
acquis assez tard dans le développement, et davantage
le produit d'un abandon de l'espoir que d'expériences
agréables ou d'attentes.

Les différences anatomiques entre les sexes ajoutent
aux conflits des garçons et des filles. Pour les garçons,
la découverte d'êtres sans pénis leur fait apparaître la
réalité de la menace de castration, tandis que pour les
filles, voir un pénis dans le monde réel souligne leur
manque et par conséquent augmente leur envie.

Freud était persuadé que les hommes étaient plus
susceptibles que les femmes de négocier ces obstacles
avec succès ; il en conclut donc que les hommes sont une
classe plus admirable que les femmes (Freud, 1933).

Théorie du noyau de genre

Presque personne n'a mis en doute la croyance de
Freud selon laquelle l'état de mâle et la masculinité
étaient reconnus par le genre humain (peut-être même
à ce qu'il considérait le niveau le plus profond : l'inconscient racial) comme supérieurs à l'état de femelle et à la
féminité. Bien que les mâles reconnussent cette supériorité, leur état de mâle et leur masculinité furent
constamment mis en danger depuis la toute petite enfance ;
et les femelles, admettant la supériorité du mâle, à partir
de la toute petite enfance, ont souffert de l'envie du

meilleur équipement et du meilleur statut des mâles, essayant sans cesse de mettre fin à leur désespoir de ne pas avoir de pénis, ou peut-être que leur pénis leur ait été enlevé, en cherchant un substitut à ce pénis absent. Ces deux caractères centraux du développement de la personnalité — angoisse de castration chez les mâles et envie du pénis chez les femelles — ont établi la forme de toute personnalité normale et aberrante, non pas simplement de la masculinité et de la féminité ; dans quasi toute psychopathologie — névrotique ou psychotique — ces conflits primordiaux ont été constatés.

Le concept de noyau de l'identité de genre, cependant, modifie comme suit la théorie de Freud. Bien qu'il soit vrai que le premier amour du garçon soit hétérosexuel, et bien que les pères soient des rivaux trop puissants, il existe un stade plus précoce du développement de l'identité de genre dans lequel le garçon est *fusionné avec sa mère*. Ce n'est qu'après des mois qu'elle devient progressivement un objet nettement séparé. Se sentir une partie de la mère — une partie primitive et donc profonde de la structure du caractère (noyau de l'identité de genre) — pose le canevas du sentiment de féminité du bébé. Cela place solidement la fille sur la voie de la féminité à l'âge adulte, mais met le garçon en danger d'établir au sein de son noyau de l'identité de genre un sentiment de faire un avec la mère (un sentiment d'état de femelle). Selon la façon dont la mère laisse son fils se séparer d'elle et l'allure à laquelle elle le fait, cette phase de fusion avec elle laisse des effets résiduels qui peuvent s'exprimer comme des troubles de la masculinité.

Cette théorie est vérifiée par les garçons que j'ai appelés transsexuels primaires — garçons qui, sans anomalie anatomique, ont été féminins dès la première ou la deuxième année. J'utiliserai ici ces garçons comme le lieu de contrôle pour mettre le doigt sur ma compréhension du développement de la masculinité dans des circonstances moins bizarres. Qu'il me soit permis de résumer les résultats sur lesquels je m'étendrai aux chapitres 3 et 4.

Bébé, un tel garçon a généralement une intimité excessivement étroite, merveilleuse, peau à peau, avec sa mère. Cela, malheureusement, n'est pas interrompu par son père, homme passif et éloigné qui ne joue aucun rôle important dans l'élevage de son fils. Il n'est pas suffisamment présent au foyer pour servir de modèle d'identification masculine ou pour protéger son fils de l'étreinte de sa mère. Il ne fait rien pour inciter l'un et l'autre à se séparer. Car la masculinité demande qu'un garçon se sépare à temps de l'intimité de sa mère. La féminité demande aussi qu'une fille se sépare de sa mère, mais pas particulièrement de la féminité de sa mère.

Un deuxième test indiquant un premier stade de protoféminité se trouve dans les formes que prend typiquement la masculinité dans toutes les cultures — la belligérance macho, qui avilit les femmes, fait que beaucoup d'hommes craignent la tendresse et l'intimité, et contribue, à mon sens, au constat que les perversions sont plus courantes chez les hommes que chez les femmes. J'attribue ces différences sexuelles non seulement au cerveau et aux hormones, mais au besoin de vigilance constante des mâles contre l'aspiration inacceptable à retourner à la fusion dans la symbiose.

Les transsexuels femelles et d'autres femelles très masculines suggèrent un troisième test concernant la protoféminité supposée. J'ai constaté (Stoller, 1973 *a*, 1975 *a*) que ces femelles avaient enduré une interruption prématurée et massive de la symbiose mère-bébé, situation opposée à celle qui se produit chez les mâles trop féminins.

Mais étant donné ce stade très précoce de protoféminité, je trouve exacte la théorie de Freud du développement du genre : le choix des garçons de leur premier objet d'amour — la mère — est un acte hétérosexuel, et celui des filles est homosexuel, amenant les conflits et les conséquences discernés en premier par Freud (1905, 1933).

Si ma théorie est exacte, la féminité n'est pas, comme le pensait Freud, un état fondamentalement pathologique, car la fille est maintenant vue comme ayant un avantage. Dès le départ, elle s'identifie à une personne du même sexe. Bien que le noyau homosexuel potentiel soit là, son premier objet d'amour étant femelle, le développement de sa féminité ne paraît plus si chargé de risque. Ces aspects libres de conflit de l'identité de genre (par exemple, ceux qui résultent de s'identifier aux aspects satisfaisants d'être une femme) sont présents dès le tout début de la vie. Par contre, bien que le garçon passe tôt à l'hétérosexualité, il doit s'être suffisamment séparé de sa mère pour être un individu et savoir que sa mère est une personne séparée, d'un sexe différent. Il préfère alors avoir, non être, une femme.

Ces principes fondamentaux étant en place, à mesure que les années passent, des raffinements des styles de masculinité et de féminité sont spontanément insufflés en lui, ou en elle, en provenance du monde extérieur, ou sont renforcés par les exigences de la culture. Des conflits ou des renforcements agréables ultérieurs, des modifications physiologiques ou les exigences de la vie auront des effets sur l'identité de genre dans la vieillesse, mais les modèles précoces seront le cadre par lequel ces modifications ultérieures se constituent.

Etant donné des conditions prénatales normales pour le sexe anatomique de l'individu, les deux principaux facteurs de création de l'identité de genre — que ce soit le genre conforme à l'anatomie et à ce que la culture de l'individu définit comme le comportement adéquat pour son sexe ou une identité de genre déformée — sont les effets silencieux de l'apprentissage et les modifications plus vivement éprouvées résultant de la frustration, du traumatisme et du conflit et les tentatives de résoudre le conflit. Ainsi, les parents, les frères et sœurs, et parfois des étrangers à la famille peuvent façonner le comportement masculin et féminin chez les garçons et les filles par des systèmes complexes de récompense et de punition, subtils ou grossiers. En outre, les interdits, les menaces et les communications mixtes qui combinent récompense et punition sont retenus par l'enfant en développement et, à des stades différents de la maturité et de l'expérience, sont interprétés comme ayant des significations différentes. Les conflits pré-œdipien et œdipien et leurs résolutions sont pleins d'une telle évolution.

En résumé, selon cette nouvelle conception de l'identité de genre, la féminité chez les femelles n'est pas simplement l'envie du pénis, ou le déni ou l'acceptation résignée de la castration ; une femme n'est pas simplement un homme raté. La masculinité chez les mâles n'est pas simplement un état naturel qui demande seulement à être défendu pour croître sainement ; c'est plutôt un accomplissement.

TROUBLES DE GENRE

Dans les descriptions qui suivent, on peut voir les déformations de la masculinité et de la féminité ; ces états appartiennent nettement à une classification des troubles de genre. Il existe, cependant, d'autres comportements — les perversions érotiques — dans lesquels le trouble de genre est à l'œuvre mais n'est pas évident. Bien que je les aborde en profondeur ailleurs (Stoller, 1975 *b*, 1985), ils méritent d'être brièvement envisagés ici.

Je présume que le problème qu'ont les garçons à créer leur masculinité à partir de la protoféminité laisse derrière lui une « structure », une vigilance, une crainte de l'attraction de la symbiose — c'est-à-dire un conflit entre le besoin de retourner à la paix de la symbiose et le besoin opposé de s'en séparer en tant qu'individu, que mâle et que masculin. Dans ce conflit, une barrière doit être élevée contre la pulsion de fusionner. Une grande part de ce que nous voyons comme la masculinité est, je pense, l'effet de cette lutte. Car une grande partie de la masculinité, comme on le sait, consiste à lutter pour n'être pas vu par soi-même ou par les autres comme ayant des attributs féminins, physiques ou psychiques. Il faut se maintenir à distance des femmes ou être irrémédiablement infecté de féminité[1].

---

1. Cette explication ne tient pas compte des facteurs biologiques. Je crois néanmoins que ces facteurs participent aussi à la différenciation du comportement érotique des hommes et des femmes et contribuent, de façons

Lorsque nous regardons attentivement le comportement qui constitue la perversion d'un homme — lorsque nous obtenons une description subjective en profondeur du comportement érotique — nous découvrons, indépendamment de la forme manifeste du comportement, qu'il est sous la pression d'une envie et d'un ressentiment à l'égard des femmes (Stoller, 1975 *b*). La preuve en est trouvée dans les fantasmes qu'ont ces hommes d'avilir les femmes. Des exemples en sont : viol, coprolalie (langage cochon comme stimulant érotique), voyeurisme, fétichisme, exhibitionnisme, pédophilie, nécrophilie. (La psychanalyse classique discute ces problèmes en termes d' « angoisse de castration », concept que je trouve trop anatomique, trop vidé de connotations d'identité.)

Transsexualisme

Actuellement, la plupart des médecins savent bien que « transsexualisme », utilisé comme diagnostic, est un problème. Il y a — bien que tout le monde ne le sache pas — de multiples significations de *transsexualisme* et aucune définition généralement acceptée. Bien que *isme* implique un état, une condition, un complexe dynamiquement organisé de comportements et de pensées, l'étiquette est le plus fréquemment utilisée par les profanes et les médecins pour renvoyer à quiconque veut ou a eu une réassignation de sexe. En conséquence, un terme ayant une auréole diagnostique, scientifique — transsexualisme — en fait, n'a pas ce poids. Au mieux, on pourrait considérer que cet usage renvoie à un syndrome, mais cela n'est pas exact puisque, au sein de la demande de « changement de sexe »[2] ou de sa réalisation se trouvent

non encore mesurables, à la plus grande fréquence de la perversion chez les hommes que chez les femmes. Je pense, par exemple, à la puissance des androgènes pour inciter l'érotisme des hommes.

2. J'utiliserai « changement de sexe » plutôt que « transformation de sexe », « réassignation de sexe », « conversion de sexe », « chirurgie sexuelle » ou « transmutation de genre » parce que « changement de sexe » est l'expression la plus courte, la plus directe et la moins euphémique de ce que les patients désirent et par conséquent mesure clairement l'échec de l'effort pour changer de sexe. Lorsqu'il y a des guillemets, je parle de l'effort ;

de multiples comportements et attitudes. A coup sûr, lorsqu'on est familier d'un certain nombre de ces gens, on reconnaît que le terme transsexualisme, tel qu'il est utilisé couramment, ne renvoie même pas à un syndrome mais plutôt à un mélange de différents syndromes, symptômes, signes, désirs, proclamations. Et si un diagnostic est une étiquette pour un ensemble de signes et de symptômes (syndromes) indépendants, de dynamiques sous-jacentes (physiologiques et/ou psychologiques) ayant une étiologie commune, alors « transsexualisme » manque son but tout autant que le feraient des descriptions telles que « toux », « douleur abdominale », « avidité », « collectionner des timbres » ou « désir d'être psychanalyste ». Les individus qui éprouvent l'un quelconque de ces états ont moins en commun qu'ils ne diffèrent.

UNE CLASSIFICATION

Je divise ceux qui désirent, ou ont déjà eu un « changement de sexe », en les catégories qui suivent (lesquelles, comme la plupart des diagnostics psychiatriques, sont plus clairement définies sur le papier que dans la clinique). Dans ce qui suit, étant donné que seuls les mâles s'insèrent dans plusieurs catégories, je présenterai surtout un diagnostic différentiel pour les mâles.

Transsexuels primaires mâles

Il y a des mâles normaux au plan anatomique et physiologique qui, au moment où vous les examinez, sont les mâles les plus féminins d'aspect que vous ayez

sans guillemets, j'indique le désir. A l'heure actuelle, il n'est pas possible de changer de sexe ; la ponctuation est utilisée pour indiquer la fausseté de l'affirmation qu'une telle option existe. Chez les mâles, le « changement de sexe » consiste à amputer le pénis et les testicules, à créer un vagin artificiel, en une électrolyse pour enlever la pilosité de la face et du corps, en oestrogènes et mammoplastie pour créer des seins et autres rondeurs féminines ; chez les femelles : mastectomie, hystérectomie totale, testostérone (pour abaisser la voix et faire pousser la pilosité faciale et corporelle) et création — jamais avec succès — d'un pénis.

jamais vus. Dans leur comportement quotidien, on ne peut les distinguer des filles et des femmes jugées féminines par notre société. Cette description est vraie à quelque âge que vous les voyiez : petite enfance, enfance, adolescence, première partie de l'âge adulte, âge mûr, ou sénescence. Ils racontent une histoire, confirmée par la famille et par d'autres, selon laquelle ils ont été aussi féminins que cela toute leur vie, depuis le début de tout comportement que l'on peut qualifier de masculin ou féminin (ce qui peut être dès un an) et sans épisodes de masculinité ou même d'engagements transitoires dans des rôles typiquement masculins (tels que mariage, profession masculine, service dans l'armée, comportement érotique hétérosexuel). D'où « primaires »[3]. Ils savent qu'ils sont biologiquement mâles, mais dès les débuts de leur vie ils ont dit ouvertement souhaiter que leur corps soit changé en femelle. Depuis leur petite enfance, ils ont souhaité s'habiller et vivre uniquement comme des femelles. Ils ne tirent pas de plaisir érotique de mettre des vêtements de femelles. Ils ne se considèrent pas homosexuels, excepté au sens anatomique où ils sont excités exclusivement par des mâles — des hommes qu'ils considèrent masculins et hétérosexuels — et repoussent les avances sexuelles d'hommes manifestement homosexuels ; pour eux, un indicateur fondamental qu'un homme est homosexuel est qu'il s'intéresse aux organes génitaux mâles du transsexuel[4].

---

3. Par définition, tous les transsexuels primaires ont été féminins sans interruption depuis leur toute petite enfance, mais nous ne savons pas quel nombre de garçons extrêmement féminins dans leur petite enfance grandissent en étant transsexuels. Il reste à prouver, cependant, en suivant ces garçons, sans les traiter, jusqu'à l'âge adulte, qu'ils demeurent transsexuels. Jusqu'ici, les faits m'ont seulement montré que, lorsqu'on les examine dans l'enfance, *ou* à l'adolescence, *ou* à l'âge adulte, les mâles les plus féminins provenaient de la constellation familiale décrite plus haut. Green (1987) a suivi une série de garçons féminins — peu, cependant, aussi féminins que ces transsexuels primaires — et a constaté que la majorité d'entre eux étaient homoérotiques à la fin de l'adolescence ou dans les premières années qui suivent leur vingtième année ; un seulement désirait un « changement de sexe ».

4. Pendant des années, c'était le groupe que j'appelais les transsexuels (ou vrais transsexuels), reléguant le reste de ceux qui demandaient un « changement de sexe » à une catégorie vague, telle que « pseudo-transsexuel »,

Transsexuels secondaires mâles

C'est une catégorie fourre-tout constituée d'hommes demandant un « changement de sexe » dont l'histoire est différente de celle du transsexuel primaire en ce que le comportement correspondant à l'autre genre ne commence pas dans la toute petite enfance, est ponctuée d'épisodes de comportement banalement masculin, et (à de rares exceptions près) est additionnée d'expériences de plaisir en provenance des organes génitaux mâles.

Je peux discerner quatre configurations de vie qui précèdent l'annonce que font ces sujets d'être des transsexuels et par conséquent d'avoir droit à un « changement de sexe ». La plus courante, je pense (il n'y a pas de statistiques satisfaisantes, aussi ne peut-on être sûr) se fait par une progression au cours des années pendant laquelle le patient se sent être un homosexuel, avec une orientation vers le côté féminin ou efféminé et avec, à la longue, le sentiment qu'il irait mieux s'il était une femelle. Le deuxième groupe passe par le transvestisme (travestissement fétichiste) : après une période plus ou moins longue pendant laquelle ils revêtent des vêtements de femme pour être excités, ces hommes s'aperçoivent qu'ils aiment se déguiser moins pour le plaisir érotique que cela apporte que parce que cela les fait se sentir comme (leur version d') une femme. Le troisième groupe parvient au désir de changement de sexe *via* un engagement plus ou moins exclusivement ouvertement hétérosexuel, y compris mariage, paternité et une histoire professionnelle dans des activités typiquement masculines. Dans le quatrième, il n'y a eu aucun engagement dans aucun style érotique — hétérosexuel, homosexuel ou pervers — mais au lieu de cela

« non transsexuel recherchant une réassignation de sexe » (Stoller, 1968 *a*, 1975 *a*). Toutefois, cette terminologie troublait les collègues, étant donné que pour eux « transsexuel » avait toujours eu les sens plus larges de personne qui souhaite changer de sexe ou qui affirme être prise au piège d'un corps qui n'est pas le bon. J'estime donc qu'il est préférable d'accepter l'usage courant. Je peux alors ajouter une force clinique à notre qualification si j'utilise les sous-catégories primaire et secondaire.

un besoin érotique faible ou nul chez un homme dont le comportement de genre n'avait pas été manifestement aberrant. (Je n'ai pas étudié de patient comme celui-là. Bien que j'aie travaillé pendant des années avec un homme qui ait fait ce type d'assertion, il reconnut finalement que tel n'était pas le cas.)

Transsexuels femelles

Le transsexuel femelle est une femelle biologiquement normale, reconnue comme telle à la naissance et correctement assignée à son sexe. Néanmoins, depuis le commencement de tout comportement que l'on peut qualifier de masculin ou de féminin, elle agit et fantasme comme si elle était un garçon masculin. Cette masculinité n'est interrompue à aucun moment par des épiodes de comportement féminin ou d'intérêts féminins. Comparable aux transsexuels primaires mâles, l'enfant donne aux observateurs l'impression d'être masculine, passe souvent purement et simplement pour un garçon ; joue seulement avec des garçons ; prend un nom de garçon et souhaite devenir un mâle. A l'adolescence, la transsexuelle vit constamment comme un mâle, travaillant dans un domaine typiquement masculin, attirée uniquement par des femmes qu'elle juge très féminines et hétérosexuelles et essayant de transformer son corps en mâle.

Je ne pense pas que les transsexuels femelles devraient être divisés en groupes primaire et secondaire, mais plutôt que ces femelles très masculines sont le pôle extrême de l'homosexualité homasse.

Travestis fétichistes (transvestis)

Le terme *transvestisme* a été utilisé pour tout travestissement avec des vêtements de l'autre sexe. (En fait, un tel concept clinique vague ne peut paraître précis que si on le transforme avec le latin de consonance scientifique.) Je le limite cependant à ceux, ici encore biologiquement normaux, qui mettent les vêtements du sexe opposé parce que ces vêtements sont sexuellement excitants pour eux. Bien que ce fétichisme puisse apparaître dans l'enfance, il se manifeste généralement pour la première fois à la puberté ou plus tard dans l'adolescence. On le trouve presque toujours chez des hommes qui sont ouvertement hétérosexuels, d'allure masculine, dans des professions dominées par les mâles ; et il ne se produit que de façon intermittente, la plus grande partie de la vie du sujet se passe en comportement et en apparence tout à fait masculins. Ces hommes, habituellement, se marient et ont des enfants.

A mesure que les années passent, pour beaucoup d'entre eux, le fétichisme se calme mais ne disparaît pas, et il y a un besoin non érotique accru de se déguiser et de se considérer temporairement femme. A la longue, quelques-uns de ces hommes ont de forts désirs transsexuels (transsexualisme secondaire), mais pour la plupart des transvestis l'impulsion à un changement de sexe est contenue par la masculinité de beaucoup plus dominante. Dans aucun cas, la constellation familiale du transsexuel primaire n'a été rapportée ; on trouve au contraire fréquemment que dans la petite enfance le garçon était habillé dans les vêtements de l'autre sexe par une fille ou une femme dans le but de l'humilier. A la longue, l'humiliation est convertie, *via* la perversion, en triomphe, en particulier par la capacité de parvenir à l'érection et à l'orgasme bien qu'étant en vêtements de femme.

Le travestissement fétichiste se rencontre presque exclusivement chez les mâles.

Homosexuels avec inversion de genre

Ce sont des garçons et des hommes, ici encore biologiquement normaux, qui, se sachant mâles et s'acceptant comme tels, préfèrent les mâles comme leurs objets sexuels, et inversement pour les filles et les femmes. Peu (nul ne connaît le pourcentage) se déguisent. Ils ne le font pas parce qu'ils croient qu'en quelque sorte ils appartiennent au sexe opposé (comme le font les transsexuels primaires) ou parce que revêtir les vêtements de l'autre sexe les excite sexuellement (comme c'est le cas des transvestis). Les hommes le font pour se sentir féminins sans souhaiter être femelle, et inversement pour les femmes. Bien que certains d'entre eux pensent parfois à un « changement de sexe », les mâles préfèrent leur état de mâle et les femmes leur état de femelle. L'homosexualité homasse chez les femmes diffère de l'homosexualité efféminée chez les mâles en ce que ces femmes masculines ne possèdent pas l'élément de caricature qui définit le caractère efféminé.

Intersexuels

Ce sont des personnes présentant des troubles biologiques du sexe qui influencent leur comportement de genre. Elles ont des anomalies des chrosomes sexuels (par exemple, XXY — syndrome de Klinefelter), ou des anomalies des gènes sans anomalie chromosomique grossière (par exemple, syndrome d'insensibilité aux androgènes), ou des conditions prénatales iatrogènes (par exemple, effets androgénisants induits par la progestérone chez les filles dont les mères ont pris de la progestérone pour éviter un avortement). Ces états influencent de quelque manière la fonction cérébrale (causant soit une masculinisation anormale du cerveau, comme dans le syndrome génito-surrénal chez des femelles par ailleurs normales, soit un manque d'androgénisation du cerveau, comme dans XO — syndrome de Turner).

Pour une excellente revue de ceci et des états qui s'ensuivent, voir Money et Ehrhardt (1972).

— Féminisation
Anomalie chromosomique : XO (syndrome de Turner).
Manquant d'un second chromosome et n'ayant pas de gonades pour produire des hormones sexuelles, ces sujets se développent néanmoins dans le sens femelle, en accord avec la règle générale du développement des mammifères. En outre, les sujets de ce type deviennent, en

grandissant, féminins dans leur comportement et hétérosexuels dans leur choix d'objet[5].

Insensibilité totale aux androgènes. Avec des chrosomes
mâles (XY), le sujet se développe néanmoins jusqu'à
l'âge adulte comme une femelle d'apparence normale,
mais avec des testicules cryptorchides qui produisent de
la testostérone normale et des organes reproducteurs
internes minimes ou inexistants, y compris le vagin.
L'anomalie hormonale se situe probablement dans les
organes cibles (les tissus extragonadiques) qui, contrairement à la norme, ne réagissent pas aux androgènes
en circulation. Les sujets sont féminins et hétérosexuels[6].

Hypogonadisme mâle constitutionnel. Dans le cas de
ces mâles, qui apparaissent physiquement normaux à la
naissance, on découvre chez certains, à l'adolescence ou
à l'âge adulte, que les testicules étaient nettement défi-
cients en production d'androgènes depuis la vie fœtale.
Dans le cas du syndrome de Klinefelter, ils peuvent manifester une gynécomastie (seins d'allure féminine) et un
désir érotique affaibli. Un nombre inhabituellement important se travestissent à partir de la petite enfance et se
sentent plus ou moins féminins ; certains expriment ver-
balement et par leur comportement qu'ils croient qu'ils
devraient vraiment être des filles.

Trouble du lobe temporal. Un certain nombre de rapports (passés en revue dans Blumer, 1969) impliquent
un trouble paroxystique du lobe temporal dans le comportement correspondant au genre opposé — assez curieusement, seulement chez les mâles. Le comportement

---

5. Ces « expérimentations » de la nature ne sont pas encore très suggestives.
Nous avons besoin de davantage d'informations avant de pouvoir dire si
la féminité adulte chez ces patients est liée à leur cerveau non androgénisé
ou simplement au fait qu'ils ont été élevés dès la naissance, de façon non
équivoque, comme filles.
6. Même note à nouveau : ceux-ci ne sont pas très suggestifs. Nous avons
besoin de davantage d'informations avant de pouvoir dire si la féminité
adulte chez ces patients est liée à leur cerveau non androgénisé ou simplement au fait qu'ils ont été élevés, dès la naissance, de façon non équivoque comme filles.

(généralement, revêtir les vêtements du sexe opposé) survient avec l'explosion électrique paroxystique ; une rémission du trouble cérébral par un traitement entraîne la disparition immédiate du comportement aberrant.

— *Masculinisation*
Effet de la progestérone. Des femelles humaines par ailleurs normales ont été masculinisées *in utero* par les doses importantes de progestérone (qui est biologiquement étroitement liée aux androgènes) données à leurs mères pour éviter un avortement spontané. Outre qu'elles ont des organes génitaux mâles (hermaphrodisme) un plus grand nombre de ces petites filles (comparées à une série contrôle) sont devenues des garçons manqués (masculines dans leur comportement, mais hétérosexuelles dans leur choix d'objet).

Syndrome adrénogénital. L'hyperadrénalisme fœtal donne lieu à une masculinisation des organes génitaux externes chez les femelles parce que les surrénales produisent des androgènes en excès. Bien que ces filles soient par ailleurs normalement femelles au plan anatomique et hormonal, elles sont souvent, comme les filles influencées par la progestérone prénatale, des garçons manqués, mais sont toutefois hétérosexuelles.

Identité hermaphrodite

Comme la catégorie précédente, ces patients ont une anomalie biologique — organes génitaux non catégoriquement mâles ou femelles — mais dans ce cas, l'état (hermaphrodisme) n'agit pas directement sur le cerveau pour produire le comportement correspondant au genre opposé. Au lieu de cela, le comportement résulte d'une assignation de sexe aberrante ; lorsque les parents ne sont pas certains que leur enfant soit mâle ou femelle, cette incertitude se reflétera dans l'identité de genre de l'enfant. Les individus de ce type se sentent bizarres, comme s'ils n'étaient ni mâle ni femelle, comme s'ils étaient les deux à la fois.

Psychotiques

Des pulsions correspondant à l'autre genre chez les psychotiques ont été décrites depuis longtemps. Je divise cette catégorie en deux classes. La première, celle qui est familière, est faite des psychotiques (plus fréquemment hommes que femmes) qui ont des hallucinations ou des délires dans lesquels, contre leur volonté, ils sentent que leur corps se transforme en le sexe opposé, ou ils ont des hallucinations (par exemple d'être homosexuels) où des voix les accusent d'avoir un sexe imparfait. Le second groupe est celui des psychotiques qui désirent un changement de sexe, le désir transsexuel étant indépendant de la psychose ; quand ils ne sont pas psychotiques, ils continuent à vouloir changer de sexe.

Comportement occasionnel correspondant à l'autre genre

Sans intention marquée, les enfants en font l'expérience en mettant les vêtements du sexe opposé. En outre, les adultes, en particulier dans des situations de carnaval, font montre également, « pour s'amuser », d'un tableau de comportement correspondant à l'autre genre.

Je développerai maintenant les idées esquissées dans ce chapitre de revue et, en particulier, je donnerai du poids à mon argumentation avec des cas qui vérifient les hypothèses concernant la dynamique familiale et les garçons très féminins. Commençons, dans les deux chapitres qui suivent, par examiner la dynamique familiale qui façonne les garçons très féminins.

3

Féminité prononcée chez des garçons : accent sur les mères

Dans ce chapitre, je reprends à nouveau les hypothèses, proposées depuis 1964 et encore mal mises à l'épreuve, selon lesquelles 1 / l'extrême féminité chez certains garçons découle d'une dynamique familiale spécifique et 2 / la féminité chez ces garçons, encore que non chez tous les garçons féminins, n'est pas avant tout une défense contre une angoisse primitive et submergeante, mais est, au contraire, due à trop de satisfaction.

Considérant que, s'il existe, je parle d'un état très rare et que presque tous ceux qui ont traité de la féminité chez les mâles sont en désaccord avec moi, vous devriez vous demander pourquoi je persiste à le faire. Je le fais premièrement parce que, en dépit de leur rareté, ces garçons représentent l'extrémité d'un continuum qui s'étend à tous les garçons ; par conséquent ils me renseignent sur le développement du genre chez tous les garçons (et peut-être chez les filles également). Deuxièmement, je persiste à le faire parce que les arguments contre les hypothèses sont présentés, quasi sans exception, sans les observations nécessaires pour réfuter les conclusions que je tire de mes observations. Bien que je doive prêter attention aux théories et au raisonnement sensé des autres, la réfutation devrait émaner de cas cliniques. Par exemple, si je dis que les mères des garçons trouvent leurs fils beaux et si je cite leurs paroles, je peux me défendre si quelqu'un montre que j'ai tort en présentant une série de familles de garçons de féminité comparable dont les mères n'ont pas parlé de la beauté de leurs fils. Contrer ce que j'avance en parlant de souris de laboratoire ou d'investissements narcissiques de l'objet-soi ne me satisfait pas plus qu'un hamburger en plastique.

J'y reviens donc. Commençons par la forme la plus simple de l'hypothèse : chez les garçons, en l'absence de conditions biologiques particulières (par exemple, certaines anomalies chromosomiques), plus il y a de mère et moins il y a de père, plus est grande la féminité. L'hypothèse se situe à l'intérieur de la catégorie d'un arrêt du développement, car elle est mise à l'épreuve dans des circonstances où une symbiose mère-bébé excessivement étroite et satisfaisante, non perturbée par la présence du père, empêche le garçon de se séparer psychiquement comme il convient du corps femelle de sa mère et de son comportement féminin. L'hypothèse prédit que plus la dynamique familiale est intense, plus le garçon sera féminin. Cependant, je ne crois pas que ce facteur soit le seul à contribuer à l'identité de genre de la plupart des garçons présentant une aberration de genre. Comme les analystes l'ont montré depuis des décennies, à mesure que se déroule la petite enfance, les situations conflictuelles — pré-œdipiennes, telles que la découverte des différences anatomiques entre les sexes, et œdipiennes, telles que la lutte pour créer un lien érotique sûr et chargé d'amour avec les parents — contribuent de plus en plus au développement du genre. Et plus c'est le conflit plutôt que le plaisir qui joue un rôle, moins la féminité est extrême.

Au-delà de cette hypothèse — au-delà de la preuve — je veux aussi suggérer quelque chose qui prête grandement à controverse, du moins chez les psychanalystes : chez certains garçons, cette aberration grossière — une féminité si prononcée qu'ils songent à se changer en femelles — n'est pas au départ le produit d'un conflit. Elle n'est pas alors un arrêt actif, un état défensif figé, mais plutôt, au fond, une structure du caractère primitive confortable qui ne se charge que par la suite de ses composantes d'angoisse et de conflit.

En conséquence, le pronostic d'un traitement visant à éradiquer la féminité prononcée chez ces garçons, en particulier celle qui s'est développée au cours de la première ou de la deuxième année, est un pronostic réservé (voir chap. 2 et aussi Green, 1985).

Quels que soient les risques, je présenterai ces idées à l'aide de descriptions cliniques plutôt que de faire appel à la littérature, la métapsychologie ou la théorie clinique sur l'arrêt du développement.

CONTEXTE

Parmi les idées susceptibles de perturber les analystes aujourd'hui, figure la proposition selon laquelle une satisfaction non conflictuelle peut entraîner un arrêt du développement. Cependant, nous savons que cette idée est au centre de notre théorie. Freud l'a toujours utilisée comme élément de construction dans son édification d'un modèle du développement, car il savait que les processus que nous appelons maintenant séparation/individuation étaient menacés par la satisfaction : si on ne s'ingérait pas dans les merveilleuses conditions de la vie intra-utérine et de la fusion symbiotique précoce, les fonctions de maturation du moi n'apparaîtraient pas. Ces fonctions requièrent, en plus d'une épigenèse biologique, l'aiguillon de l'insatisfaction — traumatisme, frustration et autre douleur. Les conflits œdipiens illustrent la façon dont la réalité douloureuse contraint l'appareil psychique (c'est-à-dire l'enfant) à se modifier en opposition à son propre penchant centré sur soi, pour le plaisir, contre la douleur, penchant à flotter rêveusement dans la soupe maternelle dépourvue de tension. L'homme, poussé par la biologie et la réalité, est voué à / a le privilège de s'inventer lui-même par la lutte entre les exigences opposées de félicité — c'est-à-dire la stase — et de croissance.

Pourtant, bien que ce plan de base du développement

soit presque universellement admis par les analystes, je ne me souviens d'aucun rapport, pas même d'une anecdote, où Freud ait décrit un de ses patients chez qui une expérience non conflictuelle, satisfaisante, primaire (c'est-à-dire débutant à la naissance) ait contrecarré le développement. Plusieurs lectures de ses travaux sur les origines du comportement sexuel m'amènent à penser qu'il n'aurait pas considéré que les mâles extrêmement féminins ou les femelles extrêmement masculines soient autres que pervers, ce qui signifiait pratiquement : le produit du conflit et de tentatives de résolutions du conflit. (Il indiquait cependant en note que, comme le temps l'a montré, une aberration de genre prononcée pouvait être biologiquement entraînée.)

En d'autres termes, en théorie il croyait qu'une satisfaction excessive prolongée pouvait conduire à la perversion ; la perversion était la fixation d'un instinct constituant, admis d'une certaine façon à persister dans la vie consciente[1]. Mais quand il présentait des cas, le tableau clinique était expliqué par des concepts tels que agression orale, agression anale, angoisse de castration, envie du pénis, et autres manœuvres de défense qui indiquaient un conflit sous-jacent.

Le conflit est la pierre angulaire de toute explication à considérer comme analytique, pour de nombreux analystes c'est même une explication *sine qua non*. Si pas de conflit, alors non analytique. Bien que j'admette que l'étude du conflit intrapsychique ait peut-être été la contribution la plus importante de la psychanalyse à la compréhension du comportement humain, je pense que ce critère peut — à la poursuite de la pureté — être appliqué trop sévèrement. Si nous voulons une théorie complète du développement, nous devrions laisser place

1. Vous admettez, naturellement, que le rapide regard impressionniste ci-dessus sur les croyances de Freud ne prouve rien. Citer les autorités ne prouve jamais rien (en particulier une autorité aussi structurée que Freud, avec ses parenthèses, notes et corrections, augmentée par sa très vaste correspondance, l'insatiable furetage des biographes et l'examen de ses entrailles pour y lire des présages, les « S'il-avait-vécu-je-suis-certain-que-Freud-eût-été-d'accord-que... » et les « Plusieurs-lectures-de-ses-travaux-m'amènent-à-penser-que... »).

à la reconnaissance de la puissance des forces non conflictuelles dans le modelage des fondements du comportement.

Ce préambule constitue une défense de mon argument selon lequel une absence massive de conflit peut soutenir une aberration massive : la féminité prononcée chez les garçons. Mais je dois souligner au départ que je ne peux imaginer comment, dans le monde tumultueux de la réalité clinique, nous pouvons éviter deux facteurs qui mettront en échec tous les efforts pour mettre à l'épreuve cette dernière intuition. En premier lieu, nous ne pouvons pas entrer dans l'esprit d'un bébé. (A peine le pouvons-nous avec des adultes coopérants). En second lieu, ayant estimé que la prime enfance est une période imprégnée — certains disent dévastée — par le conflit et l'angoisse, on ne laisse pas place, dans la théorie à laquelle on aboutit, pour les moments calmes de la prime enfance dont la structure est exempte de conflit/angoisse. Si l'angoisse et le conflit — au moins présents inconsciemment — sont universellement présents à partir de la prime enfance et au-delà, comment pourrai-je mettre en évidence une expérience infantile non-chargée-de-conflit ? Devant la faiblesse de l'argument, j'essaie d'empêcher les lourdes portes de la théorie de se refermer en disant que personne ne sait : deviner est ce que nous faisons tous. Même lorsque nous avons des observations, elles peuvent être mises en question (une raison, par exemple, pour laquelle certains collègues nient que l'observation du bébé soit de la psychanalyse).

Je regrette de publier encore une fois ma vieille histoire de la dynamique familiale qui, selon moi, mène au transsexualisme primaire. Je dois le faire, néanmoins, sinon le lecteur peu familier de cette description n'a pas de référence clinique pour juger les cas qui suivent.

Si vous deviez juger en fonction de la longueur de la description qui suit, vous penseriez que le transsexualisme primaire est aussi important que, disons, la schizophrénie. Aussi, pour orienter le lecteur, dois-je indiquer à nouveau qu'il s'agit d'un état rare. Son importance pour moi réside dans ce que j'ai appris sur le développement, chez tout un chacun — mâle ou femelle —, de l'identité de genre. L'étude de ces individus m'a montré comment la relation précoce mère-bébé contribue en partie à la masculinité et la féminité originelles en chacun de nous. Seuls ces facteurs constatés dans le cas extrême m'ont éveillé à chercher leurs effets lorsqu'ils sont moins intenses.

Dans le matériel de cas qui suit, l'hypothèse selon laquelle trop de mère et trop peu de père donne lieu à la féminité chez les garçons est confirmée. Mais mon idée selon laquelle le garçon participe à la symbiose avec un conflit mineur n'est ni confirmée ni infirmée.

RÉSUMÉ DES CAS

Chacun des garçons, normal au plan anatomique, était gracieux, charmant et féminin dans son apparence et son port. Chacun aimait s'habiller toute la journée en vêtements de fille et jouer exclusivement avec des filles et à des jeux de filles ; chacun souhaitait que son corps soit changé en corps de femelle. Ses parents disaient qu'il avait été ainsi depuis le début de tout comportement que l'on pouvait estimer masculin ou féminin, à partir de l'âge d'un an environ. Ayant jusque-là vu de nombreux adultes mâles demandant à changer de sexe, et incertain de ce qu'on pouvait croire de leurs histoires, j'ai pensé qu'il serait intéressant d'étudier un enfant et sa famille pour voir si nous pourrions trouver des indices de ce comportement. La mère, le père et le garçon entrèrent en traitement chacun avec un analyste. Le père ne commença jamais ; cela ne l'intéressait pas. Le garçon fut traité par mon collègue analyste, le Dr R. R. Greenson, la mère, par moi-même. Les deux effets pertinents du traitement, ici, furent que le garçon devint plus masculin et que sa mère nous donna une explication de sa féminité.

Dans la mesure où les résultats sont décrits par ailleurs (Stoller, 1968 a), ils ne sont que résumés ici, mais je demande qu'on garde à l'esprit que la constellation des effets apparut à la psychanalyse selon un processus de mise au jour long et laborieux. J'aime à penser que ce furent la situation de traitement analytique et une perspective analytique à l'égard des données qui le rendirent possible. Je suppose que tel est le cas ; cependant, je suis maintenant certain que tout un chacun peut trouver ces facteurs sans utiliser l'analyse. En outre, bien que le tableau complet des influences ait fait surface dans ce traitement, je l'ai ignoré pendant quelques années. Certains facteurs me frappèrent immédiatement comme étant pertinents, mais ce fut seulement après avoir vu trois autres familles[2] que je jugeai que d'autres étaient de véritables constats, qu'il ne s'agissait ni de coïncidences, ni d'artefacts.

Voici ce que l'analyse mit au jour dans la première famille étudiée. (Les constats furent confirmés et clarifiés dans les autres familles bien que, naturellement, tous les détails ne fussent pas les mêmes dans chaque famille et n'apparussent pas au même degré.)

Il faut étudier trois générations pour comprendre le processus. La mère de la mère — la grand-mère du garçon transsexuel — est une femme froide, sévère, qui n'a pas d'amour pour sa fille qui deviendra la mère du transsexuel. La fille, qui est indiscutablement une femelle, apprend dès la naissance que cela ne vaut rien d'être une femelle. Elle est traitée par sa mère sans affection ni respect et sert simplement d'esclave pour effectuer les tâches domestiques. Par contre, son père l'aime ; ils sont proches l'un de l'autre pendant quelques années. Malheureusement pour sa féminité, toutefois, l'attachement est un attachement dans lequel le père demande à sa fille d'adhérer à ses intérêts masculins et l'encourage à être comme lui. Puis, entre 6 ans et la puberté, il l'abandonne : mort, séparation, divorce, passage dans l'armée, etc. Dans le premier cas étudié, lorsque la fille

---

2. Quinze maintenant, certains étaient enfants et certains adolescents lorsqu'ils furent vus pour la première fois. La dernière famille (ci-dessous) fut évaluée en 1978 ; au bout de quelque vingt ans ou plus, mon intérêt pour l'étude du transsexualisme s'éteignit. (Les raisons en sont enchâssées dans le chapitre 9.)

avait six ans, une sœur naquit et le père porta instantanément son amour et son attention sur le nouveau-né.
(Ce facteur — rejet de la part du père — était moins
constant que les autres facteurs énumérés ici.)

Avec le délaissement du père, parfois en quelques
jours, la fille se met à se comporter comme un garçon.
Elle refuse de porter des habits de fille, et veut absolument s'habiller seulement en habits de garçon, sous-
vêtements et le reste. Elle coupe ses cheveux courts à
la façon des garçons. Elle refuse de jouer avec des filles
et joue seulement avec des garçons, exclusivement à des
jeux de garçon et devient une excellente athlète, meilleure que la plupart des garçons. Qui plus est, elle parle
de changer de sexe et prie Dieu de lui donner un pénis.
Jusqu'ici, l'histoire ressemble beaucoup à celle que l'on
trouve chez les femelles qui, en grandissant, deviendront
transsexuelles (Stoller, 1975 a). Mais avec les changements de la puberté et la preuve qu'ils sont de l'approche
de l'état de femelle, la fille cesse d'attendre l'état de
mâle, devient manifestement déprimée et revêt une
façade féminine, abandonne ses façons garçonnières. A
la longue, sans idylle, sans fantasmes hétérosexuels ni
enthousiasmes érotiques avant mariage pour les hommes,
elle se marie. Ayant décidé qu'elle devait se comporter
comme si elle était féminine, elle s'est propulsée vers le
mariage, mais son désir d'être un mâle, bien qu'elle y
ait consciemment renoncé, et sa haine et son envie parce
qu'elle n'en est pas un, persistent.

L'homme qu'elle épouse est choisi par elle pour satisfaire ses besoins malheureux. Il n'est pas efféminé, mais
distant et passif. (Il est peu probable qu'un homme plus
masculin épouse une telle femme.) Il ne s'implique pas
dans la famille, n'est pas respecté par sa femme, et n'est
pas physiquement présent la plupart du temps. Quand
ce garçon est petit, son père — qui travaille dur —
quitte la maison avant que le garçon soit réveillé et ne
rentre que lorsque l'enfant est déjà au lit. Les week-
ends, comme il a travaillé très dur, il souhaite se détendre ;
sa femme l'y encourage dans la mesure où le repos
continue à le tenir rayé de la famille. Dans chaque cas,

le père n'était donc pas présent même les week-ends.
L'un d'eux, par exemple, passait tous les week-ends dans
une chambre noire de photographie ; un autre buvait de
la bière et regardait le football à la télévision tout le
week-end, et les enfants avaient consigne de ne pas
déranger le père ; un autre était peintre, isolé dans son
atelier.

Il est probable, naturellement, que ce n'est pas le cas
de tout homme et de toute femme correspondant à ces
descriptions que de se marier et d'avoir des enfants. Je
ne vois jamais ceux qui ne se marient pas et n'ont pas
d'enfants. Mais ceux qui suivent ce scénario n'ont pas
une maisonnée de transsexuels. En fait, pendant des
années, je me suis demandé pourquoi les familles que
j'observais avaient un seul fils transsexuel, et aucun rapport ne mentionnait de familles où apparaissait plus d'un
garçon de ce type. La raison pour laquelle un seul transsexuel apparaissait, bien qu'il y eût souvent plus d'un
fils, se révéla dans l'histoire de chaque mère, comme
nous le verrons bientôt.

Contrairement à ce qu'on aurait pu attendre avant
que l'analyse ne le révélât autrement, la mère fut heureuse de donner naissance à ce fils. Comme d'autres
avant moi, je croyais au départ que ces garçons très
féminins, qui n'étaient pas le résultat d'une force biologique intrinsèque, étaient produits par une mère déçue
de ne pas avoir une fille. Mais ces mères étaient au
comble de la joie. En outre — mystère élucidé par
l'analyse[3] — il fut donné à chacun de ces garçons à la
naissance un prénom très masculin, phallique, ce qui
paraissait à peine prédire, chez la mère, une pulsion
continue à faire de son garçon un garçon féminin. Et
quand on se souvient que ce sont des femmes qui haïssent
les hommes et qui apprennent à mépriser le pénis qu'elles

3. Cela demande à être développé afin de rendre manifeste un problème
présenté par l'utilisation de la psychanalyse pour chercher les origines du
comportement. Cette question, comme d'autres, trouva sa réponse au
cours de l'analyse, mais je n'ai pas tenu compte de la réponse — n'ai pas
attribué aux données le statut de « réponse » — jusqu'à ce que d'autres
mères me décrivent les mêmes conditions au cours des années qui suivirent.

envient, on est surpris d'apprendre que la cause proxi-
male de la féminité est une symbiose excessivement
intime, présente dès la naissance et incessante par la
suite jusqu'à ce que des forces extérieures y mettent
fin, symbiose dans laquelle la mère tente de produire
un état de félicité exempt de frustration et de traumatisme. Rien ne doit désunir la mère et le fils.

C'est cette maternité passionnée qui donne naissance
à la féminité ou — pour inverser les choses — qui arrête
le développement de la masculinité. Si un autre ensemble
de facteurs familiaux apparaissait qui conduise également à une trop grande fusion, je prédis que cet ensemble
aussi conduira à la féminité du garçon *pourvu que mère
et fils soient unis trop bien et trop longtemps.*

Cette intimité, plus totale qu'aucune que j'aie vue
dans d'autres circonstances ou aie trouvée relatée, est
déclenchée par la perception de la beauté et du charme
du bébé. Si la mère trouve le bébé idéal — beau, câlin,
répondant à sa mère — il devient le magnifique phallus
auquel elle a aspiré depuis qu'elle était une fille triste
et désespérée. En fin de compte, a été produit à partir
de son propre corps — exactement comme elle l'avait
espéré, mais avait désespéré de jamais avoir — le parfait
pénis. Bien que tous les autres pénis fussent laids — celui
de son mari, celui de ses autres fils, celui de tous les
autres hommes — celui-là ne l'est pas. Dans la mesure
où les autres fils ne sont pas jugés beaux et charmants,
cette symbiose intense leur est épargnée et ils ne sont
pas féminisés.

Avec cette cure pour sa dépression à vie dans les
bras, elle n'est pas prête de le lâcher. Cette motivation
n'a rien de complexe : lorsqu'elle tient le bébé dans ses
bras, elle se sent merveilleusement bien ; lorsqu'il est
hors de portée, c'est moins le cas, et s'il était hors de
sa vue, elle serait anxieuse. Elle agit donc purement et
simplement selon son désir, et le garde indéfiniment en
contact avec elle, peau à peau, jour et nuit, avec aussi
peu d'interruption qu'elle le peut. Le père est éventuellement chassé du lit conjugal et l'enfant prend sa place
pour de longues périodes. A la longue, et à des âges

appropriés, cependant, la mère permet aux fonctions du moi de se développer — s'asseoir, se traîner à quatre pattes, se tenir debout, marcher, parler — aucune n'est abandonnée ou différée dans la symbiose. Au contraire, dans son amour et sa fierté, elle encourage son fils à développer son intelligence et sa créativité (en particulier sa sensibilité artistique). Toutefois, elle ne fait cela qu'avec lui constamment sous les yeux et à portée de main.

Quand on entend parler d'une mère et d'un bébé dont la relation est merveilleuse dans les premiers mois du bébé, on pense que c'est normal, voire idéal. On ne s'attend pas à ce que cette relation se poursuive jour et nuit et que la mère essaie de l'empêcher d'être interrompue, et on ne s'attend certainement pas à ce qu'elle persiste pendant des années. Mais dans ces familles, nous voyons qu'elle a toujours cours lorsque les enfants viennent à nous, généralement vers quatre ou cinq ans. Toute incitation à venir pour un traitement indique ce processus. A cet âge, les garçons agissent comme de belles petites filles et y ressemblent, mais leurs mères refusent de le reconnaître ; consciemment, elles ne comprennent pas pourquoi tout le monde prend leur enfant pour une fille. (Nous aussi, lorsque nous voyons les enfants pour la première fois, nous les trouvons beaux, charmants et féminins). Aussi les mères n'amènent-elles généralement pas leurs fils pour une évaluation de façon spontanée, mais sont poussées à le faire seulement après des mois de questions qui leur sont posées sur le fait de savoir si les garçons sont des filles. Entre quatre et cinq ans, dans notre société, les enfants commencent à sortir dans le monde, par exemple, à aller à l'école, et c'est en particulier alors que la pression s'accumule pour que la mère considère son enfant comme anormal et recherche de l'aide.

Paulina Kernberg, dans une communication personnelle, développe mes idées quant à la signification du garçon pour la mère :

> « Je dirai que les mères de ces garçons ne considèrent *pas* l'enfant comme un objet narcissique, mais comme une version idéalisée d'elles-mêmes ou de l'enfant qu'elles

croient que la grand-mère maternelle eût aimé. D'où le soutien des différents intérêts et activités sublimées et l'ignorance apparente de la mère d'un quelconque problème chez les enfants. La mère à son tour remettrait en acte une R-O (relation d'objet) dans laquelle elle joue elle-même le rôle de sa mère, cette fois enchantée de son garçon-fille ; à savoir, son fils féminin. Le garçon se soumet au besoin de sa mère tout en jouissant de l'importance qui est la sienne en satisfaisant les besoins de sa mère.

« Une structure du caractère avec gains secondaires ou maladie se développe, ce qui explique l'absence apparente de conflit. La mère voit l'enfant comme une fille *(daughter)*, une image de soi améliorée, alors que normalement les mères de fils les voient comme des objets idéaux (Chasseguet-Smirgel). Ceci ne serait pas, de ce point de vue, pré-objectal, mais une remise en actes pour la mère d'une dyade de mère-idéale (elle-même) et soi-idéal (son fils). »

Cette mère fait donc tout ce qu'elle peut pour maintenir la relation étroite avec ce produit idéal de son corps. On s'attendrait ici à ce que le père interrompe le processus. Mais il a été choisi en tant que personne qui ne serait pas là. (On se souviendra que pour toutes les familles vues, nous n'avons pas pu impliquer ce père dans le traitement ; le père ne participe pas au-delà de l'évaluation initiale)[4]. La mère est donc libre de maintenir la symbiose non interrompue ; personne ne vient faire écran entre la mère et le fils. La seconde fonction principale du père — servir de modèle pour la masculinité de son fils, comme le font la plupart des pères — n'est pas non plus possible. Il n'est tout simplement pas présent et, de plus, la masculinité est si dépréciée dans la famille par les remarques de la mère sur ce père faible et absent que le garçon n'est jamais encouragé à considérer la masculinité comme un état à admirer et auquel souhaiter s'identifier.

A partir du moment où la féminité commence à apparaître, vers un ou deux ans, la mère est parfaitement heureuse de la constater tout en ne cessant de nier que ce soit un comportement étrange pour son fils au nom

---

4. S'il participait effectivement, nous ne verrions probablement pas les familles, car il aurait déjà été assez fort pour metttre fin à la symbiose qui crée la féminité.

phallique, indubitablement mâle. Elle définit cela comme mignon, délicat, adorable, créatif, charmant, aimable et attendrissant, pas comme féminin, et ainsi encourage l'enfant à continuer.

Dès que l'enfant le peut, il commence spontanément à mettre des habits de fille (ce n'est pas d'abord du fait de la mère) et joue les filles dans tous ses jeux. Il n'a pas d'intérêt pour les activités masculines, et par son choix des histoires à lui raconter ou des programmes de télévision, il manifeste que ce qui le fascine ce sont les femelles. Lorsqu'il est assez grand pour jouer avec d'autres enfants, il rejoint les filles et joue avec elles à des jeux de filles. Les filles diagnostiquent sa féminité sans se tromper : un garçon masculin serait exclu des jeux auxquels se livrent seulement les filles, mais le garçon très féminin s'insinue sans peine dans leur groupe, et les filles sentent qu'il est l'un des leurs. A trois, quatre ou cinq ans, il s'est donné un nom de fille et il parle de devenir une fille (une identité et un rôle) et une femelle (un état biologique) lorsqu'il sera grand. Il se peut même qu'il fasse part de son désir qu'on lui ôte son pénis.

L'école devient de plus en plus pénible, car sa féminité le désigne à la taquinerie des autres garçons, mais, fait intéressant, rarement de la part des filles. Tôt ou tard, sous la pression de ses pairs, des instituteurs ou des voisins — mais pas de ses parents — il peut essayer de cacher sa féminité, mais sans succès ; aussi se retrouve-t-il presque sans amis. La tristesse et la solitude qui s'ensuivent entraînent une réussite scolaire médiocre, un plus grand isolement des autres et le tableau d'une névrose généralisée. Cela n'est cependant qu'une apparence, car la névrose n'est pas engendrée par un conflit intérieur. C'est plutôt une collection de symptômes, le produit d'une réalité extérieure douloureuse ; car lorsque le transsexuel primaire est autorisé par une autorité de la société, par exemple, un médecin, à entreprendre la tâche de devenir membre du sexe femelle, l'angoisse, la dépression et le comportement de retrait suscités par la désapprobation sociale disparaissent. Mais les relations durables avec les autres paraissent hors de sa portée.

L'histoire, jusqu'ici, vient des mères, des pères, des grands-parents et des voisins et est confirmée par nos observations des familles lorsque les garçons ont quatre ou cinq ans, ou plus. Mais à ce point de l'explication, des données capitales sont absentes : le processus par lequel, dans l'espace de sa première année environ, le petit garçon affiche sa féminité n'a jamais été observé par un étranger, ni exprimé par les mères ou leurs fils transsexuels. On peut présumer que les plaisirs de la symbiose sont transmis de manière mesurable : les bras doux et berceurs de la mère, sa peau tiède, le moelleux de ses seins et de ses muscles, sa voix gazouillante, et les innombrables autres mouvements, comportements et attitudes qui, bien que ténus, passent nettement dans le corps du bébé qui se trouve ainsi dans une ambiance modelée pour la félicité constante. Mais comment cela conduit-il au comportement féminin ? Je l'ignore. Formation par renforcement positif et négatif.

Voici peut-être un indice. Toutes les mères disent que les yeux de ces fils sont grands et magnifiques, ce qui les pousse à regarder constamment les bébés dans les yeux. Je doute que les hommes aient un moyen plus intense de se fondre l'un avec l'autre que de se regarder au fond des yeux ; les amoureux savent cela de tout temps et les mères aussi. Lorsque nous nous regardons franchement et complètement dans les yeux, au même instant, pareillement, nous pénétrons l'autre et sommes pénétrés. Il n'existe probablement pas d'autre expérience interpersonnelle dans laquelle activité et passivité sont temporellement simultanées et également puissantes. C'est un processus si intense que peu le font durer plus de quelques instants. Cependant, ces mères le prolongent aussi longtemps que possible ; rien d'autre ne leur permet de sentir si profondément leur liaison ininterrompue avec cet enfant adoré. C'est peut-être par là, en particulier, que les garçons absorbent l'état de femelle de leurs mères, s'y fondent, sentent qu'ils en font partie.

Une situation œdipienne tout à fait étrange se développe dans ces familles : il n'y a pas de conflit œdipien.

Les autres garçons émergent de la symbiose mère-bébé pour devenir des personnes distinctes. Ils désirent alors leur mère en tant qu'objet sexuel et craignent les représailles de leur père pour ces désirs. Le conflit entre désir et crainte complique — renforce — leur masculinité en voie de développement, en particulier lorsqu'il est résolu par une identification au père. En cela, les pères aident leurs fils à différer la consommation de cette première hétérosexualité, et la déplacent hors de la famille et vers une période ultérieure. Le père est converti de rival surpuissant en allié lorsqu'il encourage son fils à s'identifier à lui, tandis que la mère permet la renonciation en étant le modèle des objets d'amour futurs. Ce qui entraîne la masculinité hétérosexuelle.

Rien de cela ne se produit chez le garçon très féminin. Sa mère, et non son père, est le modèle de son identification de genre, et elle n'est pas l'objet de son érotisme. Il désire *être* comme elle plutôt que de l'*avoir* (Greenson, 1968). Son père, trop absent, n'est ni un rival ni un modèle. Le garçon est dépossédé du conflit nécessaire.

L'« EXPÉRIMENTATION TRANSSEXUELLE »

Telle est la dynamique familiale, découverte pour la première fois dans le dispositif non contrôlé d'une analyse. Comment vérifier la validité de cette explication de la féminité des garçons ? En premier lieu, l'exprimer sous une forme susceptible d'être vérifiée, comme hypothèse. Pour procéder à une mise à l'épreuve (les hypothèses sont des propositions vérifiables ; il en existe très peu en psychanalyse).

Prédictions selon l'hypothèse. Si une femme comme celle-là épouse un homme celui-là et a un fils beau et charmant, elle provoquera la symbiose décrite ci-dessus et rendra son fils féminin au bout de sa première ou deuxième année. Elle encouragera alors sa féminité et le père manquera d'intervenir, si bien que le garçon (en l'absence de traitement ou de toutes autres circonstances venant interrompre cette dynamique familiale) continuera à se développer de manière féminine. Il sera féminin toute sa vie, sans jamais d'épisodes de masculinité naturelle ; il ne s'habillera pas, ne marchera pas ou ne parlera pas comme un homme, ne désirera pas de relations sexuelles avec des femmes, ne désirera pas être père, ne recherchera pas une profession masculine ni ne jouera d'une façon quelconque les rôles que la société à laquelle il appartient définit comme masculins. Aucune des exigences de la vie ne le détournera de sa féminité. A la longue, il tentera de changer de sexe.

Pour que cette hypothèse soit vérifiable, nous devons pouvoir l'inverser comme suit : Je prédis[5] aussi que si nous avons un adulte mâle biologiquement normal qui présentement est le plus féminin des mâles et l'a été sans interruption depuis le tout début de sa vie, sa mère sera comme celle décrite, et son père comme celui décrit, il aura été perçu bébé par sa mère comme étant beau et charmant et aura été excessivement proche d'elle.

Corollaire : dans la mesure où un quelconque élément de cette constellation est moins fort ou absent, la féminité sera moins prononcée.

Corollaire : moins cette dynamique familiale est en œuvre, plus grande est la possibilité d'apparition de la masculinité.

On notera à nouveau que les hypothèses ne disent pas que la féminité du garçon est le produit d'une symbiose non traumatique, dépourvue de conflit. Bien qu'à mon sens il en soit ainsi, je ne peux pas le prouver pour les raisons exposées antérieurement.

Entretien avec la mère d'un garçon féminin

S. — Il est habillé en habits de fille depuis quel âge ?
M. — Trois ans trois quarts. [Il a maintenant huit ans]. A peu près à cette époque, vers trois ans et demi,

---

5. Je ne m'attends pas, toutefois, que les choses se terminent toujours ainsi.

quatre ans. Au début, j'ai pensé que c'était peut-être simplement de la comédie ; je ne l'ai pas du tout dissuadé. Je pensais que ce n'était que du spectacle, de l'imagination. Puis ça a recommencé ; c'était un acte compulsif ; il y avait très peu d'affaires mâles autour de lui auxquelles s'identifier. Pendant longtemps, j'ai voulu considérer qu'il était simplement lyrique. Puis il est allé à l'école maternelle. Il y avait là des quantités de vêtements et de perruques. J'allais le chercher et peut-être deux fois par semaine il était habillé en femme.

S. — Comment était-il ?

M. — Il était beau. Il était beau. Cela me perturbe énormément maintenant [mais pas alors, malheureusement] quand il se déguise en femme : une femelle plus douce, des hypergestes. Je ne sais pas où il a appris tout ça. Puis il y a deux ans, je suis partie dix jours et je l'ai laissé à la maison avec deux de ses jeunes institutrices. A mon retour, elles m'ont dit qu'à un certain moment il avait fourré son pénis entre ses jambes et avait mis un pansement adhésif dessus ; à cette époque, il ne pouvait pas s'empêcher de vouloir être une femme lorsque j'étais absente. Il avait une pleine malle de vêtements qu'il appelait son déguisement. A cette époque, il y avait deux petites filles d'à peu près son âge qui habitaient derrière chez moi. Tous les trois, ils se déguisaient et étendaient des affaires sur les cordes à linge ; ils avaient aussi quelque chose pour faire du théâtre.

L'autre jour, je l'ai emmené chez une de mes amies. Je suis allée faire des courses. Quand je suis revenue, David était là déguisé en travesti une fois de plus, aux anges, dans une robe orange et des pamplemousses sur les seins —— chancelant à droite à gauche en talons hauts. Il avait cessé cela pendant un moment. Et puis il y a trois semaines une petite fille amie est venue le voir. Je suis entrée dans la chambre ; il était en train d'enfiler une de mes robes. Je me suis fâchée et j'ai dit : « Je croyais que ça ne t'intéressait plus. » Et il a dit : « Eh bien, tu avais tort parce que parfois ça m'intéresse vraiment. » La petite fille lui a dit : « Est-ce que tu veux être une fille ? » et il a dit : « Je ferais une très bonne fille. » Elle a dit : « Pourquoi veux-tu être une fille ? et il a dit : « Je suis bien bâti pour ça. »

S. — Parlez-moi de son père.

M. — Mon mari était [ils sont divorcés] extrêmement véhément, il vivait toujours au bord d'un très grand drame. Fantastique tension dans l'air tout le temps ; un peu ambivalent sur sa sexualité, un homme très tendu et très anxieux, extrêmement intelligent à un niveau névrotique et complètement obsédé de moi. Quand David est né, il est parti le lendemain pour l'Europe. Il a tout simplement disparu. Il ne pouvait absolument pas faire face à cette situation. Il s'est montré très étrange sur toute l'affaire, même s'il avait déclaré qu'il voulait un enfant. Il était si obsédé à mon égard qu'il n'a pas vraiment fait attention à David pendant les dix-huit premiers mois. Il entrait et sortait des pièces et ne changeait jamais ses couches. Avec David il est très tendu, rigide, ne le touche absolument pas. J'ai surcompensé énormément parce que je n'ai pas de parents ici, pas de grands-parents. Aussi David n'a-t-il pas d'autre endroit sûr. Il n'est pas en lieu sûr avec son père qui ou bien manifeste grandement ses émotions à son propos ou bien est très sombre. Il m'a remplie de terreur et d'appréhension, exactement comme mon père a dû le faire. Aussi il me voulait désespérément et il écrivait de merveilleuses lettres. Et aussi je me suis sentie très coupable de ne pas l'aimer complètement. J'ai senti que ma seule façon d'en sortir était d'y entrer [de l'épouser]. Je pensais qu'il fallait que j'y aille à fond et sorte de l'autre côté.

Je voulais avoir un bébé ; je voulais vraiment avoir un bébé ; je voulais vraiment avoir un garçon. J'ai toujours voulu avoir un garçon. J'avais des cauchemars dans lesquels j'avais des filles. C'était un moment de —— je ne pouvais pas croire que j'avais cette sorte de félicité. Quelqu'un m'avait embrassée sur le front et voilà qu'un garçon était là. Je ne pouvais pas croire qu'on veuille quelque chose autant que cela et puis c'était là. J'avais un garçon. J'ai toujours pensé que, si on voulait quelque chose ardemment, cela n'arrivait sûrement pas, Je n'y croyais vraiment pas. En plus, j'avais eu trois avortements avant. Je n'y croyais vraiment pas. J'avais pensé que j'allais être punie, avoir une fille mongolienne ou autre. J'étais transportée de joie. Il avait l'air —— il avait l'air —— il avait l'air d'avoir été là bien des fois auparavant. Il avait l'air si vieux et si sage, il avait tellement l'air d'une vieille connaissance : j'avais l'impression de totalement —— j'avais l'impression de l'avoir vu dix mille fois —— de l'avoir rencontré souvent avant. Il avait cet —— j'imagine que toutes les mères ressentent cela —— cet extraordinaire regard immense. Il avait l'air terriblement intelligent. L'infirmière pensait que j'étais complètement dingue. J'ai eu avec elle cette conversion capitale : ne pensait-elle pas qu'il avait l'air très intelligent ? J'ai eu ce type de rapport instantané avec lui. Peut-être en ai-je trop fait ; peut-être ai-je trop chargé l'atmosphère d'émotion lorsqu'il était dans les parages. J'étais incroyablement intime avec lui dès le commencement. Je lui parlais pendant des heures ; j'avais cette sorte de vision parfaitement lyrique du fait d'avoir un enfant, tout à fait comme un impressionniste français ; je me voyais marchant dans l'herbe haute, traînant des cerfs-volants ; je n'avais pas d'image de lui et d'un autre enfant [frère]. Cette image tout à fait lyrique de moi en Provence avec cet enfant, sur des ânes, et des choses de ce genre. Puis j'ai été à nouveau enceinte quand il avait neuf mois.

S. — Ce n'était pas délibérément ?

M. — Non. Il avait neuf mois. J'ai passé dix jours à me demander si je devais avoir cet enfant. Mon mari n'était pas avec moi ; je ne voulais pas rester avec mon mari, mais par contre je ne souhaitais pas que David soit enfant unique ; je ne voulais pas rester avec mon mari. Alors j'ai avorté. Alors inconsciemment j'en ai eu fini [d'avoir des enfants].

J'ai dîné avec cette amie hier soir et elle a dit : « Quand David était tout petit, tu avais tellement le souci qu'il soit créatif que tu as renforcé ce côté-là chez lui. » Je ne lui achetais pas de camions ; je ne lui achetais pas ces illustrés de garçons ; non. Je m'asseyais et je faisais des collages avec lui et toutes sortes de choses que j'estimais meilleures à faire pour lui.

S. — Avait-il un sens artistique ?

M. — Il a un sens artistique très développé ; il adore fabriquer des choses. Il ne fait rien que de belles sculptures ; tout ce qu'il faut lui donner c'est une boîte de clous, de la colle et des ciseaux et il est aux anges. Tout ce qu'il veut faire, c'est créer. En musique, il est fabuleux. Il se souvient des paroles et des airs —— terriblement réceptif. L'autre jour, j'ai mis un disque de Bach. C'était très solennel et il a beaucoup beaucoup aimé et il voulait que je le remette encore et encore. Il est très beau. Il a toujours été beau ; c'était un bébé splendide. C'est un bel enfant. Physiquement. Je remplissais un formulaire pour lui : « Quelle est la meilleure chose vous concernant et la pire ? » Il a écrit que la pire chose le concernant était : « Je déteste les jeux de ballon. »

Si.— Et qui êtes-vous ?

M. — Je suis une actrice [par le style, pas de profession]. Enfant, j'étais très solitaire. J'ai ce sentiment d'être toujours nouille, froide et solitaire. Je me sentais en sécurité avec ma mère et en état de totale inquiétude avec mon père. Mon père était extrêmement distant, traditionnel et ma mère était alcoolique. Il buvait, mais il n'était pas alcoolique ; elle, elle était alcoolique ; elle était sensible, chaleureuse, une victime. Leurs relations sont tellement sarcastiques —— atroces. J'étais très proche de ma mère, mais je suis devenue incroyablement furieuse qu'elle soit ainsi prise en victime par mon père. Il était absolument écœuré que je ne sois pas un garçon. Et puis quand j'ai grandi et que je suis devenue séduisante il a été très attiré par moi et m'a acheté des cadeaux —— des rubans et des sous-vêtements. J'ai ressenti cette étrange chose sexuelle. [Son mari a l'âge d'être son père.] Je pensais que les hommes étaient des citoyens de première catégorie et les femmes des citoyens de deuxième catégorie. Il le pensait. Je le pensais aussi.

S. — Est-ce que vous étiez genre garçon manqué ?

M. — Non.

S. — Est-ce que vous étiez bonne en sport ?

M. — Non. Nulle. [Ceci est différent des autres mères.]
Cela le décevait beaucoup.

S. — Combien de temps avez-vous passé avec David
quand il était petit ?

M. — Des masses. Le plus clair de mon temps. Le
mariage a pris fin quand il avait trois ans ou trois ans
et demi.

S. — Est-ce que votre mari joue un grand rôle maintenant dans la vie de David ?

M. — Il le voit quelques heures les dimanches, trois
dimanches par mois. Il est assez irrégulier là-dessus.
Chose étrange, ces derniers temps, David a davantage
envie de voir son père. Son père vient le prendre, mais
pas de façon régulière. Son père dit : « Je t'emmènerai
à X... le week-end prochain » ; le week-end suivant est
celui du 1er mai et je sais qu'il n'est pas question qu'ils
aillent à X... Et alors David est en larmes, et son père
dit toujours : « Je viendrai te chercher. »

Naturellement, il convient de traiter avec prudence
les remarques énoncées dans une évaluation. Mais je
dois dire que pour avoir entendu des commentaires
similaires maintes et maintes fois (et qui ne se rappor-
taient pas à ces facteurs chez des garçons et des hommes
sans extrême féminité) ils m'assaillent positivement.

Ici encore, la mère est désespérée de faire pousser un
garçon qui est hors de son corps et essaie, ce faisant, de
les conserver tous deux fusionnés l'un dans l'autre. Et
le père est absent. Et le beau bébé, artiste et sensible,
avec un nom masculin. Une fois de plus la mère qui,
petite fille était toujours « nouille, froide et solitaire »,
mal attachée à une mère qui ne s'occupait pas d'elle
et qui, dans le cas présent, est dite alcoolique et dont le
père voulait qu'elle fût un garçon.

Des différences existent également (comme dans chacune des familles étudiées). Cette mère, à la différence
des autres, est belle, au sens d' « histrionique »[6]. Et *sa*

6. Intuitivement, je dirais ceci : le fils beau d'une femme histrioniquement
belle court le risque de devenir homosexuel. Le mot clé ici est *beau (beau-
tiful)*. Chez le garçon, cela signifie les dehors éblouissants associés aux

mère, ancrée dans le rôle de victime, lui a peut-être donné une certaine intimité (ainsi interprétai-je la remarque « Je me sentais en sécurité avec ma mère »).

On ne saurait accorder un grand poids à ce rapport en l'absence d'une corroboration beaucoup plus grande, mais toujours est-il que nous avons cette répétition constante d'une famille à l'autre.

DISCUSSION

Si vous deviez procéder à une revue des données — transcriptions des entretiens ou extraits publiés — vous pourriez admettre qu'un chemin vers une féminité prononcée chez des garçons ne présentant pas d'anomalie biologique susceptible d'être mise en évidence est : trop de mère et trop peu de père[7]. Je suppose que vous admettriez également que cette situation est un exemple d'arrêt du développement, puisqu'un processus qui autrement se serait développé de façon prédictible a été bloqué. (Souvenez-vous que les mères encouragent avec force la précocité dans de nombreux domaines, tels que la

femelles. (Autrement, le mot serait *handsome*.) Chez la femme, *beau* tel qu'utilisé ici renvoie à une apparence éblouissante, spectaculaire, irrésistible qui vient de la surface de la femme et sans indices quant à ce qui est au-dedans — si tant est qu'il y ait quelque chose. Peut-être le trouble de genre a-t-il un trait plus homosexuel que transsexuel si le père du garçon n'est pas absent, mais au contraire présent — brutal ou sévère.

Peut-être le fait, pour ces femmes, d'avoir des fils homosexuels plutôt que transsexuels est-il lié à ce qu'elles n'ont pas de désirs transsexuels manifestes et puissants, comme c'est le cas des mères des transsexuels primaires. Dans cette famille, les facteurs constitutifs de la constellation transsexuelle sont moins intenses que pour les cas paradigmatiques. J'ai idée que ce garçon, en l'absence de traitement, deviendra un homosexuel très féminin, peut-être du type qui, à la longue, demande un changement de sexe.

7. Vous pourriez également penser (comme je le fais, encore que sans données fortes) que même lorsque la constellation familiale est présente, elle n'engendre pas toujours un garçon féminin. J'ai l'intuition que certains garçons sont si biologiquement mâles — quoi que cela signifie, en particulier dans le cerveau du nouveau-né — qu'ils sont mieux armés par eux-mêmes pour résister aux effets de l'intimité maternelle excessive. Mais je dois néanmoins prendre garde, et ne pas déclarer sans preuve, que lorsqu'un garçon se trouve dans une telle symbiose et n'est pas féminisé, il est davantage biologiquement mâle. Ce type d'argumentation écarte la possibilité d'un cas infirmant.

locomotion, la parole et la fonction intellectuelle, car elles tentent d'annuler leur enfance traumatisante par les succès de leurs fils. On le voit, par exemple, dans la sensibilité artistique relatée, de façon typique, à propos de ces garçons.) Un second aspect de l'arrêt du développement — trop complexe pour être envisagé en détail ici — est le fait que ces garçons ne se montrent pas capables de relations riches et intimes avec les autres, et ce à partir de l'enfance et tout au long de leur vie (Stoller, 1975 a). Ne se sentant guère plus que des prolongements de leurs mères — sans jamais d'expérience adéquate de séparation et d'individuation —, ils grandissent avec certains traits cliniques de cet état prolixement défini appelé borderline.

Mais, à la différence des arrêts de développement auxquels le clinicien est généralement affronté, voilà un arrêt qui ne découle pas d'un traumatisme submergeant ou d'une perturbation du développement neurologique. (En fait, d'après ce que me disent les collègues, les Drs Dennis Cantwell [trouble déficitaire de l'attention], Edward Ritvo [autisme] et George Tarjan [arriération mentale], la perturbation neurologique n'entraîne pas de troubles du genre.)

En résumé, je suggère que la féminité prononcée chez des garçons anatomiquement et génétiquement normaux peut partir d'une ambiance de satisfaction excessive et d'une insuffisance de conflit, de traumatisme et de frustration. Elle n'est pas nécessairement due, je théorise, simplement à une régression provoquée par l'angoisse (par exemple, angoisse de castration) comme il en est de la plupart des troubles du genre et comme cela cadrerait avec la théorie psychanalytique actuelle[8]. S'il y avait régression, il faudrait que l'on ait la trace d'une masculinité antérieure à partir de laquelle le garçon a régressé. Mais il n'y avait pas de masculinité lorsque la

8. Bien qu'elle se trouve dans la plupart des troubles du genre chez les mâles, si la féminité (ou le caractère efféminé : pulsions féminines contaminées par la caricature) apparaît un point de fixation auquel on a régressé, encore faut-il que nous expliquions d'où est venue cette féminité première. A mon sens, elle vient de la symbiose mère-bébé : fusion merveilleuse.

féminité a commencé à apparaître — à deux ans environ — chez ces garçons très féminins.

Le problème que pose la démonstration de l'exactitude
de cette idée, c'est qu'il est impossible, sauf dans l'abs-
trait, de trouver un bébé qui n'ait fait l'objet d'aucun
conflit, d'aucun traumatisme, d'aucune frustration, d'aucune angoisse. Si ma théorie doit se trouver infirmée
par le fait que quelqu'un mette en évidence, disons, une
angoisse, alors je suis perdu avant d'avoir commencé.
Car, avant qu'un enfant puisse communiquer, l'angoisse
issue de maintes sources est endémique.

J'adopterai — ce qui n'est pas le cas de tout le
monde — le point de vue selon lequel la vie intra-utérine
est très a-mentale (mais pas totalement) et très dépourvue
de tension. J'avance également — toujours sans preuve —
qu'à partir de la naissance, il existe des périodes, de
quelques instants à plusieurs heures, de fusion merveilleuse[9], sans objet, avec la mère et que certains bébés

9. Un terme tel que *fusion* est imprécis. Les travaux de Stern et d'autres
(dont D. Stern a établi une revue : Some implications of infancy research
for clinical theory and practice, *Dialogue*, 1983, *6*, 9-17) montrent que le
bébé opère très tôt, et dans de nombreux secteurs de la vie mentale, la
distinction entre lui-même et le monde extérieur, en particulier sa mère.
« Etant donné ces capacités, qui sont à l'œuvre très peu après la naissance,
il est difficile d'imaginer que le bébé s'attarde dans une longue phase d'indif-
férenciation... Le bébé ne doit pas nécessairement s'individualiser d'un
état symbiotique initial. Le bébé peut constituer, parallèlement, différents
schémas de soi et de soi-fusionné-avec-l'autre à partir d'expériences non
différenciées » (p. 13). Je ne suis pas certain que l'on puisse utiliser le concept
de « soi » pour les états mentaux des premiers mois de la vie ; le soi est un
état organisé de séparation plus que ne l'est un fragment de comportement
motivé tel que désigner du doigt un objet. Mais je peux imaginer des périodes
de sentiment d'être fusionné avec la mère, fusion globale au départ, puis
épisodique à mesure que les semaines passent, et qui persisterait en nous
tout au long de la vie. A mon sens, le développement préprogrammé de la
séparation et de l'individuation peut être retardé par des facteurs inhérents
(système nerveux central, par exemple) et/ou externes (trop de mère, par
exemple) et certaines fonctions « atomiques », certains secteurs ou certaines
synthèses de fonctions peuvent être sélectivement ralentis ou arrêtés tandis
que d'autres se déroulent selon le programme. Stern parle d'états primitifs
de « communion plutôt que de communication » entre les parents et le
bébé (p. 17). Parlant de ces moments, il utilise une terminologie qui implique
une-fusion-en-même-temps- qu'une-séparation : « aligner l'adulte à l'enfant »,
« être avec le bébé », « partager », « processus d'accordage », « moments de
communion », « faire le plein » (p. 17) — consubstantiation et transsubstan-
tiation.

connaissent cette merveilleuse intimité davantage que d'autres. Si vous m'accordez cela, vous admettrez peut-être que certains bébés connaissent trop de cette intimité. Vous pourriez même penser, comme je le suggère, que ceux qui en connaissent beaucoup trop la reçoivent de mères qui en ont connu beaucoup trop peu et qui ont besoin de garder leurs fils-bébés comme s'ils faisaient toujours partie de leur corps afin de guérir du sentiment affreux de ne rien valoir parce que femelle.

Dans la réalité qui complique l'état idéalisé de la théorie, on peut, naturellement, se demander dans quelle mesure un bébé, bien que constamment cerné par l'effort que fait sa mère pour néantiser douleur et frustration, essaiera néanmoins de se dégager de son étreinte incessante. Je présume que tous les bébés ont ces impulsions à se séparer (en partie génétiquement préprogrammées), mais je crois aussi que cette capacité est plus forte chez certains que chez d'autres, et que les bébés qui se plaignent le moins, qui se prêtent le plus à l'étreinte, courent de grands risques lorsqu'ils naissent d'une mère acharnée à exercer cette étreinte.

Je présume également que les efforts de la mère pour empêcher que son fils ne lui échappe entraînent des angoisses primitives (diffuses, non verbalisées), mais ici encore, je pense que chez ces garçons féminins les angoisses sont moins mordantes, moins traumatisantes, moins à même de motiver le garçon à s'échapper de sa mère que ce n'est le cas pour les garçons qui évolueront vers la masculinité.

Ces derniers élaborent progressivement une structure psychique qui fait qu'ils se séparent pour toujours de leur mère-à-l'extérieur et de leurs impulsions internes à rester fusionnés avec elle. C'est une vigilance — une « angoisse de symbiose », ou une « barrière à la symbiose » ou une « angoisse de fusion » — érigée en qualité de pare-fusion, plus ou moins réussi, plus ou moins permanent, qui permet au garçon de se sentir un corps distinct et une identité distincte de sa mère. (J'ai idée que ces barrières sont également édifiées à partir des premiers mois, tant chez les garçons que chez les filles,

afin d'éviter la tentation de rester un avec la mère eu
égard à d'autres qualités liées à la dépendance/indépen-
dance en dehors de la masculinité et de la féminité.)
Cet empressement à résister à l'attraction vers la fusion
est de l'ordre de la névrose — c'est-à-dire un produit
du conflit, du traumatisme et de la frustration —, mais,
comme le conflit œdipien (dont il est une part précoce),
il est nécessaire au développement. En son absence,
l'arrêt se produit. En d'autres termes, comme nous le
savons, la névrose fait partie du développement normal
(encore que vous préfériez peut-être, comme moi, abandonner le terme *normal* au profit de termes moins chargés
comme *normatif, attendu,* ou *adaptatif.*

Dans la mesure où le garçon peut mobiliser des défenses
contre son désir de fusionner avec sa mère, moins il sera
féminin, ou plus la féminité sera mêlée au comportement
masculin, plus il souhaitera être mâle. Il se peut qu'il
soit névrotique ou pervers, mais ce sont là des états
plus avancés que cette féminité vide.

Limentani (1979) énonce clairement ce problème qui
préoccupe également tout un chacun. « Il est difficile de
considérer comme étant non traumatisant le comportement de la mère qui altère activement le processus de
la séparation et de l'individuation. » J'admets que ce
soit difficile, mais je demande à mes collègues de réprimer
un instant leurs réflexes analytiques pour voir s'ils
peuvent évoquer l'image d'un bébé/enfant qui connaî-
trait de longues périodes d'intimité avec une mère chaleureuse, étreignante, pleine d'adoration. Et supposez
qu'avec le développement du système neuro-musculaire
de l'enfant, de son système verbal et autres, sa mère
soit très émue de ses progrès et encourage chez lui une
précocité artistique et intellectuelle — tant qu'il est en
contact constant avec elle (voix, regards, toucher).
S'agit-il là d'un traumatisme ? A la longue même ces
garçons protestent contre l'attention de leur mère, mais
ils ont alors quatre, cinq ou six ans. Si les règles du
jeu sont que la protestation — en l'absence d'autre
preuve clinique de souffrance — est acceptée comme
signe de réaction à un traumatisme suffisamment grand

pour inverser l'identité de genre, alors je suis perdu.

Pour me répéter : la forme pure de cet état n'existe qu'en théorie. Dans le monde réel, nous avons affaire à des continua, des degrés, des facteurs d'une imbrication complexe, des sommes algébriques, des impressions cliniques. Si je parle, par exemple, d'une symbiose merveilleuse, ce ne peut être qu'une généralisation. Bien que ces mères soient motivées de façon quasi surhumaine à créer une félicité mutuelle, elles ne peuvent, bien sûr, y parvenir. Mais elles s'y emploient avec un certain succès, bien trop certain. Et naturellement, pour autant qu'elles l'essaient, elles ne peuvent protéger totalement leur fils de l'angoisse. (Nous présumons tous, de toute façon, que l'angoisse a des origines infantiles si inévitables, et même si organiques, qu'aucun style maternel ne peut en empêcher la formation.)

Prenant en compte la très grande intensité selon laquelle ces mères ont envié les mâles, vous vous demanderez également si elles peuvent gommer cette hostilité de leur amour pour leurs fils. (On sait comment les mères de certains mâles homosexuels opposent à leur fils une hostilité fondamentalement menaçante.) Néanmoins, je crois les mères des garçons féminins. Elles ne sont pas hostiles à l'égard de leurs fils. (Elles peuvent l'être, à coup sûr, à l'égard de leurs autres enfants.) En fait, si les mères étaient plus mauvaises, les garçons se mettraient à modifier la féminité à l'aide de défenses contre l'hostilité de leurs mères, défenses qui, bien qu'entraînant des névroses, des troubles du caractère et des perversions, permettent tout au moins l'apparition d'un rien de masculinité.

Gardez à l'esprit qu'en décrivant cet excès d'amour, cette submersion du développement du garçon dans une ambiance assez dépourvue de frustration, je ne signale pas seulement un trouble de l'excès, mais également un trouble de l'insuffisance. Les garçons n'ont pas assez de frustration, de souffrance, de traumatisme, de conflit. Et ils n'ont pas assez de père. Il n'est pas là en tant que personne à laquelle s'identifier et à aimer, et il n'est pas là pour protéger son fils du comportement sans cesse engloutissant de la mère. Le trouble induit qu'est « l'état limite »[10] résulte davantage d'un vide intérieur — être la chose de la mère plutôt que son enfant — que d'une défense figée contre une angoisse insupportable.

Pour le clinicien ayant l'expérience des troubles de genre, j'ajouterai deux remarques. Premièrement, qu'ils se souviennent que je ne parle pas ici de la majorité des garçons qui grandissent et demandent à « changer de sexe ». La plupart d'entre eux ne correspondent pas à la description clinique de *ces* garçons très féminins, et ne sont pas issus de familles présentant la constellation de forces décrite plus haut. S'ils essaient de faire entrer la plupart des mâles qualifiés d'homosexuels dans le tableau que j'ai présenté, ils ne peuvent y parvenir. Cet échec représente un peu la confirmation de ces théories, il ne les réfute pas.

Deuxièmement, une mise en garde en ce qui me concerne. Bien qu'ayant étudié des enfants, des adolescents et des adultes qui cadrent avec le tableau clinique et la dynamique que j'ai esquissés, je n'ai jamais suivi un de ces petits garçons non traité[11] jusqu'à l'âge adulte pour voir si les prédictions sont toujours valables. Parmi ceux que nous avons étudiés qui sont maintenant adolescents, aucun ne ressemble maintenant à un transsexuel primaire ; bien que chacun d'entre eux présente une aberration du genre et/ou des désirs homoérotiques[12].

---

10. Les guillemets indiquent que je ne suis pas certain de ce que sont les dimensions cliniques de cet « état limite ».

11. Une simple évaluation, même sans traitement, peut changer la dynamique jusqu'à un certain point.

12. Jusqu'ici, nos études catamnestiques sont trop minces pour prêter à autre chose qu'aux impressions les plus ténues. J'ai cependant observé de près l'étude catamnestique, seule de sa catégorie, de Richard Green qui a observé pendant quinze ans une série de quarante-quatre garçons présentant des troubles de genre (Green, 1975). Il n'en a trouvé aucun qui s'avère un transsexuel primaire, bien que plus de la moitié de ses cas présentent une aberration de genre ou soient homosexuels. Deux de ses cas proviennent de mes quinze cas ; ils sont homosexuels, mais non transsexuels. Toutefois, les autres cas ne peuvent pas vraiment être comparés aux miens dans la mesure où aucun de ses cas, lorsqu'il fut vu dans l'enfance, n'était aussi féminin que le plus féminin de ceux que j'ai étudiés. Néanmoins, pour certains de ses cas, il constate une dynamique similaire à celle que j'ai décrite plus haut.

Je viens de décrire la façon dont les mères contribuent à l'identité de genre de leurs garçons très féminins. Au chapitre suivant, je m'étendrai sur des descriptions antérieures des pères de ces garçons. Ce faisant, je peux également rectifier la perspective qui, dans certains cercles, voit les fondements du comportement exclusivement dans la toute petite enfance et la relation mère-bébé.

Comme pour les mères, j'ai idée que l'étude des pères aberrants de ces garçons aberrants aide à mieux comprendre la contribution des parents, quels qu'ils soient, à leurs enfants.

4

Féminité prononcée
chez des garçons :
accent sur les pères

Au commencement, peut-être n'y avait-il chez les humains, comme chez les animaux inférieurs, rien de tel que la masculinité ou la féminité, comportement différencié selon le sexe découlant précisément des nécessités de se protéger et de protéger l'espèce. Mais l'homme, étant ce qu'il est, a instauré le comportement stylisé chaque fois qu'il a pu trouver quelques moments de loisir : théâtre, théologie, loi, jeux, art, tradition. Un homme, de nos jours, n'a pas à matraquer les brutes nocturnes pour sauver sa vie ou protéger sa famille ; au lieu de cela, son état de mâle et sa masculinité étant quasi dépourvus de fonction, il peut s'asseoir, enivré de bière, à regarder à la télévision la guerre, le football, le viol et le meurtre, et laisser les publicités pour les voitures rapides et les vêtements de luxe *être* — non pas simplement signifier — sa masculinité. Dans les sociétés où l'on ne doit pas être prêt à tout, sa masculinité est de plus en plus rituelle, à une exception près qui nous concerne : les pères promeuvent la formation de l'identité de genre de leurs enfants.

Frappés par les grandes découvertes sur l'enfance qui surgirent des analyses d'adultes, et par les intuitions des artistes et des créateurs de mythes, les analystes, pendant des années, n'ont pas été poussés — en dépit de l'anecdote occasionnelle — à procéder à des observations de bébés et d'enfants ordinaires ou bizarres. Mais la vision tirée des drames présentés au théâtre ou dans le transfert peut être, en termes de psychologie au sens large, une vision déformée. Dans le cas des bébés et des enfants ordinaires, en particulier, ce que nous savons des terreurs et des ravissements doit être contrebalancé par des observations concernant les instants, les heures et les années du développement qui sont autant de temps quelconques et calmes.

Bien qu'évidente, l'idée d'acquérir des connaissances sur le développement en observant les enfants avec leurs parents a mis longtemps à éclore dans la réflexion psychanalytique. Avec des données quasi entièrement issues des analyses d'adultes, des imaginations des analystes et des productions d'artistes, les textes reçus ont été, à mon sens, un peu histrioniques, pleins de descriptions trop grand-guignolesques et pas toujours fidèles à la comédie légère qui forme les vastes mouvements des premières années de la vie. Il y a du vrai dans les cauchemars, mais de même en est-il de l'ordre banal de la journée.

Nous n'en serions nulle part sans le drame — Œdipe, les déesses de la terre et Lady Macbeth, Cronos dévoreur d'enfants et le Christ dévoré — et pourtant, il faut y ajouter en complément l'observation hors traitement de parents ordinaires dans l'exercice de leurs activités ordinaires avec leurs enfants (par exemple, Abelin, 1971, 1975 ; Kleeman, 1971 ; Mahler, 1968). En outre — direction dans laquelle me conduisent mes données — nous pouvons étudier les enfants aberrants afin de voir plus facilement quels types de comportement parental anormal sont impliqués dans tels ou tels troubles de l'enfance. Depuis les origines de l'analyse, le comportement correspondant à l'autre genre a été utilisé pour ce faire. Il suffit d'évoquer des concepts fondamentaux tels que bisexualité, angoisse de castration, envie du pénis et conflit œdipien pour se souvenir de l'importance des pulsions correspondant à l'autre genre dans les théories de Freud (encore que nous sachions que sa conception du pré-œdipien était plus embrouillée que la nôtre).

Freud n'a pas eu le temps de donner suite à sa conscience — à un âge avancé — qu'un vaste domaine — la relation pré-œdipienne avec la mère — se trouvait derrière ce qu'il avait découvert dans la phase œdipienne. En dégageant ce monde vaguement perçu, les analystes, sur la base de plans de recherche de plus en plus sophistiqués, ont observé les bébés et les enfants à travers leur vie fantasmatique (telle que révélée dans le jeu, par exemple) et dans leur action avec leur famille. En raison de son rôle premier, la mère pré-œdipienne a été — à juste titre — le parent le plus étudié.

Non pas que nous ignorions tout du père pré-œdipien. On a constaté qu'il avait quatre fonctions d'importance dans les premières années de la vie de ses enfants : premièrement, il est le principal soutien de la mère, son effet sur l'enfant étant moins souvent direct que celui de la mère ; deuxièmement, plus tard, il modifie directement le comportement par la récompense et la punition ; troisièmement, en particulier mais non exclusivement, il est, chez les garçons, un modèle d'identification ; et quatrièmement, en particulier mais non exclusivement, il devient pour les filles un objet d'amour. Il existe une fonction, capitale pour les garçons, que soulignent mes données : un père fait fonction d'écran pour protéger l'enfant contre les pulsions que pourrait avoir la mère à prolonger la symbiose mère-bébé. Comme le dit Abelin (1975) : « Au cours de la sous-phase de pratique de la séparation-individuation, on considère maintenant que le père joue un rôle important dans le développement des attitudes exploratoires et phalliques précoces ; et dans la sous-phase qui suit, son rôle serait capital pour dégager le moi du mouvement de régression vers un retour à la symbiose. Mahler (1966) a particulièrement insisté sur l'origine non symbiotique et la qualité de la relation père-enfant — ce qui était ce qui permettait au père de demeurer "non contaminé" au cours de ce stade » (p. 293).

La mesure dans laquelle le père remplit la même fonction avec sa fille est incertaine. Blum (1976) note que le père complémente et aide à orienter et à guider l'individuation féminine de la fille.

Il serait peut-être bon de se tourner de nouveau vers le rôle du père dans les années pré-œdipiennes et d'y réfléchir, non pas parce que nous souhaitons contre-balancer la récente concentration sur les effets des mères, mais parce que nous avons encore beaucoup à apprendre. Mes données sur les pères d'enfants qui sont des mâles très féminins et des femelles très masculines donneront peut-être une idée de la façon dont des pères plus ordi-naires contribuent au développement de leurs enfants plus ordinaires.

UNE SÉRIE DE CAS

Dans l'espoir que vous verrez précisément la nature de l'absence de ces pères, je présenterai des citations typiques, prises au hasard, chez neuf des quinze familles mentionnées au chapitre précédent. Vous verrez com-ment les mêmes thèmes se répètent. (L'espace nous étant mesuré, il est bon de ne pas démontrer le fait que la dynamique était à l'œuvre dans les quinze familles.) Ces citations sont des citations directes, prises au cours d'entretiens d'évaluation avec moi ou de conférences avec notre groupe de recherche. Pour la publication, le matériel verbal a seulement été débarrassé du bégaie-ment et des répétitions, les phrases impossibles à suivre sans entendre les inflexions, ou quelques mots pouvant provenir de quelques phrases avant la phrase en question, ont été ajoutés, cela en vue de condenser ou d'éclairer le sens du locuteur[1].

---

1. Le lecteur, malheureusement, doit souffrir d'un inconvénient qui peut modifier sa perception des données : les transcriptions de conversations sont un langage qui diffère du langage parlé par ceux qui conversaient. Entendre des personnes parler spontanément et lire les mots énoncés ver-balement n'est pas la même chose. Ceux d'entre nous qui relatent des citations brutes comme celles-ci risquent de perdre l'intérêt de leur auditoire, ou, s'ils paraphrasent le matériel ou le transforment d'une quelconque façon en anglais lisible, de convertir les données en quelque chose de véri-tablement différent de la situation originale. A mon sens, l'intégrité des données est moins menacée si on les rapporte mot à mot ; mais cela peut anesthésier le lecteur.

Cas 1

Comme toutes des mères de cette série, cette femme avait été déprimée toute sa vie. Elle faisait toutefois partie des deux mères qui avaient été traitées pour dépression. Pour les autres, cet état ne se présentait pas comme une nette dépression, mais plutôt comme un sentiment de désespérance. Toutes ces femmes étaient désespérées d'être femelles, état qu'elles estimaient sans valeur, et avaient été détruites lorsque la puberté ne les avait pas changées en mâles. Dans chaque cas, le désir d'être mâle avait été consciemment abandonné à l'apparition des caractéristiques sexuelles secondaires femelles[2].

Considérons que ce désir désespéré d'être mâle qui suit vaut pour toutes les autres mères. (Leurs paroles sont rapportées dans des publications antérieures, Stoller, 1968 *a*, 1975 *a*). En l'assimilant, peut-être sentirez-vous pourquoi elles ne pouvaient supporter que d'épouser des hommes passifs et éloignés.

M. — Ce qui m'intéressait, c'était les habits de garçons. Quand je jouais, j'étais tout le temps en vêtement de garçons. Je ne jouais jamais avec les filles. J'étais un vrai combattant ; peu de gens avaient le dessus, pas même les garçons de mon âge. Je dirigeais tout. J'avais mon équipe de football à moi, mon équipe de baseball ; c'était une équipe de garçons, pas de filles. Si ça ne leur

---

2. « J'étais la seule fille du voisinage, à l'époque, à porter un pantalon. Ma mère était tout le temps furieuse après moi. Elle avait du mal avec moi. Je lui ai donné beaucoup de mal parce que j'étais une fille en très bonne santé et j'avais la voix rauque. J'aimais beaucoup le sport, toujours sur le terrain de foot avec les garçons, toujours à jouer avec les garçons. Je ne m'en laissais pas remontrer par les garçons jusqu'à ce que j'aie environ quinze ans, et alors j'ai commencé à m'y mettre et j'ai changé complètement, du fait de la croissance [puberté]. Je ne me suis pas vraiment développée avant quatorze ou quinze ans. J'ai été un peu déçue de prendre un corps de femme, parce que je faisais du vélo et tout, mais le sentiment que j'éprouvais venait surtout des garçons parce que je ne voulais plus jouer au ballon ni rien. Je me souviens encore quand j'avais dans les quinze ans, un garçon m'a complètement entourée d'une corde et l'a passée sur mes seins. C'était serré, serré et il a dit : « Maintenant je vais presser et le lait va sortir », et cela m'a tellement embarrassée que je n'ai plus joué avec les garçons après ça. »

convenait pas, ils ne jouaient pas. Je tentais de faire tout ce que les garçons peuvent faire. D'aussi loin qu'il m'en souvienne, j'ai toujours voulu être un garçon. J'étais très contrariée que Dieu ne m'ait pas donné un pénis. Cela a commencé quand j'avais quatre ou cinq ans. Je me souviens que, le soir, je faisais des prières pour me réveiller garçon le lendemain matin.

Aussi a-t-elle épousé cet homme :

M. — Mon mari est alcoolique. Comme vous savez, quand une personne boit, il n'y a aucune communication entre mari et femme. Et il buvait hors de la maison la plupart du temps. Au commencement, ça n'allait pas trop mal ; il ne buvait pas beaucoup et il était à la maison la plupart du temps les deux premières années de notre mariage. [Un fils né à cette époque est un garçon masculin.] Progressivement, c'en est venu au point qu'il allait directement de son travail à un bar, et buvait, buvait, la plupart du temps jusqu'à ce que le bar ferme ; il était rarement à la maison. Il était au dehors. Et, naturellement, c'était quand le petit était très jeune, et je crois qu'il ne savait même pas qu'il avait un père, parce qu'il ne le voyait jamais, peut-être les dimanches, mais mon mari rentrait à la maison à deux, trois, quatre, cinq, quelquefois même sept heures et demie [du matin] et il se couchait et partait travailler et c'était comme ça tous les soirs. Je veux dire c'était —— et, naturellement je me racontais des histoires. Si j'avais eu le moindre bon sens, j'aurais dû penser qu'il ne serait pas à la maison pour dîner —— « Je ne lui préparerai pas à dîner » —— et me mettre à manger. Mais j'attendais toujours ; tous les soirs, j'attendais. Et j'attendais, j'attendais, jusqu'à sept heures, sept heures et demie et je mangeais très tard. Parce qu'il ne rentrait jamais dîner. Certains soirs, il lui arrivait de rentrer à huit heures et demie. Je ne sais pas pourquoi —— j'imagine qu'il avait dû quitter le bar par erreur —— mais quelquefois il arrivait à la maison vers huit heures et demie, neuf heures ; mais c'était très rare. La plupart du temps, c'était deux heures ou deux heures et demie et il restait généralement à la maison le dimanche, mais, bien sûr, il buvait toute la journée.

Maintenant, il a cessé de boire ; mon mari s'est mis maintenant à la photographie, et nous n'avons aucun échange entre nous. Il arrive à la maison, il mange, et il va au garage. Il a là des meubles de rangement, une chambre noire et tout l'attirail. Alors, presque tous les soirs il est là-bas, et dimanche —— dimanche dernier —— il a joué au golf le matin, et l'après-midi il avait un programme prévu de prises de photos pour quelqu'un. Aussi avons-nous été seuls tout le dimanche, et cela m'a beaucoup contrariée. En fait, nous nous étions disputés à ce propos avant le petit déjeuner. Sur le fait qu'il s'absentait. Je tiens absolument à ce que le dimanche soit pour lui le jour qu'il passe avec la famille. C'est son seul jour libre et je sens que les garçons ont besoin de cela et moi aussi.

Les pères, généralement, ne venaient pas aux entretiens d'évaluation. Lorsque, ce travail achevé, une conférence était organisée dont on soulignait l'importance pour l'avenir du garçon, certains pères continuaient à ne pas se présenter ; tel était le cas pour cette famille. Puis, lorsque nous avons conseillé que les pères participent au traitement, pas un seul n'a été capable de coopérer ; les deux qui ont essayé de le faire ont cessé, l'un après quelques visites, l'autre, au bout de quelques mois.

M. — Mon mari travaille aujourd'hui ; il n'a pas demandé à s'absenter, mais je pense qu'il l'aurait pu, s'il l'avait demandé. Il travaille avec sa mère, et je suis sûre que s'il lui avait dit pourquoi c'était, elle lui aurait volontiers permis de s'absenter. J'ai découvert hier soir que vous l'aviez appelé au téléphone. Juste avant que nous nous couchions, il a dit : « Oh, à propos, je ne peux pas m'absenter demain. » Et j'ai dit : « Je ne savais pas que tu l'avais prévu. » Il a dit : « Le Dr Stoller a appelé. » Et j'ai dit : « Qu'est-ce que tu lui as dit ? Est-ce que tu lui as dit que tu venais ou pas ? » Il a dit : « Je lui ai dit que j'essaierais. » Et j'ai dit : « Et tu as essayé ? » Et il a dit : « Non. J'avais peur de dire quoi que ce soit à ma mère. Je m'absentais trop. » Alors pour quelles raisons s'était-il absenté, je l'ignore : il n'a pas passé ce temps-là avec la famille.

Mon mari est très très calme. Généralement, il lit ou il est dehors au garage avec son matériel photographique et il développe des photos. Je sais que demain il passera toute la journée sur des photos de mariage qu'il a prises à un mariage. Il faut qu'il les ait faites demain. Pendant un temps, il travaillait à cela tous les soirs, autrement dit, il se levait de table et allait directement se mettre à travailler à ses photos au garage. Quand nous nous sommes installés dans notre maison, nous avons acheté un billard, et pendant des nuits et des nuits il a étudié les meilleurs coups, et il jouait au billard presque tous les soirs. Il invitait quelqu'un, ou il allait jouer tout seul. Il passe très peu de temps avec la famille.

S. — Comment votre mari réagit-il au fait que votre fils s'habille en vêtements de fille ?

M. — Il n'aimait pas du tout ça, même les premières fois où le garçon portait cette robe. Mais il n'a rien fait à ce propos. Et il me le reprochait et me disait que je ne devrais pas le laisser porter la robe, et me demandait ce que j'essayais de faire, d'en faire une tapette et ce genre de chose. Quand mon mari le voyait se déguiser, il se moquait de lui, et lui disait que les petits garçons ne s'habillaient pas comme ça, *mais il ne le faisait pas cesser* [c'est nous qui soulignons].

Dans la plupart de ces familles, il y avait d'autres fils, qui étaient masculins. Pour chacun de ces garçons, des informations précises indiquaient que la dynamique familiale était différente de celle à l'œuvre avec les garçons féminins : les pères étaient présents au cours de la prime enfance et de l'enfance des garçons masculins, et il n'y avait pas de symbiose mère-bébé excessivement étroite. Dans cette famille, par exemple, l'alcoolisme du père n'a débuté qu'après la naissance du garçon féminin. Le père était à la maison, et ne buvait pas quand son fils aîné était petit.

Cas 2

M. — Je suis beaucoup plus dominatrice que mon mari. Tout au long des années, il m'a laissée prendre toutes les choses en main ; il disait qu'il lui paraissait plus facile de me laisser ce soin. Comme pour les punitions ; il semblait que j'étais toujours celle qui exerçait la discipline et... j'ai l'habitude de prendre les décisions et de dire... « je » au lieu de « nous ». Et je paie les factures et m'occupe de l'argent. J'ai donc été la personne forte de la famille, porté la culotte, j'imagine, pour ainsi dire, et je n'ai pas aimé cela du tout. Avec les gosses, je n'ai jamais fait comme si mon mari était la personne dominante ; je n'ai pas créé cette image, absolument pas. Il n'a pas suffisamment rempli sa fonction de père, et n'a pas non plus l'impression de l'avoir remplie. Comme à la maison, bien souvent, il aimait mieux regarder la télévision que de sortir et de jouer avec les gosses ou de parler davantage avec eux, partager leurs problèmes. Et il disait qu'il n'était pas du genre athlétique ; il est plus spectateur qu'acteur. Et s'il y a un bon match à la télévision, il préfère regarder ça.

Mon mari est bien élevé ; il vient d'une très bonne famille. J'ai toujours dit que l'homme que j'épouserais devrait être ambitieux et travailleur. Naturellement, je ne savais pas ce qu'il en était de lui, et il n'est rien de cela, et j'en ai été déçue. Et je sens que cela a rabaissé mon opinion et changé ma façon de le voir au fil des années, et j'essaie de me convaincre que ce n'est pas bien parce qu'il a trop d'autres qualités de prix ; mais je sens que cela m'a rendue moins respectueuse à son égard... Il a été élevé principalement par sa mère ; son père était en tournée la plupart du temps.

P. — Mon rôle dans la famille est plutôt de type nonchalant, alors que ma femme, dirons-nous, menait toute l'affaire et portait plus ou moins la culotte en ce qui concerne les enfants. Et je rentrais à la maison, et elle me disait ce qui se passait, ce qu'elle avait fait et ce qu'elle n'avait pas fait à ce propos, et je prenais la solution paresseuse : c'était fait ; pourquoi en faire une

histoire ?. Elle s'en était occupée. Alors, en mettant la
chose devant les gosses, plutôt que de faire une autre
scène ou d'en discuter ou d'argumenter, je me contentais
de passer. Cela était-il bien, mal ou ni bien ni mal, je
n'en sais rien. A l'époque, je pensais que c'était bien, et,
comme je dis, là aussi je prenais la solution paresseuse.
Alors nous avons essayé, il y a peut-être un an ou deux,
d'avoir un jour de la semaine ou du week-end, peu
importe, qui était le jour du père-et-du-fils, rien que
nous deux, sans nous soucier de tous les autres : « C'est
notre jour. » Et fort malheureusement, je ne me suis
pas beaucoup accroché à ce jour ; et s'il s'était mal
comporté ou quoi pendant la semaine, je lui disais :
« Alors il n'est plus question de notre jour. » Mais je ne
l'ai pas fait suffisamment souvent pour qu'il croie que
c'était une punition. Entrait pour une bonne part
là-dedans le fait de ne pas passer ce temps-là avec lui
alors que j'aurais dû : lancer un ballon ou quoi que ce
soit, ce que je n'ai pas fait autrefois.

L'endroit où je travaille était ouvert tous les soirs ; je
rentrais tard. Le magasin ouvrait à 10-11 heures [du
matin] et je travaillais jusqu'à 9 h-9 h 30 [du soir].
Alors je n'étais pas là pour le dîner quand les enfants
allaient se coucher. Mais nous prenions le petit déjeuner
ensemble le matin, et quand il n'allait pas à la maternelle ou à l'école, nous jouions un peu ou je dormais
— je ne sais pas — et je n'étais guère avec lui. Nous
avions un jour libre pendant la semaine, et j'essayais de
le passer avec nous tous ou de faire des courses qu'il
fallait faire et que je n'avais pas la possibilité de faire
à d'autres moments. Même lorsque j'étais là, je n'étais
pas avec lui comme j'aurais dû l'être. Il était plus ou
moins avec ma femme, et j'étais pour ainsi dire à
l'arrière-plan. Et les samedis et les dimanches, je travaillais ; j'avais un jour libre pendant la semaine... je
n'aimais pas cela, mais... qu'est-ce qu'on peut bien y faire ?

Quand j'étais à la maison, je ne jouais pas avec P...,
pas beaucoup, parce qu'il allait alors à l'école maternelle.
Nous n'avons jamais joué au ballon ou fait du catch,
nous ne sommes jamais sortis ensemble. C'était ou bien

la sortie en famille ou... et puis nous avons commencé à parler de ce jour du père-et-du-fils ensemble, mais il avait trois ou quatre ans, et nous l'avons fait quelquefois, et puis nous avons plus ou moins espacé, et c'en a été fini.

A propos de ma femme ; pour moi, c'est [sa femme]* la mienne, et la beauté est affaire d'opinion. Et pour moi, elle est belle et pour quelqu'un d'autre elle pourrait être la chose la plus épouvantable sur des pieds. Qui peut dire ? Personne n'est parfait. Je ne serais pas humain si je n'argumentais pas. Je pourrais avoir 10 dollars dans ma poche et en dépenser 50, si vous voyez ce que je veux dire. L'argent me brûle les doigts, c'est pourquoi je lui ai laissé toutes les finances sur le dos dès le début, plus ou moins, bien fait, mal fait, je n'en sais rien. C'est peut-être là qu'elle a senti qu'elle portait la culotte, étant donné qu'elle tient les cordons de la bourse. J'ai pris la solution paresseuse ; et pour moi c'était un soulagement. Je n'avais pas à m'en préoccuper, avec elle. Ses autres responsabilités étaient fondamentalement d'élever les enfants, de tenir la maison, une femme au foyer, ce qui représente probablement plus de travail qu'un type n'en fait en allant travailler. Je la taquinais toujours, elle et tous les autres, disant que si je me réincarnais, je reviendrais en femme juive au foyer, parce que les femmes juives, elles le font faire. Mais, il y a environ un an, il y a eu une épidémie de grippe à la maison, elle a été au lit avec la grippe deux ou trois jours et je commençais juste à récupérer. J'étais aussi à la maison, mais j'étais capable de bouger et de circuler et de sortir du lit ; je faisais des tas de travaux de ménage. Alors j'ai dit : « Je me suis trompé, je n'ai pas envie d'être une femme juive au foyer. Je te laisse jouer ; qu'on me sorte d'ici. »

Cas 3

Il s'agissait d'un garçon de quinze ans si désespéré d'être un mâle contraint à des rôles masculins qu'il fut

---

* « It's mine ». Il parle de sa femme au neutre. *(N.d.T.)*

hospitalisé pour démence précoce. On ne pouvait pratiquement rien en faire, bien qu'il fût enfermé dans une chambre d'isolement, jusqu'à ce qu'on lui dît qu'il serait évalué par une équipe de recherche connaissant bien les troubles du genre. Le comportement et la pensée « psychotiques » disparurent instantanément chez lui et ne réapparurent jamais. Une fois encore, la constellation familiale typique apparut, à l'exception d'un trait qui différait des autres cas : le père participa aux plans de traitement. Toutefois, il avait été absent au cours de la prime enfance et de l'enfance de son fils, la mère comblant sa solitude avec ce bébé et créant une grande intimité. Un frère plus âgé, non soumis à la symbiose pathogène et non exposé à un père absent, était masculin.

P. — Ayant été dans l'armée, j'ai été outre-mer en 1953 et 1954 et c'est la dernière fois que j'étais hors du tableau familial. Mon fils [transsexuel] est né en 1952. Et lorsque je suis rentré, le seul problème est que je n'ai sans doute pas été aussi souvent à la maison que certains parents du fait que j'atterrissais toujours à un endroit où je devais faire la navette. [Pour ne pas être transféré] quand je revins d'outre-mer en 1954, plutôt que de renoncer à cette situation de vie avantageuse, je faisais la navette et je n'ai pas passé autant de temps avec la famille que j'aurais pu le faire si j'avais été placé dans l'aire géographique proche.

Cas 4

Le patient, dans ce cas, avait dix-neuf ans lorsqu'il fut vu pour la première fois, une « femme » très belle pour qui le diagnostic initial avait été celui de trouble endocrinien congénital (Schwabe *et al.*, 1962 ; Stoller, 1964). Ce n'est que huit ans plus tard qu' « elle » confessa qu'elle volait des œstrogènes à sa mère depuis juste avant la puberté, et de ce fait, s'étaient développés chez elle des caractères sexuels femelles secondaires spectaculaires mis en valeur par des organes génitaux mâles normaux. Elle s'était fait « changer de sexe » par intervention chirurgicale, s'était mariée, et vivait en tant que femme depuis des années lorsqu'elle me permit finalement d'interviewer sa mère. Avant cela, elle m'empêchait de recueillir des informations sur sa petite enfance et son enfance qui auraient pu mettre mes hypothèses à l'épreuve.

Ici encore, dans cette famille, il y avait un frère aîné normalement masculin, n'ayant été soumis ni à la symbiose merveilleuse, ni à l'absence du père.

M. — Mon mari a eu une narcolepsie lorsque C... [transsexuel] avait environ deux ans, et il devait prendre de grandes quantités de benzédrine pour le tenir éveillé, car sa narcolepsie se présentait sous forme de crises de sommeil. Il s'écroulait de sommeil dans son assiette ou en quelque lieu que surviennent ces crises, mais il était très entêté et très grincheux. Il ne prenait pas ses comprimés au moment voulu, il les prenait de façon à pouvoir rester debout toute la nuit et travailler —— ce qui faisait qu'à la maison nous avions beaucoup de mal avec lui pendant la journée parce qu'il ne se reposait jamais. Le docteur a dit que peut-être il sentait qu'il en avait davantage besoin le soir que pendant la journée parce qu'il pouvait travailler davantage la nuit. Il travaillait des nuits entières. [C'était dans un chantier naval pendant la guerre.] Et puis, il est passé d'un travail à un autre et il ne s'entendait avec personne. Et en fin de compte il y renonça et fit de menus travaux, et finalement il a décidé de laisser tomber. Il ne voulait pas de responsabilités —— j'avais quatre enfants. Il ne voulait pas que nous allions avec lui...

La narcolepsie de mon mari a commencé quand C... avait environ six mois. Il n'a jamais fait beaucoup partie de la famille. Il faisait les choses tout seul. Mon mari a essayé, mais ça n'a pas marché. C... et lui n'ont jamais été proches l'un de l'autre. Quand C... avait six mois —— un an, il [le père] buvait énormément, et quand il rentrait à la maison il démolissait tout dans la maison, d'une violence, et il me battait si durement que quelquefois je ne pouvais pas sortir du lit pendant

deux ou trois jours... Il n'y a jamais rien eu entre C...
et lui. En fait, je doute qu'il ait voulu d'autres enfants.
[C... était le dernier.] Le jour où le bébé est né, il sort
et se soûle. Il a vu le bébé le lendemain ; il était simplement bouffi d'orgueil d'avoir un autre bébé et c'était
tout. Je ne crois pas qu'il soit même venu à l'hôpital
après ça. Puis il est allé à des réunions syndicales ; il
n'était jamais beaucoup à la maison. Il n'aimait pas
jouer avec elle [fils] ; il n'a jamais fait beaucoup attention
à elle.

Cas 5

Lorsqu'il fut vu pour la première fois, à quinze ans,
ce garçon était extrêmement féminin, gracieux et beau.
Peu après, il quitta la maison pour commencer à vivre
en tant que femme et a continué à le faire depuis lors.
Maintenant, plus de vingt ans après, c'est une femme
ravissante, elle a un corps féminin et des organes génitaux « femelles » obtenus par intervention chirurgicale.

M. — Pour ce qui est de jouer à des jeux avec M...
ou de faire quoi que ce soit de cet ordre, mon mari ne
l'a jamais fait. Il m'a jamais dit : « Allez, fils, on va faire
ceci ou on va faire cela. » Il a toujours eu l'impression
que M... le détestait ou était contre lui pour quelque
raison, même quand il était petit. Après que M... soit
sorti de l'âge de bébé, je dirais vers deux ans, même alors
mon mari ne trouvait jamais rien à dire avec M... En
fait, je me souviens que nous discutions beaucoup là-
dessus quand M... était petit. Je disais : « Pourquoi ne
vas-tu pas jouer au baseball avec lui ? », et alors il
rejetait le fait que tous les psychiatres disent que le
fait d'être ensemble était très important ; il considérait
que ce n'était pas ce qui faisait vraiment une famille,
ce fait d'être ensemble.

Quand il rentre à la maison, immanquablement, il se
met à travailler à quelque chose. C'est son hobby. Il
fait ça jusqu'à l'heure du dîner. Alors, il parle aux
gosses, ou souvent il disait : « Allez, viens m'aider »,

ce qu'ils ne faisaient jamais. Vous voyez, il voulait devenir ami avec eux à ses conditions à lui. Il n'avait pas de contact avec M... au dîner, aucun, si ce n'est : « Tu ne manges pas ; pourquoi tu ne manges pas ; maman a préparé le dîner. »

Après dîner, il va lire le journal, ou quelque chose de ce type. Je ne l'ai jamais vu s'asseoir et jouer à un jeu avec aucun des enfants, jamais. Il ne leur lisait rien. Périodiquement, il parlait de ce qui se passait dans le monde, mais lire, jouer, ou toute autre chose comme ça ―――― ça n'existait pas, voilà tout. A l'heure du coucher, il dit : « Pourquoi tu ne viens pas me faire un baiser et me dire bonsoir ? » Il aimait cela quand les enfants lui disaient bonsoir et l'embrassaient. Le matin, c'est un lève tôt, et alors, c'est sûr, il se levait et partait [avant que les enfants ne soient debout]. Il y avait très peu de contact entre eux le week-end.

Cas 6

Cette mère fut aussi traitée pour dépression. Comme les autres, elle ne se respecte pas en tant que femelle, et n'éprouve pas de plaisir de la féminité. En outre, elle a eu un couple de vrais jumeaux, des garçons qui étaient tous les deux féminins. Un, cependant, l'était davantage que l'autre, et c'est celui auquel elle avait prodigué la plus grande attention. Elle avait aussi un fils plus âgé qui était masculin, et, comme dans tous les autres cas comparables, la dynamique familiale était différente pour ce fils.

M. — Mon mari est beaucoup plus passif que moi. C'est quelqu'un de merveilleux. Il n'est pas du tout égoïste ―――― dans ce qu'il donne, dans son amour, dans ce qu'il fait ―――― et moi je suis égoïste. Je ne lui donne vraiment pas grand-chose. Je ne peux pas dire que le mariage soit réduit à rien. En ce qui me concerne je n'ai pas été capable d'aimer un homme comme ce serait bien de pouvoir aimer un homme. Mais la relation est bonne pour ce qui est... à part la passivité... je ne peux pas me sou-

venir exactement de ce qui était dit [se rapportant à
quelque chose qu'elle avait lu] mais c'est vrai, la passivité... je sais que c'est mauvais pour l'équilibre de l'enfant;
c'est mauvais que la mère soit l'agresseur et que la mère
soit la personne dominante et que le père soit celui qui
donne et celui qui n'est pas égoïste et celui qui est passif.

Mon mari a toujours été là ; ce n'est pas qu'il n'était
pas là. C'est un mari formidable. C'est un bon père aussi,
mais s'il n'a pas été capable d'établir une relation avec
ses deux garçons, honnêtement, je ne peux pas dire
qu'il se soit décarcassé pour eux autant qu'il l'aurait
dû. Aussi, ça a été grave et, périodiquement, il essaie
de faire quelque chose avec eux. Il est très démonstratif
avec eux sporadiquement, et ils aiment ça. Mais il ne
l'est pas assez souvent ; il l'est sporadiquement. Il n'y
a en fait pas de source de relation avec eux. Je veux
dire, je ne vois pas moi-même ce qu'il pourrait faire
d'autre avec eux que d'être démonstratif. C'est un homme
très bien, il n'est pas du tout égoïste, il essaie de nous
rendre heureux de toutes les façons possibles. Je ne
peux pas dire qu'il soit passif ; en particulier, il n'est pas
agressif. Ses frères sont complètement différents en ce
qui concerne l'audace et l'agressivité dans les affaires
et autres choses comme cela ; il leur est diamétralement
opposé. Il est tellement craintif. J'ai dû le pousser
constamment. Je culpabilise cela, je devrais peut-être
être plus satisfaite de ce que j'ai et ne pas tant le pousser.
C'est quelque chose que j'envisage : ne plus pousser.
Je suis dominante, je suis égoïste, centrée sur moi.
Pourtant je suis contente qu'il ne soit pas davantage
agressif ; s'il l'était il dirait : « Ecoute, j'en ai assez »,
mais il n'est pas comme ça ; et c'est bien pour moi
en un sens et cependant ce n'est peut-être pas bien.

Cas 7

Ce garçon, vu pour la première fois à cinq ans, souhaite
être Alice au Pays des Merveilles. Il a demandé qu'on
lui enlève ses organes génitaux. Comme dans les autres
cas, il y a eu symbiose excessivement étroite avec sa mère

à partir de la petite enfance, et son père, que l'on peut diagnostiquer intellectuel obsessif-compulsif, n'a jamais passé de temps avec le garçon. Ce père surchargé de travail quittait la maison le matin avant que les enfants ne fussent réveillés et rentrait généralement après qu'ils fussent couchés. Les week-ends, il travaillait à son hobby, et les enfants avaient consigne de ne jamais l'interrompre car, étant donné les outils dangereux qu'il utilisait, ils auraient pu se faire blesser. Il entreprit le traitement, et bien qu'on lui eut fortement recommandé de passer plus de temps avec son fils, il fut incapable de se contraindre à le faire. Le plus qu'il fit fut d'organiser ce qu'il appelait des « rendez-vous » avec son fils, inscrivant les rendez-vous sur son agenda ; mais les quelques tentatives échouèrent et le projet fut abandonné. La lutte du père pour être coopératif contre ses tendances naturelles fut si forte que le « traitement » fut arrêté au bout de quelques mois lorsqu'il présenta des troubles apparemment cardiaques. Bien qu'aucun signe organique ne fût décelé, il pensa qu'il était préférable qu'on le déchargeât de sa mission en tant que père.

M. — Je lui ait dit, je t'en prie, passe un peu de temps avec T..., ce jour-là. Il n'en a rien fait. Il était occupé à son hobby ; il travaillait à quelque chose qui l'intéressait beaucoup. Et vers dix heures, ce soir-là, il a fini par rentrer. Les enfants étaient allés se coucher. Il les avait vus — il s'était arrêté pour le dîner — et j'ai dit que j'avais vraiment l'impression qu'une grande part de ce qui n'allait pas chez T..., c'était qu'il avait incontestablement un manque de père. Mon mari m'a renvoyé la balle, ce qui lui arrive rarement parce qu'il se contrôle beaucoup, qu'il est extrêmement patient et très mesuré dans ses paroles : « C'est une affaire de gènes, et tu ne peux rien y faire. »

Et ça m'a rendue folle parce que j'étais justement furieuse sur ce point parce que je ne crois pas que ce soit vrai. Et là, il semblait presque accepter le fait, ou bien il voulait éviter la responsabilité que T... le

déçoive en ce qu'il va devenir en grandissant et d'accepter
le fait qu'il sera homosexuel. Lorsque j'ai décidé de
venir ici demander de l'aide, sa réponse a été : « Ne te
laisse pas trop entraîner. » Voilà ce qu'il a dit. Il pense
que T... s'en tire bien maintenant, ou s'en tirera bien.
Il est anti-psychiatrie. Il pense que ce n'est pas quelque
chose de nécessaire et qu'elle est en partie faire-semblant
de la part du patient, que les gens s'ennuient au-dedans
d'eux-mêmes et trouvent une autre façon qu'on leur
prête attention ; et il pense qu'elle n'est pas vraiment
nécessaire sauf si on est psychotique. Et pourtant il a
une sœur qui est très malade, gravement malade men-
talement, et son frère est —— mon mari dit : « Oh, je
suis d'une famille bien, normale, comme les autres. Son
frère est un grand gaillard du genre très important, du
type ouvert, extraverti, insouciant —— à cela près qu'il
boit trop ; il est passé par une sorte de période de dépression, il y a deux ans, et n'a pas quitté la maison pendant
six mois. Et sa sœur aînée est aussi très névrotique.
Et voilà, c'est une famllle bien, normale, comme les
autres.

Mon mari et moi, nous nous entendons très bien. Pas
de problèmes. Un mariage heureux. J'aimerais qu'il ait
plus de temps à passer à la maison, mais pas de problèmes
majeurs. Les seuls points sur lesquels nous nous dis-
putons vraiment concernent les enfants. Je pense qu'il
devrait passer plus de temps, ne pas se montrer si contrai-
gnant à leur égard sur la propreté, ne pas crier après
eux, ne pas attendre tant d'eux ; et il pense que je suis
beaucoup trop gentille avec eux, beaucoup trop per-
missive, ce qu'il est probablement tout à fait fondé à
dire, bonne critique. Nous allons très bien ensemble ;
nous nous aimons. Nous n'étions pas des petits enfants
quand nous nous sommes mariés. Ce n'était pas du tout
deux petits lycéens qui auraient découvert une attraction sexuelle. Maintenant que nous avons soulevé le
problème avec mon mari, lui et T... ont des « rendez-
vous d'homme à homme ». En fait, comme je sortais
aujourd'hui, T... a dit : « Quand est-ce que papa sera
là. Je veux avoir un rendez-vous avec lui », chose qu'il
ne désirait jamais avant. Il a fait beaucoup d'efforts.

Ainsi, mercredi, ils sont allés manger des hot-dogs ensemble et faire des courses dans une boutique de jouets. C'est le plus de temps qu'il ait jamais passé avec son père en quelques mois.

Cas 8

Celui-ci était un adulte transsexuel opéré lorsqu'il fut vu pour la première fois avec sa mère. Ils ne sont venus que quelques fois, leur objectif manifeste étant simplement de m'aider pour la recherche.

M. — J'avais l'impression que cet enfant n'était pas rude et ne le serait jamais —— jamais, mais je ne pouvais pas amener son père à en parler. Il refusait purement et simplement de se pencher sur ce qui se passait... Quand mon fils était petit, mon mari était très occupé. Quand on commence à travailler chez X..., il faut y aller la nuit aussi. C'était une bonne période. Les premiers temps de mon mariage étaient merveilleux, pensais-je. C'était bien. Mais je sais que le bébé m'était toujours remis pour faire tout ce qu'il y avait à lui faire. Si je disais que je pensais : « Tu devrais t'en occuper davantage. Tu devrais le mettre au lit. Pourquoi tu ne le baignes pas ce soir ? » Mon mari disait : « Oh, tu le fais mieux que moi. Je vais vite faire la vaisselle ou je vais faire autre chose. » Et alors, j'ai cessé de demander, et je me disais : eh bien, si cet homme ne se met pas à faire quelque chose pour un petit bébé, le petit bébé et l'homme ne seront pas amis plus tard...

L'enfant était au lit à six heures ; alors il ne le voyait peut-être pas avant qu'il aille se coucher, mais il entrait toujours lui jeter un coup d'œil. Mais il n'était pas là pour s'en occuper souvent. Il aurait pu y avoir de la chaleur entre lui et son père, mais il ne savait tout simplement pas comment la témoigner. Je sais que mon mari a été déçu que ce ne soit pas une fille ; et j'ai pensé : « Bon, ça passera au bout d'un moment », comme quelquefois la mère s'en détourne pendant quelques jours quel que soit le bébé, garçon ou fille.

Cas 9

Ici encore, il s'agit d'un garçon féminin en phase de latence. Le frère aîné, non soumis à la symbiose intense à laquelle a été soumis le plus jeune, est masculin.

Cette mère ne s'est mariée que vers trente-cinq ans, âge auquel elle a brusquement estimé que c'était le moment. Elle découvrit son mari, de quelques années plus jeune qu'elle, et l'amena à l'épouser bien qu'il ait dit qu'il n'était pas amoureux d'elle, ne l'aimait pas, et était rebuté par son apparence. Maintenant, il a le sentiment de ne pas pouvoir la supporter.

M. — Mon mari est très calme. Il a eu ses propres problèmes. Il essaie de faire des choses. Beaucoup lui sont très difficiles. Quand les bébés étaient petits, il ne pouvait pas en prendre un et l'embrasser. Il se trouve qu'il lui était tout à fait impossible d'embrasser un petit garçon.

P. — [J'ai eu un problème]. J'imagine que je ne l'ai jamais surmonté ; j'étais toujours gêné d'aller aux toilettes, je m'en dispensais. J'avais tendance à me retenir plus que je n'aurais dû et à me mettre dans des situations où il me fallait me contorsionner pour me retenir et je ne savais comment résoudre la chose. C'était socialement embarrassant. Peut-être c'était même avant que je —— je ne sais pas comment j'ai eu ça —— mais j'ai... et j'imagine... j'essayais de me retenir plus longtemps et je suppose... je —— vous savez —— me tortillais sur ma chaise et ce genre de truc. [Il a été examiné par un urologue ; aucune pathologie physique n'a été décelée.] Je me souviens de choses comme, par exemple, de passer un examen à la Faculté, et je ne me levais pas pour demander la permission de sortir —— vous savez —— oh —— différentes fois je —— vous savez —— des affaires sociales. je me retrouvais à toujours me retenir. Je mouillais mon pantalon en classe, je suppose. C'était l'embarras dans lequel je me trouvais, de toutes façons ; une fois, à la Faculté, je rentrais à la maison, je rentrais en voiture de, je revenais de loin d'un rendez-vous, quand ça s'est produit. Dans une voiture, et je ne sais pas si elle s'est rendue compte que je l'ai fait ou pas. Je pense que le l'ai raccompagnée à la porte ou quoi la nuit et... des choses comme ça j'imagine. Je me souviens que j'ai essayé d'oublier ça, vous savez. Et j'y repensais. Je reconsidère tout ce gâchis, je me demande pourquoi je n'ai jamais... comment pouvais-je, ne pas me retenir sans me confier à quelqu'un ou sans avoir la moindre aide, vous savez, je...

En résumé : la création d'une extrême féminité chez des garçons biologiquement sains repose sur les deux parents. En premier lieu vient la mère qui, du fait qu'elle a été traitée comme une femelle sans valeur par sa propre mère glacée[3], endure, sa vie durant, un sentiment de désespérance[4] et un désir intense de devenir mâle[5]. Toutefois, elle ne suit pas tout le parcours de la femelle transsexuelle[6], qiu cherche à se changer littéralement en mâle, mais, au contraire, elle se marie — nous parlons d'il y a une génération, lorsque les choix du célibat actuellement possibles l'étaient moins (du moins pour les filles). Et avec son envie des mâles, elle n'épouse pas un homme masculin. Au lieu de cela, chacune des femmes, sans amour, sans qu'on lui fasse la cour ou sans intensité érotique[7], découvre — choisit — un homme qui réduira au minimum son envie du pénis. Pour elle,

3. Rêve : « J'étais dans une pièce et j'essayais d'attraper des bouteilles de lait en bois — comme les jouets d'enfant — sur une étagère ».
4. « Mon enfance a été minable. Ma mère a eu cinq dépressions nerveuses. Ma mère et mon père ont divorcé quand j'avais neuf ans. J'étais très dépendante de ma mère. Elle est très critique. Extrêmement critique. »
5. « Je voulais être un garçon. Je portais effectivement des vêtements de garçon. C'était il y a plus de trente ans. Ma mère m'achetait des petites robes à fanfreluches, des chapeaux et des sacs. et les seules fois où je les portais, c'était pour aller à l'école du dimanche. Je sentais que je pouvais faire tout ce qu'un garçon peut faire, aussi bien, sinon mieux. Je prenais presque toujours le rôle de garçon. Je me sentais très contrariée que Dieu ne m'ait pas donné un pénis. »
6. « Mais j'ai cessé d'être le garçon manqué que j'étais, et j'ai commencé à être une jeune fille à seize ans. Physiquement, je me développais vers l'état de femme. »
7. « Je ne pouvais pas m'adapter d'emblée aux garçons [comme objets sexuels] parce que j'avais l'impression que j'en étais un, et j'ai eu envie d'en être un si longtemps que j'ai eu du mal à m'adapter à mon mari. »

il est faible, pratiquement castré. Elle opère son choix avec talent ; il se soumet et n'entre pas dans la famille en tant que père actif et satisfaisant.

Ainsi, lorsque cet enfant naît et est choisi par la mère comme phallus idéal[8] (mettant en valeur beauté et charme) — développé à partir de son propre corps — elle s'accroche à ce bébé, qui doit être la guérison de sa désespérance à vie. Et elle ne le laisse pas se séparer d'elle. Ayant choisi un mari qui ne s'interposera pas et qui, à mesure que le temps passe, ne sera pas présent pour servir de modèle de masculinité, elle se trouve libre d'encourager la création de la féminité que nous constatons.

Je suppose que si elle avait épousé un homme plus compétent (probablement par erreur), le mariage eût fini rapidement. Si la mère avait tenté d'établir la symbiose, ils se seraient affrontés lorsque le père aurait combattu pour l'empêcher de faire cela à son fils. Un homme masculin ne laisse pas cela arriver ; il est, au contraire, une présence constante pour la masculinité de son fils.

Bien que la phallicité ne soit pas tout ce qui constitue la masculinité dans notre société, elle en est certainement un des aspects. Le passage suivant — pour prélever dans la littérature psychiatrique un type que l'on ne voit probablement pas en analyse — illustre la règle selon laquelle la masculinité est renforcée par un père masculin auquel le fils s'identifie (Reinhardt, 1970)[9] :

On a demandé à des commandants d'escadrilles d'avions à réaction de la marine représentatives de sélectionner, dans le dixième supérieur de leurs aviateurs, ceux qui étaient exceptionnels. Deux tiers des pères [des pilotes exceptionnels] avaient un passé dans l'armée, mais il était surprenant que 85 % d'entre eux avaient servi particulièrement

8. « Je voulais un garçon. Je voulais un garçon si désespérément. Peut-être ai-je fait qu'il soit un garçon. Je priais pour avoir un garçon, mais je pensais que rien n'irait comme je voulais. Alors, j'ai été terriblement émue et heureuse quand on m'a dit que c'était un garçon. »

9. Bien qu'il ne s'agisse pas d'un rapport sur les pères pré-œdipiens, ceci peut, je crois, faire comprendre le processus d'identification au père qui débute dans les premiers mois. (Par ailleurs, il est intéressant de puiser dans des données non analytiques et dans des auteurs non analystes pour une double vérification des idées analytiques.)

dans la marine. 9 % des pilotes [exceptionnels] mention-
nèrent la perte du père... par comparaison avec les 20 %
du groupe de ceux qui n'étaient pas doués. 73 % [des
pilotes exceptionnels] indiquèrent que le père était le parent
le plus important. En outre, les relations typiques père-
fils ont été distinguées selon leur intensité et la quantité
d'activités partagées au cours des années pré-universitaires.
Le temps passé en activités partagées, sport, travail, jeux,
était si important que les enquêteurs furent d'abord scep-
tiques ; mais des indications similaires furent également
données par la majorité du groupe... 84 % des sujets du
groupe soumis à investigation [pilotes exceptionnels]
n'avaient jamais été blessés ou accidentés (fracture ou
blessure nécessitant une hospitalisation)...

Si on fait la synthèse des données de l'examen, il apparaît
que ces pilotes étaient des logiciens avec un sens pratique,
des hommes de tête, mais très insérés dans le monde. Ils
sont moins enclins aux processus et expériences subjectifs
que la majorité, et sont plus étroitement liés aux événements extérieurs... Ce sont des explorateurs ; ils ont une
curiosité, une impétuosité de l'esprit et du corps qui les
conduit à rechercher de nouvelles connaissances, même
pour la recherche par elle-même. Ils sont diamétralement
opposés à ceux qui « abandonnent » comme on dit... N'étant
ni altruistes, ni dépendants, ils se lient facilement, mais
s'engagent rarement dans des amitiés profondes. Cette
tendance à marquer de la distance interpersonnelle fait
qu'ils ne sont pas trop entamés par la vie (p. 732-733 734).

Il n'y a pas lieu d'argumenter sur la question de savoir
si cette description est synonyme de la masculinité
— certains diraient qu'elle l'est et d'autres non ; on
admettra peut-être, pour le moins, que ces hommes sont
manifestement phalliques, mais il est probablement indis-
cutable, au vu de ces données, que si un père veut que
son fils lui ressemble, cela a d'autant plus de chances
de se produire que l'un et l'autre passeront davantage
de temps ensemble.

FEMELLES TRÈS MASCULINES

Pour être bref, les données qui suivent ne seront
qu'esquissées ; elles sont fournies plus en détail par ailleurs (Stoller, 1973 a, 1975 a).

Selon mon expérience, les femelles les plus masculines, biologiquement saines, se répartissent selon trois groupes : les transsexuels femelles, les mères des transsexuels mâles et les femmes qui croient avoir littéralement un pénis à l'intérieur d'elles-mêmes.

A première vue, on pourrait faire l'hypothèse qu'une symbiose mère-enfant excessivement étroite et un père éloigné et passif entraînent une extrême féminité chez les mâles et qu'une symbiose insuffisante avec la mère et trop de père pourraient engendrer des femelles très masculines. Il en est effectivement ainsi.

Transsexuels femelles

En ce qui concerne les transsexuelles femelles, la symbiose mère-bébé était rompue dans chacune des quinze familles étudiées (Stoller, 1975 a). Dans la plupart des cas, cela était dû au fait que la mère était déprimée, mais il y avait aussi d'autres états, état paranoïde grave ou maladie physique, qui avaient nécessité la séparation de la mère et du bébé sans apport d'un substitut adéquat de la mère. Au cours de la première année, environ, de la fille, son père prit deux décisions capitales. D'abord, plutôt que de se mettre lui-même en devoir de soulager la souffrance de sa femme, il stimula chez sa fille un développement précoce du moi afin qu'elle prenne la place du père pour soulager cette mère inatteignable ; cela fit naître une situation poignante, car la petite fille était déjà sevrée d'intimité avec sa mère et cependant elle n'eut pas la latitude de se défendre en rejetant sa mère lorsqu'elle devint grande. Ensuite, le père, qui n'était ni éloigné, ni manifestement non masculin, établit une relation étroite avec sa fille.

Malheureusement, cette relation n'était pas fondée sur le couple père-masculin-avec-fille-féminine, situation œdipienne dans laquelle l'érotisme contrôlé stimule la féminité de la fille et ses pulsions hétérosexuelles. Au lieu de cela, le père fit de sa fille sa copine, l'encourageant à se comporter comme lui, à partager ses intérêts mas-

culins et à passer autant de temps que possible avec
lui lorsqu'il se livrait à ses activités masculines. Comme
on pouvait s'y attendre, à un âge précoce, la petite
fille se comportait déjà de façon très masculine ; et
nul n'était là soit pour décourager ce comportement,
soit pour encourager la féminité.

Mères de garçons très féminins

J'ai déjà dit comment, à partir de la naissance, les
filles qui devenaient les mères de garçons très féminins
avaient elles-mêmes des mères froides et sèches (les
grands-mères des garçons), femmes qui, en faisant savoir
à leurs filles qu'elles ne sont rien d'autre que des femelles,
font comprendre qu'être femelle, c'est zéro. Cette symbiose mère-bébé est froide et pénible. Dans les cas où
je sais quelque chose sur les pères de ces mères de garçons transsexuels (les grands-pères des garçons), disons
que certains encourageaient le comportement masculin
chez leurs filles et que d'autres étaient simplement des
hommes éloignés et passifs qui, lorsque leurs filles exprimaient leur désir d'être un garçon, ne décourageaient
pas un tel désir.

Femelles avec « pénis »

Chez les trois femelles que j'ai étudiées, et qui croyaient
posséder un pénis en elles, un contexte assez similaire
était présent dans les constellations familiales[10] : une
mère froide et un père qui encourageait sa fille à être
masculine. (Les données sont mentionnées dans Stoller,
1973 a, et il n'est pas nécessaire de s'y étendre ici.)

---

10. Ce ne sont pas des patientes qui ont halluciné un pénis au cours d'un
épisode psychotique ; au contraire, à partir de l'enfance, indépendamment
de l'état psychologique, ces trois patientes avaient sans cesse le sentiment
d'avoir un pénis abdominal ou intravaginal de taille normale, d'une anatomie normale, actif au plan érotique.

DISCUSSION

Si quelqu'un ignorait tout de la façon dont la masculinité se développe chez les garçons et la féminité chez les filles, je pense qu'il pourrait établir des hypothèses à partir des conditions d'aberration prononcée qui viennent d'être décrites. On pourrait dire que si quelqu'un veut qu'un garçon soit masculin, il faut empêcher une symbiose excessivement étroite entre la mère et le fils, ne pas la laisser se poursuivre telle quelle, sans qu'elle soit interrompue, pendant des années ; et on préconiserait la présence d'un père fort et masculin qui aiderait à encourager, au moment qui convient, la séparation du garçon d'avec le corps et la psyché de sa mère, et qui l'encouragerait, par exemple, à développer des attributs masculins. Ainsi, on permettrait au garçon d'en venir à s'éprouver comme une personne totalement séparée de sa mère et d'un sexe différent, et, par là, à la désirer. Avec ce père énergique près de lui, le garçon apprendrait ensuite les limitations imposées à ce désir et se retirerait devant ce père tout-puissant. En d'autres termes, un conflit œdipien se développperait, ce qui n'est pas le cas chez les garçons transsexuels.

De la même manière, si quelqu'un souhaitait la féminité chez une fille, il préconiserait que ne s'installe pas une symbiose mère-fille rompue et froide, mais que mère et fille aient beaucoup de temps pour être comme un seul être l'une vis-à-vis de l'autre — car cela favorise la féminité. (Si nous n'avions aucune autre preuve, nous le saurions néanmoins d'après les garçons très féminins.) Nous souhaiterions ensuite un père qui ne soit pas trop intime, trop tôt, si cette intimité est utilisée pour encourager une identification plutôt que le désir d'avoir un père.

En résumé, en l'absence de ces influences parentales qui créent, chez un enfant, d'abord une identification et plus tard une rivalité avec le parent de même sexe plus le désir du parent de sexe opposé, la masculinité courante chez les garçons, et la féminité courante chez les filles, **n'apparaissent pas.**

Cela paraît terriblement simple ; il se peut qu'il en soit effectivement ainsi.

Quelle grande densité vécue est condensée dans un énoncé comme « père replié et passif ». Abelin (1971) fait valoir combien un père peut être beaucoup plus qu'un simple rival pour ses enfants, et que cela se produit très tôt. « Au cours du processus de séparation-individuation, le père s'aligne avec la réalité, pas encore en tant que source de contrainte et de frustration, mais plutôt en tant que soutien d'une maîtrise enjouée et adaptative. Cette identification précoce à la figure positive du père précède et prépare la voie du complexe d'Œdipe. En effet, la rivalité présuppose une identification empathique aux souhaits de l' « autre » (c'est-à-dire le rival).

Point n'est besoin de faire appel à l'intuition pour distinguer l'expérience du garçon privé de son père, mais dont la mère respecte ce père et en maintient présent le souvenir, de celle de garçons issus de familles où le père, bien que physiquement présent, est haï et méprisé par la mère. Constamment déprécié, il n'est même pas là pour se défendre ou pour donner au garçon la preuve de l'inverse. Par contre, dans la personnalité en développement d'un garçon plus ordinaire, les identifications se font avec chacun des parents ; qui plus est, la *Gestalt* essentielle et complexe qui contient la *relation* que les parents ont entre eux est reconstruite au sein de la personnalité.

Ma description des origines de l'extrême féminité chez les garçons insiste sur le fait que l'hostilité n'est pas une dynamique essentielle de la relation mère-bébé (bien que ces mères débordent de fureur à l'égard de ceux de leurs fils qui ne sont pas le fils préféré). Mais qu'en est-il des sentiments du garçon envers son père ? Ne vit-il pas le retrait de son père, son manque d'intérêt, sa retenue, comme une agression passive envers lui et sa mère ? Pour répondre, il me faut disposer de données adéquates issues de transsexuels adultes — ce qui n'est pas le cas, car je n'ai jamais pu en avoir un en analyse.

Cependant, le travail avec les enfants, à travers leurs

jeux et leurs dessins, suggère deux facteurs. Premier facteur dans le temps et par l'importance, en raison de l'absence physique et affective du père, l'enfant a une lacune au lieu d'une représentation adéquate du père. Second facteur, intervenant des mois plus tard lorsque l'enfant acquiert les mots et les concepts, une représentation du père comme personne qui courrouce et frustre sa mère est édifiée à partir des façons dont la mère présente le père au garçon. Ces versions du père et de la fonction paternelle aboutissent, lorsque l'enfant a environ quatre ans, à un système fantasmatique dans lequel le père est présent au-dedans en qualité d'entités paternelles distinctes groupées autour des deux thèmes du père comme absence, et du père comme présence immuablement inadéquate[11]. Au-delà de tout cela, se trouvent les réactions du garçon aux circonstances frustrantes du fait que se situe hors de portée un père qui ne consent pas à jouer le rôle de père comme il convient et qui en est incapable.

Du fait de ce mélange, le garçon ne considère pas son père comme quelqu'un de valeur, quelqu'un à admirer et envier, et par conséquent à haïr. En raison de ce que sa mère a dit de son père et de ce qu'il a lui-même remarqué, le garçon ne prend pas son père comme modèle sur lequel édifier sa masculinité ; la masculinité est de peu de prix.

Il convient de tempérer ces impressions par l'observation suivante : lorsque j'ai parlé avec un garçon très féminin ou un transsexuel adulte qui s'étaient développés à partir de cette dynamique, je n'en ai jamais entendu aucun se plaindre de son père ou exprimer quoi que ce soit que je puisse, même indirectement, ressentir comme de la colère. La colère ne fait pas non plus partie de leur mode de relation avec moi, si ce n'est lors d'explosions momentanées d'irritation ou de frustration lorsque

---

11. Ceci est simplifié à l'extrême, naturellement ; il existe des fantasmes au sein des fantasmes. Par exemple, chacune des insultes de la mère relativement à son mari implique qu'elle aspire à un autre type d'homme ; de cette façon, le concept d'un homme désiré — ultra ténu, malheureusement, est également suggéré au garçon.

je ne fais pas ce qu'ils veulent. Cela contraste très nettement avec la fureur facilement constatée chez les garçons et les hommes présentant d'autres troubles du genre, tels que l'homosexualité efféminée ou le transvestissement fétichiste.

Malheureusement, le garçon très féminin que j'étudie ne fait pas, très tôt, l'expérience d'un père auquel il peut s'identifier, qu'il peut haïr ou aimer. Privé de ces trois pré-requis de la masculinité, il dispose de peu de ressources avec lesquelles se défendre contre le besoin écrasant qu'a sa mère de faire fusionner avec elle son magnifique fils.

Manque ce que Loewald (1951) a appelé « la force paternelle puissante ». Les pères, nous rappelle-t-il, constituent une présence significative pour leurs enfants bien avant de devenir une menace pour le garçon ou un objet érotique hétérosexuel pour la fille. Il écrit :

> Avec cette force, une identification précoce est tentée, identification qui précède et prépare le complexe d'Œdipe. Il semble que Freud ait à l'esprit cet aspect non hostile, positif, de l'image du père (précédant l'identification passive ultérieure due à la menace de castration) lorsqu'il parle d'une identification qui « joue un rôle dans l'histoire précoce du complexe d'Œdipe. Le petit garçon manifeste un intérêt particulier pour son père, il veut devenir et être comme lui... *Ce comportement n'a rien à voir avec une attitude passive ou féminine envers son père (ou envers le mâle en général), il est, au contraire, parfaitement masculin.* Il n'est pas en opposition avec le complexe d'Œdipe, mais concourt à le préparer ». Et en outre : le garçon « manifeste deux attachements psychologiquement différents, envers la mère un investissement d'objet nettement sexuel, envers le père il y a identification à un idéal ». Ces deux courants se rejoignent et, en se modifiant mutuellement, aident à former le complexe d'Œdipe.
>
> L'image du père — et nous sommes confortés dans cette optique par le passage de Freud ci-dessus — n'est donc pas *essentiellement* hostile, représentant la menace de castration que le garçon affronte par une soumission passive et/ou la rébellion. Plus précoce, et, à mon sens, plus essentielle au développement du soi (et de la réalité) apparaît sa stature positive avec laquelle se fait une identification active, non passive ; identification qui se situe avant et au-delà de la soumission et de la rébellion (p. 15-16).

Nous sommes habitués à trouver le conflit œdipien à la source de la pathologie. Aussi pouvons-nous oublier que dans ce conflit — avec ses menaces, ses envies, ses craintes, ses fureurs — se situent des forces nécessaires à la production de structures du tempérament, telles que la masculinité et la féminité, qui maintiennent la société. Toutefois, les garçons transsexuels nous rappellent à quel point le développement douloureux est nécessaire, et suggèrent qu'une dose de conflit trop minime peut également aller de pair avec une pathologie qui lui est propre.

RÉCAPITULATION ET PROBLÈMES

Les hypothèses ne peuvent pas encore être convenablement mises à l'épreuve. Pour écarter les étiologies biologiques auxquelles souscrivent la plupart des chercheurs, il nous faut comprendre, beaucoup plus que nous ne le faisons, la biochimie des androgènes et des œstrogènes prénataux, et la façon dont ils organisent le cerveau fœtal et le moment de cette organisation. Nous devons démontrer que l'un ou l'autre de ces stéroïdes ou leurs métabolites était présent selon la bonne forme et la bonne quantité chimiques, au bon moment, et agissait sur les bonnes cellules ou connexions du cerveau. Les techniques pour ce faire chez l'animal sont encore en cours de découverte ; le cerveau humain est hors de notre portée. (Il se peut que les hormones ne soient pas seules à organiser le cerveau fœtal dans une direction mâle ou femelle ; chaque année amène de nouvelles réponses et de nouvelles questions.) Lorsque nous aurons fait ces découvertes, il nous faudra trouver les séries complémentaires de Freud — c'est-à-dire les cas où ces facteurs somatiques sont puissamment étiologiques, et ceux où ils le sont moins, et les circonstances dans lesquelles leur effet est contrecarré ou synergisé par les expériences postnatales. Même si ces facteurs somatiques sont présents, il nous faut savoir s'ils constituent la physiologie « de fond » normale que nous apportons au

GARÇONS : ACCENT SUR LES PÈRES | 113

monde et qui sera modifiée par les événements postnataux.

Et avec tout le travail expérimental effectué, il nous
faut encore expliquer la constellation familiale — si
d'autres confirment sa présence. Pour mettre mes hypothèses à l'épreuve, l'idéal serait d'étudier un groupe très
important d'individus génétiquement et anatomiquement
normaux de la naissance à l'âge adulte, de regrouper les
quelques individus chez lesquels se développe un comportement prononcé correspondant à l'autre genre, et de
voir si apparaissent les constellations que je prédis pour
une aberration mâle ou femelle grave.

Jusqu'ici, les faiblesses de mes recherches sont manifestes. En premier lieu, je ne commence les observations
que lorsque les enfants sont déjà nettement avancés dans
leur développement de genre — quatre ou cinq ans ou
plus, époque à laquelle beaucoup de choses se sont
passées qui sont hors de portée de l'idée que se fait celui
qui procède à une investigation. Et, lorsqu'elle est expé-
rimentée en parlant avec — traitant — les membres de
la famille, cette idée est brouillée. Comment pénétrer
dans l'esprit des bébés ? Dans quelle mesure même une
psychanalyse permet-elle à un observateur d'entrer dans
l'esprit d'une mère ou d'un père ? Il y a, par ailleurs un
déséquilibre dû au fait que, jusqu'ici, les mères ont été
en traitement mais non les pères ; les échantillons sont
trop restreints ; les sujets contrôles sont trop peu nombreux et appartiennent à des catégories trop limitées ;
trop peu nombreuses sont les justifications statistiques
contre la coïncidence ; les études suivies ne sont pas
systématiquement effectuées.

Ce sont des mises en garde majeures. Néanmoins, je
vois là un commencement. Ceux qui sont en désaccord
ne devraient pas se contenter de ne pas prendre en
compte ce qui ressort des constellations. Si je déclare,
par exemple, que certains garçons féminins ont des mères
qui ont essayé de créer une symbiose merveilleuse, dont
les pères n'étaient pas suffisamment présents, qu'ils
étaient beaux et agréables à tenir, ceux qui font des
hypothèses différentes doivent montrer que ces facteurs

n'existent pas, ou qu'ils découlent d'une coïncidence. Personne ne l'a fait. Et bien que mon travail sur les sujets contrôles manque de finesse et manque grandement d'un bon plan expérimental, la constellation émerge en fait faiblement de l'obscurité. Une mise à l'épreuve préliminaire ne devrait pas être difficile. Laissez quelqu'un, mais pas un associé, puiser dans une population d'enfants (dans un Service de jour, par exemple). Prenez seulement les garçons les plus féminins, attestés seulement par leur observation et l'écoute de la description qu'en font leurs familles. Sélectionnez ceux qui ont été féminins dès le début, pas ceux qui ont été masculins par moments. Ecartez ceux qui présentent des anomalies génétiques et anatomiques. Voyez ensuite si les mères étaient trop proches, et les pères trop lointains. Procédez de même avec les filles extrêmement masculines, et voyez combien d'entre elles ont trop peu de mère et trop de père dans leur toute petite enfance et leur petite enfance. Point ne sera besoin de faire appel à la technique psychanalytique pour votre évaluation. Les constats ne seront pas ténus.

Mais ne prenez pas, comme cela se fait toujours, mises à part les études de Green (1985) et de Zuger (1984), des adultes venus à une consultation pour un « changement de sexe » que vous questionnez sur leur petite enfance. Premièrement, il est absurde de penser que vous obtenez une vue fidèle de la toute petite enfance et de la petite enfance à partir de questionnaires et d'entretiens superficiels avec des patients adolescents ou adultes, ou avec leurs parents. Deuxièmement, n'essayez pas de réfuter les hypothèses en les mettant à l'épreuve sur quiconque demande un « changement de sexe ». « Le transsexuel primaire que décrit Stoller — dont il dit que c'est un état rare — ne ressemble pas au patient transsexuel dont d'autres ont parlé » (Eber, 1982, p. 177). C'est exact. Aussi souffrai-je lorsque l'auteur, parlant de la plupart des patients transsexuels décrits dans la littérature, continue à parler de « l'histoire de Stoller de l'origine non conflictuelle de *ce* trouble » (c'est nous qui soulignons), car je n'ai jamais cru à « l'origine non conflictuelle de ce trouble » lorsque *ce* renvoie à ce que les autres appellent « transsexualisme ».

L'erreur m'incombe en partie. Lorsque j'ai commencé à écrire sur ces problèmes dans les années 1960, j'ai divisé le fonds des individus qui recherchent un « changement de sexe » en « vrais transsexuels » et « pseudo-transsexuels », puis, dans mon enthousiasme (qui s'est toujours centré sur les origines de l'identité de genre, non sur le transsexualisme), je n'ai pas souligné comme il convenait — pas réalisé pleinement — à quel point étaient rares les personnes que je décrivais. Aussi, ceux qui utilisent mes premiers écrits me voient-ils parler de « transsexuels » comme synonyme de « vrais transsexuels ». Dans la mesure où ces efforts pour être clair embrouillaient en fait le lecteur, j'ai commencé à souligner que ces cas étaient différents de ceux que d'autres appellent transsexuels.

Si mon objectif — comprendre la masculinité et la féminité en quiconque — est plus clair, nous pourrions aimer nous consacrer à la question plus intéressante suivante : si trop de mère et trop peu de père aide à rendre un garçon féminin, et si trop peu de mère et trop de père aide à rendre une fille masculine, existe-t-il un continuum de ces effets, continuum sur lequel évaluer tout un chacun ? Cela est plus important que de s'agiter sur l'étiquetage des transsexuels, bien que j'aie dû le faire (et continue à le faire dans ce livre) afin de mettre en place l'idée d'un continuum — les questions de degré de force plus la façon dont les constituants sont combinés.

Mon espoir est donc de voir si *tous* les garçons luttent — certains davantage, certains moins — contre la tentation de rester un avec la mère *versus* les satisfactions de la maîtrise, de créer leur propre sentiment du soi ; de voir si *toutes* les filles entament le processus de la féminité à partir de ce qu'elles incorporent en provenance de l'étreinte de leur mère. C'est en observant ces expériences dans les cas les plus aberrants que j'ai discerné ces facteurs pour la première fois et ceux dans lesquels le père est capital, et ai pu alors poser la question de savoir s'ils étaient présents en chacun de nous et dans quelle mesure.

Certains collègues soulèvent ce qui est, pour moi, la critique plus constructive évoquée au chapitre 3 : comment peut-il y avoir une symbiose si satisfaisante que le bébé n'est pas traumatisé et victime d'une angoisse primitive ? J'estime, moi aussi, que c'est là la partie de ma description la plus difficile à admettre, aussi ai-je considéré que l'explication du « non-conflit » était non seulement une question ouverte, mais, plus triste encore, non accessible à une mise à l'épreuve de première main, puisque nous ne pouvons guère lire dans l'esprit d'un bébé lors de ces premiers mois.

Parmi ceux qui contestent cette théorie du « non-conflit », seuls Loeb et Shane (1982) ont avancé des observations que je jugerais pertinentes eu égard à mon argument. D'autres collègues se contentent de faire des généralisations, de citer des autorités, ou de fournir des anecdotes extraites d'observations d'adultes, transsexuels non primaires, qui, pour moi, ne font que confirmer l'hypothèse que de tels sujets ne sont *pas* l'objet de la constellation que j'ai décrite.

Je préférerais être d'accord. Il est gênant de se trouver seul en l'occurrence, non seulement parce que je respecte les arguments des collègues, mais aussi parce que j'ai été d'accord avec ces arguments sur presque tout le reste concernant le comportement de genre et le comportement érotique (par exemple, la fonction de l'angoisse du bébé pour assurer le développement du genre [Stoller, 1975 a] et dans l'étiologie de la perversion [Stoller, 1975 a], ou l'utilisation de fantasmes d'hostilité dans l'excitation érotique [Stoller, 1979]). Mais je persiste, car le problème est important. Les analystes doivent-ils croire que seul le conflit inconscient définit un état psychique comme objet d'intérêt psychanalytique : « La psychanalyse est l'étude du conflit intrapsychique ? »

Le plaisir est-il un traumatisme ? Quand le plaisir est-il un traumatisme ? L'arrêt du développement est-il dû seulement au traumatisme ? L'angoisse chez les bébés est-elle toujours massive ? Quelles observations précises

— non pas des généralisations — faisons-nous qui nous permettent d'évaluer quand, chez un bébé, un conflit est léger, sévère, accablant, traumatisant ? Dans quelle mesure le début de la toute petite enfance est-il un moment (ou une période au cours de laquelle existent, d'un moment à un autre, des épisodes) de vécu non conflictuel, non traumatisant, non frustrant ? Le début de la toute petite enfance est-il spécialement une période d'états psychotiques archaïques de terreur (par exemple, « la position paranoïde »)[12]. Des états de grand plaisir comportent-ils simultanément des états de terreur ? Tous les bébés, compte non tenu de leur équipement biologique, résistent-ils de la même manière aux séductions d'une souffrance amoindrie et d'une frustration amoindrie ? Lorsqu'il n'y a aucune manifestation visible, comment savons-nous qu'un bébé est angoissé ? Quand, en entendant le rapport quelques années plus tard, pouvons-nous nous y fier ?

Je ne suis pas en mesure de répondre à ces questions. Ni personne d'autre, je pense.

---

12. Le charme de la folie, si séduisant pour de nombreux analystes.

5

Contribution de la biologie à l'identité de genre

Nos pulsions scientifiques, on le sait, se trouvent renforcées lorsque nous vérifions la force d'une théorie en élaboration par des études catamnestiques de patients avec lesquels nous travaillons. Les innombrables variables du comportement auxquelles ont affaire les analystes, et la nature de nos relations avec les patients, peuvent cependant rendre cette tentative incertaine, et, parfois, contre-indiquée. Par ailleurs, les années passant, nous changeons, et nos patients changent, ce qui modifie l'idée que nous nous faisons des effets de notre traitement et imprime à nos théories un mouvement de flux et de reflux.

Travaillant sur les origines de l'identité de genre, j'ai souvent été amené à battre en retraite face à de nouvelles données. Heureusement, du fait que nombre des patients vus dans cette étude de la masculinité et de la féminité (en particulier, il y a une vingtaine d'années) venaient pour une évaluation ou pour une thérapie du type attrape-que-pourra, la relation-moins-qu'intense a généralement permis de maintenir facilement le contact avec eux. (Je ne prétends pas, cependant, avoir insisté comme il convenait pour l'engagement dans des études catamnestiques comme le ferait un chercheur scrupuleux au plan scientifique. Tout ce que je fais, c'est de laisser entendre à chacun que ma porte est ouverte.) Les bénéfices — à coup sûr pour moi — vont au-delà de ce qu'on pourrait attendre pour les heures passées. Comme nous venons tous à le savoir, certaines choses ne peuvent être découvertes ou absorbées que lorsque nous avons laissé une situation tremper dans nos têtes pendant des années. D'autres sont immédiatement apparentes, mais nécessitant l'action tempérante du temps pour venir à l'appui de nos premières croyances, les modifier ou nous en défaire.

Il y a vingt ans, lorsque la recherche sur l'identité de genre était moins avancée que maintenant, j'ai relaté ce que j'avais constaté chez une fille qui voulait absolument se comporter comme si elle était un garçon, et qui en fait s'avéra être un mâle, mis au monde et élevé par des parents qui pensaient que l'enfant était une femelle tout à fait normale (Stoller, 1964). Depuis lors, notre connaissance de la dynamique familiale qui intervient dans le développement de la masculinité et de la féminité s'est accrue et, la compréhension s'enrichissant, j'ai continué à parler avec cette famille pour voir si les nouvelles hypothèses qui prenaient corps augmentaient, modifiaient ou annulaient les conclusions de cette période antérieure. J'utilise les données relatées ici pour confirmer la valeur des études catamnestiques et ajouter un élément au savoir des psychanalystes sur les contributions biologiques aux origines de la masculinité et de la féminité. Bien que rien de ce qui suit ne provienne d'un traitement analytique, ce peut néanmoins nous servir[1].

EXPOSÉ DE CAS

Jack, né Mary, était l'aîné des quatre enfants nés de ce couple — vinrent après lui, deux garçons et une fille. A la naissance, le docteur qui délivra le bébé le déclara fille sans aucun doute, car les organes génitaux externes

---

1. Je suis redevable à mes collègues William E. Goodwin, de l'UCLA School of Medicine, et Julianne Imperato-McGinley, du Cornell University Medical College, pour leurs études urologiques et endocrinologiques dont j'ai tiré ce rapport, et en particulier pour tout ce qu'ils m'ont appris sur les troubles illustrés dans ce cas.

apparaissaient tout à fait féminins. La mère, femme féminine, voulait une fille et était heureuse d'en avoir eu une. Mais le bébé fut difficile — trop actif, trop vigoureux, trop peu gracieux, trop batailleur lors de l'alimentation, trop poussé, dès le début, à vivre une existence dissociée du corps de la mère. Ces premières activités furent décevantes, et plus encore le fut le développement de l'enfant dans la même veine, développement où ces indicateurs éclorent en un comportement tout entier à l'opposé de ce que la mère souhaitait. Mary refusait d'accepter les encouragements de sa mère à la féminité. Comme la mère ne pouvait cesser d'aspirer à une fille féminine comme elle, elle persistait, œuvre désespérée qui à la longue entraîna chez l'une et l'autre un sentiment de souffrance. La mère — comme je le sais d'après des conversations occasionnelles réparties sur dix-sept ans d'étude suivie — n'est pas devenue furieuse ni ouvertement hostile. Elle était au contraire extrêmement patiente, essayait avec persévérance d'amener l'enfant à paraître plus féminine, ne se soustrayait jamais à la relation.

Le père, homme masculin mais perturbé — il buvait trop vers la fin de l'enfance de Mary — était présent lors des premières années de Mary ; ce n'était pas un père éloigné et non impliqué bien qu'il le devint des années plus tard lorsqu'il s'achemina vers le divorce. Dans sa relation avec cette « fille », il était capable (selon ce qu'il m'en a dit lui-même et ce que m'en ont dit sa femme et Mary-Jack) de prendre plaisir à l'enfant. Il était moins affligé que sa femme du fait que Mary ne soit pas féminine. Il s'accommodait mieux que sa femme de la non-féminité et aimait bien le comportement masculin de Mary, mais ne l'encourageait pas.

Lorsque ce couple eut ensuite d'autres enfants, le comportement de ces enfants, depuis leurs premiers jours, fut exempt de trouble de genre. Leur vraie fille est féminine, et sur ce point elle a été une joie pour sa mère et a soulagé la culpabilité qui, chez elle, accompagnait la tentative d' « expliquer » l'aberration de sa première « fille »

A quatorze ans, les caractères sexuels secondaires femelles de Mary n'étaient pas encore apparus. Sa voix devint rauque et voilée, fait attribué, au début, à une infection permanente des voies respiratoires supérieures. A la longue, cependant, le médecin de famille soupçonna un trouble endocrinien en raison de cette anomalie de la voix conjointement à une pilosité excessive des membres.

Les examens pratiqués à notre Centre médical révélèrent qu' « elle » était « il », un mâle, non pas une femelle, atteint d'hermaphrodisme : testicules cryptorchides, phallus qui, dans les deux années précédentes, avait pris les dimensions d'un grand clitoris, mais dont la taille ne représentait que 20 % d'un pénis normal, coudure de la verge, hypospadias, scrotum bifide, et petite prostate. Mis à part un vagin rudimentaire, il n'y avait pas d'organes femelles. Mary était génétiquement un mâle. Lorsque je l'ai rencontré« e », je l'ai trouvé« e » grotesque en tant que fille ; bien que sa mère eût essayé de l'habiller convenablement pour le docteur, c'était une méchante mascarade.

Lorsque l'on découvre une assignation de sexe anatomiquement erronée, il ne convient pas de conseiller un changement de sexe pour le patient si le noyau de son identité de genre — sentiment d'état de mâle ou de femelle — est celui du sexe assigné à la naissance (voir chap. 2). Mais il était clair que cet enfant vivait une existence impossible comme fille. Influencé par le caractère de sa *(« her »)* masculinité et par l'histoire personnelle digne de foi fournie par les parents et l'enfant, j'agis en fonction de l'impression clinique (sans essayer d' « interpréter » la masculinité comme étant une façade ou une réaction, le produit d'une envie du pénis, interruption du conflit œdipien, fureur orale précoce, ou autres explications qui nous font repenser la signification des comportements observés) ; je lui *(« her »)* dis de devenir un garçon.

Ce qu' « elle » fit. A partir de ce jour, je me trouvais avec un garçon. Il avait immédiatement su comment en être un, non pas simplement comment acheter des vêtements appropriés ou se faire faire une coupe de cheveux. Bien plus, ces sortes de choses lui vont bien. Jusqu'à maintenant, il a été tout à fait masculin, sans affectation.

Au moment où j'ai rédigé le premier rapport le concernant, j'avais eu une expérience limitée des troubles de genre ; les littératures psychiatrique et psychanalytique étaient, elles aussi, fort minces. A cette époque, on pensait que la masculinité et la féminité étaient grandement influencées par des forces biologiques. L'idée était si logique que pendant quelques années je ne me suis pas rendu compte que Jack était une exception, non pas la confirmation d'une règle générale. Ce qui, en 1961, paraissait être le premier élément d'une série à venir, s'avéra une grande rareté. A partir de ce moment-là, presque tous les patients que j'ai étudiés, présentant cette totale inversion du genre, étaient des transsexuels, chez lesquels on pouvait rendre compte de l'inversion du genre en fonction de la dynamique familiale, non d'un trouble biologique[2].

L' « expérience contrôle », pour Jack, est constituée par la femelle transsexuelle — femelle normale au plan biologique, correctement assignée femelle à la naissance qui, à partir de ses premiers mois, agit de façon naturellement masculine et souhaite être un garçon. Dans tous les cas étudiés par notre équipe de recherche, une grave rupture de la relation mère-bébé avait eu lieu dans la toute petite enfance et l'enfance. La mère avait été rendue incapable de cette relation du fait d'une dépression et d'une autre maladie mentale ou d'une maladie physique durable dans les premières années de la fille. La symbiose rompue avait été compensée par une relation étroite avec le père, encore que, malheureusement, il maintint cette intimité en incitant sa fille à agir comme lui et à s'identifier à sa masculinité. C'est dix ans après avoir rencontré Jack que j'ai pris conscience de ces facteurs parentaux dans le transsexualisme des femelles ; seulement alors ai-je été en mesure d'évaluer Jack en

---

2. Les exceptions, les cas présentant des anomalies biologiques, ont été résumées au chap. 2.

fonction de ces facteurs. Sa masculinité ne pouvait-elle pas découler de cette dynamique familiale plutôt que de forces biologiques ?

DONNÉES
DE L'ÉTUDE CATAMNESTIQUE

Dans les années qui ont suivi ma première rencontre avec Jack, j'ai (avec plus d'expérience, davantage de questions et d'explications) répété ou élargi l'investigation à chaque rencontre avec l'un des membres de la famille. Mais la dynamique du transsexualisme femelle décrite plus haut n'est toujours pas apparue. (Je discuterai de certaines similitudes, par la suite.) Voici, par exemple, l'investigation concernant la mère de Jack en 1972 :

S. — Comment l'expliquez-vous ?

M. — Je n'arrive pas à comprendre cela. C'est seulement que c'était un enfant bizarre. Il est né obstiné ; extrêmement obstiné de nature. Il a dû avoir hérité les bons traits pour se tirer d'affaire. Il fallait qu'il en soit ainsi dans ses premières années, avec cette anomalie.

S. — Vous vouliez une fille ?

M. — Oui. Absolument, je voulais une jolie fille. Je l'habillais comme une fille féminine. Bien sûr, je souhaitais qu'elle soit ce qu'elle était ; Mary ; c'est un très joli nom. Je voulais qu'elle soit une Mary Jane*. Et mon mari était ravi d'avoir une fille. Tout à fait ravi. Mais il aimait la personnalité qui était la sienne [masculine] plus que moi. Souvenez-vous que j'ai indiqué que c'était une cause de frustration pour moi.

S. — L'incitait-il à être masculine ?

M. — Non, pas masculine : il l'incitait à être elle-même. Beaucoup de petites filles aiment jouer à des jeux violents. Il n'a jamais fait la bagarre avec elle comme il le faisait avec un garçon. Il ne l'a jamais encou-

---

* C'est-à-dire qu'elle ressemble aux petites filles bien habillées qui portent des chaussures basses à bride appelées des « Mary Jane ». *(N.d.T.)*

ragée à jouer au football ou quoi que ce soit de ce genre. [Compte tenu qu'elle voulait absolument s'habiller de cette façon] il l'encourageait dans la mesure où il la laissait porter des vêtements de cow-boy, mais à l'époque c'était comme cela à la télévision : les héroïnes portaient des vêtements de cow-boy.

S. — C'était une cow-girl ?

M. — C'était une cow-girl.

Ou, en 1977 :

S. — C'était une enfant anatomiquement parfaite [c'est-à-dire une femelle d'apparence normale] ?

M. — C'est ça.

S. — Cependant, dès le jour de sa naissance, elle s'est comportée comme un garçon ?

M. — C'est ça. C'est ça. Je ne pouvais pas faire de cet enfant une fille. Presque immédiatement [après la naissance], elle n'a jamais été la fille que j'attendais. J'espérais qu'elle viendrait dans mon lit et dans mes bras. Dès l'instant où je la vis comme être humain, après l'accouchement, la première fois où j'ai posé mes yeux sur elle, elle a repoussé mon sein. La première chose qu'elle fit, ce fut plutôt un rejet. Oui. Elle protestait contre moi. Elle n'était pas affectueuse ou câline avec moi. Tout ce qu'elle faisait était différent de ce que j'attendais. Alors, je l'ai seulement câlinée un peu plus, et elle s'est pour ainsi dire calmée. Mais tout acte était chez elle, une provocation, j'entends, les petites choses, pas tellement quand elle était bébé, mais quand elle marchait. Quand elle marchait à peine. A un an. Une table était pleine de papiers ou de livres, et —— paf ! Tout par terre ! Tout acte était violent. Tout acte était fait avec cette énergie. Tout était actif, pas comme une fille, jamais assise à regarder un livre, jamais occupée à lire ou à colorier, jamais.

Si je cousais pour elle, je faisais une robe superbe. Oh, oui, des robes superbes. Aussi les vêtements de tous les jours. Mais le dimanche, c'était toujours une robe. Et toujours, toujours, une bataille, toujours une bataille.

Et toujours des cris quand vous vouliez l'habiller, irritée contre vous qui la tripotiez. J'avais fait des broderies sur une petite robe-sac en flanelle, et elle a refusé que je lui passe les bras dedans. Chaque fois que je la touchais pour l'habiller, elle était un peu irritée. Une vraie gosse têtue —— très, totalement différente de ce que j'attendais. Il y avait une robe, quand elle avait deux ans : elle était splendide, d'un rose splendide... [triste]. Rester assise comme une petite fille vaniteuse qui voulait qu'on la regarde, était la dernière chose qu'elle voulait faire. Mais c'est ce que je voulais qu'elle fasse. Et ça n'est jamais arrivé.

Ma fille, par contre, c'était autre chose. Elle a été ma joie de tout instant depuis le jour où elle est née. C'est une très jolie femme ; c'est maintenant une adolescente, et une femme, vraiment. Alors je sais que je peux élever une fille. Oh, Dieu, c'était si totalement différent. Et le contraste me fait réaliser ce que j'avais.

Qu'est-il advenu de Jack ?

L'année qui a suivi sa réassignation de sexe, il a subi différentes interventions chirurgicales pour masculiniser ses organes génitaux. Ablation d'un vagin borgne de 2,5 cm avec hymen. Libération du phallus du tissu environnant et couture de la verge libérée. Création d'un urètre dans l'enveloppe pénienne avec nouveau méat ouvrant selon la position mâle normale. L'exploration des canaux inguinaux et de la cavité abdominale révéla un testicule gauche intra-abdominal d'approximativement un tiers de la taille normale et un testicule droit, dans le canal, de deux tiers de sa taille normale. Ils furent descendus l'un et l'autre dans leurs enveloppes scrotales (qui avaient, auparavant, paru être les grandes lèvres). L'examen des testicules ne révéla aucune spermatogenèse. Aucune structure femelle ne fut trouvée, mais était présent tout le complément des structures mâles — prostate, vésicule séminale, etc. ; la prostate était petite.

La famille alla s'installer dans un autre milieu où la vie antérieure de Jack était ignorée. Il s'y intégra immédiatement, devint populaire, et son atroce dossier sco-

laire s'améliora de façon spectaculaire. Ce qui avait paru
être un trouble de la personnalité grave, invalidant, du
type dépressif, borderline, s'était trouvé guéri du jour
au lendemain. Il continua à aller au collège universitaire
où son dossier fut si bon qu'il fut admis dans une école
professionnelle dont il sortit diplômé. Dans sa profession,
à l'heure actuelle, c'est quelqu'un de consciencieux, respecté, et qui réussit.

Très désireux de sortir avec les filles au lycée, il n'osait
pas leur faire des avances sexuelles, mais au moment
où il entra à la Faculté, les relations sexuelles avec les
femmes ne lui posaient pas problème, et il en vint à
vivre avec une femme qu'il finit par épouser. Sa femme,
que je connais, est féminine, solide, dépourvue de signes
et de symptômes névrotiques et de troubles du caractère,
et elle est toujours amoureuse de lui au bout de quelques
années de mariage. L'un et l'autre connaissent régulièrement l'orgasme dans leurs relations sexuelles. Il est
grand, de physique et port virils, intelligent, résolu, et,
par ailleurs, exempt de symptomatologie névrotique ou
de troubles du caractère. Aucune trace de féminité n'est
visible, et sa masculinité n'est pas arrogante.

J. — J'ai été bien. Ça va drôlement bien.

S. — Vous êtes [profession] maintenant. Vous avez
été à l'Université X... ?

J. — C'est ça. Je suis allé à X..., et j'ai eu mon diplôme
en 197-. Je travaille depuis presque quatre ans avec
quelqu'un. Nous envisageons de nous associer. Et marié,
bien sûr. Ma femme travaille près de là où je travaille.
Et nous avons une maison et nous y consacrons la plus
grande partie de nos journées. Je suis du genre adroit
de ses mains, un apprenti —— poser des briques, construire des murs de soutènement, des choses comme ça.

S. — Et vous êtes doué pour ça ?

J. — Je crois.

S. — Comment expliquez-vous le choix de votre formation professionnelle ?

J. — Le seul domaine qui m'intéressait vraiment,
même à l'époque du lycée, c'était les sciences. Le seul

domaine où j'avais des notes convenables, c'était les sciences, et c'était la seule chose vers laquelle j'ai pensé que je voulais me diriger [changement radical de la capacité d'apprendre qui débuta aussitôt après la réassignation de sexe].

S. — Comment ça a marché à la Faculté ?

J. — J'ai réussi suffisamment bien pour y entrer, et mes notes étaient du niveau d'un bon étudiant de rang B ; pas le plus brillant de la classe, mais ça marchait bien.

S. — Racontez-moi encore comme tout ça s'est fait ; cela continue à être étonnant pour moi.

J. — C'était comme de naître. C'était une chance pour moi que mes parents ne m'aient jamais poussé dans une direction quelconque. Ils acceptaient le fait que je sois vachement garçon manqué ; là-dessus, ils étaient parfaits. C'est peut-être parce que j'étais le premier enfant. J'étais gâté dans une certaine mesure. Ils n'étaient pas insistants —— si ce n'est quelquefois, lorsque je devais aller à une réception et où on me faisait mettre une robe. Je me souviens des sorties à l'église ; j'aurais mille fois préféré être pendu par les pieds que d'être habillé dans cet accoutrement et de subir cela. Mais j'avais en fait la bride vraiment lâche, ce qui manifestement rendait les choses beaucoup plus faciles. Mais je ne changeais pas. C'était comme si, d'un seul coup, le reste du monde s'était éveillé. Et je pouvais me faire couper les cheveux, et mettre un pantalon, et me comporter selon moi-même, et ne plus avoir à me sentir mal. Une chose demeure présente dans ma tête, l'horrible période du vilain canardeau, lorsque je traversais l'adolescence : lorsque ma voix a commencé à changer, lorsque les poils ont poussé sur mes jambes, lorsque je devais porter des robes — à l'époque, les filles devaient porter des robes — et que j'étais tourné en ridicule parce que j'étais différent. C'était le plus pénible, le pire moment. C'était tellement mieux lorsque j'ai pu enfin me défaire des vêtements féminins et renverser la situation, et être purement moi-même.

J'ai rencontré ma femme lorsqu'elle était étudiante en première année et moi en troisième année. Je suis sorti avec plusieurs autres filles, mais j'ai été vraiment attiré par Sally. C'est probablement environ un an après que je lui ai dit que les choses étaient différentes. [Ils étaient sortis ensemble, et avaient flirté, mais sans attouchement génital.] Je ne lui ai pas tout expliqué d'un seul coup. Elle dit qu'elle m'en est reconnaissante. Je lui ai dit qu'anatomiquement les choses n'étaient pas comme elles auraient dû l'être : que je n'avais pas un pénis d'une dimension moyenne, et que je n'étais pas sûr de pouvoir avoir des enfants. Voilà ce que je lui ai fait savoir pour commencer ; ça a eu l'air de lui être égal. Je ne sais plus combien de temps après je lui ai raconté toute la chose : que j'avais dû subir une série d'opérations, que j'étais fondamentalement né femelle et avais été élevé comme telle les quatorze premières années de ma vie et avais alors subi ces opérations. Et, là encore, cela lui était égal ; naturellement, elle ne me connaissait que comme j'étais. De toute évidence, j'ai mis plus longtemps à avoir des relations physiques avec elle que si j'avais été normal à cent pour cent. J'étais très prudent. Elle était aussi compréhensive qu'on puisse l'espérer. Nous avons pris notre temps, n'avons rien forcé, nous ne nous sommes fixé ni objectifs, ni calendrier. Si des choses se passaient, cela se passait naturellement. Pour tous les deux, ce fut — et c'est encore — une expérience merveilleuse. Les choses se passent suffisamment bien là-dessus pour que nous en tirions la même satisfaction. C'était le problème le plus important, le dernier. Celui que j'avais en tête dès le début. Je me disais que si je trouvais la fille qu'il fallait, je pourrais faire en sorte que ça marche. Et ça marche.

Je ne suis pas certain de pouvoir avoir des enfants. Je n'en sais vraiment rien. Un certain nombre de choses m'en font douter : le fait que les testicules aient été retenus et descendus à une période tardive ; le fait que l'éjaculation soit très très minime ; le fait qu'en raison de l'hypospadias l'urètre est très bas et l'émission de l'éjaculation ne se produit que plus tard [l'urètre construit chirurgicalement est lâche au point que l'éjaculation y séjourne et n'est émise hors de l'urètre que par manipulation]. En trois ans, ma femme n'a utilisé aucun procédé de contraception, et rien ne s'est produit. Nous prenons les choses comme elles viennent. Nous pensons à une insémination artificielle dans quelques années. Mais pour l'instant nous travaillons tous les deux. A l'heure actuelle, il faut s'y mettre à deux pour y arriver.

S. — Avez-vous des problèmes psychologiques concernant votre masculinité ?

J. — Eh bien, quand on a la verge courte, on a ses propres désagréments. Ainsi, par timidité, je ne peux pas simplement entrer dans un urinoir à côté de quatre autres hommes et me mettre à uriner. Chose que tous les autres considèrent comme allant de soi. Moi, non. Ce n'est pas non plus facile de voir un nouveau médecin pour un examen médical. Cela m'ennuie quelque peu, mais la plupart du temps, je considère tout ce dont, par ailleurs, je peux m'estimer heureux. Il y a tant de choses.

S. — Comment faites-vous avec votre passé en tant que Mary ? Vous ne l'avez pas oublié ?

J. — Oh, non. On n'oublie pas ça. J'ai beaucoup de très bons souvenirs. Il y a les mauvais, cette phase horrible du vilain canardeau ; ça se sont les souvenirs pénibles. Mais ça n'a duré que quelques années [à l'approche de la puberté et jusqu'au changement]. Mais avant ça, étant un modèle de garçon manqué, j'avais des tas de camarades, et pas de souvenirs particulièrement mauvais. Je portais encore des pantalons et des bottes de cow-boy, et je jouais à la guerre, et faisais tout ce que j'avais envie de faire. Je n'étais pas frustré.

S. — Quel a été votre premier souvenir ?

J. — Mon père m'a emmené voir un remorqueur, un vrai remorqueur appelé le *Little Toot*, ou quelque chose comme ça. C'était une claire journée chaude, sans nuages. Je me souviens de l'eau bleue, du bateau bleu, de l'herbe verte. Je me souviens d'avoir appris à faire de la bicyclette. Je me suis appris tout seul. Lorsque nous jouions au papa et à la maman, je faisais le père, naturellement. Même lorsque nous [Jack et la fille à laquelle appartenait le vélo] faisions cela, je prenais n'importe quel prétexte pour grimper sur ce vélo et rouler. Je disais : « Je vais rouler pas loin et chercher des noms pour le bébé ; je reviens dans un moment. » Et me voilà parti sur sa bicyclette, et je revenais au bout d'une heure. « Je n'ai trouvé aucun nom encore ; je ferais mieux de retourner encore. » Je ne faisais que rouler sur son vélo dans les environs.

C'était la grande mode d'avoir des patins à tige. Ceux des filles étaient blancs, et ceux des garçons, noirs. Quand j'allai acheter les miens et qu'il n'y avait pas ma pointure en blanc, j'achetai des noirs. Quoi d'autre ? La nage. J'étais comme un poisson dans l'eau. J'étais le meilleur de la classe, sans doute parce que ce n'était qu'une bande de filles. Nous jouions au ballon, et j'y étais toujours sensationnel. Chacun me voulait dans son équipe parce que je frappais dans le ballon beaucoup plus loin et lançais beaucoup mieux.

Cela causait des problèmes. J'enviais un garçon : il avait les plus beaux vêtements ; il était intelligent ; son père était avocat. Je me souviens l'avoir embêté. Un autre gosse lui a dit : « Tu ne dois pas accepter cela d'elle ; vas-y, frappe-la. » Le garçon envié a dit : « Allez, je ne vais pas frapper une fille. » Et j'étais jaloux qu'il soit un type normal, sain, heureux. Il pouvait se permettre ce que je voulais vraiment faire, et les gens ne le trouvaient pas bizarre.

Mais j'avais aussi le béguin pour lui. Je ne sais pas ce qu'étaient mes sentiments. Je disais : « C'est mon petit ami. Je l'aime bien. Il est sensass. » Il y avait quelques individus comme cela auxquels j'aurais aimé ressembler ou avec lesquels j'aurais aimé être amie. Je souhaitais qu'ils m'acceptent.

S. — Est-ce qu'à l'époque vous rêviez d'être un garçon ou de devenir un mâle ?

J. — Sincèrement, je ne m'en souviens pas. Je ne peux dire en toute sincérité que je me voyais devenir une mère ou une femme adulte. Vers la fin, lorsque j'étais au lycée et qu'il me fallait porter des robes, il y avait un garçon blond et beau, et je me disais : « Mince, personne comme cela ne me regardera jamais. » C'était au temps où les choses ont vraiment commencé à s'embrouiller. Je ne savais fichtre pas ce que j'étais censé faire. Par contre, je pensais que je devais peut-être essayer de me rendre plus jolie. J'ai acheté du rouge à lèvres. Ça ne m'a jamais rien apporté, naturellement. Rien n'aurait pu être de quelque secours. Avant que je songe réellement aux garçons, mes jambes avaient commencé à être velues. J'en étais vraiment fière en fait. Elles étaient plus musclées que celles d'une fille en général. A la gym, je n'avais pas honte d'avoir des jambes velues jusqu'à ce que certaines filles se mettent à ricaner. Je ne pensais pas que c'était catastrophique, mais ça m'ennuyait. Une fois, je me suis rasé les jambes. Je faisais mon possible pour être acceptée. Mais je ne savais pas par quel côté me faire accepter. Tout cela s'embrouillait.

Je n'aimais pas particulièrement être auprès de ma mère. Elle a commencé à m'énerver au bout d'un moment. Mon père était celui que j'aimais. Cela la blessait et j'en étais ennuyé, mais aucun sans doute j'aimais beaucoup plus mon père. Nous allions camper, mais nous ne faisions pas ce que je vois faire à la plupart des pères et des fils, jouer au ballon, par exemple. Mais nous étions très proches l'un de l'autre. J'avais le sentiment que je pouvais toujours aller le trouver plutôt que ma mère. Plus tard, lorsque, après mes opérations, il s'est détaché de la famille, j'ai commencé à le détester et je me suis bagarré avec lui à coups de poing. Il aurait pu m'aplatir en une minute, s'il avait voulu. Mais j'en ai eu marre de lui.

En fonction des hypothèses dont nous disposons et qui n'avaient pas été envisagées alors, la situation m'apparaît plus complexe aujourd'hui. Je sais plus précisément, chose que j'ignorais en 1961, à quel point les influences externes postnatales modifient le comportement de genre. Ce qui, alors, paraissait évident à beaucoup — à savoir que les forces biologiques sont décisives dans le comportement de genre chez l'homme — est maintenant, pour moi, moins la règle dans la plupart des cas, et davantage une hypothèse peu probable.

Je continue à placer Jack à l'extrémité de ce que Freud appelait une « série complémentaire » (où un comportement est classé, sur un continuum, des origines principalement biologiques aux origines principalement psychologiques). Mais maintenant, je prête attention aux influences interpersonnelles qui ont contribué à ce que Jack a apporté à sa situation au plan biologique. Les deux facteurs constatés dans l'enfance de femmes très masculines étaient également présents — mais de façons différentes — dans les premières années de Jack. En premier lieu, bien que, dans sa toute petite enfance, sa mère n'ait pas été démantelée psychologiquement ou physiquement, ne pouvant de ce fait offrir à sa « fille » une symbiose étroite et chaleureuse et la maintenir, la mère de Jack était néanmoins incapable d'inciter son bébé à se blottir contre elle. *Elle* était capable d'établir une symbiose étroite, mais celle-là fut néanmoins rompue. Dans le cas présent, l'échec tient au bébé ; dans le cas d'autres filles très masculines, c'était avant tout leurs mères qui rompaient le contact.

En second lieu intervient la contribution, relevant du père, à une forte masculinité chez les filles et les femmes. Dans les cas de transsexuels que j'ai étudiés (Stoller, 1975 *a*), le père aimait être avec sa fille, mais l'incitait à un lien d'identification plutôt qu'à un lien d'amour entre personnes de sexe opposé. Il la sauvait d'un total abandon parental, mais l'incitait à être masculine. Le père de Jack était à la fois similaire aux autres pères de ces autres filles et femmes très masculines, et différent d'eux : il faisait avec ce qu'il trouvait plutôt qu'il n'essayait de rendre sa fille comme lui.

Jusqu'ici, le plus grand mystère pour moi, c'est le caractère naturel de la masculinité de Jack. Cela, joint à son absence d'autres problèmes névrotiques, à sa vie réussie et créative, à sa franchise et à son honnêteté, sont autant de choses inexpliquées. Peut-être une psychanalyse découvrirait-elle les racines de sa normalité ; mais il n'est pas donné d'analyser des gens de ce type.

Les entretiens avec la femme de Jack, Sally, ont confirmé tout ce qu'il avait dit de leur relation. Il était évident, à les voir ensemble, qu'ils étaient heureux l'un avec l'autre. En fait, leur relation était renforcée par leur constante conscience d'avoir eu de la chance, que leurs chances de se rencontrer et d'être compatibles l'un avec l'autre étaient extrêmement minces. Pour m'être entretenu avec quantité de couples dont un des membres souffrait d'un trouble majeur de genre, je ne suis pas naïf quant aux histoires que racontent ces couples pour se convaincre, et convaincre les autres, qu'ils sont les gens normaux et heureux. Il n'est pas nécessaire de faire appel à la procédure analytique pour voir leur psychopathologie massive liée au genre ou non liée au genre. Aucune pathologie chez Jack et Sally. Rien ne donnait à penser non plus, lorsqu'ils étaient seuls ou ensemble, qu'ils cachaient un trouble. Le fait qu'ils fussent heureux était confirmé par leurs familles.

DISCUSSION

Les règles biologiques qui déterminent le comportement sexuel chez les mammifères sont simples. Chez tous, y compris chez l'homme, l' « état au repos » du tissu — central et périphérique — est femelle. On peut maintenant démontrer sans exception, dans toutes les expériences menées sur les animaux, que si on bloque les androgènes, selon la quantité et la forme biochimique adéquates, au cours des périodes critiques de la vie fœtale, l'anatomie et le comportement typiques des mâles de cette espèce n'apparaissent pas, quel que soit le sexe génétique. Et si on introduit des androgènes, selon la quantité et la forme adéquates, au cours des périodes critiques de la vie fœtale, l'anatomie et le comportement typiques des mâles de cette espèce apparaissent, quel que soit le sexe génétique. Il n'est pas possible d'expérimenter sur l'homme, mais aucune expérimentation naturelle (anomalies chromosomiques, par exemple) n'est relatée qui contredise la loi générale des mammifères.

Mais chez l'homme, on s'en souvient, le comportement a des racines beaucoup plus complexes que ce n'est le cas chez les autres animaux. A mesure que les années ont passé, j'ai été surpris de voir à quel point, dans les origines de l'identité de genre, ces facteurs postnataux dominaient le biologique.

Lorsque Jack vint au monde, quasi aucune des règles qui régissent le développement du comportement typique des mâles et des femelles n'était connue, et même lorsque nous avons vu Jack pour la première fois pour nos évaluations — hormonales et psychiatriques — notre connaissance des facteurs prénataux et postnataux ayant une incidence sur le comportement de genre était rudimentaire. En en sachant encore moins que maintenant sur la chimie et la physiologie du comportement de genre, nous ne faisions rien de plus que le placer dans le fourre-tout des états qualifiés de pseudo-hermaphrodisme mâle. Et parmi ces états, très peu débouchaient sur une inversion de la masculinité ou de la féminité. Habituellement — je disais autrefois, presque toujours — l'identité de genre des hermaphrodites est en confirmité avec l'assignation de sexe à la naissance et la confirmation qui en est faite dans les messages infinis, reflétant les attitudes des parents, adressés au corps de l'enfant et à sa psyché.

Jusqu'à ces derniers temps, nous ne disposions d'aucun indice nous renseignant sur ce qui faisait que Jack était si instamment masculin, par opposition à la plupart des hermaphrodites dont l'identité de genre est en conformité avec leur assignation de sexe, et non pas, comme dans le cas de Jack, avec leur sexe biologique. Mon idée selon laquelle sa masculinité était due à un cerveau imprégné par les androgènes n'était qu'une supposition raisonnable (et telle avait été ma croyance comparable dans le second cas, où je m'étais trompé).

Mais maintenant, bien qu'encore incomplet, le raisonnement est d'une texture plus serrée. En 1971, une nouvelle classe d'hermaphrodisme a été décrite : le déficit en 17 β hydroxystéroïde-déhydrogénase chez l'homme, forme héréditaire (?) du pseudo-hermaphrodisme mâle (Saez et al., 1971). Dans cet état, il y a carence de l'un des nombreux enzymes nécessaires à la production de la testostérone à partir du cholestérol. Etant donné que l'état de mâle nécessite des quantités appropriées de testostérone biochimiquement normale au cours des périodes critiques du développement fœtal, apparaît alors un bébé d'allure femelle qui est, naturellement, élevé en tant que fille. Sur les onze cas rapportés dans la littérature, dix furent élevés comme filles, et le onzième, à la suite d'un diagnostic correct à un an, comme garçon. Tous ceux qui avaient été élevés comme filles, sauf un, n'ont pas bénéficié d'une réassignation de sexe à la suite d'un diagnostic d'état de mâle. (Dans les rapports, les descriptions de l'identité de genre sont presque totalement absentes, aussi ne peut-on apprécier la mesure dans laquelle le comportement de ces patients était féminin ou masculin.) Mais un cas rapporté récemment (Akesode *et al.*, 1977) est étroitement apparié à Jack :

> Un mâle pseudo-hermaphrodite de 28 ans présentant une gynécomastie [absente chez Jack] fut élevé comme fille jusqu'à l'âge de 17 ans, époque à laquelle apparurent des traits masculins (voix devenant plus grave, apparition de pilosité faciale, répartition mâle de la pilosité sur le corps et habitus corporel mâle) et où il prit un rôle de genre mâle. Il avait un phallus petit avec urètre périnéal, absence de fusion labioscrotale, présence d'une poche vaginale et testicules non descendus. La biopsie testiculaire indiqua une hyalinisation des parois tubulaires, une absence de spermatogenèse et des cellules de Leydig hyperplasiques. Les dosages dans le plasma périphérique révélèrent des taux d'androsténedione dix fois supérieurs à la normale, de testostérone faibles, d'œstrone élevés et de gonadotrophines élevés. L'incubation *in vitro* de tissu testiculaire ne montra aucune conversion significative d'androsténedione en testostérone. Cependant, deux types de tissus périphériques, les fibroblastes de la peau et les érythrocytes, avaient une conversion normale, comme c'était le cas de l'ensemble du corps mesuré par la technique de l'infusion constante d'androsténedione. Ces études démontrent que le déficit en 17-cétostéroïde réductase du patient était limité aux testicules.

Du fait que le tableau clinique de Jack correspondait à cet état sur la plupart des points, Jack fut soumis aux tests biochimiques ; ceux-ci révélèrent une carence en 17 β hydroxystéroïde-déshydrogénase.

CONCLUSION

Puis, une chose affreuse arriva. Jack présenta un nodule sur un testicule, et il revint nous voir pour examen. C'était un cancer embryonnaire du testicule, extrêmement malin. Le cancer est un problème significatif dans le cas de testicules cryptorchides. Il apparaît 40 fois plus fréquemment que dans les testicules descendus. Il surmonta avec grand courage les interventions chirurgicales, la chimiothérapie subséquente et l'horrible menace qui pesait sur tout ce qu'il avait accompli, sans déni ni psychopathologie. La chimiothérapie entraîna une rémission de son cancer. Mais brusquement, un an plus tard, il présenta une masse périnéphrétique et, à la radiographie, un « point chaud » à un poumon. L'exploration chirurgicale indiqua que des métastases s'étaient effectivement développées, mais, en raison de la chimiothérapie, ces métastases étaient totalement exemptes de cellules malignes. Depuis lors, il a retrouvé son type de vie habituel, l'heureuse possibilité d'une réussite de la chimiothérapie a été confirmée.

Cependant, le cas de Jack ne prouve pas, comme le croient certains chercheurs, que l'identité de genre est, chez tous les individus, le produit des seules forces biologiques. Des individus comme Jack sont d'une importance capitale pour comprendre le développement du genre, mais le sont également ceux qui ne présentent pas de troubles biologiques démontrables, tels les transsexuels primaires, chez lesquels le constat répété de cette dynamique familiale ne peut pas être purement et simplement écarté. Pourquoi n'y aurait-il pas, comme tend à le montrer ma recherche d'un diagnostic différentiel, des états différents et des étiologies différentes ?

L'argument le plus vif contre l'hypothèse est avancé par ceux qui sont convaincus que les troubles prononcés du genre résultent d'influences hormonales prénatales.

Etant donné qu'il est possible, chez toutes les espèces de mammifères soumises à investigation jusqu'ici, de faire passer le comportement sexuel de l'animal à celui du sexe opposé, il paraît logique de dire qu'il doit en être de même chez l'homme, aucune rupture totale n'existant, dans le développement des mammifères, entre espèces inférieures et espèces supérieures. Il n'y a pas lieu de douter que si ces expérimentations étaient menées sur le fœtus humain et le nouveau-né, les mêmes changements vers l'autre sexe que chez tous les autres animaux apparaîtraient. Cependant, même dans ces cas, les influences massives et persistantes d'hormones aberrantes n'entraînent généralement que des changements légers ou modérés du comportement de genre, non pas la profonde inversion du comportement de genre constatée chez les garçons très féminins et les filles très masculines. Plus frappant encore, il n'existe *aucun* rapport faisant état d'animaux qui, dans des conditions naturelles — non expérimentales —, en l'absence d'une intersexualité évidente, présentent une inversion totale du comportement sexuel. Pourquoi de telles aberrations se produiraient-elles naturellement chez l'homme, mais ne se rencontreraient pas dans toutes les autres espèces non soumises à l'altération massive inhérente au laboratoire ?

6

Dialogues sur un garçon quelque peu féminin

Ce chapitre présente un fragment de ce qui devint une étude, sur des années[1], d'un garçon féminin dont la féminité était moins profonde que celles qui constituent le niveau de référence pour cette étude sur l'identité de genre. L'hypothèse est que, dans la mesure où toute la dynamique est atténuée, la féminité totale « transsexualisme primaire — se trouve réduite. Ce cas s'accorde avec cette attente. Cependant, avec tant de facteurs à mesurer, et les techniques de mesure et de confirmation cliniques si vagues, cette étude — et la technique de « recherche » qu'elle représente — ne peut être qu'indicative, non pas décisive.

Un problème connexe est celui de présenter en mots la complexité de personnes en interaction. On lit rarement des exposés de cas psychiatriques ou psychanalytiques qui semblent décrire des personnes réelles. Etant donné que l'interprétation que donne l'auteur, de ce qui s'est passé, est elle-même biaisée, la recherche sur les problèmes psychodynamiques est extrêmement difficile. Bien qu'il existe des techniques qui accroissent la vraisemblance — bonne rédaction, enregistrement auditif

---

1. Le manque de précision illustre les procédés nécessaires pour protéger l'identité de la famille.

ou audiovisuel et transcriptions de textes — celles-ci ne suppriment pas le besoin qu'a l'auditoire de prendre part aux communications subliminales qui constituent la plus grande part du comportement humain. Ces techniques ne parviennent pas à donner à l'auditoire les informations capitales contenues dans l'expérience subjective de chaque participant. Lorsque vous êtes confrontés à un style de travail comme le mien, vous êtes à ma merci, car vous ne pouvez pas savoir si je relate de manière véridique. Même si c'est le cas, ce que je vous dis peut néanmoins n'être que mon opinion ; vous ne serez jamais là comme je l'étais. Et je suis moi-même à votre merci, car, en essayant de vous imaginer en train de lire ceci — un « vous » fait de tant de personnalités différentes et de niveaux d'expérience différents — je ne peux pas contrôler la façon dont vous décidez de me lire. Pas précisément ce qui s'appelle la science.

Je sais que c'est vrai, mais je continue à résister à son implication pessimiste : à savoir, qu'en même temps que nous croyons que nous transmettons, nous ne le faisons guère. Aussi, dans ce chapitre, j'essaie une fois de plus d'atténuer le problème, me tournant à nouveau vers les entretiens transcrits afin de donner de ce qui s'est passé un meilleur aperçu que cela ne serait possible si j'en ridigeais la description.

Ce chapitre présente des extraits d'entretiens d'évaluation avec la mère et le père d'un garçon féminin. Bien que les transcriptions ne puissent transmettre le sentiment de nos échanges de paroles, je les utilise dans l'espoir que vous croirez, à un niveau plus senti que ne peut faire naître un récit intellectualisé, que nous avons, tous les trois, effectivement parlé, nous sommes réellement réciproquement éprouvés, et que les résumés de données que je présente par ailleurs sont vraiment issus d'événements qui se sont produits[2].

---

2. Cette dénégation peut avoir un sens pour ceux qui sont élevés sur un nombre infini d'exposés de données — journaux, revues, magazines, émissions de télévision, rapports d'amis, cours, livres d'histoire, etc. — que nous acceptons facilement à un certain niveau et que d'une certaine

Il peut être insupportable de lire un dialogue quand il s'agit d'une transcription littérale. J'ai atténué cela uniquement en arrangeant un peu ce matériel. Dans le cas du style d'élocution du père, j'ai enlevé certaines de ses hésitations et de ses structures de phrase incompréhensibles, mais j'en ai laissé suffisamment pour montrer comment sa personnalité se reflète dans sa façon de parler. Pour sa femme, j'ai seulement retiré un rare « euh » et autre bruit non verbal ; lire tout cela, non seulement abaisserait votre concentration, mais donnerait une impression d'incertitude qui n'existait pas chez elle. Le principal aménagement, toutefois, est celui qui est nécessaire pour préserver le secret à la famille ; cela n'a pas changé l'essentiel du dialogue.

Tout en lisant, vous interprétez. Et ce faisant, vous parviendrez parfois à des conclusions qui diffèrent de mes interprétations. Certaines de ces conclusions ne constitueront pas des désaccords mineurs. Supposons, par exemple, que vous croyiez qu'un enfant — dans le cas présent, un jeune garçon — évoluera mieux (quoi que « mieux » signifie) si son père est physiquement présent toute la journée dans la maison et si les tâches domestiques sont partagées entre les parents « de manière non sexiste ». Vous apporterez à votre lecture l'attente selon laquelle le garçon a de la chance si son père est à la maison. Et votre opinion sur les attitudes de cette mère concernant son mari et les enfants changera si vous avez le sentiment que, dans ses accusations relatives à la passivité de son mari, elle est conservatrice en matière de politique, de religion ou autre, et donc sectaire. Par contre, vous pouvez lire les mêmes mots et avoir le sentiment qu'elle se bat vaillamment pour sauver son fils d'un père incapable et destructeur. Il se peut que vous commenciez votre lecture avec la croyance — exprimée par son père — que le garçon n'est pas

---

façon nous n'absorbons pas au fond de nous-mêmes : si les images de victimes de voitures piégées ne nous font pas même différer notre dîner, quoi d'autre que la réalité — si tant est qu'elle le fasse — peut nous faire quelque chose ?

féminin, qu'il n'est pas en passe de devenir homosexuel et n'a pas besoin d'un traitement, mais, plutôt, que c'est un gentil garçon sensible dont le comportement promet déjà qu'il ne deviendra pas un homme cruel et insensible. Ou vous pouvez croire, à supposer qu'il devienne un homme féminin — homosexuel ou trans-sexuel —, qu'une telle issue n'est mauvaise qu'aux yeux d'une société malade, que le fait que les mâles soient féminins ou masculins est réellement un problème neutre au plan psychologique et moral.

Pour permettre à vos penchants de se donner libre cours, j'ajouterai que les communications qui suivent eurent lieu il y a des années, avant que le mouvement féministe rende ces conditions conscientes dans notre culture.

Je vis cette famille en consultation pour rendre service à un ami ; je ne m'attendais pas à ce qu'ils jouent un rôle dans le travail sur l'identité de genre, et je ne m'atten-dais pas à participer à leur traitement. Ayant, à ce moment-là, limité ma satisfaction à l'apparition du syn-drome de féminité prononcée chez les garçons, et à la dynamique familiale à partir de laquelle elle se développe, j'avais le sentiment que je pouvais laisser aux autres le soin d'une confirmation objective. Cette attitude chan-gea après avoir parlé avec eux. J'étais alors curieux de voir si, lorsqu'on modifie les influences principales, le résultat, au plan de la masculinité/féminité, se trouve modifié.

Sachant que d'innombrables variables pourraient être importantes dans la dynamique familiale, et que ces variables ne peuvent pas être mises à l'épreuve comme on le souhaiterait dans une expérience adéquate, avec une seule famille à étudier, je pensais néanmoins — et le pense maintenant, des années plus tard — qu'une première quête, pour grossière qu'elle fût forcément — était un bon début.

Le hasard nous réunit, cette famille et moi, à une période où j'avais les questions toutes prêtes et où mon calendrier me laissait la possibilité de travailler sur un autre cas. Prendre un patient de façon suivie, signifie que je dois rendre disponibles quatre ou cinq heures par semaine pour le traitement ; quinze, vingt minutes par jour ou plus pour dicter des notes ; et une portion de temps susceptible de s'étendre sur six, sept, ou même huit ans. (Ce problème du temps limite énormément le nombre de personnes que l'on peut étudier, et fait que le travail ne peut jamais être scientifiquement correct.)

Les variables qui différaient de celles découvertes dans les familles étudiées antérieurement étaient les suivantes : 1 / ce père, bien que peut-être — le temps de traitement de la famille le dirait — aussi inefficace que tous les pères des garçons très féminins, était physiquement présent quasi sans cesse, jour et nuit, pour son fils ; 2 / bien que cela ne soit pas évident dans les transcriptions qui suivent, mari et femme s'aimaient et se désiraient, caractéristique qui n'était présente dans aucune des autres familles ; 3 / cette mère, outre certaines qualités garçonnières marquées, dans l'enfance, était aussi — et souhaitait être — féminine sur de nombreux traits ; 4 / bien que cette mère, comme les autres mères, ait désespérément voulu un garçon, et ait été presque débordante de joie d'en avoir un qui était, trouvait-elle, superbe et satisfaisant quant à leur symbiose, elle n'éprouvait pas le besoin de l'intimité implacable, peau à peau, qu'éprouvaient les autres mères ; 5 / cette mère ne prenait pas plaisir au comportement féminin de son fils et aux choses qui l'intéressaient, et n'encouragea pas ce comportement lorsqu'il apparut ; et 6 / le garçon, bien que superbe et câlin, n'avait pas l'apparence et le comportement terriblement féminins des autres garçons, et son comportement féminin était beaucoup moins total, et débuta plus tard (à quatre ans). Il me sembla ressembler davantage à certains garçons qui deviennent homosexuels, et avoir des pulsions transsexuelles moins fortes que les garçons très féminins que j'avais étudiés.

Quelle que soit la perte de données convaincantes, je laisse vagues les détails de la vie passée et présente de la mère pour des raisons de secret, et parce qu'un rapport adéquat demanderait des centaines de pages. Je noterai seulement que ses parents, dans leur relation avec elle, dans l'enfance, ressemblaient à la première famille que j'ai étudiée (Stoller, 1968 a).

Entretien avec la mère

M. — Mon fils[3] a huit ans, et j'ai pensé que c'était étrange qu'il aime se déguiser dans les vêtements de Betty [ceux de sa sœur]. Elle a six ans[4]. Joan, mon amie, ne cessait d'insinuer que peut-être il ne devait pas faire cela quand il était petit —— quand lui et Betty jouaient ensemble. Joan insinuait que cela [la façon dont ils le faisaient] était un peu bizarre. Ça a commencé à me tracasser. J'ai remarqué dernièrement qu'il a une drôle de façon de marcher —— très féminine —— et les gestes qu'il fait avec ses mains et sa façon de parler me perturbent vraiment, me rendent furieuse contre lui. Je finis par dire : « Ne fais pas ça. Tu es un garçon, et tu marches comme une fille. » C'est un jeu auquel il joue avec sa sœur. Ils jouent au papa et à la maman, mais il porte toujours des vêtements de femme.

Il aime dessiner. Il a un tempérament très artistique. Il s'intéresse beaucoup à ce que les femmes portent, à leur maquillage et à leurs ongles. Il aime jouer avec des filles. Il a du mal à jouer avec des garçons. Il n'est pas très doué physiquement, et il ne peut pas, ou ne veut pas, se défendre physiquement, et il finit par pleurer.

J'ai été préoccupée depuis longtemps par la façon dont son père se comporte envers lui. Il n'est pas à l'aise avec son père. Ils ne s'entendent pas trop bien, et je suis sûre que cela a beaucoup à voir avec le fait que je n'aime pas quantité de choses concernant mon mari. Rockwell est harcelant là-dessus. Aussi, mon mari n'agit pas avec lui de manière très directe, ne prend pas une position très ferme. Et puis, je pense à ma propre agressivité —— ce que j'appelle ma force —— et à ma

---

3. Il a un prénom très masculin. Nous l'appellerons Rockwell, ou, par son diminutif, Rock.
4. Un troisième enfant, un bébé, n'entre pas en jeu dans ces entretiens.

grande fermeté. Ça ne m'avance absolument à rien de me
fâcher contre mon mari. Il ne me laisse pas. Il ne le
supporte pas. Il ne répond pas. Il ne discute rien. Il
finit par se sentir coupable, et il dit —— vous savez, il
se fâche et il quitte la maison, ou il dit : « D'accord. Je
sais que tu as raison, et j'essaierai d'être autrement »,
mais pas de concessions mutuelles. Je me sens coupable,
parce que j'ai l'impression de ne pas être chic avec lui,
parce qu'il se sent humilié, ou je suis fâchée parce qu'il
ne renvoie pas la balle.

S. — Que fait-il ?

M. — Il est peintre. Alors, il est tout le temps à la
maison. Mais il ne peint presque jamais. [Elle a hérité
une certaine somme d'argent, et il n'est pas nécessaire
qu'il gagne sa vie.] Sur certains points, mon mari est
masculin. Cependant, il est tout le temps à la maison,
et il fait des tâches de femme. Parfois, il lave la vaisselle,
ou il aide à la cuisine. Il fait des tas de choses avec les
gosses que la plupart des hommes ne font pas, et je trouve
ça formidable parce que ça me tire une belle épine du
pied. Cependant, en même temps, il ne prend pas un
rôle très masculin. Je ne sais pas dans quelle mesure
cela a une incidence sur Rock. Je sais que cela a une
grande incidence sur moi. Je suis très soucieuse que Rock
s'identifie à moi plutôt qu'à son père. Il se développe
avec des tas de choses féminines au lieu de choses masculines, et je souhaite le pousser vers les garçons, et le
faire jouer au base-ball, et cesser d'aimer jouer avec
les filles et de s'intéresser à ce que les filles portent, et
à ce qu'il porte, et à l'allure qu'il a. Il est très beau,
et les gens l'ont toujours arrêté dans la rue depuis sa
naissance et disaient : « Tu es un enfant superbe » et :
« C'est une fille ou un garçon ? » De temps en temps,
pourtant, quelqu'un dit « votre fille ». Je ne pense pas
que Rock aime trop ça.

S. — Là est la question. S'il est efféminé, pourquoi
n'aimerait-il pas cela ?

M. — Ouais. Il se comporte comme s'il n'aimait pas
ça. Il pense que les femmes devraient porter des man-
teaux de vison et avoir les ongles longs, et il me casse

toujours les pieds à me demander pourquoi je porte mon
Levi's. J'ai toujours été très tendre avec lui, et je me
déshabille devant lui.

S. — En quoi votre mari a-t-il contribué au problème de Rock ?

M. — Il n'est pas ferme sur ce à quoi il croit, et n'exige
pas que Rock se comporte comme il le veut, que ce soit
bien ou mal. Il donne à Rock l'idée que Rock peut
faire tout ce qu'il veut avec son père et que Rock est
fort et qu'il a un certain pouvoir sur lui. Je ne pense pas
que ce soit bon pour le garçon d'avoir ce sentiment.
Cela l'effraie. Mon mari peut être en désaccord avec
Rock et garder ce qu'il ressent au-dedans de lui, si bien
qu'il ne peut plus supporter cela. Alors, il devient réellement furieux et se contente —— il se contente de sortir de la maison. Et cela *terrifie* Rock —— que quelque
chose va arriver à son père. Je ne cesse de dire à mon
mari qu'il devrait rester là et défendre ce qu'il... Je
pense que mon mari est comme celui qui grimpe sur le
siège arrière et ensuite malmène tout le monde de ne
pas l'avoir laissé s'asseoir devant.

L'autre soir, nous nous sommes disputés parce qu'il
buvait. Il boit beaucoup, et je n'aime pas ça parce que
je ne bois pas beaucoup. Il est tout simplement mesquin
et désagréable avec moi quand il est ivre. Il était insupportable, et je suis sortie du lit, et je me suis mise à
lui frapper la poitrine avec mes poings tant j'étais furieuse.
Et il m'a dit : « Tu fais ça uniquement parce que tu
sais que je ne te frapperai pas à mon tour. » Et c'est
vrai. Il ne m'a pas frappée en retour. Il ne renvoie
jamais rien. Il traite Rock de la même façon. Il ne donne
à Rock aucun sentiment de force sur laquelle se reposer ;
c'est angoissant pour un gosse.

S. — Maintenant que vous êtes effrayée à propos de
Rock, qu'avez-vous peur qu'il soit quand il sera grand ?

M. — J'ai peur qu'une fois grand il aime porter des
vêtements de fille, et j'ai peur, d'après ce que j'ai entendu
dire et ce que j'ai lu, qu'il devienne transsexuel ou
homosexuel, et je ne souhaite vraiment pas que cela
arrive. Je me souviens d'avoir dit une fois à une amie

quand nous portions nos fils : « Je vais faire en sorte que mon fils m'adore et qu'ainsi il ne me quitte jamais. » C'était un peu une boutade. Je n'ai pas le *sentiment* d'avoir aucun désir de faire ça. J'ai comme peur que quelque chose arrive à mes gosses. Je suis un peu protectrice, encore que j'aie appris à l'être un peu moins ces deux dernières années.

Lui et sa sœur ont commencé à se déguiser avec mes vêtements quand il avait environ quatre ans, c'était il y a à peu près quatre ans, et ils jouaient au papa et à la maman, et l'ont toujours fait depuis, disons, une fois par mois. Rock aimait particulièrement utiliser des choses soyeuses au toucher comme des écharpes et des combinaisons, et les six ou huit derniers mois —— moins souvent maintenant, parce que je lui casse les pieds là-dessus —— il aime se mettre une écharpe autour du cou et des chaussures à talons hauts, et porter un sac à main et mettre mes lunettes de soleil. J'ai commencé à trouver que c'était bizarre qu'il joue toujours le rôle femelle, et je n'aimais pas cela. Puis, Joan [une amie] a dit : « Je pense que tu ne devrais pas le laisser faire ça ; tu devrais lui faire savoir que tu n'aimes pas ça. » Et j'ai commencé à lui dire que je n'aime pas ça, il y a environ un an. Maintenant, j'ai peur que quand je lui dis que je n'aime pas ça, il pense que je pense vraiment que quelque chose ne va pas chez lui, et que ce soit une prophétie qui se réalise d'elle-même. Je ne sais pas quoi faire. Je ne sais pas si je dois le laisser faire ça, ou lui dire de ne pas le faire. Ça fait deux mois, je crois, qu'il ne l'a pas fait, sauf un soir, il y a dix jours, quand nous étions sortis. La baby-sitter et lui se sont déguisés, et elle a trouvé ça marrant, et elle a vraiment aimé ça. Alors, ça lui a fait grand plaisir de le faire. Mais il ne m'en a pas parlé. Il ne voulait pas que je sache.

Je l'ai vu faire ça, et je n'ai jamais eu le sentiment que ça l'excitait sexuellement. L'autre jour, j'étais assise sur le lit de Rock, et je lui parlais, et il a avancé la main et a commencé à me frotter la jambe. J'avais ma chemise de nuit. J'ai simplement retiré sa main, et il a dit : « Ne l'enlève pas. Je veux sentir ta chemise de nuit. »

J'ai dit : « Je ne veux pas que tu sentes ma chemise de nuit. » Et je me suis levée, et je sortais de la chambre, et il a dit : « C'est en quoi, ça ? » J'ai dit : « Je ne sais pas en quoi c'est. Qu'est-ce que ça peut te faire ? » Cela m'a tracassée. Je suis sûre que je n'en aurais rien pensé excepté que je n'aime pas la sensation qu'il passe sa main sur ma jambe ici, ce qu'il fait souvent. Il vient vers moi, et pose ses mains sur mes jambes, parce que j'ai généralement un pantalon. Et il ne —— vous savez —— fait que poser ses mains là. Et je les retire parce que je n'aime pas cette sensation.

S. — Est-ce qu'il s'est toujours intéressé aux tissus ?

M. — [Longue pause] Je ne —— c'était la première fois qu'il m'ait jamais demandé : « C'est fait en quoi ? » Il ne s'est vraiment pas intéressé aux tissus, si ce n'est que, quand il se déguise, il aime une écharpe. Il est allé chez le voisin avec ses marionnettes, l'autre jour, et il voulait une écharpe à se mettre autour du cou parce qu'il allait être le montreur de marionnettes, et il a choisi quelque chose en satin rouge. Il aimait l'avoir autour du cou ; c'est à peu près l'étendue de son intérêt pour les tissus. Il est bizarre concernant ses vêtements. Il n'a jamais rien dit sur la *sensation* qu'on en a. C'est plutôt qu'il est davantage concerné par leur apparence. Il est très bizarre à propos de ses cheveux. Il a peur qu'un cheveu se mette à rebiquer et, quand ses nouvelles dents sont sorties il était horrifié qu'elles ne soient pas aussi blanches que ses dents de lait. [Une crainte constante, chez elle, dans son traitement : que l'élégance de Rock prédise une homosexualité.]

Il se met la lotion après rasage de son père, ce qui n'est pas vraiment mal si ce n'est que, pour un petit garçon qui va à l'école le matin, quand la plupart des gosses ne veulent pas se coiffer ou lacer leurs chaussures, lui, il faut qu'il fasse tout ça.

J'étais un garçon manqué jusqu'à quatorze ans. J'avais des tas d'amis garçons et des tas d'amies filles, mais même au lycée j'aimais mieux porter mon Levi's qu'une robe pour aller à l'école. J'aimais m'habiller belle, comme une fille, mais j'aimais aussi porter un Levi's le week-end et après l'école. [C'était des années avant que ce soit la façon de s'habiller pour les deux sexes.] Je me souviens que, quand j'avais quatorze ou quinze ans, je portais un Levi's et des chaussures d'homme. Je fourrais les pans dans le Levi's par-devant, et j'espérais que tout le monde penserait que j'étais un garçon. J'ai fait ça une fois ou deux, et puis je me suis sentie gênée, alors j'ai cessé. Dès que j'ai commencé à sortir avec des garçons, je ne me souviens pas d'avoir jamais eu l'impression que je ne voulais pas être une fille. Même maintenant, je suis un peu garçon manqué. J'aime les sports. J'aime jouer avec les filles aussi, si elles sont bonnes. J'aime la compétition. J'ai un frère, et je suis sûre qu'il y avait là énormément de compétition. Il n'y a plus vraiment de compétition maintenant, parce que j'ai gagné. Je me sens très liée à lui. Quelquefois, quand je lutte avec Rock, j'ai l'impression de lutter avec mon frère et non avec mon fils. Ils s'appellent tous deux Rockwell.

Une fois, mon mari était ivre, et il me criait après. Il a dit : « Garces, vous les femmes, vous êtes toutes les mêmes. » Je n'ai pas l'impression qu'il réagit à moi comme si j'étais moi. Je pense qu'il se fiche éperdument de ce que je ressens ou de ce que je pense. Il ne peut pas parler de ce qu'*il* ressent ou pense. Il me dit que je devrais simplement être capable d'*avoir l'intuition* de ce qu'il ressent et si je n'en suis pas capable il y a quelque chose qui ne va pas chez moi. Je pense que tout ça c'est de la connerie. Quand il ne boit pas, je ne me fâche pas contre lui, parce que j'ai peur qu'il tombe en petits morceaux, ce que je... ce qui n'est pas vrai.

S. — Comment l'avez-vous rencontré ? Je veux dire : comment se fait-il que vous l'ayez épousé ?

M. — Je suis allée à cette soirée un soir, et je l'ai vu, et j'ai dit : « Qui est cet homme ? », et quelqu'un me l'a présenté. Il était très très ouvert et aimable et particulièrement aimable et j'ai adoré ça, et environ un mois plus tard, j'ai quitté le type cinglé avec lequel je vivais. J'en avais tout simplement assez d'être tourmentée et malheureuse. J'étais très malheureuse. Nous

nous sommes mariés quatre semaines après notre premier rendez-vous. Je me disais tout le temps : « Bon, tu sors juste de cette liaison et ce n'est pas le moment de te marier avec quelqu'un d'autre. » Mais je voulais vraiment me marier. Je souhaitais me marier avec lui. Je souhaitais avoir un bébé.

Mais toute son attitude, c'est de laisser aller les choses et elles s'arrangeront toutes seules. Et puis je pense que ce n'est pas vrai.

S. — Vous et votre mari observez les mêmes choses chez Rock. C'est exact ? La différence est dans votre jugement sur ce qui va arriver ?

M. — Il reconnaît que nous voyons les mêmes choses, et je suppose qu'il les décrirait de la même façon.

Lorsque je suis rentrée à la maison après notre première consultation, j'ai attendu trois ou quatre heures avant de dire quoi que ce soit parce qu'il ne me demandait pas ce qui c'était passé. J'ai dit : « Est-ce que tu ne vas pas me demander ce qui s'est passé ? » Il oublie, quand ça l'arrange. Il a dit qu'il n'avait pas réalisé que c'était là que j'étais allée. Et j'ai dit : « Mais je t'ai dit que j'avais pris rendez-vous, et je te l'ai redit plusieurs fois après ça. » Peut-être que mercredi matin je n'ai pas dit où j'allais, mais j'ai présumé qu'il le savait parce que nous en avions discuté maintes fois. Et il m'a vue m'habiller. Il a dit : « Je me demandais où tu allais », mais il avait tout simplement oublié que je venais ici. Alors, je n'ai plus parlé de ça. Alors, je lui ai dit que je vous avais parlé et que vous alliez me revoir, que vous ne pouviez pas vraiment me dire grand-chose la première fois. Je lui ai dit qu'il était peut-être possible que nous soyions tous impliqués dans le traitement s'il était jugé que Rock avait vraiment un problème, et je lui ai dit que vous aviez dit que cela avait l'air plus homosexuel que transsexuel, mais que ce n'était pas une énonciation de faits, et c'est réellement à peu près tout ce que je lui ai dit. Je lui ai dit que j'avais parlé de nous, et c'est à peu près ce que je lui ai dit.

S. — Comment a-t-il réagi ?

M. — Il a seulement écouté. Il n'a rien dit du tout.

S. — Comment réagissez-vous au fait qu'il ne réagisse pas ?

M. — [Pause] Je n'ai pour ainsi dire rien éprouvé. Je ne me suis pas sentie encouragée ou découragée. Ça ne m'a pas mise hors de moi qu'il ne veuille pas parler, parce que cela s'est produit tant de fois, je me dis simplement : « Oh, bon, c'est comme ça. » Il me semble que je devrais aller dans le désert et pleurer quasiment une semaine, et alors je pourrais réagir aux choses plus normalement.

Entretien avec le père

P. — Je suis disposé à m'opposer à cela, j'en ai peur. Je... Je... pensais que toute la science est une... une chose merveilleuse, cette recherche, la recherche psychiatrique. Je ne suis pas du tout contre ça. Et c'est rudement important... [Rire nerveux] Je pense d'une certaine façon ça m'effarouche quand ça vient à... jusqu'à mon implication personnelle.

Elle... sa... [nombreuses pauses, mélange de voix forte et sourde] son implication à propos de son fils, de Rock, dans son *(his)*... c'est... ça... Je lui en ai parlé un peu ; mais pour quelque raison... elle était *si*... autre... impliquée et véhémente à propos de ça et que... je [longue pause] me suis senti découragé de la dissuader ou de ne pas être d'accord avec elle et je... et après tout, je connais certains des indi... les indices que nous voyons tous les deux, mais je les interprète différemment et je pense qu'ils sont [longue pause] raisonnables et compréhensibles et que... et si... et je crois effectivement que son souci pour lui et lire et parler de ce qui peut être fait pour lui... qu'il a besoin d'autres approches que celles que nous lui avons données et ainsi de suite... Je crois qu'il a besoin de plus de temps de ma part que je ne lui en ai donné. Peut-être qu'elle a l'impression qu'elle lui donnait trop de maternage féminin et ainsi de suite.

S. — Avez-vous senti ça ?

P. — Je ne l'ai pas senti, non. Elle est... comme qui dirait très forte et... peut-être, je pense, a probablement l'impression que c'est elle qui commande à la maison peut-être et pas moi. Elle... est *entêtée*. Je pense qu'elle a eu une enfance assez solitaire d'une certaine façon, et a beaucoup fait tout elle-même, et a fait un bon boulot. Et ses parents et le reste la reconnaissent comme qui dirait le chef de la famille. Et là-dessus, elle a acquis une très forte sorte de personnalité.

S. — Parlez-moi un peu plus, si vous voulez bien, de sa réaction au comportement de Rock.

P. — Nous avions remarqué tous les deux avant, quelquefois sa façon de marcher. Il est... quand il est mal à l'aise, quand il est intimidé parfois... son... il a tendance à se déguiser. Je n'ai jamais fait attention à... cependant je... vous savez, en vêtements de filles quelquefois... quand ils sont tous... ils sont tous [très incohérent jusqu'ici] ils vont dans la malle aux costumes et ainsi de suite et il prend... met des talons hauts et des robes longues... chapeau dingue et parade ici et là. Je ne sais pas... je faisais cela, et... il aime se maquiller [fards]. Il... il... euh... il ne le fait plus ces derniers temps il semble... fameux gâchis... alors c'est dur à faire partir de ses yeux et le savon le pique et je pense qu'il en a un peu assez. Mais il disait : « Est-ce qu'on peut se maquiller ? » et ils allaient dans la salle de bains sa sœur et lui et se maquillaient comme des clowns et tout ça. Le père de ma femme est certainement masculin. Mais il a une démarche bizarre, il y a des années, elle le plaisantait un peu à propos... c'est une sorte de drôle de façon de marcher qu'il prend par moments, et là aussi ça a l'air un peu efféminé. Mais je pense que c'est juste la façon dont ses jambes sont attachées ou quoi. Et tout ça je le vois chez Rockwell qui, physiquement, ressemble beaucoup à sa mère. Mais tout ce à quoi il pense est masculin par opposition avec sa sœur.

S. — Comment gagnez-vous votre vie ?

P. — Eh bien si... si je travaille à une peinture ou quoi, c'est généralement la seule chose sur laquelle je me concentre. Mais ça va et ça vient...

S. — Pourriez-vous être plus précis. Combien de fois est-ce que ça vient ?

P. — Eh bien, je n'ai pas... ça fait un an. Je n'ai pas peint depuis un an environ. La plupart est... est... je suis à la maison à travailler autour de la maison. Avec la récession et tout, c'est devenu de plus en plus difficile et je crois que ça me talonne beaucoup ces derniers temps, plus que je ne me l'avoue à moi-même —— me tracassant à ce propos. Si... je me tracasse à propos de la façon de s'y prendre, vous savez. On me dit pourquoi est-ce que tu ne sors pas chercher du travail ? C'est étrange, mais je ne sais pas ce que je pourrais faire si ce n'est servir à table ou travailler dans un magasin pour hommes. En dehors de peindre, je n'ai aucune profession. Ce n'est pas facile. Il faut avoir des talents. Ou être manœuvre chez un plâtrier ou quelque chose comme ça. Physiquement, je ne sais pas si je pourrais faire ça, de toute façon. Nous tenons le coup. Je suis triste d'avoir laissé ça arriver, d'être impliqué, d'arriver dans une situation... immature, sorte de, sorte de faible façon de prendre en main de se retrouver dans une chose comme celle-ci. Je suppose que cela me perturbe de ne pas mieux réussir comme peintre, de ne pas travailler davantage. Je... je... sens que je suis un bon peintre et j'ai eu certains succès et des gens qui me connaissent m'ont dit que je le suis, mais en ce qui concerne la profession j'ai été à la lisière et maintenant en vieillissant et ainsi de suite c'est un... Je me suis rendu compte que ça a été du gaspillage en ce qui concerne ma peinture, et ça a été important pour moi. Quand j'ai quitté le collège universitaire, c'est ce que j'ai décidé de faire, et j'ai travaillé et étudié avec des gens et ainsi de suite. Et puis, j'ai acheté une galerie et je l'ai menée pendant douze ans et... vendue.

S. — Etait-ce un succès ? Psychologiquement ?

P. — Eh bien, euh —— non.

Séance suivante —— les deux ensemble.

S. — Comment avez-vous réagi l'un et l'autre à la suite de cette évaluation ?

M. — J'aime ça. Nous n'en parlons pas beaucoup.

P. — Non, je... [longue pause] je continue à ne pas

en voir la nécessité pour Rockwell. Vous pouvez toujours dire que peut-être ça fera du bien à chacun —— peut-être. Si tout le monde est suffisamment bien portant, de toute façon. Mais je n'ai pas l'impression, depuis que ma femme m'a fait prendre conscience de la situation et de ce qui peut en sortir, que j'en sois devenu plus conscient en ce qui le concerne, et de plus en plus je suis convaincu qu'il n'a pas besoin de ça. En ce qui concerne la participation pour nous, pour moi, je pense que j'ai résisté [marmonnement inintelligible] peut-être parce que ce serait très bon pour moi, peut-être parce que j'en ai réellement besoin, je ne sais pas. Je m'oppose carrément à l'idée d'une implication. J'ai l'impression que je préférerais être impliqué dans des choses qui... si ça signifiait... quelque chose de réellement difficile entre nous, alors peut-être que je ne m'y opposerais pas. Je veux dire si c'était quelque chose qu'elle ressentait très fort, sa nécessité pour nos relations et ainsi de suite.

M. — Je ne sais pas ce que tu veux dire. Je crois que ça nous aiderait si j'étais en traitement. Je crois que ça nous aiderait si tu y étais aussi, mais pas si tu ne veux pas. Je ne vais pas dire qu'il faudra te faire analyser ou que je te quitterai ou quoi que ce soit de ce genre. Je pense que ça fait que je me sens mieux... me fait... Je pense qu'il faut faire quelque chose pour aider Rock. Je ne pense pas que nous puissions l'aider sans une aide extérieure, et le fait qu'il soit possible que nous puissions avoir de l'aide fait que je me sens beaucoup mieux à ce propos. Je ne sais pas s'il en a besoin ou non. Je pense que oui. Tout au moins, que quelqu'un de notre famille a besoin d'aide pour aider quelqu'un d'autre, que ce soit toi et moi ou toi ou moi ou nous tous. Je pense que ça ne peut pas s'améliorer sans que quelque chose se passe. Je pense simplement que nous allons continuer à tâtonner.

P. — Bon, je ne sais pas si tu pourrais jamais... bon, tout ce que je dis, c'est que je m'opposerais à faire une analyse pour résoudre ce problème... Si nous étions convaincus que c'est nécessaire ou qu'autrement une grande tragédie arrivera... alors, bien sûr, nous devons.

Je ne suis certainement pas convaincu de cela. Je pense qu'il y a des signes que nos relations l'un avec l'autre et par conséquent avec Rockwell, tout au moins le fait qu'il ait ses problèmes affectifs, et plus nous serons éclairés à leur sujet et ainsi de suite, le mieux ce sera, mais il y a d'autres façons d'examiner consciencieusement...

M. — Je ne pense pas qu'il y en *ait.*

P. — Nous pourrions parler plus que nous ne faisons !

M. — Naturellement ! Nous avons parlé de ça avant, et nous avons dit ceci avant : « Nous pouvons le faire nous-mêmes. » Mais je ne vois pas comment nous *pouvons,* parce que nous disons que nous allons le faire nous-mêmes, et nous essayons, et ça ne va pas mieux du tout. Je n'aime pas voir Rock souffrir.

S. — Tous les deux, vous le voyez dans les mêmes circonstances, mais vous avez une impression assez différente de ce que vous regardez.

M. — Je vois ses gestes physiques comme étant très efféminés —— quelquefois sa démarche, ses gestes avec les mains et les bras, et son visage —— et je n'aime pas cela parce qu'il a l'air d'imiter une fille. J'ai l'impression que ce n'est pas quelque chose qu'il a vu et qu'il imite, comme un acteur, mais quelque chose qui fait qu'il se sent bien. Je ne sais pas si cela a un sens. Cela me tracasse. Cela me tracasse aussi que le —— il ne cherche pas à avoir des amis, qu'il reste beaucoup à la maison, qu'il ne s'intéresse pas aux choses auxquelles les autres garçons s'intéressent, comme le base-ball et le football. Ce n'est pas tellement ces choses particulières que : « Pourquoi ne vas-tu pas dehors faire des choses ? » J'ai l'impression qu'il sent son corps d'une certaine façon, comme s'il lui faut le protéger. Comme s'il ne pouvait aller courir et se bagarrer et jouer à des jeux de contact parce que quelque chose va arriver à son corps. Et il me semble que c'est quelque chose de féminin. Je pense qu'il ne devrait pas tant se préoccuper de quoi il a l'air et de l'impression qu'il a des choses. Et son père ne ressent pas ces choses, ou, s'il les voit, il pense qu'elles ne sont pas importantes.

P. — Il n'est certainement pas timide avec les gens

qu'il connaît. C'est un... le maître a dit que sur certains points c'est un leader, et je le vois... l'autre jour, lui et cette fille faisaient du vélo et il descendait la colline exactement comme le font les garçons. J'étais très content de voir ça. C'est le genre de choses où il est plutôt prudent, mais il s'est assez bien habitué à faire du vélo en descendant la colline —— dérapant —— vrrrrrrroum ! *Hurlant* dans un dérapage. [Rire] Très dangereux, et y prenant un plaisir extrême. C'est ce que font tous les garçons.

M. — Bon, aussi il était avec Marie, et j'ai le sentiment qu'il ne fait pas ça avec les garçons, ainsi, l'autre jour, je l'ai emmené chez Billy, et Billy est parti et a couru comme un dératé dans la maison, et Rock a démarré pour l'attraper et puis il s'est arrêté.

P. — Il *a* une certaine personnalité que certains garçons n'ont pas, et sur bien des points c'est charmant. C'est sensible et il a une sorte de sens de l'humour et il voit des choses que, je crois, les autres garçons —— certains autres garçons —— ne voient pas de façon différente, mais je ne vois rien de féminin chez lui. S'il se comporte comme une fille, alors il se comporte comme un garçon [plaisantant] qui se comporte comme une fille.

M. — [Irritée] En effet ! Alors laisse-le se comporter comme un garçon qui se comporte comme une fille et finir pédé.

P. — [D'un air pensif] Non. [Pause]

M. — « Il se comporte comme un garçon qui se comporte comme une fille. » C'*est* un garçon qui se comporte comme une fille ! Pas tout le temps, mais une grande partie du temps. Toute cette affaire de vouloir savoir comment on se maquille les yeux, et de l'essayer sur ses yeux à lui, et tout ça, je pense que la plupart des garçons ne font pas des choses comme ça.

P. — Je pense que la raison pour laquelle je réagis, sinon extérieurement du moins à l'intérieur, avec une certaine véhémence contre sa position là-dessus, c'est que c'est presque proche de l'orthodoxie, et qu'elle se soucie qu'il ne soit pas orthodoxe comme tout le monde, et ça, je, comme qui dirait —— ça m'embête vraiment —— le standardiser. Fondamentalement, c'est ça qui t'inquiète.

M. — Qu'est-ce que tu veux dire : fondamentalement c'est ça qui m'inquiète ? Qu'il n'est pas comme tout le monde ? Je me moque qu'il soit comme tout le monde. Il fait tout, presque tout, dix fois mieux que tout le monde, mais il se comporte aussi comme une fille quelquefois, et ça, c'est ce qui m'inquiète réellement. Il est beaucoup plus astucieux que la plupart des gens. Il est *très* astucieux. Il est très doué. Il est très sensible. Il est très avisé.

P. — Je ne sais pas —— je me déguisais en fille, pour des soirées costumées et autres, et ça me plaisait beaucoup.

M. — Tu as dit que tu faisais ça quand tu étais au lycée. Faculté ou lycée ?

P. — Ma foi, je ne me souviens pas d'aussi loin. Je suppose que nous nous déguisions sûrement. Et je suis sûr que j'ai pris ma part pour ce qui est d'enfiler des talons hauts, des grands chapeaux et des bagues et tout ça, c'est certain. Et si [longue pause] comme qui dirait, je m'en réjouis presque. Un garçon qui est si masculin qu'il ne peut pas faire ces choses-là m'inquiéterait davantage, je pense.

M. — [Rire mauvais] Je ne sais pas. Je me sens... Je me sens... Je ne sais pas si je me sens l'envie de rire —— je me sens *battue*. Je me sens comme [rires à nouveau]... je ne peux pas l'exprimer par des mots. Ça me fait rire, c'est tout. C'est comme si tu étais là-haut et moi ici en bas.

P. — [Cordialement] Je sais. [Rires]

M. — Je pense que nous n'avons jamais été d'accord sur la façon d'élever nos enfants, et je pense que nous avons discuté et rediscuté de ce qu'il faudrait faire en ce qui concerne le comportement de Rock qui m'embête, mais qui ne t'embête pas —— le déguisement et le... le... truc... trop féminin... Je pense que *ça n'a pas* changé. Nous sommes devenus capables, avec les années, de parler des choses, mais je ne suis pas sûre que nous arrivons vraiment à quelque chose. J'ai le sentiment que si je ne disais jamais rien, tu ne dirais jamais rien, et nous ne ferions que... laisser filer. C'est ce que je ressens et je ne...

P. — Bien sûr les gens se disent des choses sans parler spécifiquement de la psychologie de la chose. On se dit constamment des choses par ce qu'on fait, par ce qu'on soulève, par... la façon dont on se traite l'un l'autre. Si tout ce qu'on peut faire c'est continuer de *parler*, d'une certaine façon [léger rire] on détruit certains... on détruit certaines très belles choses qu'on dit à l'autre.

M. — J'ai l'impression de me trouver dans une espèce d'expérimentation sur la privation sensorielle. Tu admets uniquement une complète passivité. Tu essaies de m'empêcher de faire l'empêcheur de danser en rond.

P. — [Calmement] Bon, c'est assez vrai. Je... je... Je pense qu'elle a raison.

M. — Mais quand tu dis que tu penses que j'ai raison... tu as déjà dit ça...

P. — Ouais. J'allais dire, euh ——— euh ——— [pause] nous, nous avons des façons différentes d'aborder nos relations. Je suis sûr qu'au cours de ma vie, vous savez, depuis [que j'étais petit] jusqu'à maintenant, j'ai probablement établi une sorte d'isolation de certaines choses de moi. C'est comme ça que je me débrouille, et elle refuse de l'admettre ; et c'est exact... Ça serait merveilleux si nous pouvions amender nos relations sans l'analyse d'un professionnel. Ça serait merveilleux si nous pouvions nous asseoir ou parler de cette façon, mais elle dit que nous ne le ferions probablement pas. Il est probable que nous n'avons pas essayé assez. Du moins, je n'ai pas essayé assez. [Silence]

M. — Je pense que c'est trop difficile de faire tout tout seuls [voix basse]. Je pense que c'est... Je ne pense pas que c'est possible. Je ne pense pas...

P. — Parfois, c'est peut-être encore mieux. Si on peut le faire soi-même [rire] on fait quelque chose de mieux. [Commence à dire quelque chose, puis y renonce et se tait.] Parfois, je me demande si... si... peut-être que je l'ai dit [rires]... si elle est trop.

M. — Je ne crois pas que ce soit vrai. Tu m'as dit, la dernière fois que nous avons eu une de ces grandes discussions, que je devrais être capable d'avoir l'intuition de ce que tu ressens, de t'interpréter et d'agir en conséquence. Je pense que c'est trop demander à quelqu'un. Je ne peux pas voir ce que tu as dans la tête, en particulier quand tu es si doué pour garder tes impressions pour toi. En fait, je ne sais pas si tu les gardes pour toi ou si ton toi les connaît même. Je veux que tu réagisses à moi, que tu réagisses à ce que je dis et fais, et j'ai le sentiment de vouloir savoir ce que tu penses et ce que tu ressens, et que je n'en sais pas assez sur ce que tu penses et ressens. Et tu dis que je devrais être capable d'avoir de l'intuition et de savoir. J'ai idée que c'est ce qu'une mère est censée faire aux petits gosses parfois, mais je trouve que c'est une trop lourde charge à m'imposer, et je suis peu disposée à faire ça. J'ai l'impression que je peux deviner autant que je peux deviner, mais que je ne peux pas tout deviner, et je trouve que c'est injuste. Ce que je dis en fait, c'est que je pense que tu ne réagis pas à moi de sorte que je *me* sente par rapport à toi, et je pense que tu ne me laisses rien savoir sur toi. [Pause] Ta réaction à ça a été que je veux trop, que je veux qu'on me dise tout en autant de mots, et que je devrais savoir les choses sans qu'un mot soit prononcé.

P. — Ce n'est pas que tu veux en savoir trop, mais que tu en demandes trop à une relation. J'ignore si c'est être cynique —— je n'ai pas l'intention de l'être, mais [pause] enfoui sous toutes les subtilités d'une relation —— si tu veux, une relation du type des lettres entre Shaw et Terry, ou Héloïse et Abelard, ça dépend des gens, leur extraordinaire capacité de s'exprimer aussi les limites de la relation, mais...

M. — Je ne dis pas que je veux qu'elle soit pour moi comme elle est pour quelqu'un d'autre. Je te dis simplement ce que je ressens. Et j'ai l'impression que tu sais...

P. — J'admets, comme je l'ai déjà fait, qu'il y a certainement place pour une augmentation, place pour des sentiments plus profonds, qui viendraient d'une plus grande compréhension.

M. — L'affaire n'est pas le besoin de sentiments plus profonds. J'ai l'impression que ce que je souhaite, c'est que tu me dises ce que tu ressens, et tu viens de dire que tu me *disais* ce que tu ressens, mais je ne pense pas que tu me disais ce que tu ressens. Ou peut-être tu le fais : tu me dis que tu as l'impression que je demande trop.

P. — Peut-être que si je dis les choses comme ceci, tu auras une idée de... c'est même le faire pour moi-même. J'essaie d'y mettre des mots pour moi-même, du pourquoi j'ai l'air de résister. C'est une question de [luttant]... que rien n'est jamais tout noir ou tout blanc, et par conséquent je ne peux pas toujours prendre les choses aussi sérieusement, et j'ai des impressions sur moi, mes impressions. Je ne peux pas dire : « Bon, c'est comme ça que je ressens », et comme ça, et comme ça, et comme ça, et comme ça, et le soutenir à quelqu'un, parce que mon impression n'est pas nécessairement celle-là, certainement pas tout le temps. Une autre fois, je ressentirai tout autrement et je sourirai. Par conséquent, quand il s'agit de m'exprimer aux autres et de le faire sérieusement, ça se dilue toujours un peu parce que je sais ce que je ressentirai demain et ce que j'ai ressenti deux jours avant. Je ne peux pas accepter ta réalité, parce qu'elle n'est pas tout à fait réelle.

M. — Bon, c'est réel pour le moment. Rien n'est noir ou blanc, mais rien n'est tout gris non plus. Tu fais ça aux gosses, tu sais. Ils te disent quelque chose d'important, et tu tournes ça en plaisanterie, et ça leur enlève leur —— tu sais : qu'est-ce qui est important pour *eux* !, et ça les rend furieux. Et tu me fais ça [fou rire du père] à moi autant que tu leur fais à eux.

P. — [Assez gentiment] Oui, je sais. J'ai l'impression qu'elle exagère ça en disant que je le fais tout le temps.

M. — [Interrompt] Je prends certaines choses sérieusement.

P. — Bon, disons que je le fais une fois par jour.

M. — J'étais très optimiste lorsque tu es rentré à la maison mercredi après ta visite au Dr Stoller. J'ignore pourquoi je ne devrais pas être aussi optimiste maintenant, si ce n'est que je suis effrayée. J'ai peur. Je sens que tu es d'accord avec moi trop facilement, et que, réellement, tu ne... Je ne sais pas ce qui m'effraie. J'ai peur de ne pas m'en être assez prise à toi, de ne pas t'avoir assez secoué pour que quelque chose se passe. Je ne sais pas si c'est vrai ou non. Je ne sais pas. Je n'aime pas ces mots que j'emploie. Je ne sais pas quel genre de preuve je possède. Je me sens également coupable de te contraindre à ce genre de situation. Je sais —— j'ai *l'impression* que tu ne la souhaitais pas, ne la souhaite pas. Simplement parce que je pense que j'ai raison et que tu as tort ne signifie pas qu'il en est ainsi. Je ne sais vraiment pas. Sur le fait que nous soyions ici, et d'après ce que je sais de toi, je suppose que tu penses autrement, et quand tu dis que tu aimes ça —— quand tu ne dis pas que tu détestes ça, je suis méfiante. [Enorme rire du père.]

Extrait d'entretien avec la mère

M. — Je ne l'aime pas parce qu'il est —— parce qu'il n'est pas plus fort que moi. J'aimerais me croiser les bras et cesser d'avoir la direction. Je veux que ce soit lui qui le fasse. Je ne suis pas sûre que je le laisserais faire, s'il le pouvait. Peut-être ne peut-il pas, je n'en sais rien. Nous sommes allés en Europe une fois, et j'avais oublié le français, et chaque fois que j'essayais de parler, je parlais espagnol. Alors, je l'ai laissé parler tout le temps. Il était tout à fait le leader de cette excursion, et j'aimais vraiment ça. J'ai eu la très nette impression que je pouvais me reposer sur lui et qu'il faisait ce qu'il y avait à faire. Sur le chemin du retour, dans l'avion, je l'ai vu recommencer à se ronger les ongles, et j'ai pensé : « Oh, merde. Voilà que c'est reparti. » Je ne sais pas si c'est *moi* qui ai repris les choses en main ou s'il a renoncé ou quoi, mais à partir du moment où nous avons été de retour à la maison, c'était à nouveau la même chose.

Extrait d'entretien avec la mère

S. — Parlez-moi de l'accouchement, des premiers instants avec lui et comment les choses sont allées ensuite.

M. — C'était formidable. C'était tout simplement une expérience fantastique. Je souhaitais un garçon. Je pense que je me serais tuée si je n'avais pas eu un garçon. C'est stupide de dire ça, parce que je ne l'aurais pas fait, mais je voulais réellement avoir un garçon. Pourquoi ? Je n'en ai aucune idée. Mais c'était absolument parfait pour moi. Je souhaitais qu'il soit petit de façon qu'il reste petit plus longtemps [rires] et ressemble davantage à un bébé. C'était un bébé géant, et, à mes yeux, il paraissait —— minuscule. Il était très beau. J'aurais un bébé tous les jours si je pouvais. Simplement —— c'était exactement *la* chose que je souhaitais. Tout était parfait. C'était un gros mangeur, il engouffrait tout ce qu'il voyait. Il était très actif, très éveillé. Il dormait toute la nuit. Il était réveillé toute la journée. Des petits sommes.

S. — Vous savez que Rock m'intéresse au plan de la recherche. Je pense que cela ne gênera pas notre travail analytique, si nous y veillons tous les deux. Alors pour cette raison, pour avoir un peu de cette information vous avez été contaminée ; vous avez lu certaines de mes idées, du moins il y a quelques années — comment vous compareriez-vous à ces mères de transsexuels quant à la façon dont vous avez agi avec lui ?

M. — Je n'ai jamais eu aucun contact peau à peau avec lui comme ceux dont elles parlent. C'était juste simplement le changer ou le baigner. Quand il était bébé, je ne l'ai pas beaucoup porté, car il ne voulait pas être porté. Il me semblait qu'il ne pouvait pas être mieux. Je sais que c'est ce qu'elles disent toutes. Il n'y avait rien qui allait mal. Il était tout simplement parfait. C'était un très bon bébé, en parfaite santé, très actif.

S. — Votre impression, c'est que vous n'étiez pas, soit par le contact physique, soit par le temps que vous passiez avec lui, comparable à ces autres mères sur lesquelles j'ai écrit.

M. — Non. Je sortais et le laissais dans la journée ou je le prenais avec moi. Je ne trouvais pas que je devais être avec lui le jour et la nuit ou tout le temps. Je ne l'ai jamais laissé dormir dans le lit avec moi. Il ne paraissait jamais le désirer. Je n'avais pas plus de contact avec lui que — je ne sais pas à quoi comparer cela. J'allais et je venais, et je le prenais ou non. Je sentais que je devais m'occuper de lui. Je ne souhaitais pas engager une bonne pour le faire ou quelque chose comme ça. Je le faisais manger, le couchais, le baignais. Si j'avais une baby-sitter, elle le faisait, mais je n'ai pas voulu engager une nurse pour lui. Tout au début, nous l'avons nourri chacun à notre tour, la nuit, pendant environ un mois. J'ai lu ces choses, et j'ai essayé de voir en quoi elles cadrent. Je suppose que je ne saurai jamais tout ce qui a fait qu'il se sent comme il se sent. En tout cas, j'aimerais, c'est sûr.

Rock, à contrecœur, fut traité par un thérapeute d'enfants et par sa mère qui, réagissant bien à son traitement à elle, eut beaucoup moins intensément besoin de lui, et l'adora de même beaucoup moins. Sa crainte qu'il devienne aussi incapable que son mari la motivait fortement. Rock, aujourd'hui, est un homme ni féminin, ni homosexuel. Son père refusa tout traitement quel qu'il fût et sombra lentement dans une passivité irréparable. Sa mère et moi réussîmes son analyse[5] ; le sentiment de n'être rien en étant une femelle, qu'elle partageait avec les mères des garçons très féminins, fut remplacé par le fait qu'elle devint calmement et heureusement femelle, et par le fait qu'en fin de compte elle utilisa sa créativité autrefois en veilleuse.

---

5. Je suis gêné d'utiliser le terme *réussi*, qui ne véhicule pas d'information, pour le résultat aussi singulièrement complexe et non quantifiable qu'une analyse, autre raison pour suspecter le terme *recherche* quand il est employé dans des exposés cliniques de psychanalyse.

Un fétichiste enfant

Voici une autre famille avec un garçon qui revêtait les vêtements correspondant à l'autre genre. Mais ce garçon n'a jamais paru féminin, et ne s'est jamais comporté de manière féminine. Je m'attendais donc à ce que la symbiose mère-bébé et la relation père-fils fussent différentes de celles trouvées chez les garçons très féminins. Et tel était le cas. Il y avait, néanmoins, un bébé très beau et une symbiose trop étroite, mais — à la différence de notre paradigme — une symbiose dans laquelle les participants étaient également des combattants.

Bien qu'on puisse douter qu'une véritable perversion soit possible chez un tout petit enfant, le rapport qui suit nous permet de penser que cela est possible. En tirant une telle conclusion, nous devons nous montrer prudents. Premièrement, il se peut que nous soyons en face d'un problème sans plus de substance qu'une affaire de définition. Deuxièmement, se pose la question de savoir si une rareté est simplement un événement sans importance ou s'il cache des généralités, comme cela est généralement le cas en biologie (et en psychologie). Troisièmement, nous ne devrions pas utiliser le terme *perversion* de manière lâche, comme cela se fait souvent en théorie psychanalytique : *perversion*, avec ses fortes connotations de mauvaiseté voulue, devient quelque chose d'autre quand on en fait un synonyme de n'importe quelle et de toute aberration érotique ou du genre. C'est là une position trop dénuée de dynamique ; s'il y a un avertissement que l'analyse ait donné à ceux qui étudient le comportement, c'est que le comportement devrait être jugé non seulement d'après sa surface, mais d'après sa signification à tous les niveaux de conscience pour l'auteur du comportement.

Ce petit garçon, âgé de deux ans et demi lorsque son fétichisme apparut, avait un désir frénétique de mettre les bas de sa mère. Je le dirai pervers parce qu'il était très préoccupé de cet acte, devenait visiblement excité sexuellement et que son fétichisme résultait de traumatismes spécifiques imposés, dès la toute petite enfance, à la structure du caractère émergeant dans sa relation avec sa mère. Il y a ceux qui, à la suite de Freud, disent que la perversion n'est pas possible tant que l'on n'a pas dépassé le conflit œdipien (A. Freud, 1965 ; Bak, 1953), car dans les perversions on trouve la preuve évidente d'un dommage (lié à la perversion) issu de conflits œdipiens. Toutefois, le récent consensus, dans la littérature, est que les problèmes pré-œdipiens comptent également.

Un second problème de définition doit également être envisagé avant que j'expose le problème de ce garçon. Prenons le mot *fétichisme*. Ignorons son sens courant en anthropologie. Bien que l'emploi que j'en fais puisse avoir en commun certains traits dynamiques et étiologiques avec l'emploi de l'anthropologie, une centration excessive sur un objet inanimé tel qu'un morceau de tissu est très différente si elle est, ou n'est pas, accompagnée d'excitation génitale. Utiliser le même mot pour qualifier des vécus si différents aux plans subjectif et dynamique, c'est inviter à une confusion.

Je souhaite donc montrer que ce petit garçon était véritablement érotiquement pervers dès l'âge de deux ans et demi. Il n'avait pas simplement des précurseurs pré-œdipiens de la perversion ; mais en raison d'un état de relation entre lui et sa mère précocement induit, saturé d'érotisme, mutuellement nécessaire, chargé d'ambivalence, il mérite qu'on le qualifie de pervers. Néanmoins, on ne peut pas dire que son trouble est le même fétichisme que dans la perversion de l'adulte[1].

EXPOSÉ DU CAS

Mac et ses parents ont été vus la première fois pour évaluation quand il avait trois ans et demi. Voici mon entretien avec sa mère, Lorraine, lors de notre première rencontre.

L. — Il y a environ un an, mon petit garçon s'est trouvé dans un certain état de tension. Il avait alors deux ans et demi. Il avait un frère de six mois et nous venions de le faire passer de son berceau à son lit, et j'avais commencé à le mettre à l'école maternelle. Il n'était pas heureux, car il est très timide avec les étrangers ; il ne veut pas être trop loin de moi, même maintenant. Il s'est mis à me tirer les jambes et les pieds et mes bas. Je n'y ai pas trop prêté attention à ce moment. J'allaitais le bébé, et j'ai pensé qu'il voulait seulement me toucher. Il aimait vraiment mes collants et mes bas. Il ne les mettait pas, mais il touchait toujours mes jambes. Un jour, ma mère me rendait visite ; il s'est mis à se frotter sur ses jambes. Il était excité, et cela m'a ennuyée.

J'ai pensé, à l'époque, que ça pouvait être simplement à cause du bébé ; peut-être que, si je lui prêtais davantage attention, il trouverait des choses plus créatives à faire et ça s'arrêterait.

Alors j'ai essayé ça, et ça s'est arrêté. Puis, un an après — il y a deux mois —, un jour, je l'ai vu avec mes collants, sans vêtements. J'ai été choquée. Je lui ai dit de les enlever, qu'ils étaient à moi, que les filles les portent et qu'il n'était pas une fille ; il était un garçon et portait des chaussettes comme papa le faisait.

---

1. Le diagnostic n'est pas nécessairement tragique : la structure psychique des enfants est plus malléable que celle des adultes, et si la dynamique que nous appelons « familiale » redistribue ses forces, la perversion peut cesser de servir les parties.

Cela ne s'est pas reproduit avant deux semaines plus tard. J'étais fatiguée, et j'avais retiré mes pantoufles, et je n'avais pas de bas. Mon bébé est entré ; il a maintenant un an et demi, et il a saisi mes pantoufles et est parti avec en courant. Mon fils aîné, Mac, m'a vue sans mes bas et a commencé à se frotter contre ma jambe et à toucher mes pieds. Je me suis retournée et j'ai dit : « Arrête, Mac. » Il ne s'arrêtait pas. Je me suis retournée, et je lui ai donné une tape sur la fesse, et j'ai dit : « Arrête, Mac. » Alors, il a arrêté. Il est parti ; et plus tard il a dit qu'il voulait aller jouer dans sa chambre. C'est plutôt bizarre, parce que, normalement, il ne dit jamais ça. Il aime être très près de là où nous sommes mon mari et moi, avec la famille. Je couchais le bébé, et j'ai pensé : « Il est bien tranquille. » Je ne comprenais pas. Je suis allée dans sa chambre, et il avait une paire de bas à moi. Il les avait cachés sous son lit. Je lui ai demandé ce qu'il faisait, et il a simplement dit : « Quoi ? » Alors, je les lui ai retirés, et j'ai dit : « Ces bas sont à moi. Ils ne sont pas à toi et tu n'es pas censé jouer avec. » Le lendemain, j'étais fatiguée, et j'ai dit aux garçons : « Allez, on va s'allonger et se reposer. » Mon bébé sautait sur moi, et mon fils aîné, tout d'un coup, est devenu très excité. Je m'en rendais compte. Je me suis levée, et j'ai essayé de changer de sujet ou ce à quoi il pensait, et ça s'est arrêté. Le lendemain, je me suis réveillée plus tard que d'habitude. Il est venu dans mon lit avec moi ; il ne le fait généralement pas ; je ne le permets pas. Il me touchait là où était ma chemise de nuit, et je lui ai dit : « Va jouer dans ta chambre, Mac, j'essaie de dormir. » Alors, il est allé dans sa chambre, et je me suis endormie — chose que je ne fais pas en temps normal.

Quand je me suis réveillée, j'ai trouvé ma chemise de nuit, mes dessous et mes bas, tout ça dans sa chambre. Il les avait pris dans une pile de linge. Il les avait cachés, pas vraiment, mais il pensait qu'ils étaient cachés. Derrière une chaise.

Depuis lors, il a été dans mon tiroir, et a enfilé mes collants. Finalement, je suis devenue si perturbée que je les ai pris et les ai cachés. Il ne m'écoutait pas. Un jour, j'étais assise dans la cuisine et je pensais qu'il faisait un somme. Je me concentrais. Je me suis levée pour voir s'il dormait. Il était dans ma chambre. Il avait mis toute la pièce à sac, à la recherche de mes bas, et il les avait trouvés, et il les avait sur lui ainsi que mes bottes, cette fois, pas rien que mes bas, mais mes bottes. J'ai fini par me rendre compte qu'il est excité quand il les met. Cette fois-là, son organe sexuel était excité. Cette fois-là, je l'ai vu. Il avait mes bas, et il n'avait pas de dessous. Il enlève tous ses habits et il met mes bas. Il avait une érection... La toute première fois où je l'ai vu excité, c'était quand il se frottait contre les jambes de ma mère ; c'était la première, la toute première fois [deux ans et demi].

S. — Vous dites qu'après ça vous avez fait en sorte qu'il s'intéresse à d'autres choses ; et ça s'est arrêté pendant un an ?

L. — Oui.

S. — Pendant cette année, avez-vous remarqué des érections relativement aux jambes ou aux bas ?

L. — Seulement une fois de temps en temps. J'ai supposé que c'était le cas quand j'allais dans un magasin avec lui. Alors, il voit des mannequins, et il s'assied là sous les mannequins, les frotte. C'est embarrassant. En fait, la vendeuse lui a dit une fois d'arrêter. Peut-être que je ne porte pas des bas assez souvent.

S. — Ce n'est pas aussi simple.

Pour que le lecteur ait une idée de la forme précise des données, j'utiliserai des citations extraites d'enregistrements des séances de traitement, de préférence à un style narratif. Cela, je l'espère, permettra de se rapprocher tant soit peu de l'expérience clinique. Je regrouperai ces extraits de manière à représenter les catégories qui président à ma compréhension de l'apparition et de la nature du fétichisme du garçon.

Je résumerai rapidement ces constats. Mac fut adopté trois jours après sa naissance. Ses parents adoptifs n'avaient pas pu concevoir, et ma patiente, Lorraine, la mère du garçon, avait ardemment désiré avoir un enfant.

Le fait même de l'adoption éveilla en elle un processus intense d'identification à l'enfant, issu de son sentiment d'avoir aussi été abandonnée par ses parents dans son enfance. Une symbiose violemment ressentie fut de ce fait mise en marche, mère et fils réagissant tous deux l'un à l'autre avec un amour, une frustration et une fureur intenses. A neuf mois, dit Lorraine, son fils était déjà sensuellement centré sur sa peau, peut-être ses jambes, vu qu'il pouvait aisément les atteindre, et vu qu'au départ elle lui permit ce plaisir.

A un an, une circoncision — traumatisante pour tous deux — fut pratiquée. A la suite de cela, on ne le vit jamais toucher ses organes génitaux jusqu'à ce qu'à deux ans et demi on remarqua qu'il était sexuellement excité, se frottant contre le pied de sa grand-mère (la mère de Lorraine).

Lorraine conçut et mit au monde un fils quand Mac avait environ deux ans. Cela, naturellement, suscita une tension dans la symbiose Lorraine-Mac.

Quand Mac avait deux ans et demi, sa mère et lui furent séparés de manière traumatisante dans un restaurant. Immédiatement après, le fétichisme commença. Fétichisme qui chemina souterrainement au bout de quelques semaines, pour faire surface un an plus tard, à nouveau immédiatement après une autre séparation traumatisante lorsqu'il fut perdu dans un ascenseur.

Circoncision

Chacun des nombres suivants indique une séance de thérapie différente et ultérieure — parfois des mois plus tard.

- Entretien 1

L. — Mac fut circoncis quand il avait un an. Il aurait dû être circoncis à la naissance ; je n'ai pas réalisé qu'il n'était pas circoncis. L'organisme d'adoption ne me l'a pas dit, et j'étais dans un tel état de choc : avec un tout nouveau bébé, il ne m'est pas venu à l'esprit qu'il n'était pas circoncis. Quand je suis allée chez le docteur, et il avait six semaines, le docteur a dit : « Vous vous rendez compte qu'il n'est pas circoncis, n'est-ce pas ? » Et ça m'a fait un coup. Au moment où j'ai pu avoir un rendez-vous à l'hôpital avec l'urologue, il avait trois mois. C'était trop tard pour qu'on la lui fasse au cabinet. Ils ont dit qu'ils ne pouvaient pas la faire. Enfin, quoi qu'il en soit, il a été circoncis quand il avait un an ; nous sommes allés une journée à l'hôpital. Après, c'était très douloureux.

Pour une raison ou pour une autre, ça ne cicatrisait pas comme il fallait, et je suis retournée voir l'urologue. Il l'a recirconcis dans son cabinet. Sans anesthésique. Avec moi qui le maintenais. Avec le bébé qui hurlait. Et moi, j'étais hystérique. Vraiment. Je ne m'y attendais pas. Et j'étais complètement folle. Oui, vraiment. Je pensais qu'il aurait dû faire tenir le bébé par une infirmière. Il a tout simplement dit : « Tenez le bébé. » Quand je me suis retournée pour regarder, il avait un couteau à la main. Puis, il l'a coupé, et c'était très douloureux pour lui. Il fallait que je tire le prépuce en arrière. Et il hurlait.

- *Entretien 2*

L. — La circoncision. La première [à un an]. Il est sorti très groggy de l'intervention. En fin de compte, il s'est réveillé et a commencé à pleurer. Je me suis mise à le prendre, et l'infirmière est entrée en courant et a dit : « Ne le touchez pas ! Ne le touchez pas ! Il est encore sous l'anesthésique. » Je ne pouvais pas le soulever, alors je ne l'ai pas fait. Il a dû uriner, et ça a dû être atroce, parce qu'il a hurlé et ça a saigné, ce qui est tout à fait naturel. Je sais que ça lui faisait réellement, réellement mal.

Et nous l'avons ramené à la maison. Ça a été très difficile pendant deux jours. Chaque fois qu'il urinait, il pleurait, pleurait. Je changeais ses couches aussitôt et je mettais de la vaseline dessus pour protéger. Et trois semaines plus tard, nous sommes allés pour un contrôle, et j'ai dit au docteur : « Ça me paraît bizarre ; ça ne ressemble pas à une circoncision. » J'étais debout, tenant Mac dans mes bras. Le docteur a regardé ça. Et il est allé sur le côté. Je regardais Mac. Et il est revenu, et il avait des ciseaux à la main. Je l'ai regardé, et n'ai pas eu idée de ce qui allait arriver ; j'avais la tête vide. J'étais là, debout, et il m'a dit : « Tenez-le » ; j'aurais dû ouvrir la bouche et lui dire quelque chose ; pourquoi ne l'ai-je pas fait, je n'en sais rien.

Je ne sais pas si ça a été trop vite, ou si j'étais effrayée, ou si... J'aurais dû ouvrir la bouche et dire : « Que l'infirmière le fasse ; je ne veux pas être ici dedans. » Mais je ne l'ai pas fait. Et il l'a coupé. Je n'ai pas regardé. Je sanglotais. Et Mac hurlait. En fait, j'ai regardé du coin de l'œil, et je ne pouvais pas croire qu'il faisait cela devant moi. Alors... J'étais hystérique. Je ne pouvais pas croire qu'il ferait cela. Mac prenait la chose mieux que moi ; il s'est arrêté de pleurer au bout de quelques minutes. Je continuais à pleurer. Le docteur a dit que j'aurais dû tirer le prépuce en arrière [pendant les semaines qui ont suivi la première intervention] et j'ai dit : « Pourquoi ne m'avez-vous pas dit que j'étais censée faire ça après que la circoncision fut complètement terminée ? » La peau avait repoussé.

Alors, je suis partie. J'étais vraiment bouleversée. J'ai téléphoné à mon mari et j'ai dit : « Viens me chercher ; je ne peux pas conduire pour rentrer à la maison. » J'avais une crise de nerfs. Je ne pouvais pas y voir clair. J'ai dit : « Mais, bon sang, qu'est-ce qui se passe ici ? Je ne comprends pas ce qu'il fait. Je ne sais pas pourquoi il l'a fait. Il ne m'a jamais rien dit. » Quand je suis arrivée à la maison, j'ai appelé le docteur au téléphone. Il était très brusque, disant que ça avait repoussé et qu'il fallait qu'il le fasse. Je l'ai traité de boucher. Il n'avait pas fait une circoncision normale ; il avait fait quelque chose d'un type nouveau. J'ai dit : « Pourquoi ? » et il a dit : « Après cinquante ans, les hommes perdent leur sensibilité là ; en laissant plus de peau, il ne perdra pas sa sensibilité. » Je me fiche pas mal de sa vie sexuelle quand il aura cinquante ans. J'ai dit qu'il n'a tout simplement pas l'air d'avoir été circoncis. Il est passé par tout ça, et il n'a pas l'air d'avoir été circoncis.

Je ne comprenais pas pourquoi il ne m'avait pas dit ce que j'avais à faire. Il fallait que je tire continuellement ce prépuce en arrière, et il se mettait à hurler, et ça saignait chaque fois que je le faisais. J'ai dû continuer ça deux ou trois mois. Ça lui faisait mal chaque fois. Bon, je ne sais pas si ça lui faisait mal chaque fois, mais je pense qu'il s'attendait à ce que ça lui fasse mal. Alors, il pleurait. J'étais censée tirer le prépuce vers l'arrière tous les jours. Mais je ne le faisais pas. J'étais si ennuyée d'avoir à le faire, que j'évitais. Et j'ai essayé de le faire quand il était dans la baignoire à jouer avec l'eau. Je faisais ça subrepticement. Très vite, il n'y pensa plus. Mais je peux vraiment dire une chose : il n'a jamais joué avec lui-même, ne s'est jamais beaucoup touché. Beaucoup moins que Billy [plus jeune fils]. C'est peut-être pour ça qu'il est si attiré par mes bas. Parce que la seule fois où je l'ai vu avoir une érection, c'est avec mes bas. C'était bon au toucher. Autrement, il n'a jamais montré d'intérêt sexuel pour son pénis. Je pense qu'il s'en serait sorti si l'infirmière avait été là, si je n'avais pas assisté à la chose, si je n'avais pas eu une telle crise de nerfs. Il a dû se rendre compte de mes réactions. Il avait seulement un an, mais mince alors.

Je me penchais sur lui, le maintenant en place et je sanglotais, juste je sanglotais absolument, quand j'ai quitté le bureau.

- Entretien 3

L. — Quand il se fait mal, c'est tout à fait autre chose. Il se mettait en état de prendre une vraie crise de nerfs quand il se faisait mal, quand il se cognait les genoux ou qu'il voyait du sang, ou tombait, ou quand le bébé le frappait. Je pense à la circoncision et comme ça lui a fait mal quand le docteur l'a refaite. Quand il se fait mal maintenant, il devient incontrôlable, absolument incontrôlable, hurlant absolument à tue-tête. J'essaie de le calmer, et je finis par me fâcher contre lui. Je sais que c'est une réaction épouvantable, mais je ne peux pas m'en empêcher. Et alors, il pleure, et il pleure, et il pleure, et il pleure, et il pleure. J'essaie de le consoler à nouveau et ça tourne, tourne, tourne en rond : je suis ennuyée, et je me fâche, et ensuite j'essaie de le consoler. Et alors, il continue, et alors, je me fâche contre lui. Et ça s'arrête. Je lui dis qu'il doit être un grand garçon parce qu'il aime les pompiers et que les pompiers ne font pas ça. Même une simple petite égratignure, il ne peut pas du tout supporter ça. Mais avant la circoncision il tombait et je disais : « Boum, badaboum », et il se relevait et reprenait son chemin de château branlant.

Avec le bébé, je ne fais pas du tout ça. Avec Mac, avant la circoncision, j'avais une idée précise de ce que je pensais de la façon dont il devait réagir. Plus tard, après la circoncision, j'ai changé aussi.

Evénements déclenchants

- Entretien 1

L. — Quand il avait un an et trois mois, nous avons déménagé dans une autre maison. Tout d'un coup, j'ai eu des tas de choses à faire, et j'ai mis Mac à l'écart : « Maman doit faire ceci, et, maintenant, tu dois jouer tout seul. » Je pense qu'il n'était pas préparé à ça. Tout d'un coup, pas de Maman — pas de toute la journée. Et j'étais enceinte. Quand je suis allée à l'hôpital, il est allé rester avec ma mère. Il n'avait jamais été chez ma mère, il n'avait jamais quitté la maison. Puis, tout d'un coup, il y avait un bébé, et tout d'un coup, il n'y avait pas beaucoup de temps avec Maman. Il avait deux ans et un mois.

Le lendemain du jour où le bébé est né, j'ai commencé à avoir la migraine. [Elle n'a pas eu de péridurale.] Elle a duré une semaine ; je n'avais jamais eu de migraine avant. Quoi qu'on me donnât, je ne pouvais pas me débarrasser de ce mal de tête. Je sais d'où ça venait : j'étais très inquiète du fait que Mac soit chez ma mère. Je l'appelais au téléphone, et je pouvais entendre Mac pleurer dans le fond. Voilà que je suis là à avoir un bébé, et j'en ai adopté un autre. J'avais l'impression de le trahir. Un mois après qu'ils nous donnent le feu vert [permettent d'adopter] et que nous étions là à attendre, mon gynécologue dit qu'il pouvait me faire un examen. Et quand je suis sortie de l'intervention, il y avait 100 % de chances que je me trouve enceinte ; je n'ai jamais rien utilisé pour ne pas être enceinte. Je n'ai pas été enceinte jusqu'à ce que Mac ait quinze mois. Je me sens coupable. Il me semble qu'il devrait être un enfant dorloté. J'avais un autre bébé ; je ne passe pas tellement de temps avec lui [Mac] à cause de l'autre bébé. Mais il [Mac] est pleurnicheur, et je déteste la pleurnicherie. Je ne suis pas pleurnicheuse, et je n'aime pas ça chez les autres.

- Entretien 2

L. — Le moment où il avait deux ans et demi a réellement été le moment où ça a commencé. Nous avons été séparés. Pas pour des heures, seulement peut-être un quart d'heure. Mais ça a paru des heures. Et je suis sûre que ça lui a paru des heures, à lui aussi. C'était horrifiant pour moi et pour lui. Avant ça, il ne s'était jamais intéressé aux collants, si ce n'est peut-être de les toucher pendant que je m'habillais, mais ça ne l'intéressait pas de me toucher ailleurs, ou de me toucher intensément.

C'était une grande fête publique, des centaines de gens. Nous avons été dans un restaurant, et nous avons attendu une heure. Mac s'amusait avec les autres gosses. Puis, nous sommes sortis, et j'ai fait un tour à la recherche de Mac. Et je ne le trouvais pas. Un petit garçon a dit qu'il avait fait le tour du bâtiment, et nous n'avons pas pu le trouver. Il n'y avait personne derrière. Nous sommes allés devant, et il devait y avoir des centaines de voitures sur le parking. Les gens allaient et venaient sur une grande autoroute de l'autre côté du parking. Et ma première pensée fut : « Mon Dieu, il va se faire tuer. Il va sortir de ce parking et il va se faire renverser. » Nous nous sommes tous déployés pour essayer de le trouver. Je suis retournée vers le restaurant, et j'ai entendu cet horrible hurlement à l'intérieur. Et il courait à travers toutes ces tables et tous ces gens. Et il

a couru vers moi, et il criait tant qu'il pouvait. Il criait
à pleins poumons : « Maman, Maman ! » Je l'ai saisi,
et je l'ai serré dans mes bras, et embrassé. Et il s'est
calmé. Il n'a plus crié sans arrêt après ça, mais il était
pétrifié. Je me sentais une culpabilité d'enfer. J'étais
terrifiée qu'il soit renversé par une voiture ou que quelqu'un le prenne. C'était un enfant superbe. Il y a des
tas de cinglés maintenant qui ramasseraient purement
et simplement un enfant comme celui-là et le prendraient.
Je sentais — parce que ma mère m'a dit ça pendant des
années : « Reste près de moi ; reste tout près de moi,
parce que quelqu'un pourrait te prendre. » Je me souviens de ça distinctement. C'était un sentiment épouvantable que celui de pouvoir être un jour séparée
d'elle.

J'ai couru vers lui bras ouverts : « Me voilà, Mac. »
Parce qu'il était si hystérique qu'il ne m'a pas vue
d'abord. J'ai couru vers lui ; et je l'ai saisi et serré dans
mes bras et embrassé, et j'ai dit : « Où as-tu été ? Pourquoi m'as-tu quittée ? Pourquoi n'es-tu pas resté à
côté de moi ? » Parce que je lui dis toujours : « Reste à
côté de moi. » Je ne l'ai pas fait ce jour-là parce que
j'étais distraite.

C'est tout de suite après qu'il s'est masturbé sur le
pied de ma mère et a commencé avec les vêtements.
Quelques jours après. Une semaine avant cela, on l'avait
sorti de son berceau et mis dans un lit. Dans une autre
chambre que la nôtre. Il était très excité à propos de
cela, mais c'était aussi une rude épreuve pour lui. C'est
la raison pour laquelle j'ai remis si longtemps. J'ai
attendu que Bill ait six mois, pour rendre la transition aussi facile que possible. Et ce même mois, Bill a
été baptisé. Alors on prêtait beaucoup attention au bébé.

Et pendant deux mois et demi il a été excité à propos
des collants. Puis c'est parti. Ça a disparu pendant un
an.

Ça a recommencé la fois suivante où nous avons été
séparés. Nous étions à l'hôpital avec Bill pour la visite
classique de onze mois. Nous sommes sortis du bureau,
avons pris le couloir, et nous sommes allés à l'ascenseur

sur un autre côté. Nous avons attendu, attendu ce fichu ascenseur. J'ai assis Bill dans sa poussette. Mac était là à côté de moi, la porte de l'ascenseur s'est ouverte et Mac est entré. Je m'étais retournée pour prendre Bill. Et la porte s'est refermée. Il n'y avait personne d'autre dans l'ascenseur, et je l'entendais hurler tout du long de la cage de l'ascenseur. C'était — mon sang s'est glacé dans mes veines — c'était horrible. Ça alors, je ne pouvais rien faire pour arrêter ce sacré ascenseur. Puis il est descendu ; je ne sais pas où il est allé. J'ai appuyé sur le bouton, et j'ai attendu, attendu, et j'ai commencé à pleurer. Comme je le fais maintenant. Je l'entendais pousser des cris et m'appeler jusqu'en bas de la cage d'ascenseur. Et quand la porte s'est enfin ouverte, il était vide. Il était vide ! C'était comme ce foutu rêve que j'avais fait, avec les portes qui s'ouvraient et j'avançais dans le couloir, et cette horrible chose essayait de m'aspirer dedans. Je suis montée dans l'ascenseur avec Bill, et je ne savais pas où aller. Je ne savais pas où il avait pu aller. Ma première réaction fut que l'ascenseur était descendu au rez-de-chaussée, et qu'il était sorti, et qu'il avait été au parking. J'ai toujours peur qu'il se fasse renverser par une voiture.

Je suis descendue au rez-de-chaussée, et je suis allée vers les gens, et j'ai dit : « Avez-vous vu un petit garçon sortir de l'ascenseur ? » J'ai dit : « Il s'est perdu. » Et tout le monde a dit : « Non. » J'ai eu l'impression que le sol se dérobait sous moi. Je ne pouvais imaginer où un petit garçon pouvait être. Et je suis restée là. Je commençais à être hystérique, sans pousser des cris, sans pousser des hurlements, mais j'ai dû avoir l'air affolée. Puis les ascenseurs se sont ouverts et une infirmière est sortie. Je lui ai dit : « Avez-vous vu un petit garçon ? » Et j'ai dit : « Je ne le trouve nulle part ; il s'est perdu dans l'ascenseur. » Elle a dit : « Il est peut-être sorti au premier. » Alors j'ai repris l'ascenseur, et je suis montée au premier. Et il était là, assis derrière un bureau, sur les genoux d'une infirmière. Il ne pleurait pas, mais, dès qu'il m'a vue, il est venu vers moi, et il pleurait, et je pleurais, nous pleurions tous les deux.

Je sais ce que c'est que d'être perdu. Je sais ce qu'on ressent.

- *Entretien 3*

L. — Un matin, quand il [Bill] avait environ deux mois, je voulais lui couper les ongles des mains. J'ai pris la pince à ongles de mon mari, et j'ai coupé un peu de chair à chaque doigt. J'ai regardé, et — vous savez — il lui manquait un morceau de doigt. J'étais terriblement énervée que mon mari soit obligé de rester à la maison au lieu d'aller travailler. J'étais tellement énervée ; je ne pouvais pas le croire — que je ferais comme ça. Bill ne pleurait pas ; moi, je pleurais. Ça saignait. C'était comme si j'avais enlevé un peu de chacun de ses doigts avec la pince à ongles. Ça a repoussé très vite. Je ne réagis jamais ainsi pour quoi que ce soit sauf avec les enfants.

Fétichisme

- *Entretien 1*

S. — Quelle est sa préférence : vous toucher ou tenir les bas ?

L. — Les mettre. Et quand il était bébé et que je m'habillais — à neuf mois et quelque — il venait dans la salle de bains et rampait autour de mes jambes. (Mon petit de dix-huit mois fait ça ; ils vous étreignent les jambes. Et ils mettent leur petite tête là. Aussi, je n'y ai pas prêté grande attention.)

Et il a commencé à me faire ça quand il avait deux ans et demi, et il ne me laissait pas tranquille — un instant. Nous sommes sortis déjeuner un jour. Il était tout le temps sous la table — c'était un cauchemar — à frotter mes jambes. Je ne pouvais pas le croire. Et puis, ça s'est arrêté quelques semaines après. Une seule fois il a été intéressé par mes jambes nues. S'il fait froid, et que je porte un pantalon, il dit : « Tu as des bas, maman ? » Et je dis : « Oui, j'en ai parce que j'ai froid. » J'ai essayé d'expliquer que les bas sont faits pour me tenir chaud, comme les pantalons des hommes pour leur tenir chaud.

S. — Il sait quelque chose à propos des bas, que nous ignorons.

L. — De toute évidence. Il est si malin. Il a dit à ma mère, quand il se frottait contre elle cette première fois — elle a dit : « Tu ne sais pas ce que tu fais. » Il lui a dit : « Oh, mais, Mamy, je sais. »

- *Entretien 2*

L. — Ces petits événements [épisodes des collants] se produisent quand il y a eu — non pas perturbation, mais tension. Lui et moi avions été malades des semaines durant, et nous n'avions pas quitté la maison. Je parlais au téléphone ; il était au lit pour sa sieste. J'ai été au téléphone dix ou quinze minutes, et je l'ai vu retourner dans sa chambre, en cachette — ne rampant pas, mais baissé de telle sorte qu'il aurait pu penser qu'il était hors de ma vue. Quand je suis allée dans ma chambre, tout mon placard — toutes mes chaussures — tout était sens dessus dessous. Tout était complètement saccagé. Je suis allée dans sa chambre. Il était réveillé, mais il était sans short. Je me suis demandé : pourquoi est-ce qu'il n'a pas son short ? Alors j'ai vu que mes chaussons de danse du lycée étaient sous le lit. Puis, je me suis rendue compte qu'il avait eu une érection. Pas alors, mais il en avait eu une — c'était très rouge.

Il y a eu un autre incident il y a deux jours. J'étais assise jambes nues, en short. Tout d'un coup, Mac s'est retourné et il m'a regardée d'une façon très étrange. Personne d'autre que moi ne voit ça. Je ne sais pas si je l'ai inventé ou si c'était réel. Mais tout d'un coup je me suis un peu raidie [pause]. Il a marché entre mes jambes, et il a regardé mes jambes d'une drôle de façon. Il ne m'a pas touchée. Je pense que c'est sexuel. Pour moi, ça l'est. J'ai déjà reçu ce regard avant, de la part d'hommes. Et de mon fils de quatre ans !... Après ça, il s'est touché. Il avait son short, mais il avait enlevé son sous-vêtement, je ne sais pas quand. Plus tard, quand j'ai enlevé son short, il était tout rouge.

- Entretien 3

L. — Il ne manifeste aucune féminité. Ce n'est pas le problème. C'est les collants. Il me touche ou me regarde d'une façon étrange : avec un plaisir sensuel. Il fait ça à ma mère, parfois. Aujourd'hui, elle portait un bermuda. Elle était assise, et il lui donnait des coups aux jambes. Ma mère m'a regardée comme pour dire : « Qu'est-ce qui se passe ? » Mais il aime beaucoup ma mère, je sais qu'il m'aime aussi. Ça, oui. Et il en parle beaucoup aussi. Il vient vers moi et dit : « Oh, maman, je t'aime. » L'autre jour, nous étions à l'épicerie, et il a vu, tout au bout de l'allée, les collants sur la publicité à la télé. Et crie à son frère Bill : « Oh, Bill, collants, collants ! » Et Bill ne sait pas ce qu'est un collant et ne s'en soucie pas.

Alors, Mac en a saisi un, et j'ai dit : « Remets ça tout de suite. » Il faisait le fou, et il riait, et j'essayais de saisir le fin fond de ce qu'il disait. Il a dit : « Achetons un collant. Achetons un collant. » Et j'ai dit : « Oh, j'en ai des tas ; je n'en ai pas du tout besoin. » Et il a dit : « Mais nous en avons besoin. » Et j'ai dit : « Qui ? » et il a dit : « Bébé et moi. » Et j'ai dit : « Oh. » Et j'ai dit : « Tu es un garçon, tu n'as pas besoin de collants. » Et il a dit : « Oh, non. Je suis une fille. » Et il m'a comme regardée, et j'ai tout simplement ignoré ce qu'il venait de dire. Je n'allais pas le laisser tant soit peu continuer là-dessus. Alors, je me suis retournée, et j'ai dit : « Partons. »

Mais c'est là ; il y a quelque chose là à ce propos. J'avais quelques vêtements en tas sur un divan. Il y avait une robe de soie rose. Mac jouait avec la ceinture de la robe. Je me demandais ce qu'il faisait avec, il chahutait simplement. Mais en fait, il en jouait comme d'une corde de pompier, l'attachant autour de sa taille et disant : « Mets-moi sur quelque chose pour pouvoir me remonter. » Comme le font les pompiers.

S. — Est-ce que d'autres tissus sont stimulants pour lui — que ce soit pour son pénis ou non — d'autres textures ou vêtements ?

L. — Non. La seule chose, c'est mes collants et mes

chaussures et mes bottes. Je l'ai surpris une fois, il y a longtemps, avec le collant sur lui et mes bottes. Il ne s'intéresse pas à mes dessous, rien que les collants.

S. — Est-ce que quelque chose d'autre l'excite ?

L. — Non. Je dirais que non. Non.

- *Entretien 4*

L. — Je pense aux moments où je m'habillais, et où il était simplement là, comme le font les bébés. Mais j'avais mes bas. Il me caressait, et disait : « Maman, Maman. » Il avait environ neuf mois, commençait tout juste à se tenir debout. Il parlait déjà. Et il avait un vocabulaire de vingt mots, peut-être. Cela m'effrayait qu'il soit si dégourdi. Il est si intelligent que je me dis : « Comment vais-je m'en débrouiller ? »

Je me souviens d'un incident en particulier. Je m'habillais pour sortir. C'était la première fois que j'avais une baby-sitter. Naturellement, il ne le savait pas, à neuf mois. Quoi qu'il en soit, il a rampé dans la salle de bains. J'étais là debout avec ma combinaison de nylon et en collants. Il s'est assis là et a joué un petit moment avec mes pieds. Et puis il a atteint ma jambe. Il l'a simplement un peu touchée un moment. Je me maquillais, je n'ai pas du tout fait attention à lui. Je pensais que c'était pour ainsi dire normal. La plupart des bébés touchent leurs mères. Puis, il s'est mis debout — s'est débrouillé pour se hisser — et s'est débrouillé pour rester là un moment, simplement à me toucher. J'ai pensé qu'il souhaitait simplement que je fasse attention à lui, parce qu'il babillait tout du long en disant : « Oh, maman, oh, maman. » Je l'ai pris, je l'ai serré dans mes bras un instant, lui ai donné un baiser et lui ai parlé. J'apportais toujours des jouets avec moi toutes les fois où j'étais avec lui. Mais non. Il ne jouait jamais avec les jouets ; il voulait toujours être plus près de moi. Il s'asseyait et touchait mes jambes.

S. — Maintenant, cela se produit aussi à d'autres moments ?

L. — Ouais. A d'autres moments. Mais cette fois-là dont je me souviens était la première. Ça arrivait toutes les fois où je m'habillais. Les autres fois, autour de la maison, je portais un pantalon, ou un short. S'il me touchait alors, je ne m'en souviens pas aussi bien que quand je m'habillais, pour sortir, en robe et en collant.

S. — Excusez-moi : je voudrais bien voir les choses. La première fois que c'est arrivé, il avait neuf mois. Il entre, et passe la main sur vos jambes, et vous réalisez peu à peu que ça dure plus longtemps, et que cela est plus intense que vous ne l'attendiez. A partir de là, toutes les fois où vous aviez vos bas, il essayait de les toucher. Et pendant qu'il faisait ça, dès le début, il disait : « Oh, maman », comme s'il éprouvait quelque chose de merveilleux ?

L. — Ouais. Et en particulier quand je sortais. Je porte un collant seulement quand je sors.

S. — Supposez que vous ayez eu votre collant et que vous ne soyez pas sortie quand il avait neuf ou dix mois ; est-ce qu'il aurait néanmoins été intéressé ?

L. — Non. Je ne pense pas. Mais il a acquis le coup d'œil pour ça. Disons, par exemple, que je suis allée à l'épicerie et que j'ai mon collant sous mon pantalon. Il vient près de moi et s'assure. Il ne fait que toucher. Il vérifie sur moi. Et puis, à deux ans et demi, c'est devenu différent. Il avait une couche mouillée que j'aurais dû changer, et je ne l'ai pas fait. C'était excitant pour lui, je suppose. Il était à cheval sur le pied de ma mère et remontait sa jambe, se masturbait sur son pied. Et je me suis dit : « Qu'est-ce qu'il fait ? » Je savais ce qu'il faisait ; je ne veux pas dire que j'étais aveugle. Je savais ce qu'il faisait, mais je ne voulais pas réaliser ce qu'il faisait. J'aurais dû le prendre et changer sa couche, mais j'ai pensé que c'était bien qu'il se sente bien parce que, avant, il avait toujours eu peur de lui-même en fonction de la douleur après la circoncision. C'est la première fois que je l'ai vu tirer du plaisir de son pénis. Le plaisir du : « Oh, maman » ne s'accompagnait pas d'une érection, seulement après cette fois avec ma mère. Avant cela, il évitait de toucher son pénis.

- *Entretien 5*

L. — Pendant une longue période, il ne s'est pas intéressé aux collants. Et hier, il a tiré une chaise vers mon
placard, et a mis mon collant. Parce qu'il n'avait pas
été à l'école pendant deux jours et ne voulait pas y
retourner. Il voulait rester à la maison avec maman. « Je
ne veux pas aller à l'école. Je vais rester à la maison,
maman. » C'est aussi mon problème. Il ne voulait pas
retourner à l'école avec le car de ramassage. Alors,
je l'ai emmené. Il est parti cahin-caha, et m'a fait au
revoir de la main. Quand je l'ai repris, tout allait bien.
Mais, quand nous sommes arrivés à la maison, il est
resté dans ma chambre très très longtemps. Il ne m'est
pas venu à l'idée qu'il avait mis le collant. Je l'ai appelé,
et il a fini par venir ; il avait l'air un peu penaud. Il
avait poussé une chaise contre le placard. Alors j'ai dit :
« Quand je t'ai appelé, tu étais là-dedans avec mon
collant ? » Il a dit : « Non. » « Qu'est-ce que tu cherchais
là-haut dans le placard ? » Il a dit : « Ben, j'ai ouvert
ton panier là-haut. Je ne les ai pas touchés. » Je pense
plutôt que c'était le choc d'être retourné à l'école.

- *Entretien 6*

L. — Nous sommes allés à ce restaurant. Mac est
allé sous la table, et il passait ses mains sur mes jambes
de haut en bas jusqu'à ce que je sois prête à — pas à
le tuer — j'étais prête à perdre la tête. Vraiment... Hier,
je portais des bas. Je portais une robe. Mac a fait tout
ce qu'il a pu pour venir près de moi. Il plaisantait et
faisait le tour de la table et touchait mes jambes. Ou
il allait sous la table et disait : « Je vois un jouet », et
trouvait toutes sortes de prétextes parce qu'il sait que
ça m'énerve. Et je ne peux pas le cacher.

- *Entretien 7*

L. — J'ai soulevé son oreiller, et mon collant est tombé
de la taie d'oreiller. Il ne les cache plus sous le lit ; maintenant, il les cache sous l'oreiller. Aujourd'hui, je lui
ai dit : « Mac, j'ai trouvé mon collant dans ton oreiller
l'autre jour. » Et il a dit : « Ouais, Bill fait ça maintenant. »

Je lui ai dit : « Je ne crois pas que Bill fait ça. Je pense que c'est toi. Pourquoi est-ce que tu les caches là ? » Il a dit : « Je les mets là pour pouvoir les mettre. » Et j'ai dit : « Pourquoi faut-il que tu les mettes ? » Il ne m'a pas vraiment répondu. Il a recommencé à dire que c'était Bill qui les avait pris et mis là et qu'il — Bill — les mettait sur lui. J'ai dit : « Je sais que Bill ne les avait pas sur lui ; tu les mets. » Et il a dit : « Oh, je ne les mets jamais. » J'ai dit : « Un jour, Papa t'a surpris quand tu les avais. » Et il a dit : « C'était le seul jour. » J'ai dit : « J'aimerais que tu laisses mes collants tranquilles. » Je ne suis pas sûre que c'était bien. Mais au moins, lui et moi nous en parlions ; il a dit ce peu à ce propos, quand avant, si je mentionnais seulement le sujet, il hurlait après moi. Nous avons eu une bonne conversation.

Masculinité

- Entretien 1

L. — Il n'avait jamais beaucoup souffert avant. Puis il a souffert [circoncision]. Et maintenant, tout d'un coup, il se rend compte qu'il a une sensation agréable. Je suis troublée. Je me sens menacée. Voilà mon fils, qui plus est, mon fils adoptif. Il me fait — pas réellement — des avances sexuelles. Peut-être que c'est — je ne sais pas — mais ce n'est pas bien. Et cela m'effraie de ne pas savoir comment arrêter ça sans... parce que je suis fâchée. Je suis fâchée contre lui. Je ne comprends pas ce qu'il fait. Et je pense que je ne contrôle pas la situation comme il faut. J'ai essayé de voir ce que je fais de mal dans mes réactions envers lui : peut-être que je suis fâchée contre lui trop souvent. Je sais qu'il est trop dépendant de moi. Mon plus jeune n'est pas du tout comme ça. Parce que Mac est très astucieux, il s'ennuie très facilement, et ça fait qu'il est plus dépendant de moi. Il a des quantités de jouets et de choses à créer. Il met ses affaires sur la table de la cuisine, et il peint cinq ou dix minutes. Et puis, ça l'ennuie. Il adore les livres. Je lui lis beaucoup ses livres. Mais ces derniers temps, il m'étouffe. Il veut que je l'embrasse tout le temps, et il veut que je le porte, et puis il se fâche contre moi. Et il me parle d'une voix furieuse toute la journée, très fâché contre moi, et je me fâche avec lui parce qu'il s'ennuie et qu'il est dans mes jambes. Il me suit dans toute la maison, et se mêle à tout ce que je fais. Il refuse de jouer, il refuse de sortir jouer jusqu'à ce que je lui dise : « Va jouer dehors. »

Je pourrais comprendre ça s'il n'avait pas un bon père qui ne passait pas beaucoup de temps avec lui.

- Entretien 2

L. — Quand mon mari est à la maison, il va avec lui au garage. Il adore les outils. Il travaille sur un camion avec mon mari. Il travaille dans la cour avec mon mari. Il adore être avec mon mari. Quand Jim [mari] est à la maison, il est très absorbé ; mais quand Jim n'y est pas, c'est à moi qu'il se colle. Les autres enfants de trois ans et demi sont plus indépendants que lui. Je n'ai jamais essayé de le pousser. Je sais qu'il va à son allure, quand il joue dans la cour ou au parc. Il ne fait jamais rien de dangereux ; il est très prudent pour ce qui le concerne. Il n'est jamais monté en haut de l'échelle pour aller de l'autre côté jusqu'à ce qu'il soit avec un autre garçon de son âge qui le faisait. Maintenant, il le fait, et descend la tête la première. Je suis heureuse de voir ça. Je souhaite qu'il soit un vrai garçon. Il n'a aucun caractère féminin, cependant : il ne souhaite pas jouer avec des poupées, il ne souhaite pas jouer avec des filles. Il n'aime pas réellement les filles, excepté sa cousine qui a douze ans. Il l'aime tendrement, et il s'assied, et la caresse comme il le fait avec moi.

S. — Avec excitation ?

L. — Je n'ai jamais réellement vu ça. Je pense que c'est plus contenu, encore que je n'en sois pas sûre. Il y a toujours beaucoup de tapage quand elle est là. Il l'embête beaucoup. Je ne pense pas que l'excitation lui soit réellement venue à l'esprit jusqu'à ce que cela se reproduise.

- *Entretien 3*

L. — Il était beau physiquement. Splendide. Je n'ai jamais de ma vie vu un bébé avec une telle chevelure. Il ne l'a jamais perdue. Des traits magnifiques. Une peau très fine.

Il ressemble beaucoup à mon mari. Je crois que ce sera un homme très beau. Je ne pense pas que ce soit quelque chose d'homosexuel, mais j'ai entendu parler d'hommes qui ne peuvent pas être excités par des femmes parce qu'ils ont des fétiches. Je souhaite qu'il soit un homme normal. Je ne veux pas qu'il... Je ne peux pas l'imaginer. J'ai finalement pris mes bas, et je les ai cachés dans l'armoire. Il ne devrait pas aller à mes vêtements comme ça, encore qu'il n'ait pas touché à mes chemises de nuit ou à rien d'autre. C'est seulement mes bas et mes chaussures, mes bottes. Il n'aime pas les vêtements des filles. En fait, il est très intéressé par les pompiers et les camions de pompiers. Il aime son unique chemise rouge parce qu'il pense que c'est une chemise de pompier ou de gendarme à cheval. Il joue beaucoup avec les camions de pompiers, et il est un garde forestier ; et il n'a jamais joué avec des affaires féminines. J'ai une poupée, et je la lui ai donnée un jour, et j'ai dit : « Tu aimerais jouer avec ça ? » Et il a dit : « C'est bête. »

- *Entretien 4*

L. — Mac [cinq ans] m'a dit quelque chose d'étrange hier. Ça m'a prise au dépourvu. Je ne savais pas comment prendre cela. Il a dit : « J'ai un rêve magnifique, maman. Que je vais me marier avec toi. » La nuit précédente, il avait fait un cauchemar. Parfois, quand il a un cauchemar, il grimpe dans le lit avec nous cinq minutes, et se calme. Et alors, je le remets dans son lit. Mais cette fois, parce que Jim dormait mal, j'ai dit à Mac : « Ne faisons pas de bruit. » Et au lieu, je suis allée dans son lit avec lui. Ça devait être pour une minute ou deux, mais je me suis endormie, et je me suis réveillée au matin. Mac avait eu un cauchemar. Je ne sais pas sur quoi. Après que Jim fut parti travailler, Mac revint dans le lit avec moi. J'étais si fatiguée que je me suis endormie, et il s'est endormi. Et quand il a dit plus tard qu'il voulait se marier avec moi, j'ai pensé à ça. Je ne devrais pas le laisser faire ça ; je n'aurais pas dû aller au lit avec lui. Non pas que ce soit sexuel ; peut-être que c'est un peu, pour lui, prendre la place de Papa. Il n'a pas cessé de me dire, toute la journée : « Chic alors. Cette nuit je vais avoir un cauchemar, et tu vas venir dormir dans le lit avec moi. » Je lui ai dit : « Pas de cauchemar cette nuit ; si tu as un cauchemar, je ne viendrai pas au lit avec toi. C'est comme ça. » Quand je suis allée voir si tout allait bien la nuit suivante, il a dit : « Hé, maman ; pas de cauchemars. » J'ai dit : « Tu es un gentil garçon » et il s'est endormi.

Il n'a jamais dormi toute une nuit avec nous, n'est pas même jamais resté longtemps dans le lit. Je n'ai jamais voulu commencer cette affaire-là. Mais Jim a un nouvel horaire, et il se lève très tôt. Cela réveille Mac, et il vient dans le lit avec moi. Je suis à moitié endormie, vraiment. Vraiment, à cette heure-là du matin, je suis très très profondément endormie, et, parfois, je ne sais même pas qu'il est au lit avec moi jusqu'à ce que je me réveille plus tard par la suite. Je ne pense pas que ce soit une tellement bonne idée. Ça fait trois semaines maintenant que c'est tantôt oui, tantôt non.

S. — Quand il était bébé, dans quelle mesure, si tant est que vous l'ayez jamais fait, l'avez-vous eu au lit ou l'avez-vous pris dans les bras ?

L. — Quand je lui donnais son biberon, j'ai toujours eu pour principe de ne pas caler le biberon. Même quand il avait un an, je le tenais toujours dans mes bras. Je ne me souviens même pas de l'avoir mis dans son berceau et de lui avoir donné son biberon. Je l'ai toujours tenu, promené, lui ai chanté des chansons, et l'ai tenu. Il grimpait dans le lit avec nous s'il avait un cauchemar, mais ce n'était jamais longtemps. Je l'ai toujours tenu dans mes bras et beaucoup cajolé. Ce n'est pas le cas avec mon bébé maintenant. Je le tenais toujours, et le berçais quand je lui lisais des livres et qu'il était petit. Maintenant, nous nous asseyons par terre dans sa chambre, appuyés à son lit, l'un à côté de l'autre ; et je lui lis.

Il va être un grand garçon, et je ne pense pas qu'il trouve que les genoux de Maman lui sont utiles, sauf s'il se fait vraiment mal.

- Entretien 5

P. — C'est un garçon très curieux ; il est toujours curieux, veut toujours savoir pourquoi les choses marchent. Et j'encourage cela. Je pense que c'est une bonne chose. Il essaie toujours de m'aider. Ainsi, aujourd'hui, j'étais dans le garage. J'avais besoin de certains manuels pour le bureau, et je parcourais les livres. Il voulait parcourir les livres. Il regardait les photographies de bâtiments et les détails d'architecture. Ça l'intéresse, et je le laisse regarder. J'ai un tas de boîtes ; il cherche dedans et en retire des choses, et éparpille tout, tout autour. Il est avec moi quand je travaille autour de la maison avec des outils ; il reste avec moi jusqu'à ce que son intérêt s'épuise. Quelquefois, je lui cours après, parce qu'il laisse les outils un peu partout et part avec des choses. Leur intérêt cesse, et ils vont jouer dehors. Je peux voir quand il serait facile de lui dire : « Ne m'ennuie pas ; va jouer » quand on a vraiment quelque chose qu'on doit faire sur-le-champ. Mais parfois il revient, et vous ennuie, reste là. Reste simplement là jusqu'à ce qu'on soit obligé de le lui dire une demi-douzaine de fois. Sa mère n'a pas de patience. J'en ai. Elle est à la maison toute la journée et a le travail à faire. Je peux venir à la maison ; c'est plus facile. Quelquefois, je perds patience avec lui, aussi. Quand je rentre à la maison, je souhaite simplement m'asseoir. C'est plus facile pour moi, parce qu'il me tarde de voir les gosses. Je joue avec eux à peu près une demi-heure ; c'est nouveau pour moi en quelque sorte, et ça me sort de ce que j'ai en tête. J'aime jouer avec les gosses et j'y prends plaisir. Mais pour elle : vous êtes là toute la journée. C'est différent.

- Entretien 6

L. — Quand Jim est à la maison, Mac me laisse tranquille. Il ne veut que Papa. Il veut seulement être au garage, dans la voiture, ou travailler dans la cour, descendre la colline, aller en face, rien que Papa, Papa. Mais pas quand Papa est parti.

Adoption

- Entretien 1

S. — Comment se fait-il que vous l'ayez adopté ?

L. — Mon mari et moi étions mariés depuis quelques années, et pas de bébé. J'avais pris des pilules contraceptives les premières années. Puis, j'ai arrêté et n'ai pas eu de règles pendant des années, et j'ai finalement eu une intervention chirurgicale, les règles sont devenues normales, et mon obstétricien a dit que je pouvais être enceinte. C'était deux mois avant que nous ne déposions une demande à l'organisme d'adoption. Ils ont dit que nous devrions attendre neuf mois. Je ne leur ai pas du tout dit que j'avais eu une intervention. Six semaines après l'intervention, ils ont téléphoné et dit qu'ils avaient un petit garçon, et nous ont donné vingt-quatre heures pour prendre cette décision difficile : devions-nous attendre pour voir si je pouvais être enceinte, ou devions-nous prendre ce bébé ? J'ai dit que je ne serais peut-être jamais enceinte. Alors, nous l'avons adopté quand il avait trois jours. Nous avions beaucoup de chance. C'était un bébé très beau, en parfaite santé.

- Entretien 2

L. — Jeudi est une des journées les plus affreuses que j'aie jamais eue. Non seulement en tant que mère, mais en tant que personne. Ma journée a commencé à six heures du matin, et les garçons ont touché à tout toute la journée. Mon mari ne rentrait pas à la maison avant minuit. Billy était malade, et je ne pouvais pas sortir de la maison — j'étais bloquée avec les deux gamins. J'ai été une vraie, une totale, une incroyable garce avec Mac toute la journée. Je n'avais jamais éprouvé cela avant. Je me suis réellement rendue compte que je le détestais. Ce jour-là, en tout cas, je le détestais.

Je ne m'y suis pas trop bien prise avec eux. J'étais

mal fichue. Je leur ai crié après toute la journée. J'ai traité Mac de petit salaud toute la journée, pas devant lui, mais en moi-même, ou quand il sortait de la pièce. Et je pense que je n'ai jamais dit ça de mon gosse, avant. Parce qu'il *est* adopté.

S. — D'accord, parlons de cela.

L. — Il a été conçu par un salaud. Et c'est ce que je peux dire de mieux de lui. Son père a été marié deux fois. Pas avec la mère de Mac. J'imagine qu'ils ont eu une aventure — il a découvert qu'elle était enceinte et il s'est tiré. Puis, elle est tombée amoureuse de quelqu'un d'autre, et a décidé qu'elle voulait commencer une nouvelle vie sans le bébé qu'elle portait encore, et je trouve ça dégoûtant.

Quand je pense à leur aventure, je n'imagine même pas que c'était dans un motel. C'était sur le siège arrière d'une voiture, quelque chose comme ça. J'imagine cela par ce qu'ils m'ont dit d'elle — qu'elle — je ne sais pas comment ils ont su cela — mais d'une certaine façon j'ai idée qu'il était le premier homme avec lequel elle ait jamais couché. D'après ce qu'ils m'ont dit, c'était un homme très beau, extrêmement beau, et elle était très jolie... une relation très sensuelle. Et elle est tombée enceinte. Elle était catholique, et elle ne voulait pas — complètement ballot — elle ne voulait pas se faire avorter. Alors, elle a abandonné le bébé. Elle a eu l'aventure parce qu'elle était amoureuse de lui. Parce qu'il lui faisait la cour. Tout ce que je peux dire, c'est que je suis tout à fait désolée pour elle. C'était un salaud.

S. — « C'était un salaud ; elle était vierge ; c'était un beau gars qui n'était pas vraiment attaché. » C'est exact ?

L. — Ouais. Il se foutait pas mal d'elle. Il l'utilisait, simplement. Elle était utilisée. Elle avait plus de cran que je n'en ai eu moi.

S. — Alors, elle est abandonnée. Elle doit aller à l'hôpital. Il lui faut subir l'accouchement seule. Et il se tire, ce qui — incidemment, nullement incidemment — récapitule votre enfance.

L. — Oui. Mon père [voir pages 203-206].

S. — Et le bébé ?

L. — C'est mon bébé. C'est exactement comme s'il l'était, et ce que j'imagine qui s'est passé avec son père et sa mère est ce que j'ai toujours imaginé qui me serait arrivé si j'avais eu une aventure avant Jim.

S. — Mais le bébé. Pourquoi vous mettez-vous en fureur contre le *bébé* ?

L. — Je pensais qu'il a été laissé comme j'ai été laissée.

S. — Pourquoi vous mettez-vous en colère contre lui ? Qu'a-t-il fait de mal ?

L. — Il était mon bébé jusqu'à l'arrivée de Bill. Puis, il n'a plus été mon bébé. Et je l'ai abandonné.

S. — Alors, vous êtes comme votre père ?

L. — Euh, beuh [pause vide]. J'ai perdu le fil de mes idées.

S. — Ne le cherchez pas. Que ressentez-vous ?

L. — De l'horreur... Je me sens malade. Je me sens comme une mauvaise graine. Voilà ce que je ressens. Je sens que je me venge de lui [Mac] pour ce qu'ils m'ont fait. Je veux me venger de lui. Je veux vraiment me venger de lui. Je veux vraiment le rendre malade et effrayé. Et je me sens non aimée. Parce qu'il est un garçon. Je ne sais pas pourquoi j'ai dit ça. Parce qu'il est un garçon. J'ai très peur qu'il devienne comme son père. Il va m'abandonner ; alors, je vais devoir l'abandonner la première. Il va s'en aller et me quitter. Parce que je l'aime trop. Il est ce que j'ai vu de plus beau. Jim et moi, nous nous sommes fortement querellés la veille au soir. J'avais eu une intervention [résection ovarienne cunéiforme] six semaines avant, et j'avais recommencé à travailler. J'avais recommencé à travailler trois jours, et j'ai eu un coup de téléphone de la femme de l'adoption. Elle a dit qu'elle avait un petit garçon... Elle a dit que nous devions y aller le lendemain et décider si nous le voulions. J'ai parlé à Jim, et il a dit non. Il a dit que le docteur nous avait dit que nous pourrions avoir un enfant à nous, alors, qu'il fallait attendre, et avoir notre propre enfant. Je pensais qu'il avait peut-être raison, peut-être.

J'ai pleuré, pleuré, pleuré. J'ai dit que je voulais le

bébé. Je me fichais pas mal d'avoir jamais un enfant à moi. A ce moment, je ne pensais pas, de toute façon, en avoir jamais. Pour finir, il a changé d'avis. Parce qu'il savait combien je désirais ce bébé. Alors pourquoi est-ce qu'il ne le voulait pas ? Bon, nous sommes allés à l'Association pour l'adoption et elle est entrée avec lui. Il était absolument magnifique. C'était le plus beau bébé que j'aie jamais vu. Mais son visage était tout rouge [ce qui lui indiquait, à elle, qu'il avait une brûlure causée par le drap, et de ce fait avait été abandonné par le personnel de l'hôpital]. Ils ont dit qu'il était resté sur le ventre et s'était tourné et retourné. Et ils ont dit qu'il avait eu une coiffe [autrement dit, était totalement entouré, à la naissance, par des membranes fœtales intactes et par conséquent, avait-elle dit, isolé du monde]. J'ai toujours pensé à cela [qu'il avait été immédiatement enlevé à sa mère qui ne l'avait jamais vu] parce que quand je lisais beaucoup sur ces premières heures des nouveau-nés, je savais qu'il était terriblement seul. Personne pour le bercer ou entrer [pour venir le voir]. Il a été là trois jours.

Il était si beau. Un petit garçon très sérieux. Ne souriait, ni ne riait. Mes règles sont venues ce jour-là — les premières règles depuis cinq ans. Je souffrais le martyre, comme si j'avais été en travail. [C'étaient] mes premières règles après l'opération. Et... nous sommes rentrés à la maison, sans rien pour lui si ce n'est une couverture. Et... je me suis étendue sur le lit avec lui à côté de moi, et Jim est allé au magasin. Et c'était comme si je l'avais eu [lui avais donné le jour]. J'avais tellement mal. C'est pourquoi j'ai l'impression qu'il est à moi. Il *est* à moi. Et je ne veux pas lui dire qui est le médecin qui l'a mis au monde ; je ne veux pas lui dire. Parce que, quand je le ferai, il va rechercher sa mère et retourner vers elle. Il le fera ; je sais qu'il le fera. Tout comme je suis retournée voir la famille de mon père, des années plus tard, et ma mère ne voulait pas que je le fasse. Mais je l'ai fait. Je voulais les voir. Je voulais les connaître. Je voulais les prendre dans mes bras. Je sais qu'il veut faire cela aussi. Il va vouloir les voir. Et, après avoir vu la famille de mon père, je les aimais plus que ma propre famille ; je les aime plus que ma propre famille. Et il me fera cela à moi. Je sais qu'il le fera, car j'ai été si affreuse avec lui.

- Entretien 3

L. — Je pensais toujours que j'étais adoptée... Je me sentais aliénée, différente... Ma mère disait que c'était à cause de la couveuse [elle était une prématurée ; la coiffe de Mac équivaut à sa couveuse], ce qui était un tas de foutaises. Je restais là, assise, à y penser heure après heure, quand j'étais enfant. Je n'étais pas réellement l'enfant de ma mère. J'étais celui de mon père... J'imagine que j'avais l'impression que ma sœur [jumelle décédée] était l'enfant de ma mère, mais que je ne l'étais pas : par quelque hasard extraordinaire, elle était l'enfant réel et moi non.

Symbiose : ambivalence

- Entretien 1

L. — J'étais si désolée pour lui [Mac] mardi. [Il était très malade.] Mercredi, quand je l'ai mené chez le docteur, et il avait tellement mal, et il était si sage, si sage. Je savais comme il avait mal, je savais comme il avait mal. Et il était si heureux, il était heureux, réellement heureux. Je ne l'avais pas vu comme ça depuis longtemps parce qu'il m'avait à côté de lui dans cette salle d'attente. Lui et moi étions ensemble. Et je savais qu'il souffrait le martyre, et je le tenais dans mes bras et je l'aimais, et... [pause].

S. — Alors, nous nous trouvons devant un paradoxe : vous l'aimez tellement que c'est presque anormal, et en même temps vous l'attaquez, et vous vous dites : « Dieu, quel monstre je suis ! » Qu'advient-il de l'impulsion de ne pas l'attaquer ?

L. — Où est-elle ? Oh ! elle a disparu. C'est comme si j'étais un animal enragé. La rage est absolument, totalement incontrôlable. Je pourrais le tuer. Je pourrais littéralement le tuer. Pas le battre, ou lui donner des

coups de couteau, ou lui tirer dessus. Mais le secouer, le
secouer, le secouer, simplement le secouer. Je l'ai seulement fait deux ou trois fois si fort que ses dents s'entre-
choquaient. Je ne lui ai jamais donné une gifle. Il n'a
jamais été giflé ; ça a été sur les fesses, ou peut-être sur
la main. Cela ne veut pas dire que je n'ai pas eu très
envie de le frapper au visage. Mardi, j'ai éprouvé cette
envie. Je connais des mères qui ont fait cela, mais je
pense que c'est tout à fait humiliant. Je lui ai donné
des claques vachement fort sur le cul. Je l'ai secoué
mardi. Je voulais qu'il me laisse tranquille. Je voulais
qu'il s'en aille. Je voulais téléphoner à l'organisme d'adoption et leur dire de le reprendre.

Je suis effrayée de l'aimer. Alors pourquoi ne pas le
faire pour commencer ? Comment puis-je aimer quelqu'un
tellement et le haïr tellement en même temps ? Est-ce
possible que deux personnes soient comme ça ? Je n'ai
jamais fait cela avant. Ma mère a dit qu'enfant j'allais
derrière la maison, et je lui laissais des petits billets :
« Je te hais, je te hais, je te hais. » Mais je ne le lui disais
jamais en face. Je me souviens de ça. Je la haïssais
parce qu'elle me laissait tous les jours pour aller travailler. Quand j'étais petite, j'étais seule, seule, solitaire.
Je n'avais personne avec qui jouer. Juste ma grand-mère
à la maison, qui me hurlait après et criait. Mais ma
haine pour ma mère n'était pas très violente. Plus vague,
plus... non pas qu'elle me laisserait, mais qu'elle meure,
se lève et meure sur moi. Elle et son foutu Kotex
(voir pages 206-207).

S. — Qu'attendez-vous que fasse Mac pour que tout
aille bien ?

L. — Je ne sais pas. Qu'il me dise qu'il a vraiment
besoin de moi, qu'il m'aime. Je le hais parce qu'il est à
elle [à sa mère naturelle] et il n'est pas à moi. Il n'est
pas réellement à moi. Il est un fantasme ; c'est un fantasme, horrible, horrible, horrible, horrible, incroyable.
C'est parce que j'ai pris ces sacrées pilules [contracep-
tives, avant de découvrir qu'elle était stérile]. Il retour-
nera là-bas et il la trouvera.

- *Entretien 2*

L. — J'aime Mac, voilà tout. Je l'aime passionnément. Je l'aime comme j'aurais aimé mon père, je suppose. Je sais que j'aimais mon père. Je l'ai vu au moment où j'avais cinq ans. J'avais l'âge de Mac maintenant. Ça me rend sacrément en colère, parce que j'ai l'impression que Mac me connaît mieux que qui que ce soit. Je sens que je ne lui suis jamais fidèle, qu'il m'a vue dans toutes sortes d'humeurs horribles, lamentables. Je le sais, car je le hais tellement pour cela. Il m'a vue au pire de moi-même. Ce n'est jamais le cas de mon mari. Quand Mac et moi passons par ces choses-là, nous sommes seuls.

Quand je me mets en colère contre Bill, il me secoue à mon tour quand il me voit ainsi. Mais je ne me fâche jamais de cette façon avec lui ; c'est qu'il me voit être ainsi avec Mac. Quand Mac essuie cette colère lancée sur lui, ses yeux s'agrandissent. La plupart du temps, il m'attaque avec sa propre colère, ou il plaisante, ou il me taquine. Mais il ne renvoie pas la balle comme le fait Bill.

S. — Il est plus égal que qui que ce soit ?

L. — Oui. Mais je pense qu'il est comme ça parce qu'il a vécu avec moi. Il me connaît mieux que personne.

S. — Mais il n'y a pas déloyauté dans la relation ?

L. — Non. Pas du tout. Il ment comme tous les gosses mentent à cinq ans. Mais c'est complètement différent.

- *Entretien 3*

L. — Hier soir, j'étais avec Mac et Bill, dans une librairie avec eux, et ils étaient assis à lire. J'étais dans la pièce, cachée par une étagère, et Mac est sorti et m'a appelée. Et je suis sortie de derrière l'étagère et j'ai dit : « Je suis ici, Mac. » Et il a dit : « Oh, ne bouge pas de là. Je veux m'assurer que tu es là. » Dix millions de fois — alors que j'*étais* là. Je n'ai pas bougé — il revenait vérifier que j'étais là. Bill n'aurait pas pu se soucier moins ; il était tellement occupé à regarder ces livres. Nous sommes restés là une demi-heure, et Mac demandait sans arrêt : « Où es-tu, où es-tu, où es-tu ? » Et, je vous assure, — sans arrêt : « Tu es là ? » Ça me rend

dingue. Je jure que c'est vrai. Je ne sais pas ce que j'ai
fait pour le faire mais... Je me souviens que lorsque je
l'ai eu, il ne souriait pas, un bébé très sérieux. J'essayais
toujours de le rendre plus heureux. Je lui parlais toujours, et je lui gazouillais des choses, et je lui chantais.
Je ne dis pas que je le tenais tout le temps dans les
bras, parce que je ne faisais pas ça. Je pensais, l'autre
jour, que chaque fois que je le prenais je l'embrassais,
et chaque fois que je le reposais, je l'embrassais. Sorti
du berceau et remis, des millions de fois, pour changer
ses couches, pour le mettre dans son berceau. Je faisais
probablement ça rien que pour le prendre, pour l'embrasser. Je l'aime — un véritable adorable, adorable
bébé. Rien que le prendre un peu dans les bras et lui
donner un petit baiser sur la joue. Vous savez, l'embrasser.
Je l'embrassais toujours comme ça. J'embrassais toujours Bill comme ça aussi. Je pense que j'embrassais
Bill davantage parce que je le nourrissais, je l'ai tenu
plus que je n'ai tenu Mac. Mac, je le touchais moins,
parce que je tenais le biberon. Et le tenir et tenir le
biberon, ce n'était pas facile. Bill, je le nourrissais, et
j'avais une main libre. Je pouvais toucher sa main, son
petit bras, ou son visage. Mais, pour Mac, je ne pouvais
pas arriver à faire les deux. J'ai toujours eu envie d'avoir
un troisième bras pour le toucher davantage. Mais je
n'ai jamais calé son biberon. J'ai toujours tenu Mac jusqu'à ce qu'il ait quatorze mois.

Lorsque je ne lui donnais pas à manger, je le mettais
dans son parc ou dans son siège de bébé. Je ne le portais pas partout toute la journée. Je ne voulais pas
qu'il en prenne l'habitude. Mais il était toujours près
de moi, parce que sinon il faisait toujours des histoires.
Je ne dis pas juste à côté de moi, mais dans la même
pièce. Parfois, quand il est devenu plus grand, il venait
et grimpait dans le lit avec moi. Mais il a toujours eu
sa chambre à lui, et nous avions la nôtre.

- *Entretien 4*
L. — L'intensité est venue non pas de moi mais de
lui. Je me souviens, quand il avait peut-être neuf mois,

un an, d'être assise dans la voiture avec lui. Je conduisais, et il m'attrapait, et il mettait ses bras autour de mon cou et tenait ma [lapsus] tête tout contre ma poitrine. Il me faisait toujours ça.

- Entretien 5

L. — Je crois que je ne le ferai pas — traiter Mac comme je traite Bill. Parce que j'en suis incapable : le repousser. Mais je ne veux pas dire totalement. J'ai le sentiment de l'avoir blessé si fort que la seule façon dont je puisse me faire bien voir de lui, c'est de ne pas le repousser. Pas le moins du monde. Comme cela m'est possible avec Bill. Est-ce que tous les enfants grandissent en se sentant abandonnés ? Je ne pense pas que ce soit le cas de Bill.

Hier, j'ai emmené Mac pour son examen de cinq ans. L'infirmière est entrée, et lui a fait une piqûre... C'est un grand gamin maintenant, et il était là à pleurer, à pleurer sans arrêt, et j'ai dû l'aider à le tenir. C'est comme si c'était exactement ce que je voulais. Je souhaitais cette sensation. Il n'a pas vu ma réaction, il était allongé sur le ventre, mais je pouvais... et immédiatement après, j'ai ressenti cette horrible migraine. Elle était si forte que je pouvais à peine faire attention à ce que je faisais. Puis, ils sont allés pour faire des tests sanguins. Il était assis sur mes genoux. Ce gosse était si sage, mais il avait tellement peur. Et j'étais en colère, parce que chaque fois que quelque chose de ce type arrivait quand j'étais môme, j'étais toujours toute seule. Mais, pour Mac, j'étais toujours là. Et il semble que je sois en colère contre lui en raison du fait qu'il me faut porter le poids de ce qui lui arrive. Ce n'est pas que je ne veux pas être avec lui : je veux être avec lui et je veux partager les choses avec lui. Mais c'est presque que j'en ai trop pris. Vous comprenez ? [Pleurant] Je déploie pour lui ce que je n'ai jamais eu moi-même.

Symbiose : angoisse de séparation

- *Entretien 1*

L. — Il est allé pour la première fois à la maternelle cette semaine [quatre ans]. Un grand garçon. J'ai dit : « Je m'en vais, maintenant, Mac. » Et il a dit : « Tchao. » Vous savez, comme : « Ça va, ça va bien. Il ne va rien m'arriver. » Mais chaque fois en un instant — nous sommes allés à la fête du comté hier mon mari, les garçons et moi. Et je me suis assise sur un banc, et Mac s'est un peu écarté, et ne m'a plus vue pendant une minute ou deux. Il hurlait comme un porc qu'on égorge : « Maman ! Maman ! » C'était juste à cinquante centimètres de moi. Et je me suis dit : « La vache, il a réellement peur de se perdre. »

S. — Il ne se sent pas perdu à la maternelle, et il vous dit au revoir, tout simplement, mais il est perdu quand le contact avec vous se trouve rompu de manière inattendue ?

L. — Tout à fait ça. Il m'a dit ce matin : « Qu'est-ce qui arriverait si tu oubliais de venir me chercher à la maternelle ? » Et j'ai dit : « Je ne pense pas que j'oublierai jamais de venir te chercher à la maternelle. » Et il a dit : « Oui, mais qu'est-ce qui se passerait si tu oubliais ?, Est-ce que je resterais là pour toujours ? » Et j'ai dit : « Non, si quelque chose se passait et que je sois en retard, je pourrais leur téléphoner et ils s'occuperaient de toi jusqu'à ce que j'arrive. » Il se faisait du souci ; il se faisait du souci là-dessus dans sa tête.

S. — Comment le savez-vous ?

L. — Quand nous allons dans des endroits inconnus, il me tient toujours la main. Je n'ai pas besoin de lui dire de me tenir la main. Bill, non ; c'est un petit coquin, celui-là. Il est extrêmement indépendant, et il s'en va, et : « Tchao maman. » Mais pas Mac. Il est toujours là à tenir ma main, et je peux le voir penser, quand nous allons dans quelque endroit loin, il ne va jamais très loin de nous. C'est quelque chose que je sais. Je ne peux pas vraiment vous l'expliquer. C'est seulement quelque chose que j'éprouve, je ne sais pas. Il a toujours été comme ça depuis qu'il était bébé, très près de moi, plus que Bill. J'ai nourri Bill presque un an, pourtant, Mac a toujours été plus physiquement proche de moi. Se cramponnant à moi, ou m'agrippant ou... il ne me laisse jamais hors de vue. Je ne pouvais pas le laisser dans le salon dans son parc. Il voulait toujours être là où j'étais, dans la cuisine. Cela, à six semaines, trois mois. Ouais, c'est sûr ; il ne supportait pas d'être seul. Il fallait toujours que j'amène le parc là où j'étais pour qu'il puisse me voir travailler. Pas qu'il voulait se cramponner à moi physiquement, mais seulement savoir où j'étais.

Il a toujours été un enfant très sérieux. Je n'ai jamais pu faire rire ce gosse. Je feuilletais son carnet de bébé, et toutes les photos que j'ai de lui sont sérieuses. Chaque fois que je l'emmenais chez un photographe, il ne leur faisait pas un sourire. C'était affreux ; il hurlait et pleurait et ne voulait pas que je m'écarte de là où était le photographe pour prendre une photo ; il était toujours mélancolique.

S. — Que se passait-il si vous étiez séparée de lui autour de la maison ?

L. — Il pleurait. Enfin, il pouvait rester tout seul environ un quart d'heure si j'étais hors de vue. Il fallait que je mette toutes sortes de petits jouets dans le berceau pour qu'il ait des choses à faire et soit occupé. Il restait tranquille dix minutes, un quart d'heure, et puis, il fallait que je l'amène là où j'étais. Mais Bill jouait longtemps tout seul ; pas Mac. Mais je ne pense pas les avoir traités différemment.

S. — Combien de temps continuait-il à pleurer ?

L. — Ce n'était pas le problème du temps qu'il continuait à pleurer, mais c'était celui du temps où je le laissais continuer à pleurer. Le plus était probablement dix minutes. Pas qu'il soit là à hurler, à s'époumonner, mais il embêtait, voilà tout.

Et quand il a grandi, dix-huit mois peut-être, il geignait parce qu'il ne pouvait pas me suivre dans la cuisine ou de pièce en pièce. Ça me rendait dingue. Peut-être que certaines mères peuvent supporter ça, mais... Je ne pouvais jamais rien faire jusqu'à ce qu'il aille au lit. Ainsi, si je nettoyais la salle de bains, il se fourrait dans la poudre à récurer la baignoire ; ce truc, c'est du poison.

- *Entretien 2*

L. — Jim et moi partons pour quelques jours, et Mac était un peu ennuyé. Peut-être qu'il pense que je ne reviendrai pas. La dernière fois où je suis partie quelques jours, c'était quand il était bébé, à la naissance de Bill. Et ce que j'ai fait à Mac était quelque chose d'affreux, sacrément affreux. Je l'ai laissé. Et j'ai eu un bébé. Je n'étais pas censée avoir un bébé. Quand nous avons signé pour adopter un bébé, nous étions mariés depuis des années et nous ne pouvions pas avoir de bébé. C'est pourquoi ils nous ont laissés signer. C'est pourquoi ils nous ont laissés avoir Mac. Et je leur avais promis — et c'était comme si je lui avais promis à *lui* — que je n'aurais pas un bébé à moi issu de ma chair. J'ai promis à l'organisme d'adoption, à Mac, à je ne sais qui, que je n'aurais jamais de bébé à moi. Il serait le seul bébé que je puisse jamais avoir. Et le lendemain de la naissance de Bill, j'ai eu une migraine, et c'était horrible. Je ne pouvais pas soulever ma tête du lit. Ma mère m'a téléphoné à l'hôpital. Elle avait Mac. Il pleurait au téléphone. Elle m'a dit qu'elle avait beaucoup de mal avec lui. Elle a dit qu'il ne voulait rien faire : il ne mangeait pas et il ne dormait pas. Elle s'est débrouillée pour me déballer tout ça : pourquoi ne faisait-il pas ce qu'il était censé faire. Et je suis là, six heures seulement après avoir eu Bill. Et elle a sorti ça. Je voulais tout juste qu'elle s'installe à la maison et qu'elle s'occupe de lui. Je voulais tout juste que quelqu'un s'installe à la maison et s'occupe de lui. Mais personne ne m'avait écoutée.

Après mon retour de l'hôpital avec Bill, Mac avait l'air malheureux et perdu. Deux jours après, il a eu un herpès ; sa bouche était pleine d'entailles. Il était très malade. Dieu, qu'il était malade ! Il ne pouvait rien manger. Il pleurait, pleurait, pleurait. Et quand je suis revenue de l'hôpital, deux jours après, ma mère est partie, et Jim est retourné travailler. Et j'étais là. Mac était malade, et j'essayais d'apprendre à allaiter le bébé. C'était affreux ; c'était horrible. Et ça a continué des mois, et des mois, et des mois. Je n'ai jamais quitté la maison. J'étais en colère contre Mac. J'étais fatiguée. Malade. C'était horrible, horrible. Et je m'y prenais d'une façon absolument atroce. Mac en a fait les frais. Je ne voulais pas cela. C'était comme si je l'abandonnais ; oui, vraiment. J'étais prise entre les deux — un fils qui était adopté et un qui ne l'était pas. Je ne pouvais pas décider si je devais aimer mon fils né naturellement ou Mac. Je pensais que j'aimais Bill et que je n'aimais pas Mac. Après toutes ces années, j'avais Bill, mon enfant à moi.

Je nourrissais Bill, et Mac était là à côté. Il me tournait autour sans arrêt. Et je pensais : « Pourquoi est-ce qu'il ne me laisse pas tranquille ; pourquoi ne suis-je pas seule avec mon bébé à moi ? » Je voulais être seule avec lui, voilà tout. « Pourquoi ne peut-il arrêter d'être comme ça ; pourquoi ne peut-il aller jouer un petit peu ? » Et puis je me sentais horriblement coupable d'éprouver ou de penser cela. Mac était continuellement à côté. Il ne me laissait pas tranquille, pas un instant. J'essayais de démêler ce que j'éprouvais à son égard, et je ne pouvais pas. Il n'y avait point de temps. Tout le temps, je n'avais pas le temps, pas le temps d'être loin de lui, pas de temps pour être seule avec mon bébé, pas de temps pour comprendre, rien d'amusant. Pas le temps de l'aimer ou de me soucier de lui. Ça allait tout le temps de travers, je ne faisais qu'amasser la culpabilité au-dessus de moi. Et je hurlais après Mac, j'allais dans la salle de bains, et je pleurais parce que je ne voulais pas faire ça. Mais je ne pouvais pas me contrôler.

Mais quand je le couchais le soir, je le touchais, et je lui lisais, et je l'aimais beaucoup, beaucoup. Ou bien, il dormait, et j'entrais, et je le regardais. Et je sentais que je l'aimais réellement malgré tout ce qu'il avait fait au cours de la journée. Mais ce qui se passait dans la journée — le fait qu'il était tellement après moi, à hurler, à crier, à pleurer. Ce n'est pas que je ne l'aimais pas alors. J'étais seulement en colère contre lui. Colère horrible. Je voulais seulement... je devais seulement le laisser tranquille. Alors, je me taisais. Je me souviens seulement d'une fois où je me suis énervée : Bill était étendu sur le divan, et Mac était debout sur le divan, et il sautait sur place. Je lui ai dit d'arrêter, que sinon il pourrait tomber sur Bill. Mais il a continué et il est tombé sur Bill. J'ai pensé qu'il avait enfoncé la tête du bébé. Et je suis devenue réellement cinglée. Je lui ai donné une fessée et je l'ai mis dans son lit, hurlant après lui tout du long.

- *Entretien 3*
L. — J'ai fait tomber un pot de crème sur mon pied, et j'ai pensé que je m'étais fracturé l'orteil. J'avais horriblement mal. Alors, je me suis étendue et j'ai pleuré. Je ne pouvais pas m'arrêter. Mac a été très perturbé. Bill se contentait de rester là et de me regarder, mais Mac était si perturbé qu'il est allé dans sa chambre et il a pleuré. Quand il a eu fini de pleurer, il est revenu dans la pièce, et il a été chercher de la glace, et il l'a mise sur mon pied. Et il est resté assis là une demi-heure, et n'a cessé de mettre de la glace sur mon pied et de dire : « Ça va mieux ? »

- *Entretien 4*
L. — Une abeille m'a piquée au visage — elle n'avait pas laissé le dard. Et Mac a été très perturbé. Alors, Jim a dit : « Si je meurs, je n'aurai pas à me préoccuper de quelqu'un pour s'occuper de toi, parce que Mac s'occupe toujours de toi. » C'est très bon pour une mère de savoir comment est son enfant ; je souhaite qu'il aime sa mère, qu'il soit responsable de moi. Mais je ne veux pas qu'il passe sa vie à se faire du souci pour moi. Ma cousine se souvient comment était Mac quand il était petit. Elle se souvient qu'il était toujours à côté de moi, ne me laissait jamais aller nulle part sans lui.

Relations de la mère avec ses parents

- *Entretien 1*

L. — Et il [Mac] va me quitter. Et il y aura tellement de chagrin pour moi. Ça va être exactement comme a fait mon Papa. Il va grandir et me quitter. Parce que j'ai été une mère merdique pour lui. Parce que j'ai voulu quitter la famille de ma mère et chercher la famille de mon père, Mac doit le faire aussi. Il doit. Il doit vouloir savoir comment ils sont. Parce que je voulais tellement savoir comment était la famille de mon père. Je connais ce sentiment. Je le connais terriblement. Je sais qu'il va le connaître. Je voulais les connaître. Je voulais quitter ma famille et aller vers eux. Mais ce n'était pas possible quand j'étais petite. Ils se haïssaient les uns les autres. Ma mère haïssait la famille de mon père. A ce jour, elle les hait et ils la haïssent.

Quand ma mère a épousé mon père, elle l'a épousé ! Elle restait à la maison, et elle était sa femme. Si quelqu'un a couru partout, c'est mon Papa. Il est parti six mois après leur mariage, et il est allé travailler loin. Il est parti un an, et il l'a laissée. La version de ma mère est qu'il est allé en raison du haut salaire. Je ne sais pas quelle est la version de mon père. Mais c'était un aventurier. C'était vraiment un aventurier. Il est parti, et il a fait ce qui lui plaisait. A treize ans, il s'est engagé dans la marine marchande, et il n'est revenu qu'à dix-huit ans, et sa famille n'a pas su où il était pendant cinq ans. Il a été partout dans le monde. Il pouvait faire tout ce à quoi il s'attaquait. Et il y gagnait de l'argent. Il était doué. Et il était vachement dissimulé. Ou bien il n'était pas dissimulé, et ma mère était aveugle, ou bien je n'arrive pas à comprendre comment elle a fait pour aller de place en place avec lui et ne pas vraiment comprendre... elle a dû. Ou bien c'est ça, ou bien elle ne voulait tout simplement pas comprendre. Mais *mon* mari ne me trimballerait pas si *je* ne savais pas ce qui peut bien se passer.

- Entretien 2

L. — J'ai toujours été toute seule en tout. Ma mère était là, physiquement, mais je ne me souviens pas qu'elle m'ait tenue dans ses bras. C'est comme si j'avais pris toute la souffrance de mes enfants sur moi. Je ne souhaite pas faire cela, mais je dois le faire, de par ma propre détresse. Je ne veux plus passer par là. Je suis folle furieuse envers ma mère, parce qu'elle n'a pas vécu ça pour moi.

Je pense au moment où j'avais cinq ans. Ma mère m'a emmenée à la clinique du comté parce que j'avais de mauvaises amygdales, et ils devaient me faire une ablation des amygdales. Il devait y avoir vingt-cinq ou trente autres gosses dans la pièce, et ils étaient là, assis [c'est-à-dire abandonnés aussi]. C'était le matin de bonne heure. Je me souviens que ma mère m'a emmenée, mais je ne me souviens pas qu'elle ait été là. L'infirmière et le docteur sont entrés, ont regardé tous les gosses, m'ont désignée et ont dit : « Prenons celle-ci, elle est petite et tellement maigre. » Alors, ils m'ont prise la première. Et elle n'était pas là. Maman n'était pas là. Elle m'a amenée là-bas, mais elle ne m'a pas tenue dans ses bras. Elle n'était pas là quand je me suis réveillée de l'éther.

Et je me souviens encore du rêve : d'être dans un tunnel ou un trou — noir — et de l'appeler, de jouer par terre. Le vent soufflait très fort dans les arbres. Et il a fait tomber une ruche juste à côté de moi. Je me souviens que je hurlais pour que ma mère vienne. Et elle n'est pas venue. Papa est venu pour finir. Je ne me souviens pas qu'il soit jamais venu, si ce n'est cette fois-là. Il m'a sortie des abeilles. Il semble que je l'ai toujours appelée. Et elle n'a jamais été là. Jamais été là. J'ai toujours été là pour elle, toujours pris soin d'elle, toujours [Pleurant]. Petite fille, je m'asseyais à côté de son lit quand elle était malade. Je restais assise à côté de son lit des heures et des heures et ne sortais jamais jouer. Je restais toujours avec elle et lui apportais de l'eau et prenais soin d'elle. C'était comme si j'étais la mère et elle l'enfant. Toute ma vie comme ça. Je sens que j'ai été écartée de lui par ma mère, toujours écartée de lui. Il ne m'a jamais abandonnée. Pas jusqu'à la fin. Mais c'était toujours elle. Il fallait qu'elle se reprécipite dans sa sacrée famille. Et sa famille me disait toujours : « Tu as de la chance d'avoir une bonne mère. » Disant, je suppose, qu'une mère est meilleure qu'un père.

Quand je laisse Mac et Bill à ma mère pour venir ici, je les regarde : il a tellement peur. Et c'est moi de nouveau, à attendre ma mère, à regarder par la fenêtre, à sentir un horrible nœud au creux de l'estomac jusqu'à ce qu'elle rentre à la maison, ayant tellement peur qu'elle ne revienne jamais. Je pense à ça chaque fois que je quitte Mac. Oui, j'y pense. C'est comme si j'étais à nouveau laissée encore une fois. C'est pourquoi c'est si pénible pour moi. Pour Bill, ce n'est pas pénible, mais pour Mac, ça l'est [Pleurant].

S. — Ce que vous ressentez se transmet, n'est-ce pas ?

L. — Ouais. Il perçoit tellement tout. Parfois, dans ma tête, je pense à aller et venir sur des avions et des bateaux et de ne jamais rester à un endroit, ou d'être dans un lit assez longtemps. Je me suis toujours fait du souci à me demander où les gosses allaient dormir, s'ils allaient bien dormir. Maintenant, je sais pourquoi ; parce que j'ai dormi moi-même dans tant de lits.

- Entretien 3

L. — Je me souviens d'être restée debout à la fenêtre tous les soirs quand j'étais petite, attendant que maman rentre à la maison, me demandant ce qui se passerait si quelque chose lui arrivait... c'était dur... J'avais peur que quelque chose lui arrive et de rester avec ma grand-mère.

J'avais déjà le sentiment d'être abandonnée par mon père ; alors, le sentiment de perdre ma mère était horrible. Je ne sais pas pourquoi j'avais si peur de vivre sans elle ; la mère est la mère. J'aime beaucoup ma mère bien qu'elle se soit comportée très stupidement de bien des façons. Elle met son cœur avant son esprit.

Elle saignait toujours abondamment. Extrêmement.

Tout le temps... une nuit je me suis réveillée, et ma tante était là. Et elle [mère] était partie à l'hôpital, et elle perdait des litres de sang. Ils ont fait une hystérectomie.

Je ne peux pas penser qu'elle m'a abandonnée. Enfin, je pense que je ressentais cela quand j'étais petite. J'allais me coucher et je pleurais, j'avais l'impression que Papa ne m'aimait pas, et que c'était pour ça qu'il m'avait laissée. Ma mère devait travailler et subvenir à nos besoins, mais ne m'a pas abandonnée. J'étais toujours avec elle en vacances. Il n'y a jamais eu d'abandon physique, rien que dans ma petite tête stupide, et je pense que le fait qu'elle aille travailler tous les jours était un abandon. Je restais seule avec ma grand-mère. J'étais terrifiée que ma mère se trouve dans un accident d'auto, ou que quelqu'un la blesse, ou qu'elle meure.

Elle était affreusement malade. Elle m'a dit qu'elle était si malade, quand j'avais quatre ou cinq ans, qu'elle restait au lit des jours durant. Je ne cessais d'être à côté d'elle — avec ses hémorragies. Je savais qu'elle était malade. J'y pense en moi-même : si je meurs, qu'adviendra-t-il des enfants ?

Peur d'abandon traumatisant

L. — Je me souviens, quand j'étais enfant, de la plaisanterie de ma famille à propos des Kotex de ma mère. Mon oncle disait que s'il attrapait une boîte de Kotex et la jetait par la fenêtre, je serais furieuse parce qu'ils appartenaient à ma mère. Et elle en avait besoin [pause]... ou elle mourrait. J'avais toujours peur qu'elle meure. Quand j'avais six ans, nous avions des lits jumeaux, et ma mère dormait dans un des lits. Mais cette fois, ma tante était là. Je ne sais pas où était ma mère. Et je lui ai dit : « Où est Maman ? » Et elle a dit : « Tu ferais bien d'être une gentille fille parce que Maman est allée à l'hôpital et elle avait une hémorragie. » Ma mère avait été opérée six semaines avant, une hystérectomie. La nuit précédente, elle avait relevé mon gros bébé de cousin et s'était déchiré ses points. Et j'imagine que pendant la nuit elle s'était mise à saigner dans la salle de bains. Et ils ne m'avaient pas réveillée jusqu'à ce qu'elle soit à l'hôpital. Ils avaient fourré un drap entre ses jambes. Je me souviens d'avoir vu le drap... il était dans la cuisine. Et c'était — ils ne pouvaient pas arrêter l'hémorragie, et l'ont vite envoyée à l'hôpital. Ils l'ont sortie de la voiture et elle s'est évanouie en raison de la perte de sang. Et le drap en était plein. Je n'ai jamais vu tant de sang de ma vie, et c'était ma mère.

Je ne peux pas imaginer ma tante disant cela. Je ne dirais pas cela à un enfant. J'en ai chié de peur. Et pour toute ma vie j'ai eu peur qu'elle meure — pas tellement peur quand j'ai été grande... J'étais avec ma grand-mère... J'étais le seul enfant, le seul dans le voisinage, et tout ce que j'avais, c'était ma grand-mère.

Je suis désolée à propos de ma sœur jumelle [qui est morte à la naissance]. Ma mère m'a donné le nom de sa sœur qui est morte... assez dur à porter. Elle est morte, à dix-huit ans, de leucémie. Et j'ai toujours pensé que je ne vivrais pas au-delà de dix-huit ans. Je pensais que puisqu'elle m'avait appelée par son nom, la même chose allait m'arriver. Tous les enfants de la famille portent les noms de sœurs et de frères décédés.

LE TRAITEMENT

Les données sont, naturellement, le produit du traitement, aussi les théories et les explications sont-elles à la merci de ce qui s'est passé pendant le traitement et de ce que nous jugeons valoir la peine d'être exposé. Je dirai, si vous le voulez bien, quelques mots du traitement. Lorraine fut en traitement avec moi environ trois ans. Ce ne pouvait être une analyse pour des raisons logistiques, telles que la grande distance entre sa maison et l'UCLA, la difficulté de se procurer des baby-sitters régulières, et les frais que cela entraînait. A la place, Lorraine me vit deux fois par semaine, en face à face. Elle aurait été une bonne patiente en analyse, et en fait me permit de travailler des interprétations qui étaient efficaces ; elle n'avait pas de mal à pratiquer l'association libre, si bien que je me sentais presque toujours plongé dans une atmosphère analytique confortable et créative. Une névrose de transfert se constitua, et elle fut négociée à l'aide d'interprétations et de reconstructions (bien que je fusse plus contraint dans ce travail que je ne l'eusse été si je l'avais vue plus souvent). Il y eut, par conséquent, une interprétation des résistances et d'autres dynamiques inconscientes, une investigation approfondie de la situation œdipienne, mais moins d'exploration des tout débuts de sa vie.

Bien qu'elle soit d'abord venue en raison du fétichisme de Mac, sa relation avec moi s'est transformée presque immédiatement, du fait de ses besoins d'évaluation, en traitement. La plus grande partie de notre temps n'a pas été consacrée à Mac, mais à faire la lumière sur tous les autres domaines de sa vie. Malheureusement, sa thérapie a été efficace ; elle a tellement changé que son mariage a capoté. Le bien-être ressenti en acceptant le rôle de femme et de mère, provoqué et imposé par son mari — auquel elle avait été reconnaissante de la sauver d'une vie non enracinée — céda lorsqu'elle découvrit de combien plus elle avait besoin et combien plus elle était capable de saisir du monde. Les demandes pressantes de son mari d'arrêter le traitement devinrent si dangereuses qu'elle n'eut pas le choix. Et, malheureusement, dès le départ, il indiqua que non seulement il n'était nullement intéressé de participer à la thérapie de la famille, mais trouvait toute cette tentative absurde. On dirait tout simplement à Mac d'arrêter son comportement, et, si cela échouait, il devrait être discipliné comme il convenait. Ce n'était que le manque de nerf et d'acharnement de Lorraine qui, pensait-il, permettait à Mac de persister dans sa sale habitude.

Mac fut en traitement pendant un an et demi avec l'un de nos assistants pour les enfants, supervisé chaque semaine par un analyste d'enfants, membre du corps enseignant. Ils confirmèrent en tout point les descriptions de Lorraine. Son traitement ne réussit pas à modifier le fétichisme, bien que son thérapeute et le superviseur eussent l'impression que, sur d'autres points, Mac faisait de grands progrès.

Lorsque son thérapeute quitta notre programme de formation, Mac fut adressé à un programme de modification du comportement. Ce traitement parut avoir échoué, car Lorraine indiqua, à la fin de son travail avec moi, que Mac n'avait pas changé. Mais maintenant, des années après, lorsqu'elle a lu ce rapport, elle me dit qu'elle ne voyait pas de modification du fétichisme après l'application des techniques de modification du comportement, et pense maintenant qu'il a disparu. (Toutefois, il est trop tôt pour en être sûr.)

En lisant ce manuscrit, elle a ajouté : « En parcourant le rapport, j'éprouve encore la solitude de l'attente de la mère. Je suppose que je ne l'ai pas encore élaborée ou je ne serais pas si effrayée intérieurement quand j'ai une heure de retard pour rentrer à la maison et que les garçons sont seuls. J'aimerais être libérée de cette horrible angoisse. J'ai beaucoup pleuré quand j'ai lu le rapport pour la seconde fois, tout comme je pleure maintenant en vous écrivant ceci. Je pense que la ligne : "Elle l'aime comme elle sent que sa mère ne pouvait pas l'aimer et le hait comme elle se hait elle-même", c'est très vrai, et cependant accablant. Tout est dit là. »

Un enfant de deux ans et demi peut-il être pervers ? Le fétichisme érotique a été un sujet important pour les psychanalystes, car il contient dans sa structure des mécanismes de défense qui sont essentiels pour comprendre toutes les relations humaines. La capacité de substituer la partie au tout, le non-humain à l'humain, l'inanimé à l'animé, aide à rendre la vie supportable — voire, agréable — quand l'intimité, l'insight et l'amour seraient trop intenses. Nous ne sommes donc pas surpris que les adolescents et les adultes se tournent vers cette construction complexe. Mais qu'un enfant de deux ans et demi puisse aussi créer le symptôme pleinement épanoui, cela est impressionnant.

Il se peut qu'un enfant soit excité au plan génital, mais peut-il être suffisamment sophistiqué pour répondre à l'excitation comme on le fait à partir d'un âge plus avancé de l'enfance ? Un tel comportement chez un petit enfant ne devrait pas exister ; en fait, nous devons nous demander — comme Anna Freud (1965) — s'il peut exister : « Les catégories diagnostiques qui ne peuvent pas être utilisées de manière absolue pour les enfants sont les perversions telles que le transvestisme, le fétichisme, les addictions. Dans celles-là, comme dans le cas de toutes les *perversions*, la raison en est évidente. Etant donné que la sexualité infantile comme telle est par définition perverse polymorphe, attribuer l'étiquette "pervers" à des aspects spécifiques de cette sexualité est au mieux un emploi imprécis du terme, s'il n'implique pas une totale méconnaissance du développement de l'instinct sexuel. Au lieu d'évaluer certains phénomènes de l'enfance comme étant pervers, comme les analystes eux-mêmes sont tentés de le faire, les questions du diagnostic doivent être reformulées pour ces cas, et nous devons chercher à voir quelles tendances composantes, ou dans quelles conditions une partie des tendances composantes, sont susceptibles de survivre à l'enfance, *i.e.* quand elles doivent être considérées comme de véritables précurseurs de la perversion de l'adulte proprement dite » (p. 197-198).

On a ici un problème : « La sexualité infantile comme telle est par définition perverse polymorphe. » Bien que cette assertion ait constitué une position classique en analyse depuis 1905 (S. Freud, 1905), elle me rend perplexe. (Glover aussi (1933, p. 496).) Premièrement, connaissant l'histoire du mot *sexualité* dans le développement de la théorie analytique des pulsions, je ne vois pas à quelles expériences il renvoie. Il peut signifier des choses comme « érotique », « masculinité et féminité », ou des précurseurs de ceux-ci ; « sensuel », « force de vie » (comme dans Eros), ou des défenses contre tous ceux-ci. Il peut signifier plaisir ou douleur, activité ou passivité, amour ou haine, excitation ou ennui. Avec une telle charge de significations, le mot a à peine de sens. Qu'est, par conséquent, la « sexualité infantile » ? Ou peut-être devrions-nous poser la question : que n'est-elle pas ?

Deuxièmement, sucer son pouce ou jouer avec les fèces sont, dans cette optique, des exemples de comportement pervers polymorphe, parce que la bouche et l'anus peuvent faire partie de l'érotisme conscient de l'adulte et peuvent jouer un rôle inconscient dans des névroses ultérieures ; il y a trop de dérapage dans une théorie édifiée sur une telle logique.

Troisièmement, « pervers polymorphe » fait partie du langage d'une théorie incorrecte au plan clinique qui, eu égard aux parties du corps ou aux fonctions du corps, assimile *conscience* (« investissement », « sur-investissement ») et « *érotisme* » chez le bébé/enfant comme si c'était la même chose si cette conscience est consciemment érotique, devient érotique seulement plus tard, est sensuelle mais non érotique, ou est simplement un aspect des relations avec les autres. On trouve par là le moyen et de qualifier des bébés de pervers quand ils font ce qui leur vient naturellement, et, comme plus haut, de nier que la perversion existe chez les bébés.

Nous sommes parfaitement avertis — comme on le constate quotidiennement dans le travail avec les enfants et les adultes — que les précurseurs ne sont pas des tableaux pleinement épanouis, et un tableau pleinement épanoui chez un enfant peut avoir disparu à l'adolescence (Freud, 1905 ; A. Freud, 1965). Néanmoins, l'idée qu'un garçon de deux, trois, quatre ou cinq ans a des érections avec les bas de sa mère et se masturbe en caressant ou en revêtant ces bas, me pose problème. Quand un comportement débute dans l'enfance et persiste dans la vie adulte — occurrence non tellement rare — est-ce de la perversion seulement à partir de l'adolescence ? Par exemple, plus de la moitié des enfants qui présentent un trouble important du genre dans l'enfance — certains débutant dès l'âge de deux ou trois ans — présentent encore un trouble du genre à l'adolescence (Green, 1985). Et si un enfant psychotique devient un adulte psychotique, nous ne mettons pas en doute que l'enfant était véritablement psychotique.

La perversion devrait-elle identifier uniquement les

excitations qui résultent d'une traversée non réussie du conflit œdipien ?

> Concernant le comportement manifeste, certains tableaux cliniques chez les enfants sont presque identiques à ceux des adultes pervers. Néanmoins, cette similitude manifeste n'implique pas nécessairement une identité métapsychologique correspondante. Chez les adultes, le diagnostic de perversion signifie que la primauté des organes génitaux n'a jamais été établie, ou n'a pas été maintenue, *i.e.* que dans l'acte sexuel lui-même, les composantes prégénitales n'ont pas été réduites au rôle de facteurs préliminaires ou accessoires. Une telle définition est nécessairement non valable si appliquée avant la maturité, *i.e.* à un âge où les relations sexuelles n'entrent pas en jeu et où l'égalité des zones prégénitales et des organes génitaux eux-mêmes est considérée comme allant de soi. Par conséquent, les individus qui n'ont pas atteint l'âge de l'adolescence ne sont pas pervers au sens de ce terme chez l'adulte, et il convient d'introduire des points de vue nouveaux pour rendre compte de leur symptomatologie pertinente (A. Freud, 1965, p. 198).

Demeure le problème de ceux dont le comportement aberrant perdure de l'enfance à l'âge adulte. Dans quelle mesure ce comportement, bien que comportementalement le même, est-il « métapsychologiquement » différent à six ans et à vingt-six ans ?

Un autre auteur qui nie qu'un enfant puisse être fétichiste est Bak : « Selon une définition stricte du concept clinique de fétichisme, c'est une perversion sexuelle masculine et elle appartient à l'âge adulte. Des *formes frustes** peuvent apparaître dans l'enfance à partir de quatre ou cinq ans, avec des expériences d'excitation sexuelle diffuse, mais elles n'aboutissent pas nécessairement au fétichisme à l'âge adulte » (1974, p. 193). Je ne peux pas qualifier le fétichisme de Mac de *forme fruste*, et ce n'est pas non plus une expérience « d'excitation sexuelle diffuse » (quoi que cela soit).

> Il peut y avoir un fétichisme dans l'enfance — mais non dans la toute petite enfance — qui soit passager... Génétiquement, le *sine qua non* du fétichisme est son angoisse

---

* En français dans le texte.

de castration spécifique du stade phallique dans le cadre de l'Œdipe... Il est absolument nécessaire de souligner la position spécifique au stade dans le fétichisme pour élucider sa relation avec l'agression. Les désirs destructeurs et castrateurs de l'enfant mâle sont à leur maximum au stade phallique-œdipien avec les fantasmes d'angoisse de castration accrue qui s'en suivent comme un talion. Par opposition, les fétiches dits prégénitaux défendent contre la séparation, la perte de l'objet, les privations et la perte totale de l'intégrité corporelle, à un stade où les désirs destructeurs envers les objets parentaux jouent un rôle différent et moins important (p. 194-195).

Pour Bak, un trait essentiel de la perversion est la régression : « Ce trait de régression est commun à toutes les perversions et implique le déni d'une angoisse de castration accrue et d'une identification bisexuelle prononcée » (p. 195). C'est de la régression, pour Mac, si nous avons l'impression qu'il se glisse dans la peau de sa mère quand il met ses collants, mais ce n'est pas de la régression si nous lui accordons le génie de créer, si jeune, une névrose d'une telle richesse dynamique.

Bien que nous devions tenir compte des avertissements d'A. Freud et de Bak d'avoir à considérer, sous les phénomènes de surface, la structure[2] qui leur est sous-jacente, la théorie devrait suggérer, non pas commander. Pouvons-nous ne pas dire que Mac est un pervers et un fétichiste et ne pas le considérer comme étant identique à un fétichiste adulte ? (Freud (1919, p. 192) est imprécis sur ce problème : « Une perversion dans l'enfance... peut devenir le fondement de la construction d'une perversion ayant un sens similaire et qui persiste tout au long de la vie ».)

Qu'entendent les analystes par fétichisme et comment l'expliquent-ils ? Un autre problème apparaît lorsque nous recherchons de l'aide du côté du reste de la littérature analytique. Certains utilisent *fétiche* pour parler d'un objet qui est érotiquement excitant, certains pour parler d'un objet qui ne l'est pas. Par exemple, certains consi-

---

2. Je pense cependant qu'on est plus près des faits si on parle de « signification » ou de « fantasmes » plutôt que de « structure ».

dèrent qu'un objet transitionnel est un fétiche (ou un préfétiche), certains non. Bien que les fétiches érotiques et non érotiques puissent avoir en commun des origines et une dynamique similaires, il existe également de grandes et merveilleuses différences entre un état d'excitation érotique et un état qui, bien qu'intense, n'est pas ressenti comme érotique. A partir du moment où la définition est susceptible d'inclure le fétiche non érotique, les explications qu'on en donne peuvent aller n'importe où. De nombreux auteurs psychanalytiques contribuent à de nombreuses théories (dont peu sont vérifiables). Je les énumérerai ici sans discontinuer pour que le lecteur puisse toucher du doigt leur multitude, la façon dont elles se contredisent souvent, jusqu'où il nous faut aller pour mettre de l'ordre dans la licence intellectuelle.

Ce qui suit sont des citations pures, ou, dans quelques cas, des paraphrases non déformantes : identification prégénitale avec la mère phallique, angoisse de séparation, fixation anale érotique, scopophilie, représentation symbolique du phallus femelle, identification à la mère avec pénis, identification à la mère sans pénis, angoisse de castration, compromis entre angoisse de séparation et angoisse de castration, pénis du père fantasmé dans les organes génitaux femelles, le dernier objet (par exemple un vêtement) vu avant de s'apercevoir que les femelles n'ont pas de pénis, colère figée, clivage du moi, déplacement du pénis de la femelle sur une autre partie du corps, interférence avec la distinction entre le soi et le non-soi, traumatisme physique dans la toute petite enfance, le fétiche comme représentant de la fonction d'alimentation, envahissement de tout le corps par une stimulation agressive, diffusion de l'agression résultant d'une immobilité figée, sensibilité à une irritabilité active, une sorte de renversement automatique de la réaction à un niveau physiologique, irréel topique, floraison de souvenirs-écrans protecteurs, prolongation du stade introjectif-projectif, congestion nasale, détournement de l'objet primaire, annihilation de l'amour sadique, le désir non résolu chez le mâle d'avoir un enfant plus la crainte consécutive de grossesse, persistance de l'attachement à un objet transitionnel, fétiche comme substitut et/ou symbole du sein (bon ou mauvais) de la mère, ou de sa bouche, ou de son utérus, ou de son vagin, ou de son anus, ou de son ventre enflé dans la grossesse plus leurs produits, troubles de la motilité précoce, maladie dans la toute petite enfance, maladie chez la mère, maternage inconscient, envie, voir des organes génitaux femelles trop souvent dans la toute petite enfance, contact visuel très intime [type non décrit] avec une femelle, un état d'identification primaire avec la mère ou une sœur, sentiment flou des dimensions de son propre corps, hypertrophie de l'activité visuelle, sensation subjective de changements soudains de la taille du corps, défense contre l'homosexualité, substitut de la criminalité chez les lâches, dépréciation des femelles, les organes génitaux femelles comme blessure par laquelle une femme pourrait se vider tout entière, vagin denté, déni des relations sexuelles parentales, défense contre le suicide, défense contre l'homicide, défense contre la psychose, défense contre l'inceste, perturbation focale de l'identité sexuelle, infarctus du sentiment de réalité, le fétiche comme substitut de l'excrément, soumission homosexuelle passive à son propre surmoi sadique et castrateur, fétiche comme symbole de son propre self castré, défense contre le rejet, clivage de l'objet, faiblesse de la structure du moi qui peut être inhérente ou survenir secondairement en fonction de dysfonctionnements physiologiques ou de perturbations dans la relation mère-enfant qui menacent la survie, le corps de la mère, soi-même comme étant en état de grossesse et en même temps fœtus de la mère dans l'utérus, défense chez les homosexuels contre les pulsions hétérosexuelles, relation œdipienne avec le père inventée, relation anale passive avec la mère phallique, sadisme oral, sadisme anal, refoulement olfactif infructueux, érotisation des mains et prédilection pour le toucher, une assimilation corps-phallus merveilleusement sensible, observation de la scène primitive, faiblesse congénitale de l'intégration du moi, une faiblesse d'exécution de l'appareil sexuel, défense contre une peur d'annihilation, incorporation respiratoire, introjection res-

piratoire, odeurs étrangères qui ont valeur d'éléments
archaïques du surmoi, hyperstimulations massives (telles
que massages corporels fréquents) qui mettent le
bébé dans des états d'excitation extrême avec cessation
brusque, le conflit entre don anal et rétention anale,
sensations tactiles agréables, trouver l'objet identique à
son propre état fantasmé d'absence de pénis, transfert
de sensations sensuelles à un objet neutre par association,
clivage bisexuel de l'image du corps, être témoin d'un
événement particulièrement mutilant dans l'enfance, le
besoin inconscient de la mère de résister à la séparation
d'avec son enfant, une atmosphère familiale pauvre ou
violente, maternage qui n'est pas suffisamment bon ou
tout au moins pas tout à fait suffisamment bon, incapacité d'accepter le sevrage, mère qui incite consciemment ou inconsciemment l'enfant à prendre un fétiche,
tous les objets partiels instinctifs clés des années pré-
phalliques, peau abdominale de la mère que le fétiche
pénètre, identification aux fèces de la mère, identification à la mauvaise mère et en même temps sentiment
de l'élation du bon objet introjecté, le fétiche comme
symbole condensant sein-peau plus fesses-fèces plus
phallus femelle, identification à l'objet partiel (les seins)
de l'objet total (la mère), le fétiche comme symbole
du lait de la mère déprécié et ensuite commué en excrément, un remplacement d'une combinaison du sein et du
pénis, un effort non pas pour éviter l'angoisse de castration mais plutôt le résultat de perturbations pré-
génitales, fixation non pas régression, perturbation de
la formation de l'image du corps dans la toute petite
enfance, le fétiche crée une indépendance vis-à-vis de
l'objet d'amour. Et d'autres encore. (J'épargne au lecteur
et à l'imprimeur les citations pour cette longue liste.)
Quasi toute supposition est permise et est exprimée
sans regret qu'aucune donnée (souvent pas même une
anecdote bien polie) ne soit fournie.

Bien que toutes ces explications ne se contredisent pas
toutes, les présenter en une synthèse, même après un
débridement, demanderait un certain talent artistique en
élaboration de théories. Par ailleurs, nous savons que la

plupart de ces explications ont été utilisées pour expliquer beaucoup d'états examinés par des analystes, et que beaucoup sont tellement non spécifiques qu'elles cadrent avec la définition de la genèse de quasi tout comportement de quasi n'importe qui[3].

Néanmoins, et c'est moins démoralisant, *ces experts tendent à être d'accord pour dire que le fétiche — érotique ou non érotique — représente un certain aspect de la mère séparée et que le précipitant de sa création est l'angoisse de castration.*

M'étant maintenant plongé dans les données et la démarche de pensée de l'ethnographie, je m'associe à ceux qui souhaitent que les analystes que nous sommes tempèrent leur *furor theoreticus* et tout au moins méditent sur d'autres sociétés. Si un aperçu des parties génitales — cause du fétichisme, dans la théorie classique — suffit à faire dérailler à vie un garçon à New York ou à Londres, pourquoi n'en est-il pas de même dans les sociétés primitives ? Herdt ne connaît aucun cas de fétichisme pervers chez les Sambias (bien que tous les hommes se tournent vers la bouche des garçons de la façon dont les hommes hétérosexuels le font, disons, vers les seins dans notre culture). Le sceptique se demande aussi pourquoi, lorsque le traumatisme à la vue d'une femelle sans pénis se produit dans l'enfance, la perversion manifeste apparaît peu après chez quelques garçons, à la phase de latence, à la puberté, à l'adolescence et des dizaines d'années plus tard chez les adultes, ou — comme c'est presque toujours le cas — jamais.

Le terme *fétiche* peut tout aussi bien indiquer soit un

---

3. En dehors de l'explication psychodynamique, il existe deux types généraux de systèmes explicatifs du fétichisme. Le premier est le modèle de la théorie de l'apprentissage, selon lequel l'érotisme aberrant résulte d'un objet neutre par ailleurs (tel qu'une chaussure) qui se trouve par hasard perçu, à un moment de grande excitation érotique, avec l'objet et la pulsion alors confondus. Le second est l'explication organique, telle qu'illustrée dans ce qui suit : « L'état d'excitabilité accrue de l'organisme est considéré comme étant la perturbation première dans le fétichisme. Cet état est considéré comme découlant d'une physiologie cérébrale pathologique. Certaines des principales manifestations de cet état apparaissent liées à une attaque et autres phénomènes épisodiques constatés dans le dysfonctionnement du lobe temporal » (Epstein, 1960, p. 107).

objet érotiquement excitant, soit un objet non érotiquement excitant. Je l'utiliserai, toutefois, ici, seulement pour parler de la première acception[4]. Bak (1974) est ici d'un secours particulier[5]. Cela non seulement affine la description clinique qui conduit à la théorie, mais met en lumière le caractère très inhabituel du comportement de Mac. Il y a très peu de fétichistes comme Mac quant à l'âge et à la forme du fétichisme. Nous pouvons légitimement utiliser le terme *fétiche* pour des objets érotiques ou non érotiques tant que nous sommes conscients des différences cliniques (comparer Roiphe et Galanson, 1973, 1975).

Mac avait un chiffon sécurisant, utilisé seulement les premiers mois, et tenu seulement pendant les repas. Il l'abandonna sans peine. En désaccord avec Sperling (1963), je trouve qu'il est cliniquement absurde d'appeler cela un fétiche (en particulier, comme nous en avons le sentiment, le fétiche — différent de l'objet transitionnel habituel — est un enchevêtrement de fantasmes sado-masochistes extrêmement dense).

Le fétichisme de la petite enfance est très rare. Dans quelques rapports sur le fétichisme, l'intérêt pour le fétiche remonte à l'enfance, mais rarement avant l'âge de quatre ou six ans[6]. (Naturellement, nous ne pouvons pas être certains que le besoin n'a pas commencé plus tôt, car les défaillances de la mémoire des patients nous empêchent d'avoir connaissance d'un fétichisme très précoce. Cependant, chez quasi aucun, l'objet n'est men-

4. Estimant que la définition clinique la plus claire possible est la meilleure approche de la recherche d'explications, je distingue les objets qui eux-mêmes excitent érotiquement et ceux qui ne font que frayer le passage vers un objet excitant. Au nombre de ces derniers figurent par exemple les amulettes tenues en main ou regardées sans lesquelles la personne ne peut avoir accès à l'érotisme. Les caractères psychodynamiques communs aux deux types ne devraient pas nous aveugler sur leurs différences.

5. Pour les différentes positions, comparer S. Freud, 1927, 1946 ; Gillepsie, 1940, 1952 ; Friedjung, 1946 ; Bak, 1953 ; Greenacre, 1953, 1955, 1960, 1968, 1969, 1970 ; Winnicott, 1953 ; A. Freud, 1965 ; Roiphe et Galenson, 1973, 1975 ; Silverman, 1981.

6. Voir Friedjung, 1946 ; Stern, 1941 ; Lorand, 1930 ; Idelson, 1946 ; Wulff, 1946 ; Hopkins, 1984.

tionné comme étant érotique, pour l'érotique adulte, dans la petite enfance.[7])

Si nous nous limitons maintenant aux enfants d'âge pré-œdipien avec net fétiche érotique, les rapports sont peu nombreux. (Je n'ai pas essayé de passer en revue la littérature non psychanalytique.) Lorsque nous avons affaire à des adultes qui parlent de leur enfance, il n'est pas possible de déterminer à quel point nous avons affaire à une amnésie infantile ou à un comportement véritablement absent. En tout cas, je ne suis pas surpris d'entendre des transvestis dire que leur premier souvenir d'un travestissement érotique se situe dans l'enfance, bien qu'aucun ne s'en souvienne avant l'âge de six ans environ. Je ne suis pas familier avec l'exposé détaillé du fétichisme érotique chez un autre enfant aussi jeune que Mac. En fait, la littérature analytique comporte peu de rapports même d'adultes qui se souviennent d'un féti-chisme érotique dans leur petite enfance (voir Garma, 1956 ; Socarides, 1960 ; Wolf, 1976). En outre, j'ai parlé (Stoller, 1968 a) d'un homme ayant pour fétiche les bas de femme qui se souvient d'une excitation quand il avait trois ou quatre ans (son père indique qu'il a vu le garçon en collants à l'âge de deux ans et demi). J'ai aussi évalué un garçon très féminin dont la mère disait qu'elle l'avait vu avoir des érections à trois ans en caressant les vête-ments de son *père*, jamais ceux de sa mère (Zavitzianos (1982) dit que cet homéovestisme n'est pas du fétichisme) ; ce comportement disparut spontanément en quelques mois (voir aussi Socarides (1960)). Ces rapports sont minces au plan clinique, et quand il est dit que l'enfant est sexuellement excité, on ne nous en dit pas suffisam-ment pour que nous soyons certains de ce qui était éprouvé. Même le rapport qui suit, plus explicite que la plupart, pourrait nous en dire davantage : « Vers quatre ou cinq ans, l'expérience d'être laissé seul à la maison

---

7. Dickes (1963) parle d'une femme dont le fétiche, alors non érotique, avait été érotique dans son enfance. Dans ce cas, la mesure dans laquelle l'objet — un ours en peluche — était en lui-même érotisé, n'est pas claire ; nous savons seulement qu'il était utilisé pour frotter les organes génitaux, ce qui n'est pas nécessairement la même chose que d'être un fétiche.

quand sa mère sortait faire des courses avait été effrayante à un point insupportable, et le patient se souvenait de chercher un soulagement en créant un état d'excitation sexuelle en courant dans la chambre de sa mère et en touchant avec excitation ses sous-vêtements doux et soyeux » (Wolf, 1976, p. 109).

Le cas suivant suggère que d'autres cas ont existé il y a longtemps : « Dans un cas relaté par Lombroso (Amori anomali precoci nei pazzi, *Arch di psich*, 1883, p. 17)... un garçon de très mauvaise hérédité, à l'âge de quatre ans, présentait des érections et une grande excitation sexuelle à la vue de vêtements blancs, en particulier de sous-vêtements. Les tenir et les chiffonner lui procurait une excitation du type plaisir sensuel. A l'âge de dix ans, il se mit à se masturber à la vue de linge blanc empesé. Il paraissait avoir été atteint de folie morale et fut exécuté pour meurtre » (Krafft-Ebing, 1906, p. 254).

La synergie du traumatisme, de l'identification excessive et focale, et de l'angoisse de séparation. En accord avec l'observation de Greenacre selon laquelle un traumatisme physique prononcé peut contribuer au fétichisme, on peut remarquer que Payne (1939), Peabody *et al.* (1953), Hunter (1962), Hamilton (1978) et Socarides (1960) parlent de l'importance de la circoncision chez un patient fétichiste (comme cela était manifeste dans le cas de Mac). Lorand (1930) relie son patient, qui présentait un intérêt non érotique pour les chaussures, à une circoncision à deux ans. Bien que nous ne puissions soutenir que la circoncision dans l'enfance (non pas postnatale) est un trait attendu dans le fétichisme érotique, une étude plus minutieuse pourrait montrer que l'union des deux n'est pas une coïncidence.

Mettant de côté (parce que je ne peux pas y répondre) la question de savoir dans quelle mesure sont liés l'objet transitionnel, le fétiche non érotisé de l'enfant, le fétiche érotisé de l'enfant et le fétiche érotisé de l'adulte, l'accord, fondé sur des observations, est unanime pour dire que ces objets constituent un pont entre le désir du bébé de demeurer fusionné avec la mère et son désir de devenir une personne indépendante. Aucun écrit, ces dernières années, n'admet pas que « l'arrière-plan du développement du fétiche infantile est une relation à la mère en permanence perturbée, l'individuation se trouvant retardée et incomplètement réalisée » (Greenacre, 1970, p. 452).

Le second trait commun sur lequel la plupart sont d'accord, trait qui peut aider à expliquer pourquoi il n'est pas fait mention de fétichisme érotique chez les femelles bébés/enfants, est l'angoisse de castration[8]. « Le fétiche... découle du besoin de réparation en raison de la persistance d'une illusion d'un défaut dans le corps, laquelle est devenue constante du fait de son association avec certaines perturbations concomitantes qui envahissent la perception de soi. L'adoption du fétiche permet au développement de se poursuivre bien que sous un fardeau » (Greenacre, 1970, p. 455).

Personne n'a suggéré avec autant de force que Greenacre (1953, 1955, 1968, 1969, 1970) qu'un traumatisme physique sévère dans la toute petite enfance, comme cela était le cas chez Mac, pouvait précipiter le fétichisme (encore que l'absence, dans la plupart des rapports, d'une histoire de tels traumatismes, nous invite à ne pas généraliser) :

> J'ai l'impression que la formation précoce du fétiche n'a lieu que si les perturbations qui l'accompagnent ont été minantes au point de donner lieu à un grave problème de castration pré-œdipien, que ce soit du fait de la maladie, d'une intervention chirurgicale ou d'une maladresse des parents particulièrement grave. Il est significatif qu'à l'âge précoce d'un à deux ans il y ait une sensibilité générale du corps au malaise ou à l'offense physique, et une décharge de la tension peut apparaître par les voies quelles qu'elles soient qui se trouvent à disposition à ce moment particulier. Toutefois, si la perturbation est si sévère que les

---

8. J'hésite à utiliser ici *angoisse de castration* parce que ce terme a, historiquement, impliqué un danger du stade œdipien (comme Freud l'estima à la fin, 1940 *a*, p. 190) plutôt que du stade pré-œdipien. Mais chez ces fétichistes bébés érotiques et non érotiques, la menace de castration *au sens classique de menace de la part du père* ne fait pas partie du tableau. En outre, si nous n'utilisons pas le terme classique, nous pourrions deviner plus facilement les connotations d'un danger plus grand — angoisse de séparation, dissolution du moi, perte de l'existence (Roiphe et Galenson, 1973, 1975).

mécanismes de décharge ordinaires sont inadéquats, une stimulation génitale prématurée peut se produire. Cela a le plus de risques de se produire au cours de la seconde année (1970, p. 30).

Dans le cas de Mac, chose qu'on ne trouve dans aucun autre rapport, sa mère est pour nous le témoin qui s'exprime. Non seulement elle date et décrit la circoncision et le traumatisme de séparation, mais elle nous renseigne aussi sur la façon dont elle maximisait le traumatisme de Mac par son comportement choqué, terrifié et furieux (peut-être accru par ses propres expériences, dans l'enfance, avec sa mère qui saignait). Souvenez-vous de l'ambiance de leurs relations et opposez-la à son mode de relation, à partir de la naissance, avec Bill, son plus jeune fils.

La mère de Mac est — si on exclut la chance et le bon traitement — en permanence marquée au sceau du chagrin et de la peur du fait de l'abandon de sa mère, à quoi s'ajoute le souvenir de sa terreur au cours des épisodes sanglants menaçant la vie de sa mère. Son père avait littéralement déserté la famille. Mac, en tant qu'enfant adopté, est, aux yeux de sa mère, un autre enfant abandonné par père et mère, et lui et elle se trouvent en résonance, peurs et fureurs les verrouillant dans une symbiose mère-enfant excessivement étroite mais très agitée. Alors, maintenant, elle se voit traiter son enfant comme sa mère l'a traitée, ce qui la conduit à une plus grande haine d'elle-même. (Greenacre (1953) parle de ces bébés qui sont maintenus dans un état d'appersonnation — appersonnation particulièrement coupable, hostile ou anxieuse — par la mère, qui touche peu l'enfant et, quand elle le fait, elle le manipule comme s' « il était un objet susceptible de la contaminer » (p. 90). Cela ne décrit que la moitié de l'ambivalence que Lorraine portait à Mac.) Elle se vit comme la fusion d'un enfant qu'on ne peut aimer et d'une mère en échec. Elle se hait dans son corps qui est elle-même et elle-même dans le corps de son fils auquel elle s'identifie. Par conséquent, elle doit détruire cette haine et ses effets visibles sur Mac. Tirant pouvoir de son identification à lui, elle essaie d'empêcher qu'il soit abandonné par sa mère comme elle l'a été, mais son effort pour l'empêcher de souffrir comme elle a souffert l'épuise, comme épuisent Mac ses propres efforts pour se séparer, lesquels alternent avec le fait qu'il se pelotonne dans les engouffrements intermittents de sa mère. J'espère que l'on peut voir, dans le matériel transcrit, à quel point cela était extrêmement présent quand elle parlait avec moi, l'angoisse qui étreignait Lorraine tandis qu'elle continuait à ne pas parvenir à se rapprocher de son idéal du moi maternel (Blum, 1981).

Il était destiné à être son remède éternel. Maintenant, elle ne serait plus seule, abandonnée, anatomiquement incomplète et mise en danger (comme sa mère l'avait été par son père). Ça allait être rien qu'eux deux ; mais après lui avoir promis la symbiose à jamais, elle fut enceinte et eut une autre sorte de bébé, un bébé qu'elle ne pouvait définir que comme « normal », un ensemble de qualités charmantes qui intensifiait son sentiment de la frénésie de sa relation soi-Mac. Pour rendre l'ambivalence plus merveilleuse et plus atroce, Mac était réellement un enfant beau, intelligent, précoce qui, par là, se prêtait à ce qu'elle soit attirée vers lui comme son égal, une partie que, bien qu'extérieure, elle ramenait constamment en elle. Comme si tout cela n'était pas suffisant, elle était celle qui, à la naissance, avait laissé — ou avait été laissée par — sa sœur jumelle décédée. (Soit dit en passant, dans l'optique de l'intérêt actuel pour le *bonding* comme mécanisme inné, Mac et sa mère montrent comment, même en l'absence d'une possibilité de *bonding* dans les trois premiers jours, une symbiose d'une violente intensité peut se produire avec un enfant adopté.)

Cependant, je ne pense pas qu'elle l'ait aidé activement ou consciemment à choisir son fétiche, ou qu'elle en ait encouragé l'emploi (Sperling, 1963). Mac n'avait pas besoin qu'elle l'aidât à créer son fétiche (comparer Dickes, 1963).

Je souhaite noter, sans entrer ici dans les détails, le fantasme de parthénogenèse. Il est probablement à l'œuvre dans les périodes de grossesse et de suites de couches de toutes les mères — un aspect de la « préoccupation maternelle primaire » de Winnicott (1956, p. 300-305) — je suppose. Ses formes les plus intenses et les plus prolongées placent les enfants dans une situation à haut risque, quelles qu'en soient les origines (par exemple, une pensée d'une mère : « De toute façon, je n'ai pas besoin de toi, Père », où « Père » signifie son père, le père de son enfant et son enfant-en-tant-que-père. Ce fantasme peut être si intense qu'il submerge le développement de l'enfant. Bien qu'il soit préjudiciable au développement du genre et au développement érotique, il peut conduire, en fonction des besoins de la mère, à la précocité intellectuelle et artistique (Stoller, 1968 a, 1975 a).

Je suggérerai, imprimant un tour nouveau à la parthénogenèse, que les femmes sont enceintes non seulement par elles-mêmes, mais aussi avec elles-mêmes — c'est-à-dire avec elles-mêmes comme bébé. Le problème, comme nous le voyons dans le cas de Mac, n'est pas la présence de la dynamique, mais le degré de puissance de cette dynamique.

Nous ne pouvons pénétrer dans l'esprit de Mac ; il ne pouvait pas exprimer verbalement les signaux en arc entre lui et sa mère, et sa thérapie n'a pas été psychanalytiquement éclairée. Néanmoins, nous pouvons imaginer comment le collant doux et soyeux de la mère, pareil à la peau — vêtement plus proche d'être elle que ne peut l'être n'importe quel autre —, cadre avec son besoin de l'avoir avec lui, qu'elle fasse partie de lui, le couvre, le protège et le réconforte plus sûrement qu'elle, personne entière, ne le faisait. Le vêtement, comme il en est des fétiches[9], était meilleur que sa mère à tant de points de vue qu'il était véritablement délicieux. Le collant est l'infini (tant qu'il pouvait empêcher les adultes de s'ingérer). Une fois en sa possession, les bas étaient toujours à disposition, il pouvait contrôler leur présence. Ils ne grondaient pas, ne devenaient pas furieux, ne

9. Gillespie, 1952 ; Greenacre, 1953 ; Mittelman, 1955 ; Socarides, 1960 ; Bak, 1974.

menaçaient pas d'abandon, ne devenaient pas fous, n'excitaient ni ne frustraient, n'avaient pas d'esprit à eux. Ils ne se plaignaient pas quand il les écartait. Avec eux, il maîtrisait le traumatisme de la symbiose.

Peut-être devrions-nous souligner davantage la fonction de la peau de la mère en tant que partie identifiée, perçue, désirée, de la relation d'un bébé avec sa mère, et ne pas simplement dire que la peau, l'haleine, le ventre, les cheveux sont tous — pour les besoins de la théorie — « le bon sein ». La même simplification excessive assimile le fétiche au phallus de la mère, et, par là, nous empêche de voir que d'autres parties de la mère (peau, sein, voix) sont également incorporées au fétiche.

Cependant, nous nous trouvons devant le même problème que celui que nous nous posons pour toutes les constructions psychiques, névrotiques ou autres : qui/quoi a rassemblé tous les éléments de sorte que la perversion s'en est suivie ? Pas ce garçon qui se vit comme Mac, ni le « moi » de Mac ou son « ego ». (A mon sens, la réponse analytique selon laquelle l' « inconscient » est à l'œuvre élude complètement la question.)

Nous ne savons pas davantage — et ce n'est pas un mince problème — pourquoi et comment il a relié son collant-peau à sa machinerie *érotique* de telle sorte qu'il a tiré de son fétiche non seulement bien-être, sécurité et paix, mais cette tension fortement éprouvée, centrée, non contrôlée, rigoureuse et pénible que revêt, pour un enfant, une érection *motivée*, un enfant qui n'a pas les moyens physiques pour la satisfaire ou la psyché pour y faire face sans en avoir les moyens[10].

---

10. Les physiologistes ne peuvent pas davantage nous dire comment son corps encore non formé pouvait mobiliser sa réaction de manière efficace. Les collègues qui se souviennent que des érections vigoureuses sont possibles chez les bébés à partir de la naissance se demanderont pourquoi il y a ici un problème. Peut-être n'y en a-t-il pas, mais — rien de plus qu'une intuition — je considère que ces érections d'où l'esprit est absent chez les bébés ne sont guère plus érotiques que les érections réflexes des « préparations médullaires » telles que les tétraplégiques. Je n'appartiens pas à l'Ecole pour laquelle le bébé au sein qui a une érection veut — permettez-moi d'utiliser le mot le plus évocateur possible — baiser sa mère. (Ou même le bon sein.) Mac le faisait en quelque sorte, *mais pas dans la toute petite enfance.*

Pourquoi, à cet âge, son besoin impliquait-il ses organes génitaux ? Rechercher ici une explication de type cerveau-moelle épinière, comme nous le faisons avec les explications biologiques vagues telles que « constitution » et « diathèse », cela est prématuré. De telles explications peuvent être valables, mais nous ne le savons pas encore ; nous n'avons pas même de procédé pour les mettre à l'épreuve. (Toujours la vieille question : comment l'esprit est-il relié au corps ?) Laissez-moi deviner : le traumatisme physique — qui était certainement aussi un terrible traumatisme psychique — était son pénis, cet appareil érotique le plus primaire. Et le traumatisme psychique — la symbiose cahotante — menaçait son sentiment en développement d'un être séparé en tant que mâle. Le remède qu'il invente — le fétichisme — devait donc être dirigé sur l'anatomie de l'état de mâle et sa conséquence, la masculinité.

DISCUSSION

Ce chapitre, contrairement à d'autres écrits sur le fétichisme, est présenté davantage du point de vue de la mère que de celui du fétichiste. Cela tient en partie au fait que les données issues du traitement de Mac étaient plus minces et n'étaient pas filtrées par un thérapeute-analyste. Cependant, je tiens à souligner un point de méthodologie de la recherche dont on ne dispose pas quand l'analyste n'a pour partenaire que le patient — adulte ou enfant — dans la quête des expériences de l'enfance : quoique l'analyste complète avec le transfert et interprète le transfert, nous n'avons toujours pas un tableau complet de l'enfance bien que ce puisse suffire à un succès thérapeutique. Pour étudier les événements — extérieurs et psychiques — de l'enfance, les données du transfert doivent être augmentées d'informations de la part des parents ; plus on ira au fond, mieux ce sera. En m'associant à ceux qui le croient, je reprends aussi la position (parfois oubliée dans la chaleur de la théorisation) selon laquelle une partie de ce qui est intrapsychique part du monde extérieur. En d'autres termes, ce que les mères, les pères, les frères et les sœurs, et les autres font à un bébé/enfant, entre en compte dans la structure psychique qui se développe. Le fétichisme n'est pas simplement dû à l'angoisse de castration, à la dissociation, aux fantasmes de phallus femelle, à l'angoisse de séparation, à la fixation, à l'identification ou aux bons ou mauvais seins fantasmés — la vue depuis l'intérieur du bébé. Nous devrions considérer ces mécanismes comme des défenses érigées pour gérer les traumatismes infligés par le monde extérieur. Ce que les parents et les autres font réellement compte réellement. Je cite Ferenczi avec précaution : « Ayant consacré mûre réflexion au fantasme comme facteur pathogène, j'ai été depuis longtemps de plus en plus forcé de m'occuper du traumatisme pathogène lui-même » (1930, p. 439) : (voir aussi Glover, 1933, p. 490-491).

Dans le cas de Mac, l'explication que donne Freud du fétichisme (1927, 1940 b) — la conjonction, chez le garçon, de la vue des organes génitaux femelles et, plus tard, de la menace de castration par le père en raison de la masturbation — cette explication ne convient pas. Cela étant, pensait Freud, l'expérience de tout garçon, cela ne nous dit pas pourquoi tout garçon n'est pas fétichiste comme Mac.

Il est très intéressant que la masculinité de Mac se soit développée en dépit de traumatismes forts au point de donner lieu au fétichisme, et ne se soit pas quelque peu érodée avec le temps (Scharfman, 1976 ; Katan, 1964). Ce n'est pas un garçon féminin, et il ne deviendra pas, selon moi, transsexuel. Deviendra-t-il un transvesti, un fétichiste non transvesti ou un homosexuel ? J'imagine que non. Echangera-t-il sa défense érotique pour une névrose non érotique ? Je n'ose le prédire. Depuis Freud, notre théorie du fétichisme dit que la perversion permet aux mâles de protéger leur sentiment d'être un mâle contre la menace de castration, mais aucun rapport ne fournit des données qui précisent pourquoi, dans un cas, l'issue de cette menace est le fétichisme et, dans d'autres, l'homosexualité, une personnalité narcissique, la peur de monter en avion, le Don Juanisme, le voyeurisme, une carrière de peintre couronnée de succès, ou le besoin de tuer les prostituées. On ne peut même pas dire, d'après les rapports, pourquoi un garçon, en grandissant, deviendra un fétichiste du type transvesti, tandis que le fétiche d'un autre, ce sont les vêtements caoutchoutés ou les corps morts.

Nous avons deux indices de la raison pour laquelle Mac est masculin. En premier lieu, son père, bien que dur, taciturne et manquant d'empathie, était masculin, présent, admiré, et soutenait que Mac était masculin. Ensuite, sa mère encourageait un comportement masculin. (Les mères de garçons très féminins présentent également une identification/symbiose excessivement étroite avec le fils qui sera trop féminin, mais ces mères — au contraire de celle de Mac — essaient d'encourager tout comportement que la société déchiffre comme féminin.) Cependant, la plupart des théoriciens d'aujourd'hui ne disent pas, comme le fait Freud, que le fétiche est utilisé pour protéger la masculinité, mais, plutôt, que son objet est d'empêcher une rupture traumatisante de la relation mère-fils. Dans le cas de Mac tout au moins, l'invention du fétiche paraît être une affaire entre la mère et l'enfant, sans que ce qui concerne le père joue un rôle important dans la dynamique interpersonnelle[11]. Peut-être ceci nous aide-t-il : Mac ne remédie pas à une angoisse de castration, produit de l'observation d'un objet-mère castré, mais remédie à ses propres expériences directes de séparations terrifiantes et de castration littérale : la circoncision.

Renik *et al.* (1978) rapportent le cas d'un garçon de dix-huit mois présentant une phobie des bambous. Cet enfant a beaucoup de choses en commun avec Mac, bien que la phobie et le fétiche — même une phobie infantile

---

11. Je pense, cependant, que pour certains de ceux qui revêtent les vêtements de l'autre sexe — transvestis — la relation abîmée avec le père est extrêmement importante, quelque chose comme : « Si j'étais une fille tu m'aimerais ; alors, je vais en être une, même si je suis et serai toujours un mâle. » Peut-être ne devrions-nous pas chercher des explications identiques du fétichisme d'un enfant aussi jeune que Mac et des fétichismes qui apparaissent plus tard.

et un fétiche infantile — ne paraissent pas intuitivement liés. Il y a chez les deux garçons un érotisme génital intense (p. 262-263) ; une relation érotique entre la mère et le fils notoirement prématurée (p. 262) ; rupture du « déploiement ordonné et séquentiel des phases psycho-sexuelles » (p. 262) ; les mères prennent grand intérêt à la masculinité de leur fils ; les mères ont un grand besoin de s'identifier à leur fils qui réparera les traumatismes de leur enfance (p. 156) ; développement moteur intense et précoce (p. 258) ; peur directe et indirecte que les organes génitaux soient littéralement sectionnés — chez le garçon de Reinik *et al.*, en observant son père tailler des bambous (p. 260) — non pas simplement l'angoisse de castration pour avoir observé l'état d'absence de pénis, c'est-à-dire l'état de femelle ; mères dont chacune « remettait en acte des situations dans lesquelles elles se considéraient laissées en rade et laissées à leur sort par un mâle aventureux et centré sur lui-même. Le plaisir qu'elle retirait de son identification à [son *(his)*] agression et son assurance était dénié par ses sentiments prétendus d'être négligée et prise en victime » (p. 257) ; un garçon chez qui « l'accent particulier mis sur son pénis entraînait une organisation à dominance phallique de... la sexualité à une période où les conflits se rapportant aux pulsions orale et anale n'avaient pas encore été résolus ou maîtrisés » (p. 262) ; chaque garçon présentant un développement sexuel et cognitif précoce, « tandis que le développement de ses *relations objectales* n'était pas [précoce] » (p. 277).

Un indice qui peut répondre aux faits cliniques de Mac nous est fourni par l'insistance avec laquelle Bak et A. Freud disent que la perversion ne peut pas apparaître avant le développement œdipien[12] : il est précoce au plan cognitif et de l'érotisme génital, si bien qu'il est passé à une phase phallique pleinement épanouie — « génitalisation prématurée » (Roiphe et Galenson, 1973, p. 152) —

---

12. Ils seraient plus exacts, à mon sens, s'ils disaient que la perversion ne peut pas apparaître avant un stade phallique totalement vécu, avec ou sans conflit œdipien triangulaire.

épigénétiquement détraquée par rapport au reste de son développement. Et, parce que sa mère s'était identifiée à lui à l'excès — le traitant de nombreuses façons comme un égal —, une relation précocement « adultifiée » s'était établie entre la mère et le fils. Ce pauvre petit homme, sensé et fou, fut conduit, par ses précocités internes — innées et acquises — et par sa mère, au-delà de ce que son corps, son expérience et son développement en rupture de phase pouvaient manier. Renik *et al.* (1978) font allusion à cela quand ils disent : « Considérant la sophistication de la phobie de Ted, son cas montre que la capacité de former un symptôme ne peut se corréler facilement avec le niveau de développement sexuel » (p. 267). En traitant leurs fils comme des égaux, ces mères incitent leurs fils à s'identifier à l'agresseur (la mère), et ce processus devient une partie du symptôme. En outre, en étant l'égal de leur mère, la différence de génération est gommée de maintes façons révélatrices, ce qui complique encore davantage la dynamique œdipienne.

Renik *et al.* estiment que la mère du garçon qu'ils avaient étudié « le traitait de maintes façons comme un objet phobique » (p. 265). Peut-être pourrions-nous également dire que de telles mères, qui essaient de guérir leur propre tristesse endémique en s'identifiant à leurs fils de manière excessive, utilisent les garçons comme fétiche (non érotique). Souvenons-nous comment, chez les garçons et les hommes extrêmement féminins, leurs mères les manipulaient comme des *choses*, le sentiment à vie des mères de ne rien valoir en étant femelles s'affaiblissait du fait qu'elles avaient extrait le pénis de leur propre corps. Adultes, ces transsexuels ressemblent davantage à des choses qu'à des gens capables de relations interpersonnelles (Stoller, 1975 *a*).

Bien que je ne croie pas que la névrose soit le négatif de la perversion — je crois au contraire que la perversion est une névrose érotique —, on peut admettre une idée similaire : la phobie est le négatif du fétichisme (Glover, 1932).

Je vois donc le fétichisme de Mac comme une précocité

frénétique (Greenacre, 1932). Sa mère le traite comme
un égal et le désire trop, mais, en parallèle, elle ne peut
pas le supporter. Elle le frappe et ensuite le serre dans
ses bras. Il est celui qui annulera son traumatisme infantile, mais elle le sent tout pareil à elle et de ce fait quelqu'un à qui on ne peut pas se fier, qu'on ne peut ni
respecter ni trouver à aimer. Elle l'aime comme elle sent
que sa mère ne pouvait l'aimer, et le hait comme elle se
hait elle-même. Jour après jour, il est expédié d'un
extrême à l'autre — fusionné avec sa mère et rejeté par
elle —, pas précisément la meilleure ambiance dans
laquelle développer une image du corps et un sentiment
de soi-même stables. Poussé par ces exigences sans
manœuvre possible, Mac fait ce que fait chacun : sans
formation ni expérience, comme si c'était la première fois
dans l'histoire du monde (il ne possède certainement pas
de gènes du fétichisme des collants, et pas de centre
pour ce fétichisme dans le système limbique), il invente
la névrose. Il condense ses problèmes et leurs solutions
en un acte efficace, toujours prêt, excitant, agréable.
Des thèmes qui sont affectueux, hostiles, défensifs et
réparateurs pour lui-même et pour sa mère existent
maintenant en un instant farouchement intense, un merveilleux rassemblement d'éléments inconscients et cependant intentionnels — logiques, efficaces, créatifs — qui
donnent la maîtrise des traumatismes, des frustrations,
des menaces autrefois incontrôlables[13].

Ce que nous ignorons, c'est comment il a mené cela.
Pour nous tous, il nous faut des années de plus de développement, d'expérience et d'expérimentation intrapsychiques conscientes et inconscientes dans l'enfance et
au-delà, avant que nous puissions inclure de tels débris
épars dans l'expérience extrêmement massée qu'on appelle
excitation érotique.

---

13. « Cette façon de traiter la réalité, qui mérite presque d'être décrite
comme rusée... » (Freud, 1940 b, p. 277). Ou : « On est impressionné et
presque effrayé par le degré de condensation — la mise proprement dite de
tous les besoins urgents en un seul pot durable [le fétiche exposé] par le
garçon de deux ans » (Greenacre, 1970, p. 449).

CONCLUSIONS

Mac est-il un cas si rare qu'il ne nous dise pas grand-chose de quoi que ce soit ? Je dois prendre garde de ne pas exagérer sa valeur pour la théorie, ou d'extrapoler librement de lui aux fétichistes en général, et au-delà à ce qui paraît être toute une race de minifétichistes érotiques : la plupart des hommes de la plupart des cultures (Stoller, 1979). Oui, d'une certaine façon, le cas de Mac est trop rare pour être un modèle du fétichisme en général. Par contre, les raisons pour lesquelles il est rare contiennent des indices pour une plus vaste application. Nos connaissances ne sont pas encore suffisantes pour nous permettre des affirmations solides sur les causes et la dynamique du fétichisme.

Il nous rappelle les idées suivantes :

1. Lorsque le mot *fétiche* est employé de manière assez lâche, il cadre avec n'importe quel objet intéressant (ou théorie).

2. Bien que l'identification à chacun des parents soit inévitable et essentielle pour le développement de l'identité, un besoin excessif de la mère (par exemple, dans un fantasme de parthénogenèse) d'encourager cette identification chez son fils, est dangereux pour les deux.

3. Les mères qui ont un sentiment endommagé de la valeur de leur état de femelle sont susceptibles de mésuser d'un fils favorisé comme remède à leur sentiment de déficience à vie.

4. La menace de castration n'est pas simplement la prérogative du père.

5. La combinaison d'une précocité intellectuelle et d'une précocité libidinale peut perturber le cours naturel du développement du genre et du développement érotique.

6. Une véritable perversion — un véritable fétiche — peut se développer chez de très petits garçons, mais peut-être seulement si le garçon est précoce au plan érotique et intellectuel.

7. La perversion du fétichisme à n'importe quel âge n'est pas simplement une affaire œdipienne au sens clas-

sique du terme, mais est tout particulièrement la conséquence d'une symbiose mère-bébé en proie au désarroi.

8. Le fétichisme érotique chez un petit garçon résulte
autant d'une angoisse de séparation primitive que de
l'expérience de la menace de castration plus sophistiquée,
plus cognitivement reconnue.

9. Un traumatisme physique intense, en particulier
quand il est accru par une mère terrifiée, peut être un
précipitant du fétichisme.

10. Le fétichisme des premières années du garçon est
la conséquence d'une constellation d'événements, non pas
d'un unique événement. Il est par conséquent très rare
puisque peu de garçons sont exposés à la constellation
tout entière. Expliquer n'importe quel cas, encore moins
tous les cas, comme le clivage de l'ego dans l'effort de
substituer le fétiche au pénis absent de la mère, exclut
trop de choses.

Bien qu'il soit statistiquement rare parce que si jeune,
Mac, paradoxalement, confirme la position d'A. Freud et
de Bak selon laquelle la perversion n'apparaît pas chez
un enfant si jeune, car, dans sa précocité intellectuelle
et érotique, Mac était, ne serait-ce qu'un rien, plus âgé.
Mais, lorsqu'ils disent que la perversion — par quoi ils
entendent aberration érotique et aberration du genre —
nécessite les tensions de l'Œdipe triangulaire, ils se
trompent, car un trouble à vie dans un de ces domaines
ou dans les deux se constate dès la première ou la deuxième
année. Par ailleurs, nous ne souhaitons pas (ni eux non
plus) que l'accent qu'ils mettent sur les affaires œdipiennes obscurcisse le fait que, comme cela a été décrit
par la plupart des chercheurs récents, la relation pré-
œdipienne entre la mère et le fils est cruciale — le père
ne jouant pas là un grand rôle.

Origines
du transvestisme mâle

Si un homme est un transvesti — un fétichiste du travestissement — on peut s'attendre à ce que son enfance diffère de la constellation décrite pour les garçons très féminins. Jusqu'ici, je n'ai jamais interviewé un transvesti ou sa famille où cette constellation était présente, et il n'en est fait mention dans aucun cas de transvestisme que j'aie lu ou qui m'ait été présenté par des collègues.

Par exemple, pendant environ vingt-cinq ans, j'ai eu des relations amicales plutôt qu'orientées vers la thérapie, avec un transvesti. A cette époque, nous avons souvent parlé de son enfance, de la personnalité de ses parents et des relations entre les membres de la famille. La constellation n'était pas présente. Nos conversations, bien que les années aient accru la richesse de mes impressions, ne pouvaient en aucun cas fournir les informations que l'on obtient dans une psychanalyse, avec son déroulement, et la lumière faite sur la toute petite enfance et l'enfance *via* le transfert. Et sans la puissance de l'investigation réussie au plan thérapeutique (meilleur est le traitement, plus riches sont les données), je n'ai pas eu une vue satisfaisante de ces premiers jours. Néanmoins, j'ai appris beaucoup sur le transvestisme.

Pour collecter de meilleures observations, j'ai travaillé en analyse avec la mère d'un transvesti — jeune adolescent au moment où débuta l'analyse. Mes objectifs non thérapeutiques étaient de voir si, au microscope de l'analyse, la constellation était présente ou non et, si non présente, ce qui se passait dans la famille qui aiderait à rendre compte du fétichisme. Je ne l'ai jamais découvert — seulement en quelque sorte ; ou peut-être l'ai-je fait, mais la vérité est cachée dans la masse prodigieuse de détails qui constituent une analyse. Je l'ai expérimenté souvent dans le passé, quand il fallait des années, d'innombrables répétitions de remarques, et un travail avec de nombreux cas avant qu'une observation rebelle apparaisse soudain comme un constat important.

Lorsqu'elle fut vue pour la première fois pour évaluation, la famille se composait des parents, dans la trentaine, du garçon transvesti, de quatorze ans, et de sa sœur, de trois ans sa cadette. La mère était féminine — si on peut se permettre des résumés aussi bruts — dans son apparence, son maintien et sa vie fantasmatique ; son mari (à qui je n'ai parlé en personne que quelques fois, mais dont, naturellement, j'ai entendu parler continuellement au long des années) était aussi masculin que sa femme était féminine. La fille n'a participé directement ni à l'évaluation, ni au traitement. Le père ne voulut pas du traitement, le garçon fut un an en psychothérapie, et la mère fut en analyse avec moi de nombreuses années. Le fils, alors un jeune adulte, fut vu à nouveau en évaluation vers la fin de l'analyse de sa mère. (Comme toujours, je serai ici ou là peu précis, falsifierai des faits insignifiants, et gommerai du matériel pour préserver le secret. Le lecteur est à ma merci quand je dis que ces remaniements sont sans importance.)

Ce chapitre étant centré sur les origines du transvestisme — et ici encore, pour préserver le secret, je n'exposerai pas le traitement de la mère et son issue, ni la façon dont les choses se sont passées pour chacun des membres de la famille au long des années.

Quels constats, dans cette famille, ne cadrent pas avec ceux concernant les garçons très féminins ? La mère n'était pas du type bisexuel. Elle n'était pas consumée par un désir d'être un mâle ou par une haine et un désespoir de son état de femelle. Bien qu'elle ait dit que ce bébé était très beau quand il est né, elle parla rarement de lui dans son analyse, et ne le percevait en aucune façon comme les mères des garçons très féminins percevaient leurs fils — comme merveilleux, comme remède à leur désespérance. Elle n'avait pas besoin de créer une symbiose merveilleuse, et, par conséquent, ne restait pas en contact physique et psychique constant avec lui. Son mari, bien que trop passif à son goût, trop absent de la famille, et qui buvait de plus en plus au fil des années, n'était pas l'objet d'une déception aussi noire que celle dont m'avaient parlé ces autres mères. Par contre, une grave maladie fébrile qui fut suivie d'une modification permanente de la personnalité et d'une intervention chirurgicale traumatisante (comme cela a également été noté pour Mac, le garçon fétichiste dont le cas est exposé au chapitre 7) porta atteinte au développement du bébé. Et ce garçon (comme Mac) a le fétichisme des bas, encore que les choses n'en soient pas restées là.

La première fois que je vis la famille, je pensai — idée qui m'avait frappé avant et qui a été confirmée assez souvent au cours des années — qu'ils indiqueraient que Tim, le garçon, avait 1 / été d'abord habillé en vêtements de l'autre sexe par une autre personne 2 / dans une situation qui avait débuté avec un sentiment d'humiliation, mais qui, à la longue, était devenue source de plaisir érotique. Ce processus diffère de celui des garçons très féminins dont le travestissement survient spontanément comme manifestation du fait qu'ils se sentent féminins ; ils ne pouvaient pas être traumatisés qu'on leur fît revêtir des vêtements de femelles.

Mais ni les entretiens lors de l'évaluation ni, pendant des années, l'analyse de la mère, ne révélèrent qu'il avait été habillé en vêtements de l'autre sexe par quelqu'un d'autre. Son analyse ne put en rien me convaincre — si décevant que cela fut quant à mon étude de l'identité de genre — qu'elle était l'agent le plus proche de son trouble, comme le sont les mères de garçons très féminins. Puis, tard dans notre travail, un constat fut fait qui, comme on le verra, réduit un peu le mystère.

Voici une transcription, remaniée pour les besoins de

la publication, de certains des entretiens antérieurs au début du traitement (les règles présidant à la publication, antérieurement décrites, sont ici les mêmes).

M. — Tim est né avec une fente palatine partielle, le palais mou. On y a remédié à dix-huit mois, et nous avons eu quelques séances d'orthophonie. Il s'est déguisé comme cela depuis qu'il a dix ans, et à ce moment-là je n'ai pas... ça c'était fait progressivement. Je n'étais pas choquée, ni rien. C'étaient des gosses pleins d'imagination, et ils s'étaient toujours déguisés, mais pas particulièrement avec des vêtements de femmes... cow-boy. Tim a quatorze ans et sa sœur a trois ans de moins que lui. Quand ils étaient petits, ils s'habillaient en habits de cow-boy. Tim a continué avec ce... Nous avions une boîte à déguisements et il aimait cela. L'autre enfant a cessé de s'y intéresser, et, aussi, je me suis débarrassée de cette boîte à déguisements à cause de ceci [travestissement]. Mais à dix ans j'en suis devenue consciente parce qu'il mettait des affaires que je ne voulais pas qu'il mette, des affaires à moi qui étaient bonnes. Je veux dire, mes gants principalement, et puis, adolescent...

S. — Permettez-moi de vous interrompre. Ces choses étaient-elles des choses qui étaient dans la boîte à déguisements ?

M. — Au début. Et puis, il a commencé à aller chercher mes gants. Dans la boîte à déguisements, il y avait surtout des affaires de cow-boy et des drôles de chapeaux.

S. — Y avait-il des vêtements féminins dans la boîte ?

M. — Non. Je n'aurais pas mis des vêtements de femme là-dedans. Il peut y avoir eu des gants, je fourrais quelquefois de vieux gants là-dedans parce qu'ils disaient : « Nous avons besoin de gants de cow-boy. » Je n'allais pas en acheter : je leur donnais de vieux gants. Je me suis débarrassée de la boîte à déguisements, et ils ne cessaient de la ressortir. Je ne cessais de la mettre dehors pour la *Goodwill* [œuvre de bienfaisance] ; et puis, il a commencé à utiliser mes vêtements.

S. — Tout seul ?

M. — Oui. Puis, cela m'a préoccupée parce que cela se produisait souvent. Je rentrais à la maison après avoir fait des courses, et Tim était là, déguisé. Cela se produisait très souvent quand son papa a été muté loin de nous, et nous avons vécu trois mois pendant lesquels mon mari n'était pas là la semaine. Puis ça [travestissement] s'est produit constamment, tout le temps. Mais même avant ça [mutation], ça se produisait souvent quand son père était là. Il y avait en quelque sorte un problème dans la famille entre mon mari et moi. J'imagine que les gosses le sentaient. Il n'y avait pas de querelle, mais il y avait toute cette discorde et cette absence de rapport. Et Tim faisait cela tout le temps. Son père n'y faisait absolument rien ; il n'y prêtait pas attention. Je disais : « Faisons quelque chose. C'est affreux. Fâche-toi ou fais quelque chose », et il lui parlait. Mais nous en savions suffisamment pour ne pas être trop punitifs.

Malheureusement, à cause du travail de mon mari, nous avons été mutés souvent. Tim est très timide. Il a eu l'opération de la fente palatine à dix-huit mois. En dehors de cela, il n'y eut rien du tout, excepté qu'à trois ans il a eu sa maladie. Il a dû aller à l'hôpital. Il est resté à la maison deux semaines avant d'être hospitalisé. Les antibiotiques ne faisaient pas d'effet ; de la température tout le temps. Et puis elle s'est mise à présenter un aspect en pointes, à descendre très bas et à remonter très haut. C'était effrayant. Il avait des hallucinations. Il voyait des insectes et toutes sortes de choses. Alors il a été hospitalisé. Il a continué comme ça cinq jours, et je suis restée là avec lui. Nous ne savons pas ce que c'était. Mais tous les symptômes ont disparu. Quoi qu'il en soit, nous avons l'impression que la personnalité de Tim a changé à ce moment-là. Il paraissait avoir beaucoup perdu son entrain. Il est possible qu'il ait eu... vous savez, c'était une expérience effrayante... et ça a pu diminuer grandement la confiance en soi... Je ne sais pas quel serait le terme, mais il n'était pas le même, pas aussi tenace et vas-y-mon-p'tit-gars à propos de quoi que ce soit. Il devint très timide. Ce n'était pas dramatique. Mais c'était une grosse maladie, et après il était faible. Et puis, il avait perdu son entrain. Il n'a plus aussi bien joué avec ses amis après ça. Il est possible qu'il ait eu quelque chose au cerveau alors.

Son QI n'est pas très élevé ; il ne réussit pas bien en classe. Rien ne marche pour lui. Ceci peut avoir affecté ce qu'il sent de lui-même. Vous voyez, il avait trois ans et demi à ce moment-là.

S. — Comment était-ce entre vous deux avant cela ?

M. — Tout à fait bien. D'abord, du fait qu'il avait ce palais fendu quand il est né, il y a un sentiment particulier à son égard. Mon mari le remarque davantage chez moi que chez lui. Je suppose que cela peut être compris dans une surprotection ou une anxiété en ce qui le concerne. Quand il est né, mon mari allait au collège universitaire, et nous avions beaucoup de mal avec Tim. Au début, ils ne savaient même pas qu'il avait une fente partielle. Ils ne comprenaient pas pourquoi il ne pouvait pas boire le lait et... et puis nous l'avons amené à la maison et il a eu le muguet. Il a eu des débuts difficiles. Alors, ce que nous ressentons quand il était bébé... il est devenu très bien portant après que nous lui avons fait passer cette période initiale. C'était vraiment un enfant très costaud, en parfaite santé et très beau. Puis mon mari a accepté une situation qui impliquait une formation, et il fut séparé de nous pendant neuf mois, depuis le moment où Tim avait tout juste un an, treize mois, pour une période de neuf mois. Pendant cette période [à dix-huit mois] il a eu son opération [au palais].

Nous habitions dans un appartement après ça, et je passais beaucoup de temps avec lui avec un groupe d'autres filles ; nous passions tout notre temps avec les enfants. Les autres filles avaient des petites filles et j'avais ce petit garçon, et nous les laissions jouer... Je suppose que cela l'a inhibé ou quoi. Quoi qu'il en soit, je le traitais plus particulièrement que je n'aurais dû le faire. Faisant tout le temps des choses pour lui, comme de lui lacer ses chaussures, de le faire manger... beaucoup plus qu'avec ma fille, toujours.

S. — Est-ce que vous le portiez beaucoup ?

M. — Enfin, quand il était petit. Non. Le problème,

chez lui, c'est qu'il était trop agressif. Il courait partout. Il était presque hyperactif. Nous vivions dans une région accidentée et il y avait des escarpements et il se sauvait toujours dans les bois — je ne sais pas, je le ramenais de force. Je lui ai seulement donné une fessée deux ou trois fois quand il se sauvait. Et quand il poussait les petites filles, je lui entrais dans le chou à cause de ça. Je remarque que les autres mères ne prêtent pas attention à bien des choses que font leurs petits garçons. J'ai toujours prêté attention à ce que cet enfant faisait. Je l'empêchais d'agir ou je détournais [son attention] si j'avais l'impression qu'il allait être agressif ou hostile. Je me disais : ce petit garçon ne doit pas faire mal à ces petites filles. Mais je n'ignorais pas les choses. J'étais derrière tout le temps comme un petit camarade.

S. — Votre mari a été complètement au loin pendant neuf mois à cause de son affectation. Quel âge avait Tim quand c'est arrivé ?

M. — Il avait treize mois, et nous avons eu l'opération quand il avait quatorze mois... nous avons eu l'opération à dix-huit mois.

S. — Si bien que vous avez été seule avec lui de treize mois à environ deux ans.

M. — Ouais.

S. — A quel point étiez-vous proche de lui pendant cette période ?

M. — Je suis quelqu'un du genre possessif, mais je ne suis pas quelqu'un du genre maternant — je ne peux pas expliquer... Je lui faisais la lecture, je passais beaucoup de temps avec lui et nous nous promenions. Très proche. Je n'avais pas une vie sociale sensationnelle, rien d'extraordinaire ne se passait. Alors, je passais beaucoup de temps avec lui.

S. — Quand votre mari est revenu, était-il toujours beaucoup muté ?

M. — Oui-Oui.

S. — Etait-il beaucoup hors de la maison ?

M. — Ouais.

S. — A cause de son travail ?

M. — Il pense que non, mais il est fondamentalement

beaucoup plus hors de la maison que beaucoup d'hommes, je pense.

S. — Pourquoi avez-vous cette impression ?

M. — Quand Tim était petit, parfois mon mari devait s'absenter une journée [tout entière]. C'est quelqu'un de renfermé sur bien des points, plus maintenant, il a beaucoup changé. Mais il garde beaucoup de choses pour lui et je continue à penser qu'il n'y avait pas l'échange... il n'y avait pas beaucoup de relation [avec Tim]. Je pense vraiment cela de lui, qu'il n'était pas comme sont certains pères, très désireux de faire de ce petit garçon un homme. Cela ne l'intéressait pas. Il est très athlétique, très actif physiquement, quelqu'un de très masculin, et je pensais... c'était une chose qui me séduisait. Je pensais qu'il serait un père fantastique, mais ça ne l'intéressait pas de faire d'un petit garçon un homme. Cela ne le préoccupait pas. Il aimait bien Tim, mais il s'intéressait réellement à ce qu'il [père] faisait plus qu'à toute autre chose. Nos relations sont très intenses et nous sommes intimement liés. Peut-être n'a-t-il pas eu assez [de temps] avec Tim.

S. — Voyait-il peu son fils pendant les sept jours de la semaine, ou passait-il autant de temps, de temps réel, qu'un autre père ? Est-ce que son travail le forçait à ne pas être là la nuit, par exemple ?

M. — Oui-oui, de temps en temps.

S. — Etait-il absent le week-end ?

M. — Effectivement, quelquefois. Ce genre particulier de travail impliquait beaucoup de temps et d'irrégularité, et quand il était à la maison, quelquefois c'était quand Tim était au lit.

S. — Permettez-moi de vous poser encore une question ; ensuite, je lui parlerai. Avez-vous jamais eu l'impression que mettre les vêtements était sexuellement excitant pour lui ?

M. — Oui-oui. La toute dernière fois, et son père... et son père ne l'a jamais surpris... Quand son papa est à la maison, rien ne se passe. La dernière fois, nous avions été absents tous les deux. Il était resté à la maison, et nous n'étions pas là. Puis nous sommes rentrés, et les rideaux étaient tirés dans la salle de séjour. Il était rentré tout seul à la maison, et il se masturbait avec un de mes jupons. Alors, je suppose... j'ai vu cela arriver avant avec mes chemises de nuit et mes affaires.

La mère sort, et Tim entre dans le bureau. Il est mince, non efféminé, le garçon-de-quatorze-ans.

T. — Quand j'étais petit, j'ai commencé à me déguiser un peu, et ma mère ne m'a jamais empêché, et puis... J'avais à peu près six ans. Ma sœur et moi, nous jouions au papa et à la maman, et au docteur, et à nous déguiser... Je crois que je portais des vêtements. De vieux vêtements de ma mère. Ma mère est entrée et elle nous a vus assis. Et je crois qu'elle n'était pas trop perturbée. Et puis, j'ai commencé à le faire parce que j'avais une impression bizarre ou quoi. Et puis ma mère a commencé à me dire de ne plus le faire. Et j'ai continué à le faire et je crois que je n'ai pas arrêté.

S. — Je vois. Votre mère avait de vieux vêtements. Au lieu de les jeter, elle vous les donnait à vous pour jouer avec. Des vêtements particuliers ?

T. — Des chaussures à hauts talons et une vieille robe ou autre. Je pense que c'est la première fois que ça c'est passé, mais je ne suis pas tout à fait sûr.

S. — Dites-moi mieux ce qu'était l'impression bizarre. Etait-ce une impression sexuelle ? Vous savez ce que je veux dire par là ? Quand votre pénis durcit. Etait-ce cela quand vous aviez six ans, ou était-ce une autre sorte d'impression ?

T. — Je ne sais pas. J'avais simplement l'impression du soyeux. C'était différent au toucher de ce que je portais. Doux, et tout.

S. — Excitant, très agréable ? J'imagine que maintenant cela vous excite sexuellement. C'est ça ?

T. — Oui, un petit peu.

S. — Quoi qu'il en soit, dès la première fois, vous saviez que c'était quelque chose de spécial, c'est-à-dire vers six ans. Exact ? Et vous avez continué à le faire régulièrement ?

T. — J'ai commencé à le faire quand ma mère sortait, parce que je n'osais pas...

S. — Vous le faisiez aussi quand elle était dans les parages, autrement elle n'en aurait jamais rien su.

T. — Quand j'étais un petit gosse, je l'ai fait un petit peu, et elle m'en a empêché. Quand j'avais sept ou huit ans.

S. — Et alors, elle ne vous a plus jamais laissé le faire après ça ?

T. — Non.

S. — Vous a-t-elle jamais trouvé à le faire après ça ?

T. — Elle m'a vu le faire avant.

S. — Et votre père ? Comment y réagissait-il ?

T. — Il ne voulait pas que je le fasse. Il me disait que je ne devais pas le faire.

S. — Quand vous avez cette impression, est-ce que vous avez le désir de vous déguiser complètement, ou est-ce que vous voulez seulement une seule chose à la fois ?

T. — Complètement, je pense.

S. — Vous êtes-vous jamais déguisé complètement ?

T. — Oui.

S. — Maquillage, rouge à lèvres ?

T. — Une fois.

S. — Et une perruque ?

T. — Quoi ?

S. — Une perruque, ou quelque chose pour que vos cheveux paraissent longs.

T. — Non.

S. — Avez-vous jamais pensé être une femme ou souhaité en être une ?

T. — Je ne sais pas. Je crois que j'ai toujours souhaité avoir une petite amie.

S. — Vous quoi ?

T. — Je crois que j'ai toujours souhaité avoir une petite amie ou quelque chose comme ça, mais je n'en ai pas.

S. — Je ne suis pas sûr que vous ayez compris ma question ou de vous avoir compris. Ma question était : Avez-vous jamais souhaité être une fille et devenir une femme en grandissant ?

T. — Non, pas vraiment.

S. — Que voulez-vous dire quand vous dites : « Pas vraiment » ?

T. — Je ne pense pas que je souhaite vraiment être une femme. Je suis né garçon, et je pense que je souhaite simplement être ce que je suis.

S. — Avez-vous jamais pensé que vous aimeriez qu'on change votre corps, qu'il devrait changer pour être davantage comme un corps de femme ?

T. — Non, pas vraiment.

S. — Est-ce que des filles vous ont mis des vêtements de fille ?

T. — Non.

S. — Est-ce qu'elles vous ont jamais déguisé ou souhaité vous déguiser ?

T. — Heu.

S. — ... et votre mère ne le faisait pas non plus. Mais c'était votre mère qui vous donnait les vêtements à mettre.

T. — Non. Elle les mettait simplement dans la boîte.

S. — Si vous le pouviez, est-ce que vous vous déguiseriez tous les jours ?

T. — Je ne pense pas souhaiter vraiment le faire si souvent.

S. — S'ils vous laissaient seul et qu'il n'y ait personne dans la maison, resteriez-vous déguisé toute la journée ou resteriez-vous déguisé seulement une partie de la journée ?

T. — Pendant un petit moment, je suppose.

S. — OK. Un jour vous serez grand. Qu'aimeriez-vous être ?

T. — Architecte.

S. — Architecte. Comment ça se fait ?

T. — Je ne sais pas. Simplement, j'aime dessiner des mobil homes et tout ça.

S. — Autre chose ?

T. — J'aime les animaux. J'aimerais être zoologiste et faire la collecte d'animaux.

S. — Et qu'est-ce que vous aimeriez encore être ?

T. — Voyons. Océanographe.

S. — Quel est le meilleur film que vous ayez vu ?

T. — Humm. *The sand pebbles**.

S. — Pourquoi ?

T. — C'est drôlement intéressant... en Chine. Ce qu'ils ont fait. Et j'aime ce qui parle des militaires. [Discute films avec enthousiasme. Je lui demande s'il a d'autres intérêts — TV, livres. Les siens sont tout à fait courants pour un garçon de Californie du Sud.]

Le père de Tim fit, lui aussi, l'objet d'un entretien. Il confirma les dires de sa femme en tout point, n'ajouta pas de nouvelles observations, perspectives, théories ou indices ; aussi, je n'en présente pas la transcription.

La patiente ne parla pas beaucoup de Tim au cours de l'analyse, mais je n'ai pas l'impression qu'elle dissimulait cela à notre travail. Elle était centrée sur d'autres problèmes, en particulier ses relations avec ses parents dans le passé et, en réalité, un mariage qui se détériorait. Tim quitta la maison environ à mi-parcours de son analyse ; elle était moins peinée de son départ que soulagée avec une certaine culpabilité.

Qu'il me soit permis de faire appel à son analyse pour développer des problèmes soulevés dans ces premiers entretiens. J'exposerai ces vignettes tout à fait à la manière dont nous parlions dans la discussion qui illustre le problème.

1. *Avoir un bébé.* Je lui ai demandé quel effet cela faisait d'avoir un bébé (me demandant, à part moi, si elle dirait les mêmes choses que les mères des garçons très féminins). Bien qu'elle n'ait jamais imaginé devenir autre chose qu'une femme au foyer et une mère, elle n'avait jamais eu un désir frénétique d'avoir ses bébés ou d'être avec eux. Elle n'avait pas besoin de Tim ni ne l'utilisait pour combler un vide : les bébés ne peuvent faire cela pour elle. Elle était heureuse de l'avoir, mais il ne pouvait pas — étant un bébé — lui donner la camaraderie, l'intimité, la conversation auxquelles elle avait aspiré toute sa vie.

---

* Distribué en français sous le titre *La canonnière du Yang-Tsé. (N.d.T.)*

Elle disait qu'elle allait très bien pendant ses grossesses, et pensait qu'elle était une bonne mère. Elle avait souhaité être une bonne mère, et se trouvait bien dans sa fonction de mère auprès de ses bébés. Son mari a trouvé qu'elle était une bonne mère. Elle a pris vingt kilos — beaucoup trop — avec Tim. Elle avait fait de l'exercice pendant sa grossesse, et eut le bébé par accouchement naturel. Ses accouchements furent faciles. Ce qui me frappa pendant qu'elle parlait de tout cela, c'était son affect assez aimable, comme s'il n'y avait rien eu sous la surface : bien qu'elle parlât de maternage, elle ne me donna aucune idée de ce qu'elle était comme mère. Après un moment, je lui demandai quelle impression cela faisait, à l'intérieur, de créer un bébé, mais elle ne parla que de sensations physiques, comme si elle n'avait eu aucune qualité maternelle créative. Vers la fin de cette séance, mon opinion selon laquelle cette affabilité n'était pas le reflet de son état de maternité fut confirmée. C'était plutôt le reflet de l'état actuel du transfert. Je compris cela lorsque, m'ayant alors rempli de sa superficialité, elle confessa que c'était là ce qu'elle me faisait. « Votre voix est si bien modulée » dis-je. Elle a été amusée : « C'est ce qu'ils me disaient toujours. C'est le mot exact qu'ils [ses parents] employaient — modulée. » Entre dix et seize ans, on lui disait presque tous les jours qu'elle devait apprendre à « moduler » parce qu'ils pensaient qu'elle parlait trop, trop fort, et était trop dramatique. Elle se souvint alors d'avoir eu peur, au début du traitement, qu'on puisse l'entendre au-dehors de mon bureau : elle était certaine que sa voix prétendument forte et perçante pourrait traverser même l'insonorisation[1].

---

1. Que ceci illustre la difficulté infinie d'interpréter ce que les patients nous disent. Quelle est la bonne explication de sa superficialité dans cette séance ? Qu'elle est schizoïde, borderline, avait momentanément peur de moi ; éprouvait un affect transférentiel envers moi ; ou manifestait une capacité maternelle imparfaite, que je découvrirais alors et dont je dirais que c'était un facteur crucial de la création du transvestisme de Tim ? Ou quelque chose d'autre ? Tous les rapports psychanalytiques devraient commencer par « Il était une fois ».

2. *Quand Tim était petit.* La première année environ,
Tim ne posa pas de problème, dans l'ensemble. Cependant,
l'expérience fut refroidie par son palais fendu, ce qui,
au départ, lui rendit difficile de le faire boire. Cela prou-
vait son infériorité puisqu'il venait de son corps. Elle
fut en colère contre lui dès sa naissance. Elle avait souhaité
être une mère merveilleuse, et, par là, guérir son sentiment d'infériorité. Mais il ne pouvait pas sucer, car le
mamelon glissait dans son palais fendu. Elle voulait
alors le fourrer en lui avec colère. (Ceci apparut comme
une association transférentielle à des sentiments envers
moi et mes commentaires intrus.)

Autre séance. Partie d'un rêve : « Mon chat se noie.
Je ne peux pas le sortir de l'eau parce qu'il est vieux, et
je pense que c'est peut-être temps qu'il meure. Je suis
partie chercher ma fille pour qu'elle m'aide, parce que
je ne devais vraiment pas le laisser mourir. Quand je
suis revenue, il était en dehors de la piscine et se dépla-
çait, mais il était très faible et essayait de vivre. » Tim,
qui, à cette époque avait quitté la maison, était revenu
les voir et s'était un peu soûlé avec son père. Elle craint
que, quand elle s'absente de la maison, il lui vole ses
vêtements pour se travestir. Elle se demande si le rêve
concerne Tim. Elle ne comprend pas comment il se fait
qu'elle soit devenue une mauvaise mère. « J'avais peur
de ce bébé. J'ai encore peur de lui. » Ses dix-huit premiers mois, il était hyperactif, vigoureux, beau. Un
oncle avait dit que Tim deviendrait un joueur de football.
Elle pense au temps où Tim avait deux ou trois ans,
pendant dix-huit mois environ, elle avait limité ses jeux
aux petites filles. Elle le tenait à l'écart des garçons.
« Je l'empêchais, parce que je pensais que les filles étaient
délicates. Je ne voulais pas qu'il fréquente les garçons. »
Puis vint la fièvre en dents de scie et la modification
permanente de la personnalité.

Elle se souvient d'une partie d'un rêve, le seul dont
elle ait parlé où Tim apparaît : « Tim peignait une chambre.
Il n'est jamais comme il faut [normal]. » La première
association est qu'elle ne pense pas qu'il soit « comme
il faut » en réalité. Le week-end elle a beaucoup pensé à

lui, a pris conscience qu'elle était tout le temps en colère contre lui dès la toute petite enfance, mais ne s'est pas rendue compte jusqu'à maintenant à quel point elle l'était. Ce n'est que maintenant qu'elle se rend compte que la colère était forte et qu'elle avait une incidence sur tout ce qu'elle lui faisait ou lui disait. Elle dit qu'elle croit qu'elle s'est « sur-identifiée » à lui : sa déficience la touchait dans sa croyance interne d'être psychiquement — non pas anatomiquement — déficiente. (Cette caractéristique ressemble à ce que nous avons vu chez la mère de Mac.) Aussi, pense-t-elle, il y avait une intimité particulière entre eux, édifiée non sur la sympathie ou l'amour, mais provenant de ce qu'elle le dépréciait comme elle se déprécie elle-même.

Quand il eut trois ans, sa sœur est née, un bébé en parfaite santé, beau, satisfaisant.

Elle admet qu'elle « passait tout le temps son humeur sur Tim » parce qu'il était difficile et « décevant ». Il était né avec un pénis petit. Sa masculinité n'était pas comme il fallait : « Il ne s'est pas montré comme je le souhaitais quand il est né ; une chose est sûre, il était certain que quelque chose n'allait pas chez lui. » Il n'avait jamais été aussi proche et aussi affectueux que le bébé suivant.

3. *La modification de la personnalité après l'opération et après la maladie fébrile.* Lorsque l'intervention fut pratiquée sur le palais fendu de Tim, au cours de la seconde année, les chirurgiens lui prescrirent de ne pas lui faire de visite les dix jours où il était hospitalisé. Ils dirent qu'il pleurerait, et de ce fait déchirerait les sutures. Et, quand elle vint le chercher pour l'amener à la maison, il se comporta comme s'il la connaissait à peine. Le docteur l'avait en réalité trompée. Elle n'aurait jamais dû lui demander son avis. Elle l'avait fait parce qu'elle était une mauvaise mère qui souhaitait entendre cet avis : elle ne voulait pas être près du bébé quand il souffrait.

Quand elle était jeune, elle pensait qu'elle ne pouvait supporter que les filles, qu'elle serait nulle comme mère de garçons, et que d'une certaine façon elle féminiserait ses fils. Mais quand Tim est né, il était masculin et vigoureux ; elle était stupéfaite d'avoir pu produire un tel enfant. Puis vint la modification de sa personnalité, d'abord après l'opération, puis après la maladie fébrile avec hallucinations ; après ça, « sa bouche était devenue tombante [commencement de la tristesse] et ne s'est jamais relevée depuis ».

Elle parle à nouveau de l'opération, du fait qu'elle n'était pas autorisée à le voir, de son sentiment qui a suivi, que c'était une chose affreuse à faire, qu'elle l'abandonnait et que sa personnalité avait alors changé. Puis, elle cesse brusquement de parler de Tim, comme si le robinet avait coulé un instant, puis s'était arrêté. Son association suivante est avec son dentiste. Puis un rêve : « Je téléphonais au dentiste. J'avais besoin de lui, mais il emmenait sa femme au cinéma. Quelque chose n'allait pas chez moi. Mon sang ne circulait pas. »

4. *Conditions de vie instables.* A partir de la naissance de Tim, pendant onze ans, la famille déménagea onze fois en fonction de l'avancement progressif de son père dans sa carrière. Les trois premières années, le père partit deux fois pour plusieurs mois, en relation avec son travail. Ces déracinements impliquèrent des habitations en location, des habitations achetées, ou de vivre avec des parents, chaque séjour allant de quelques mois à deux ans, presque tous dans des villes différentes.

5. *Transvestisme.* Elle parle à nouveau de la façon dont le transvestisme de Tim a débuté (de son point de vue à elle). Il était fasciné par les habits de cow-boy, et comme il n'y avait pas de gants et comme elle voulait décourager son extraordinaire intérêt pour ces vêtements, elle le laissa utiliser ses gants. Peu à peu, il agit en cachette pour utiliser de plus en plus de ses vêtements. Les choses auraient-elles été différentes, se demande-t-elle, si elle lui avait acheté des gants à lui plutôt que de lui laisser mettre les siens ? Elle se souvient d'être entrée

une fois dans la salle de bains et de l'avoir trouvé complètement travesti, avec une perruque et du rouge à lèvres. Elle avait été horrifiée, mais n'avait pas su quoi y faire. Elle pense que son mari a sa part de responsabilité dans le comportement. Quand elle a vu Tim complètement déguisé, elle a été particulièrement horrifiée, car elle imaginait qu'il avait peut-être essayé de l'imiter, et c'était une parodie atroce. Elle se demande si un autre facteur ayant joué un rôle pourrait être le fait qu'une jeune femme qui portait souvent un bikini ou moins encore leur rendait visite à un moment. Quoi qu'il en soit, son travestissement a atteint ce qu'elle estime avoir été son « maximum absolu » juste après le départ de la femme.

6. *Un nouvel indice.* Vers la fin de l'analyse, elle fait surgir un nouvel indice du travestissement de Tim. Parlant comme si je le savais déjà — mais elle n'en avait jamais parlé avant (et cela est confirmé par le fait qu'il n'en est pas fait mention dans mes notes quotidiennes sur l'évolution pendant toutes ces années) — elle dit qu'il avait été déguisé par une petite voisine. Ce qu'elle mentionne maintenant, c'est que, dans les mois qui ont suivi l'abandon de ses gants pour les jeux de cow-boy (et ces gants, soulignait-elle toujours, ne paraissaient pas féminins, mais neutres, vieux), il y eut une période de presque deux ans où le compagnon le plus intime de Tim était une fille de son âge. Cette enfant refusait de porter des vêtements de filles. Même quand ils allaient tous à l'église, la fille portait son jean jusqu'à ce qu'ils arrivent à la porte de l'église, arrivés là, sa mère la menait à l'écart et changeait ses vêtements. Tout de suite après l'église, elle se rechangeait en vêtements de garçon. Ainsi, pendant deux ans, les deux enfants ont joué chacun en vêtements du sexe opposé. Et cela — la dernière fois qu'il fut question du travestissement de Tim dans son analyse — apporta l'indice que, dans mon travail antérieur, j'avais estimé constituer un constat significatif pour le travestissement fétichiste.

Six ou sept ans plus tard, après que sa mère eut fini

par me parler de son travestissement avec la petite voisine (mention probablement précipitée par le fait qu'il avait rendez-vous avec moi), Tim vint à nouveau. Après quelques remarques préliminaires :

S. — Vous avez maintenant vingt et un ans ?

T. — Oui.

S. — OK. Parlez-moi de votre travestissement.

T. — Je ne sais pas comment ça a commencé réellement. J'en parlais à maman l'autre soir ; la toute première chose dont je me souviens, c'est quand j'avais environ trois ans, ou environ deux ans, environ. J'étais en route pour l'hôpital avec mon papa, parce que ce type, notre voisin, m'avait accidentellement blessé avec une boule de neige, j'ai eu à peu près sept points. Je mettais les gants blancs de maman. Elle a ces gants de cérémonie pour conduire. Ils me fascinaient. J'ai cette image de moi les mettant. Je suppose que je pourrais interpréter ça comme respecter ma mère, quelqu'un à respecter et désirer ressembler, car à cette époque je ne voyais pas beaucoup papa. Alors, maman était la seule personne avec qui j'ai jamais établi un lien.

S. — Une quelconque impression est-elle associée au souvenir, ou est-ce juste une image ?

T. — C'est juste une image : je suis assis sur le siège avant, je tourne mes mains avec les gants dessus et je les regarde.

S. — Quoi d'autre ?

T. — Cinq ans. La première maison dans laquelle nous avons habité. Un ami et moi nous jouions dans une charrette. Je le poussais. J'avais une des écharpes de maman, un de ces trucs en laine cousu à la main ou quelque chose comme ça, une de ces longues écharpes qu'on se met autour du cou pour avoir chaud. Je ne peux pas me souvenir si maman me l'avait donnée à mettre parce qu'il faisait froid dehors ou si je l'avais prise. Vous voyez, le travestissement se produisait souvent à cette époque. Je faisais cela plus par habitude alors. Je ne sais pas comment ça a commencé à être une habitude, à ce moment-là c'est une habitude.

S. — Décrivez ce que vous voulez dire par habitude.

T. — Je me souviens de quelque chose. Vers le cours élémentaire deuxième année. « Je vais rentrer à la maison et me déguiser », parce que cette maîtresse avait des vêtements qui m'y ont fait penser. Les vêtements étaient beaux, et alors j'ai pensé ça : il fallait que j'aille me déguiser. J'y pensais à l'école, les deux dernières heures de l'école.

S. — Par « habitude », vous voulez dire que ça se produisait régulièrement, une partie de votre vie, pas une expérience exceptionnelle ?

T. — Oui.

S. — Toujours les vêtements de votre mère ?

T. — Oui.

S. — Lesquels préfériez-vous ?

T. — Les bas soyeux, ceux qui ont prédominé tout au long. Je pense que la dernière fois que je l'ai fait, c'est il y a deux ans environ, le fétiche principal. Maman m'a dit que c'était un fétiche. Je circulais en vêtements de garçon courants, avec les bas par-dessous.

S. — Jusqu'où remonte votre souvenir des bas ?

T. — Environ onze ans. Je me déguisais complètement. Le genre de vêtements n'avait pas d'importance du moment que c'étaient ceux de maman. Elle avait une boîte à déguisements ; maintenant, je pense que c'était surtout pour ma sœur. Je sortais des trucs de là-dedans, comme une robe verte.

S. — Quelle différence entre se déguiser complètement et simplement mettre des gants ou un pull-over ?

T. — C'était comme les bas, une partie du tout. Cela créait une bonne impression de sécurité : avoir une partie de cela avec moi à n'importe quel moment sans avoir à circuler dans une chambre [?], quelque chose du genre d'une sécurité.

S. — S'il n'était pas complet, pourquoi ne le complétiez-vous pas ?

T. — Parfois, ma mère était à la maison ; je ne pouvais pas me déguiser.

S. — Quand elle était sortie, pourquoi ne le faisiez-vous pas ? Disons, à sept ans.

T. — En fait, je le faisais alors.

S. — Alors c'était avant onze ans. C'est alors [à sept ans] que vous avez commencé à vous déguiser complètement ?

T. — Oui. Je me souviens d'avoir été grondé pour avoir été pris parce que j'avais cassé une fermeture éclair d'une robe de ma mère. J'avais à peu près huit ans.

S. — Depuis quand le savait-elle ?

T. — J'avais environ cinq ans. La seule attitude à mon égard, c'est qu'ils me grondaient, me disaient des choses dures, comme : « Ne fais pas ça. »

S. — Elle continuait à savoir et vous grondait et vous continuiez à le faire ?

T. — Oui.

S. — Et votre père ?

T. — Il n'avait pas grand-chose à dire là-dessus, si ce n'est qu'il m'a grondé pour avoir esquinté la robe. Ce n'était pas tellement que je m'étais déguisé, mais que j'avais esquinté la robe. Mais il ne fermait pas les yeux là-dessus. Je ne sais pas ; il n'avait réellement pas grand-chose à me dire là-dessus. Tout au long de ma vie, quand j'ai eu commencé à me travestir, personne n'en était maître.

S. — Alors, quand vous aviez sept ou huit ans, vous pouvez vous souvenir qu'alors ce n'était pas simplement une écharpe ou une paire de gants, mais que, si vous le pouviez, vous vous déguisiez complètement. Est-ce que ça veut dire y compris les sous-vêtements ?

T. — Ouais. Tout.

S. — Est-ce que vous souhaitiez ressembler à une jolie femme ?

T. — Ouais. Ouais. C'est tout à fait ce que je faisais, surtout quand je suis devenu plus âgé. Quelquefois, dans ma tête, je pouvais principalement imaginer les jambes comme étant des jambes de fille.

S. — Les jambes étaient importantes ?

T. — Ouais. Quand j'ai grandi, je voulais avoir des filles, j'étais réellement timide en ce qui concerne les filles. Cela [déguisement] était un substitut. Après quelques tentatives, je n'étais pas capable d'avoir une petite amie durable. Alors, c'était un substitut. Je faisais semblant d'avoir une fille. Je jouais les deux rôles.

S. — Vous faisiez semblant d'*avoir* une fille et vous *étiez* la fille.

T. — Oui.

S. — Quand vous vous déguisiez, est-ce que vous bâtissiez des histoires ?

T. — Non. C'était surtout pour l'allure.

S. — Quand vous regardiez dans la glace, était-ce vous, Tim, en train de la regarder, ou était-ce vous, une fille, vous regardant, vous, une fille ?

T. — Quelquefois, c'était moi, le garçon, regardant une fille. Et comme elle a l'air jolie. A mesure que les choses ont continué, c'était moi comme garçon déguisé en fille, qui regardait le type déguisé en fille et aimait cette impression. Ce qui était excitant, c'était l'impression d'être proche des vêtements. [Cette description est typique de l'expérience du miroir dont m'ont parlé d'autres transvestis.]

S. — Pas l'allure ?

T. — Pas particulièrement. C'était les vêtements.

S. — Voyons si j'ai bien compris. Il y avait deux excitations différentes. Selon l'une, vous regardiez la fille que vous n'aviez pas. C'était une expérience différente de la seconde où c'était vous, un mâle, portant les vêtements et sachant que vous étiez un mâle.

T. — Oui, c'était comme de m'imaginer en fille — un mâle touchant une fille par l'intermédiaire des vêtements. C'est Tim touchant les vêtements de la fille.

S. — Maintenant, que se passe-t-il si vous êtes la fille et touchez ses vêtements ?

T. — Ce serait comme moi, une autre personne, touchant une fille.

S. — Disons que vous avez seize, dix-sept, dix-huit ou vingt ans, ou quelque autre âge, et vous sortez avec une fille, pas vous habillé en fille. Est-ce que ses vêtements vous excitent ?

T. — Non. Les bas m'excitaient. J'ai constaté, quand je sortais avec une fille, que j'aimais toucher ses jambes. Mais je n'éprouve pas le sentiment de vouloir les [les bas] mettre.

S. — Et pour ce qui est du reste ?

T. — Les collants s'accompagnent d'une excitation. Le reste, non, si ce n'est à regarder. J'aime regarder les filles en robe courte, ou avec le col ouvert, ou en décolleté.

S. — Alors, maintenant, quand vous sortez avec une fille, vous aimez toucher ses bas, mais vous ne désirez pas les mettre sur vous ? Vous préférez qu'ils soient sur ses jambes et toucher ses jambes ? Mais il y a des années, vous souhaitiez les avoir sur vous et les toucher sur vous, et c'était excitant ?

T. — Ouais, parce que c'était employer cela comme substitut ; ainsi, je m'imaginais que mes jambes étaient les jambes de quelqu'un d'autre, celles d'une fille.

S. — Quand cela est-il devenu nettement excitant sexuellement ?

T. — Quand j'avais douze ou treize ans. Finalement, j'ai trouvé une fille qui me plaisait. Je rentrais à la maison et je me déguisais, et j'imaginais que c'était elle. La première fois, ça a été quand j'ai mis mes bas, me suis déguisé complètement, et je pensais à cette fille, et cela m'a vraiment excité. Je touchais mes jambes et les tissus. Je ne maîtrisais absolument pas cela, et, pour finir, je me suis masturbé.

S. — Et se déguiser avec d'autres gosses ?

T. — Cet ami. Nous jouions à *Bonanza* [show de cowboys à la télévision]. Il y avait une perruque qu'il mettait, celle de sa mère. Je me souviens d'être allé chez lui souvent et de m'être déguisé avec lui. Déguisement complet avec les vêtements.

S. — Vous êtes-vous jamais déguisé avec des petites filles ?

T. — Non.

S. — Si vous aviez à choisir un vêtement, c'était des bas ?

T. — Ou en second c'était des collants.

S. — Et alors, en ordre décroissant d'importance, c'était quoi ?

T. — C'était : bas, collants, une combinaison, robe et chaussures.

S. — Quelle était l'importance de la texture, du ressenti au toucher ?

T. — C'était le plus important.

Bien que je ne possède pas d'argument rigoureux quant à l'étiologie du transvestisme mâle, je crois que le résumé suivant du cas de Tim représente plus ou moins (les détails seront différents dans chaque famille) ce qui s'est souvent produit.

Un petit garçon qui a déjà établi un noyau de l'identité de genre mâle — une conviction, une acceptation, une connaissance corporelle qu'il est mâle —, néanmoins, possède une masculinité en développement plus vulnérable à la menace que celle d'autres garçons. Chez Tim, les facteurs qui affaiblirent le développement de l'identité de genre furent le palais fendu, ce qui déçut sa mère et la fit s'identifier à lui (et par là édifier en lui le sentiment d'imperfection) ; une structure buccale non adéquate à une alimentation normale étant bébé ; le trouble d'élocution mineur, ce qui fit de lui un être différent dans la petite enfance ; le fait qu'elle n'ait pas été avec lui les dix jours qui ont suivi l'opération ; la grave maladie fébrile qui — causant peut-être une souffrance cérébrale légère — entraîna une modification permanente de sa personnalité : enthousiasme converti en tristesse, intelligence normale amoindrie ; la colère constante, généralement latente, de sa mère à son égard, et la déception qu'il lui causait ; la dégradation progressive du mariage de ses parents ; le fait que son père était passif et distant, quand il était là, et souvent physiquement absent ; la perturbation liée aux déménagements constants ; la naissance d'une sœur, fille qui avait été désirée et qui rendait sa mère heureuse.

Si un garçon ayant un sentiment compromis de son intégrité et de sa valeur se trouve ensuite habillé dans les vêtements de l'autre sexe — en particulier, pendant deux ans, par une petite fille à fortes pulsions transsexuelles — il se trouve, je le soupçonne, dans une situation à haut risque de transvestisme.

Mademoiselle
ou presque... manqué :
Le traitement
par « changement
de sexe »
et son évaluation

Depuis 1953 (Hamburger *et al.* ; voir aussi F. Abraham, 1931) un fantasme millénaire — pouvoir changer de sexe — a semblé devenir réalité. Cette solution à un sentiment inacceptable de bisexualité a réquisitionné les facettes légères et les facettes sombres de l'imagination des gens, comme nous le savons d'après les comédies et les drames, les histoires, les mythes et les représentations plastiques des artistes depuis le quasi-début des œuvres conservées. Et dans les rêves de tout un chacun, dans les supplices des psychotiques paranoïaques, dans le comportement érotique de toutes sortes de gens (diagnosticable ou non) et dans la structure de l'identité, on trouve cet effort omniprésent de pactiser avec les pulsions ou la peur de se révéler en quelqu'un du sexe opposé[1]. Le problème à discuter maintenant est la dernière version de cette lutte : le « changement de sexe ».

_____

1. L'investigation la plus puissante du sujet est celle de Freud (1905, 1935), qui vit dans la bisexualité et ses permutations le roc du comportement humain. Dans une revue plus récente, élargie et vivante, Kubie (1974), curieusement, écrit comme si Freud n'avait pas couvert le même terrain quatre décennies avant.

Dans ce commentaire, je ne présenterai pas de données issues d'un travail scientifique bien construit ; mon expérience est trop maigre pour cela. Au lieu de cela, je parle à partir d'une connaissance de la littérature, et de mon travail sur un échantillon dispersé de patients choisis, comme on l'a vu, de manière non planifiée, qui faisait partie de mon étude sur la masculinité et la féminité (non sur le « transsexualisme »).

Plus que ce n'est le cas de la plupart des objets d'intérêt endocrinologique ou chirurgical, le désir de changer de sexe atteint très profondément la plupart de nous. Mais les passions premières qui en sont issues ont envahi les procédures médicales ainsi que la recherche qui entourent le traitement. Nous devrions tous nous demander — et à haute voix, pas secrètement dans les couloirs — dans quelle mesure l'exploration scientifique et les décisions médicales sont falsifiées par les penchants personnels des experts. Quand, par exemple, une haute moralité altère-t-elle notre recherche ?

Ces remarques introductives servent donc non seulement à justifier mon manque de données suffisamment bonnes, mais à suggérer que ceux qui ont davantage de données peuvent ne pas être réellement plus objectifs ou, sur certains points importants, mieux informés.

RÉSUMÉ DES PROCÉDURES HORMONALES ET CHIRURGICALES

La plupart des lecteurs d'un livre comme celui-ci connaissent probablement, au moins superficiellement, les procédures qui amènent au « changement de sexe » ; cette revue sert seulement à rappeler ces pratiques afin d'établir ma perspective selon laquelle *tous* les aspects de ce sujet sont matière à controverse. Les principales contributions médicales au traitement sont au nombre de trois :

1. Les caractères sexuels secondaires doivent être inversés principalement par des hormones (et, dans le cas des mâles, par électrolyse pour supprimer la pilosité).

2. Chirurgicalement, chez les mâles, ablation des testicules, et du pénis, avec conservation de la peau du scrotum et du pénis ; peut-être un moignon du pénis est-il conservé pour faire fonction de clitoris ; et un plan fascial est disséqué pour produire l'espace qui, lorsque recouvert avec la peau du pénis et une greffe cutanée (certains chirurgiens utilisent du catgut), deviendra un vagin. Chirurgicalement, chez les femelles, les seins sont enlevés, une hystérectomie totale est pratiquée, et — encore qu'avec peu de succès, je pense — un phallus est produit par greffes (mais phallus non fonctionnel au plan érotique et souvent incapable de véhiculer l'urine).

3. Le psychiatre est le portier qui juge des patients qui devraient recevoir ces traitements. Selon mon impression, la plupart des psychiatres (sur certains points, peut-être nous tous) sont incompétents pour cette tâche, car les indications sont peu claires.

UNE LISTE DE CONTROVERSES

La plupart des gens pensent qu'il n'existe qu'une seule controverse concernant le traitement par « changement de sexe » et qu'elle est nouvelle : il devrait/ne devrait pas y avoir de chirurgie du « changement de sexe » parce que les résultats sont/ne sont pas bons. Mais en fait, de nombreuses controverses sont entremêlées à celle-là et se résument à une situation qui, pour moi, sent à plein nez. Mettons-y donc le nez.

Tous les items ci-dessous méritent, certains, une discussion, et certains, tout un chapitre ; mais je vais seulement les énumérer ou en dirai quelques mots. Même ainsi, vous serez au moins conscients de l'existence d'une controverse. Bien que chacun des problèmes qui suivent comporte à la fois des aspects pratiques et des aspects théoriques, qu'il me soit permis de diviser cette discussion en deux catégories.

A | Problèmes pratiques inhérents à la prise de décison

1 | *Moralité*

a) La position libertaire : Les patients, la plus grande partie du public, la plupart des médecins non impliqués dans ces traitements, et la plupart des médecins (y compris les psychiatres) qui participent au traitement réagissent au « changement de sexe » comme s'il s'agissait d'une panacée vendue au comptoir : ceux qui le désirent et peuvent se l'offrir peuvent l'avoir ; laissons les gens avoir les traitements qu'ils choisissent ; ils vivront avec les conséquences, bonnes ou mauvaises.

b) La position antilibertaire : Le « changement de sexe » devrait être interdit. Sur les quelques psychanalystes qui en ont parlé, presque tous pensent que les procédures du « changement de sexe » sont mauvaises par principe parce que les traitements ne tiennent pas compte de la pathologie psychodynamique à l'origine du transsexualisme (Ostow, 1953 ; Socarides, 1970) ; Volkan, 1979). (Dans ces discussions, le transsexualisme n'est pas défini avec précision.) Les transsexuels, selon cette perspective, créent leur transsexualisme à partir de conflits et de défenses dont les hormones et la chirurgie ne peuvent venir à bout. Les patients méritent le meilleur traitement possible, et ce n'est pas le « changement de sexe », lequel non seulement ne fait pas de bien, mais peut aussi entraîner des conséquences désastreuses. Ces écrits décrivent souvent le transsexualisme comme étant, au mieux, une façade qui masque une psychose.

Un antilibertarisme différent est — de façon surprenante — celui de l'ultime libertaire médical, Thomas Szasz (1979). Bien qu'il estime que les gens doivent avoir le droit de décider de leurs traitements, et que les actes dangereux, voire mortellement dangereux, tels que les addictions et le suicide, se situent au-delà de nos droits d'interférer, il prend la position contraire sur le choix de se faire retirer ses organes génitaux. Il considère que le terme *transsexualisme* n'est pas simplement troublant ou mal appliqué, mais qu'il est plutôt

« comme beaucoup du caractère mensonger de la psychiatrie moderne caractéristique de notre époque » ; le « changement de sexe » est un faux, est abusif, et est antiféministe.

c) La position religieuse (la Bible, droit canon) : Le « changement de sexe » détruit la capacité de reproduction et encourage l'homosexualité. Il s'oppose à la loi de la nature et est par conséquent un péché puisque ceux chez qui il est pratiqué en sont responsables, que c'est en fonction de leur propre choix, selon leur libre arbitre.

2 / *Ethique* : (Si vos positions sont déjà arrêtées, il se peut que vous ne croyiez pas que d'autres personnes se situent à l'opposé de ces positions ; ou si vous savez que de telles personnes existent, vous ne pouvez pas croire que leurs positions soient éthiques.) Lesquels des groupes suivants prennent une position éthique ? Qui le dit ?

a) Les chirurgiens qui disent que la psychothérapie (y compris la psychanalyse) n'est pas indiquée, n'est pas nécessaire, est inutile ou est nocive.

b) Les psychothérapeutes (y compris les analystes) qui pensent que la chirurgie n'est pas indiquée, n'est pas nécessaire, est inutile ou est nocive.

c) Les psychiatres qui disent que ceux qui demandent un « changement de sexe » sont des psychotiques manifestes ou déguisés, et que changer la forme extérieure du corps est une collusion avec le délire.

d) Ceux qui disent que bien que la chirurgie soit de la « psychochirurgie » en ce qu'il n'y a pas de maladie physique, les résultats valent les risques encourus.

e) Ceux qui disent que ces procédures, hormonales et chirurgicales, sont encore expérimentales et devraient être limitées aux institutions de recherche.

f) Ceux qui disent que les procédures ne sont pas expérimentales, mais constituent un traitement établi, accepté dans les normes de la communauté.

g) Ceux qui disent que les chirurgiens et les endocrinologues ne sont que des techniciens, ne sont pas ceux qui prennent en premier les décisions, ne sont pas — si ce n'est pour leurs compétences techniques — des agents responsables tout au long des stades du traitement, que ce soit au stade où ils sont activement impliqués ou non.

h) Ceux qui disent que les médecins qui se promeuvent et promeuvent leurs traitements dans les media aident les patients en les instruisant, ainsi que le public.

3 | *Evaluations pré-opératoires — à faire ou à ne pas faire ?* (Vous ne comprendrez pas que la controverse est présente dans chacun des items qui suivent à moins que l'on vous dise que, pour chacun d'eux, il existe effectivement des médecins praticiens qui, sans avoir l'impression que leur travail est incomplet, omettent un quelconque des items suivants ou tous.)

a) Histoire remontant à l'enfance, avec recherche d'une confirmation par la famille, les amis, les écoles, etc.

b) Examen physique très large pour voir s'il existe des contributions somatiques à la perturbation de l'identité de genre.

c) Examen physique systématique complet avant d'administrer des hormones ou de pratiquer la chirurgie.

d) Examen de l'état mental pour éliminer la possibilité de psychose (active ou latente), dépression grave, psychopathie véritable (*vs* comportement antisocial secondaire au trouble du genre), trouble cérébral organique, risque de suicide.

e) Examen psychologique élargi (par entretien, tests psychologiques) pour déterminer le diagnostic de l'identité de genre.

4 | *Parmi les médecins prêts à proposer* le traitement, quels critères devraient être utilisés pour dire :

a) Quels patients seront traités : transsexuels primaires, transsexuels secondaires, non transsexuels, psychotiques, enfants, membres de la famille, société ?

b) Quels traitements : quelle prise en main pré-opératoire, quel type de psychothérapie, quelle technique de modification du comportement, quelle procédure hormonale/chirurgicale reconnue ou expérimentale ? Exorcisme ?

c) Si les indications du traitement sont légitimement différentes pour les praticiens privés et pour les centres de recherche universitaires ?

d) Si les indications du traitement sont différentes pour un traitement pragmatique et pour la recherche (et ses coûts ajoutés) ?

5 | *Faire ou ne pas faire la collecte de données concernant les suites* — immédiates ou à long terme — sur les problèmes suivants :

a) Résultats produits par les hormones, la chirurgie.

b) Fonctionnement psychologique.

c) Adaptation sociale, y compris le travail.

d) Effets sur les relations interpersonnelles.

e) Complications, physiques et psychiatriques.

6 | *Quelle méthodologie utiliser* pour la collecte des données catamnestiques.

7 | *Etude catamnestique* pour offrir une prise en charge et un traitement permanents :

a) Prise en charge psychologique, y compris psychothérapies, pour améliorer et élargir les résultats.

b) Traitement des complications, physiques et psychiatriques.

8 | *Problèmes légaux* — les sujets qui suivent prêtent encore à controverse pour le droit :

a) Etablissement du sexe du sujet à l'aide du certificat de naissance, du nom, du permis de conduire, du permis de mariage, du passeport.

b) Mariage, divorce, annulation.

c) Contrats (si le sexe du sujet est peu clair au plan légal, il est peu clair qui a signé le contrat).

d) Dispositions de succession (par exemple, si le testament laisse un legs à un fils, mais que celui-ci est maintenant légalement changé en femelle).

e) Propriété de la communauté.

f) Assurance médicale (gouvernementale ou privée) et prestations sociales ; admissibilité aux Services de rééducation.

g) Adoption et garde des enfants.

h) Revendication d'un époux selon laquelle le « changement de sexe » a violé le contrat de mariage.

i) Travestissement comme preuve d'une intention de frauder.

j) Cohabitation avec des gens du sexe originel du sujet comme preuve d'homosexualité.

k) Chirurgie assimilée à une négligence, mutilation du corps humain.

l) Consentement en connaissance de cause.

B | *Problèmes théoriques*

1 | *Critères diagnostiques.*

2 | *Diagnostic différentiel.*

3 | *Technique de recherche* permettant de découvrir et de mesurer la force des attitudes du sujet concernant la masculinité et la féminité, l'adaptation sociale, la joie et la tristesse, le bon et le mauvais.

a) Echantillons statistiquement satisfaisants *versus* une étude en profondeur d'un cas unique.

b) De qui utilisons-nous l'opinion — celle des patients, des familles, des chercheurs, des juges neutres, des médecins traitants ?

c) Influence des scrupules moraux et scientifiques des chercheurs sur leurs conclusions.

4 | *Hypothèses concernant l'étiologie :*
a) Somatique (par exemple, hormones prénatales, antigène X-Y, centres diencéphaliques de l'érotisme pour le même sexe).

b) Psychologique : psychodynamique, conditionnement.
c) Sociale.
d) Réincarnation.

5 | *Origines de l'identité de genre.*

Examinons maintenant de plus près quelques-uns de ces items.

LA RÉCENTE CONTROVERSE
VISIBLE

En 1979, Meyer et Reter publièrent un article qui, venant du programme le plus célèbre du « changement de sexe », celui de l'Université Johns Hopkins, eut un impact considérable. Ils ont suivi 50 patients issus d'un échantillon de 100 patients qui avaient postulé pour le traitement chirurgical ; sur les 50 qui furent suivis, 15 avaient reçu le traitement chirurgical. Sur les 35 restants, 14 reçurent en fin de compte le traitement chirurgical, et 21 étaient toujours désireux de le recevoir (ce qui fait, par conséquent, un échantillon curieusement constitué, à partir duquel les conclusions devraient être tirées avec prudence). Hunt et Hampton (1980 *a*) en donnent le résumé suivant :

> Les critères de l'évolution étaient fondés sur le changement de résidence, le contact psychiatrique, les problèmes légaux, le niveau d'emploi selon l'échelle de Hoolingshead et les choix de cohabitation sexuelle appropriée au genre... Le rapport ne séparait pas les sujets mâles et les sujets femelles, et n'évaluait pas les changements intervenus dans les relations interpersonnelles, l'acceptation par la famille, ou la psychopathologie autre que les contacts psychiatriques en tant que variables de l'évolution. Les sujets auxquels la chirurgie avait été appliquée manifestaient une tendance à une amélioration, mais l'amélioration n'était pas significativement différente de celle des sujets qui ne s'étaient pas soumis à une période d'épreuve du genre et auxquels la chirurgie n'avait pas été appliquée (p. 433).

Citons Meyer et Reter (1979) :

> Au plan socio-économique, les patients opérés et les patients non opérés changeaient peu, si tant est qu'ils changeaient, les patients opérés ne manifestant aucune supériorité dans leur travail ou dans leurs études... une étude catamnestique sur cinq ans est certainement largement suffisante pour mettre en évidence l'amélioration socio-économique et la stabilité. Le fait que le groupe des patients opérés n'ait pas montré [à ce moment-là] une nette supériorité objective sur le groupe des non-opérés est d'autant plus frappant... La chirurgie de réassignation du sexe ne confère pas d'avantage objectif en termes de réadaptation sociale

bien qu'elle demeure subjectivement satisfaisante pour ceux qui ont recherché rigoureusement une période d'essai et l'ont suivie (p. 1014-1015).

En conséquence, le « changement de sexe » fut abandonné à Johns Hopkins, là où, des années avant, l'enthousiasme pour le traitement avait été porté à l'attention du public.

Les réfutations apparaissent aussi rapidement que le permet le laborieux processus de la publication : elles se centrent sur la méthodologie de recueil des données de l'étude Johns Hopkins. Hunt et Hampson, après avoir procédé à une revue des études catamnestiques publiées antérieurement et souligné les problèmes qu'elles comportaient, examinèrent la méthodologie du travail de Meyer et Reter. Selon eux, les patients non opérés ne constituaient pas réellement un groupe contrôle par rapport au groupe des opérés, car certains des sujets du groupe des non-opérés furent finalement opérés, et il y a lieu de penser qu'à la longue, davantage encore essaieront d'obtenir un « changement de sexe ». En outre, dirent-ils :

> Bien qu'il soit certainement utile de savoir ce qui arrive aux individus qui ne sont pas opérés, les utiliser comme contrôles n'est pas valable. Une approximation d'un groupe contrôle pourrait être constituée par ceux qui sont désireux, et capables, de suivre une période d'essai, mais auxquels on ne propose pas l'opération en raison de traits excessivement masculins. Ceux qui ne sont pas capables ou qui refusent de suivre la période d'essai paraissent si dissemblables de ceux qui ont été opérés que l'on doit même se poser des questions sur le diagnostic (p. 433).

Puis, ils exposèrent leur propre série de dix-sept cas opérés :

> Les sujets, dans l'ensemble, témoignèrent d'une amélioration dans les domaines de l'adaptation économique, des relations interpersonnelles, de l'adaptation sexuelle et de l'acceptation par la famille, domaine où le taux d'amélioration a été le plus élevé. Il n'y eut aucun changement du degré de la psychopathologie, à en juger par leurs activités criminelles, l'utilisation de drogue et le degré de psychopathologie qui entravait le travail ou les relations personnelles... Aucun des dix-sept transsexuels ne regrettait la décision de se faire opérer... En dépit de la souffrance,

du coût et du délai considérables, ils auraient tous choisi de suivre la même voie... Dans notre étude, les gains positifs les plus sérieux se situaient dans les domaines de l'adaptation sexuelle et de l'acceptation par la famille, gains qui, ou bien n'avaient pas été mentionnés, ou bien n'avaient pas été évalués dans les études antérieures (p. 434-436 ; voir aussi Hunt et Hampson, 1980 *b*).

Dans un article plus récent, Fleming, Steinman et Bocknek (1980) disent, relativement à l'étude de Meyer et Reter :

> Les principales variables utilisées pour estimer l'adaptation avant et après l'intervention chirurgicale furent les dossiers d'arrestation, la cohabitation avec des membres de sexe « approprié » ou « non approprié », les dossiers psychiatriques et l'histoire de l'emploi. Le défaut le plus grave de l'étude, peut-être, concerne le choix qu'en a fait Meyer et la définition de ces variables-là comme ses seules variables de l'évolution (p. 452).

Ils ne sont pas d'accord sur la méthode utilisée pour évaluer l'adaptation :

> Par exemple, elle attribue le même score (— 1) à quelqu'un qui est arrêté et à quelqu'un qui cohabite avec une personne non appropriée quant au genre. De ce même ensemble de valeurs sibyllines provient l'assertion selon laquelle être arrêté et emprisonné (— 2) n'est pas aussi mauvais que d'être admis dans un hôpital psychiatrique (— 3) ou qu'avoir un emploi de plombier (niveau 4 de Hollingshead) est aussi bon (+ 2) que d'être marié à un membre du sexe approprié au genre (+ 2).
> Sur quelle base ces valeurs sont-elles attribuées ? Devrions-nous inférer, à partir de l'attribution d'un score de (— 1), que quiconque a un quelconque contact psychiatrique a des problèmes ? La psychiatrie nous a depuis trop longtemps convertis au fait que nous pouvons tous gagner à rechercher une guidance psychiatrique pour que Meyer réassigne un stigmate à la recherche d'une telle aide (p. 452-453).

Ensuite, ils attaquent la variable de cohabitation, considérant que Meyer et Reter ne disent pas ce qu'ils entendent par ce terme, et que les évaluations positives et négatives sont arbitraires ; « vivre dans l'isolement est-il... plus adaptatif que de vivre avec quelqu'un quel que soit son sexe ? » (p. 453). Ils passent à d'autres catégories, se demandant si les conclusions de Meyer et Reter peuvent être légitimement tirées des méthodes incertaines utilisées pour recueillir l'information, et notent que « les facteurs objectifs de Meyer et Reter abondent en ambiguïtés notoires et [nous nous] demandons si exposer des données affectives eût pu être pire. Meyer et Reter paraissent oublier les jugements de valeur qui soustendent leur étude quasi comme si l'attribution d'une valeur numérique débarrassait le chercheur des éléments subjectifs et qualitatifs des résultats et ainsi élevait les résultats à un niveau de « science pure » (p. 455).

Satterfield (1980) a exposé le cas de vingt-deux patients opérés à l'Université du Minnesota. L'étude catamnestique a révélé « une amélioration significative du fonctionnement psychologique ».

La revue des études catamnestiques de loin la plus complète que je connaisse est celle de Lothstein (1982). Son opinion est la même que la mienne :

> Ceux qui croient que la réassignation chirurgicale du sexe est bénéfique pour certains patients doivent admettre le manque de preuve empirique solide à l'appui de leurs conceptions, et le manque même de critères diagnostiques acceptables pour la sélection de bons postulants à une réassignation chirurgicale du sexe. Ceux qui plaident contre la réassignation chirurgicale du sexe doivent rendre compte de la satisfaction rapportée très largement par les patients avec cette procédure et des changements positifs qui en résultent dans leur vie (p. 417).

> En dépit des nombreuses études cliniques du transsexualisme, on sait en fait très peu de chose des effets médico-chirurgicaux et sociopsychologiques de la réassignation chirurgicale du sexe. De nombreuses questions demeurent sans réponse. Par exemple, quels patients, si tant est qu'il y en ait, tirent le plus grand bénéfice de la réassignation chirurgicale du sexe ? Quelles données viennent à l'appui de l'utilisation continue de la réassignation chirurgicale du sexe comme traitement ? Quel est le test crucial pour déterminer la prescription d'une réassignation chirurgicale du sexe ? (p. 418).

> Pour appliquer les résultats... d'études catamnestiques à un groupe plus vaste de transsexuels opérés, nous devons chercher à voir si ceux qui ont été étudiés représentent une coupe transversale adéquate de tous les patients réassignés chirurgicalement. S'il n'en est pas ainsi, ce biais d'échantillonnage est un problème méthodologique pri-

maire inhérent à toutes les études publiées sur la réassignation chirurgicale du sexe. Une revue de ces études révèle d'autres problèmes méthodologiques graves, comportant un manque de critères universellement acceptés pour diagnostiquer la dysphorie de genre, et déterminer les candidats acceptables pour une réassignation chirurgicale du sexe ; le manque d'un groupe contrôle adéquat ; une variabilité considérable entre les programmes des consultations d'identité de genre ainsi que la qualité, la formation et l'expérience du personnel clinique ; défaut d'inclusion de données fondamentales sur la race et l'âge des patients ; emploi fréquent de critères d'amélioration non opérationnalisés, tels que les sentiments subjectifs de bonheur des patients ; utilisation de systèmes de niveaux d'études universitaires pour évaluer l'évolution ; non-présentation de données sur la durée entre l'évaluation, l'opération et l'étude catamnestique ; défaut d'utilisation d'étiquettes diagnostiques uniformes ; défaut d'utilisation d'instruments cliniques standardisés pour évaluer les patients, même au sein d'une même étude ; limitation de l'investigation clinique à des variables sociopsychologiques grossières ; défaut d'inclure une analyse psychologique en profondeur ; utilisation d'analyses hypothétiques *post hoc* pour fournir des données préchirurgicales manquantes ; et utilisation d'évaluateurs tendancieux dans l'interprétation des données de l'évolution. Cette liste n'est nullement exhaustive (p. 423).

En un mot, la question est de savoir si l'étude de Johns Hopkins est trop imparfaite au plan méthodologique pour nous permettre de tirer des conclusions.

Cette controverse conduit à de plus vastes questions — beaucoup plus importantes, à mon sens, que celles sur le « changement de sexe ». Comment découvrons-nous ce qu'une personne pense ? Comment attribuons-nous des quantités à des croyances ? De quels composants incommensurables les réponses sommes algébriques de « Oui » et de « Non » sont-elles composées ? Lorsque des attitudes sont aussi complexes, aussi multistratifiées, aussi ambiguës, aussi ambivalentes, aussi non définies que « joie » et « tristesse » et « bon » et « mauvais » (car ce sont ce que Meyer et Reter, Hunt et Hampson, Fleming, Steinman et Bockner, et tous les autres, essaient effectivement de traquer), comment pouvons-nous apprécier une évaluation 4 sur une échelle de 1 à 10 ? Et la moralité des chercheurs ne serait-elle pas encore plus importante dans ces controverses que cette affaire confuse qui consiste à mesurer la « joie » (c'est-à-dire l' « adaptation »)[2].

Quelle est l'utilité des questionnaires et des entretiens standardisés pour des problèmes proches du cœur ? Qu'est-ce qui est le mieux, et quand : des données recueillies par un étranger ou un quasi-étranger, par son thérapeute, un membre de la famille ? Une réponse serait-elle différente à un autre moment de la journée, ou un autre jour, une autre année ? Dans un autre cadre ? Donnée à un questionneur qui a un autre style de relation avec la personne questionnée ?

Ces méthodes d'évaluation, avec leurs techniques d'échantillonnage sophistiquées (sophistiques ?), marchent aussi bien pour les fous, les nègres pour écrivains, les menteurs, les propagandistes, les pratiquants d'un culte et les innocents que pour les génies inconditionnels ou même les honnêtes ouvriers. Quand un *n* plus grand n'aplanit-il pas tous les obstacles ?

Il est préférable pour nous de nous souvenir que les questionnaires et les statistiques sont hasardeux dans certaines circonstances, qu'il y a un prix à payer quand nous essayons de mettre en garde les gens contre des réponses rapides à des questions délicates. Quiconque en vient à connaître les autres, en les traitant ou en vivant avec eux, a un certain sentiment de leurs attitudes au fur et à mesure que la relation s'approfondit. Mais les chercheurs n'ont généralement pas le temps, l'intérêt ou — parfois — la capacité de laisser grandir l'intimité et la confiance. Le défi est d'obtenir de bonnes données plus rapidement, et cependant de ne pas vicier les résultats.

Je n'ai pas oublié qu'un cas étudié en profondeur donne lieu aussi à des données douteuses. Quand je suis mon propre analyste, je vois de bonnes raisons, dans certaines circonstances, de ne pas ajouter foi à ma première réponse — ou parfois à ma cinquième réponse — à mes propres

---

2. Ne soyons pas dupes : la recherche sur le « transsexualisme » ou le « changement de sexe » est aussi imbibée de moralité et de vertu qu'un baba au rhum l'est de boisson alcoolisée.

questions. Ne devrions-nous pas alors, pour le bien de la science, voir quels sont les mobiles — non pas simplement les tables — de tous les chercheurs (des analystes aux statisticiens) qui étudient des attitudes chargées de valeurs ? Pouvons-nous soupçonner que nos collègues commencent parfois par les réponses ? Le « changement de sexe » n'est-il pas un traitement facilement contaminé par des croyances personnelles et professionnelles, des engagements, des angoisses, des défenses ? Nous ne devrions pas prétendre que ces problèmes ne peuvent pas s'infiltrer à chaque étape de notre travail.

CONTROVERSE : VOCABULAIRE, DÉFINITIONS, CONCEPTS

Bien que ce chapitre ne traite pas des origines du désir de changement de sexe, la plupart des discussions des problèmes du traitement sont aux prises, à juste titre, avec des problèmes d'étiologie et du rapport de celle-ci avec le diagnostic. Par exemple, si nous pensons que le désir pressant découle avant tout d'un changement de la fonction diencéphalique dû à des hormones prénatales du sexe opposé (Dorner *et al.*, 1975) ou à une inversion de l'antigène H-Y (Eicher *et al.*, 1979 ; Engel *et al.*, 1980), le patient qui nous parle ne nous émeut pas de la même façon que si nous pensons que l'état de ce patient est fortement influencé par un conflit intrapsychique ou une dynamique familiale aberrante.

Un concept discuté précédemment (chap. 2), à même de véhiculer les données liées à ces sortes d'explications étiologiques, est le concept de « noyau de l'identité de genre ». Chez la très grande majorité des individus, cela est net et aisément déterminé. Cependant, ceux dont l'identité de genre est gravement perturbée, en particulier ceux qui veulent un « changement de sexe », compliquent, avec leurs façades, camouflages, confusions et mélanges complexes d'éléments masculins et féminins, la tâche de la découverte de ce noyau. Et si ce fondement comporte en lui un sentiment d'être à la fois mâle et femelle — comme on le voit chez certains hermaphrodites et, de manière différente, chez les transsexuels primaires —, notre évaluation demande alors grande expérience et grand talent.

Mais les hermaphrodites et les transsexuels primaires ne constituent qu'une poignée de ceux qui désirent un « changement de sexe ». Les autres — les transsexuels secondaires —, bien qu'ils aient de graves perturbations de la masculinité et de la féminité, me frappent par leur sentiment d'état de mâle ou d'état de femelle assez intact. Leur psychopathologie résulte en grande partie de défenses érigées pour protéger ce sentiment d'identité. Donc, pour certains de ces individus, détruire leur définition anatomique du self agresse leur noyau de l'identité de genre et entraîne des séquelles fâcheuses telles que psychose, dépression ou le besoin d'une nouvelle réassignation, cette fois à leur sexe d'origine.

Vous êtes maintenant au fait de ma conception selon laquelle *transsexualisme*, terme doté d'une auréole scientifique et diagnostique, n'est pas chargé d'un tel poids. Au mieux, on pourrait considérer que cet emploi renvoie à un syndrome, mais même cela n'est pas exact, puisque, dans la demande de « changement de sexe » ou sa réalisation, sont présentes des myriades de comportements et d'attitudes. Et si un diagnostic est une étiquette pour un ensemble interdépendant de signes et de symptômes (syndrome), de dynamiques sous-jacentes (physiologiques et/ou psychologiques) ayant une étiologie commune, alors, « transsexualisme » en est aussi éloigné que des désignations telles que « toux », « douleur abdominale », « avidité », « collectionner des timbres » ou « désir d'être psychiatre ». Les individus qui éprouvent l'un quelconque de ces états ont moins de choses en commun que de différences.

Pour résoudre certaines incertitudes de diagnostic et les controverses qui s'ensuivent quant à qui tirerait bénéfice de quel traitement, on a introduit le terme excessif de « syndrome de dysphorie de genre » (Fisk, 1973 ; J. K. Meyer, 1974). Il représente la conscience que « transsexualisme », tout en ayant l'air d'un diagnostic bien assuré, n'en est en fait pas un. La réalité clinique, on le sait, est que le désir de changer de sexe se rencontre dans de nombreux types d'individus présentant un trouble du genre. Ceux qui préfèrent « syndrome de dysphorie de genre » se rangent à cette dénomination parce qu'ils estiment que le désir d'un « changement de sexe » ne peut être considéré que comme un syndrome, une collection de signes et de symptômes, non comme le plus grand degré de compréhension impliqué par un diagnostic[3].

Malgré cet avantage, je n'utilise pas « syndrome de dysphorie de genre ». Tout d'abord, nous n'avons *pas* affaire à un syndrome — c'est-à-dire à un complexe de signes et de symptômes — mais plutôt à un désir (souhait, demande) enchâssé chez toutes sortes d'individus différents qui ont toutes sortes de signes et de symptômes. Donc, parler d'un syndrome de dysphorie de genre, c'est comme si on parlait d'un syndrome de suicide, ou d'un syndrome d'inceste, ou d'un syndrome de bougeotte.

Ensuite, syndrome de dysphorie de genre se veut une réaction contre la tentative de diagnostic différentiel. L'étiquette équivaut à dire que les gens présentant des troubles de la masculinité et de la féminité constituent un continuum, non pas une série d'entités discrètes, comme cela est impliqué par un diagnostic différentiel. Cela est vrai, comme cela est vrai de tant de diagnostics psychiatriques[4] (en particulier pour les névroses et les troubles du caractère), mais c'est également un terrain glissant. Les concepts d' « entité clinique » et de « continuum » ne sont pas plus incompatibles dans les troubles du genre que dans le spectre de la lumière visible[5]. Pour

3. Cependant, l'auteur du terme, lorsqu'il l'a introduit, a dit que le syndrome est une maladie (Fisk, 1973).

4. Dans le *DSM-III*, on ne fait pas l'hypothèse que chaque trouble mental est une entité discrète dont les frontières (discontinuité) avec d'autres troubles mentaux sont très précises *Diagnostic and Statistical Manual of Mental Disorders*, 3ᵉ éd. (Washington, DC, American Psychiatric Association, p. 6).

5. La situation clinique, je le sais, n'est pas tout à fait aussi simple que le suggère la métaphore, mais j'ai préféré garder la métaphore plutôt que d'infliger au lecteur la longue description de douzaines de cas à l'aide desquels je pourrais étayer mon argumentation.

moi, l'avantage de tenter de séparer des entités cliniques du marécage des troubles du genre réside principalement dans le fait que nous sommes à même de rechercher des étiologies si nous ne dissolvons pas les différences en un seul mélange appelé « syndrome de dysphorie de genre ». En séparant, disons, le transsexualisme primaire du transsexualisme secondaire, et la voie transvestie vers le transsexualisme secondaire de la voie homosexuelle, nous *pouvons* trouver des classes qui diffèrent les unes des autres cliniquement et sur certains facteurs étiologiques.

En résumé, donc, « syndrome de dysphorie de genre » aboutit à la plupart des désavantages que comporte « transsexualisme » quand ce dernier terme est employé par le grand public et la profession médicale dans son ensemble. Les deux termes disent trop peu de choses parce qu'ils en recouvrent trop. Néanmoins, « syndrome de dysphorie de genre » est, à mon sens, meilleur que le pseudo-diagnostic de « transsexualisme » en ce que la formulation indique qu'elle ne se fait pas prendre pour un diagnostic et par conséquent ne peut pas contribuer aux abus favorisés par le pseudo-diagnostic[6].

Voilà pour ce qui est de cet exercice de vocabulaire sur le mot *transsexualisme*. Prenons maintenant d'autres termes qui, s'ils n'étaient pas discutés, pourraient entretenir la confusion : *changement du sexe, transformation du sexe, réassignation du sexe*.

Bien qu'il puisse y avoir réassignation du sexe, il ne peut pas encore y avoir — je le crois — changement du sexe ou transformation du sexe. La réassignation du sexe est un phénomène social qui doit être réalisé par des moyens légaux et en convainquant les autres d'accepter le changement de rôle (nouveaux nom, vêtements, emploi, voix, etc.). En résumé, le terme n'implique pas que l'on a changé de sexe, car cela exigerait une inversion chromosomique et anatomique, mais seulement qu'une assignation — et par conséquent un rôle — a changé. Les

---

6. Le plus flagrant de ces abus est commis par le patient qui, souhaitant changer de sexe, donne à son désir l'étiquette diagnostique et, par là légitimé, s'attend à ce que le traitement s'ensuive. En s'accordant un diagnostic, il convertit une impulsion en une maladie.

guppys peuvent changer de sexe ; les humains ne le peuvent pas. La chirurgie plastique et la manipulation des caractères sexuels secondaires à l'aide d'hormones ou d'une électrolyse ne créent que des fac-similés biologiques (Kubie et Mackie, 1968).

Ces significations ne sont pas des décisions arbitraires, mais ont trait aux problèmes fondamentaux du traitement. Par exemple, ceux qui disent que le sexe est réellement changé le font pour légitimer le traitement et, par là, le rendre plus disponible. Par contre, les transsexuels — primaires ou secondaires — que j'ai suivis pendant des années savent tous qu'il est impossible de changer de sexe en absorbant des hormones et en modifiant l'apparence des organes génitaux ; en disant cela, ils font connaître le désespoir qui venait de ce qu'ils savaient. Vous devez comprendre qu'ils estiment que le « changement de sexe », quelque aide qu'il ait pu leur apporter, ne pouvait leur donner ce qu'ils voulaient le plus : un véritable changement de leur sexe (Stoller, 1975 *a*, chap. 20).

QUI DÉCIDE QUAND LE « CHANGEMENT DE SEXE » EST INDIQUÉ ?

Comme tout autre traitement médical, le « changement de sexe » devrait être accompagné d'indications établies de manière fiable pour ne pas porter atteinte aux patients et aussi les aider. Cela pourrait paraître une formulation absurde, de nos jours et à notre époque, tant elle est évidente. Et pourtant, bien que le traitement ait été visible, désiré, et de plus en plus accepté depuis 1953, les arguments relatifs à sa pertinence persistent, intensifiés. Voici une situation de traitement où des hormones puissantes sont utilisées sans restriction ; non seulement elles modifient la forme du corps et détruisent la capacité de reproduction, mais leur utilisation prolongée a des effets inconnus dans chacun des sexes. Les procédures chirurgicales sont également facilement dispensées (pas librement — elles sont très coûteuses) bien qu'elles détruisent la reproduction et, de par leur extrême difficulté technique, comportent une morbidité opératoire et anesthésique, si ce n'est une mortalité.

Et tout cela pour des indications peu claires, puisque les critères de pertinence n'ont jamais été établis. Dans les années 1950, quand j'ai commencé à prendre contact avec des patients de ce type, il ne paraissait pas y avoir de grand problème à cet égard ; si les chirurgiens estimaient que quelqu'un convenait, ils opéraient, le plus souvent, indépendamment de l'évaluation psychiatrique. Dans les années 1960, j'ai été de plus en plus préoccupé par cette bride sur le cou médicale et par le fait que nul de ceux qui étaient fortement engagés dans le travail avec ces patients n'exprimait une quelconque préoccupation. (Il y avait, naturellement, ceux qui avaient peu d'expérience directe, qui nous faisaient des cours sur les origines, la dynamique et le tableau clinique et sur les indications du traitement et sa moralité — par exemple, Ostow, 1953 ; Socarides, 1960 ; Volkan, 1979 ; Kubie et Mackie, 1968.) Arrivés aux années 1970, aucune étude catamnestique n'avait paru si ce n'est quelques revues sommaires et anecdotiques ou de maigres séries non contrôlées, rapports qui seraient inacceptables par ailleurs en médecine. Avant tout, il n'y avait toujours pas de débat, entre ceux qui traitaient les patients, sur la prudence des procédures. (J'ai essayé d'attirer l'attention de ces experts (Stoller, 1969, 1976, 1978), mais je n'ai pas vu la moindre réponse publiée. Les remarques cinglantes elles-mêmes de Kubie et Mackie, pleines de bon sens, de passion et de prévention, n'ont pas eu de retentissement, peut-être parce qu'ils ne travaillaient pas avec des transsexuels.) Si je n'avais pas observé cette affaire déshonorante, elle paraîtrait certainement étrange maintenant.

Quelle était la situation ? Dans ma réponse, je me tournerai vers les (m'en prendrai aux) groupes responsables. Ce sont, par ordre croissant de responsabilité : le public, les patients, la communauté médicale non impliquée, les médecins non psychiatres qui appliquent leurs traitements, les media, et enfin les professionnels de la santé mentale, psychologues et psychiatres en tête.

Le public. Le public — en l'occurrence, à peu près tout le monde — a toujours été intrigué par ce sujet essentiellement troublant. Là siège un auditoire enthousiaste pour la pièce du changement de sexe.

Les patients. Il était une fois un temps où, naturellement, il n'y avait pas de transsexuels. Nous n'avions inventé ni le trouble, ni la solution, aussi n'y avait-il pas de problème. Je peux compter sur les doigts d'une seule main les rapports antérieurs au moment présent sur des mâles et des femelles dont le désir transsexuel était si fort qu'ils se réassignèrent eux-mêmes au sexe opposé (Bullough, 1975) ; sans aucun doute, il y en a bien d'autres, silencieux, désespérés. Des individus poussés de manière moins implacable — homosexuels, transvestis ou autres — vivaient plus ou moins humblement avec les compromis qu'ils pouvaient aménager. Mais maintenant, il semble y avoir un remède à ce malheur, et avec la propagande publiée dans et hors les cercles médicaux, quiconque présente une identité de genre perturbée espère être rendu à son intégralité rapidement et efficacement. Encouragés par le manque de critères diagnostiques ou d'indications de traitement, et non informés du contraire par les experts, ces gens se diagnostiquent eux-mêmes comme transsexuels et, encouragés par ce qu'ils ont lu et entendu, se portent candidats pour les hormones et l'intervention chirurgicale. Tout ce qu'ils ont à faire, croient-ils, c'est forcer les portes du traitement auquel ils estiment avoir droit.

La profession médicale non impliquée. Les deux principaux aspects médicaux du « changement de sexe » — hormones et intervention chirurgicale — sont de grandes manipulations de l'anatomie et de la physiologie, dont les conséquences à court terme n'ont jamais été étudiées selon les normes en vigueur par ailleurs en médecine et dont on ignore les conséquences à long terme. Cependant, les médecins non impliqués personnellement dans le traitement n'ont soulevé aucune question, n'ont manifesté aucune préoccupation dans leurs organismes professionnels, leur littérature ou leurs Ecoles. L'histoire de la médecine moderne doit certes comporter peu d'autres situations comparables à celle-ci.

Médecins non psychiatres impliqués dans le traitement. Les endocrinologues, chirurgiens et autres — spécialistes ou non — qui créent le changement du sexe se départissent de toute responsabilité pour leurs traitements (au-delà des responsabilités immédiates qui vont toujours de pair avec, disons, l'administration d'injections, l'anesthésie ou l'intervention chirurgicale). Ils prennent acte du fait qu'ils sont seulement le bras technique — la machinerie, pour ainsi dire — et que la décision de leur action est opérée par le psychiatre. (Ignorons ici les individus ou les juridictions qui n'exigent pas d'approbation psychiatrique, ou la situation dont nous savons qu'elle se produit parfois : psychiatres qui tamponnent leurs approbations.) La contribution des membres de ce groupe au gâchis actuel — controverse est un mot trop délicat —, c'est l'abandon de leur bon sens quand ils se trouvent hors de portée de leurs blocs d'ordonnances ou de leurs blocs opératoires. Satisfaits, contre toute attente, d'être des serviteurs aveugles, admettant leur absence d'intérêt pour les aspects psychiatriques du problème, et ne manifestant pas d'intérêt pour exposer les complications immédiates et à long terme, ils ont failli à la profession et à la société en général. Mais la responsabilité n'est pas essentiellement la leur.

Les media. Certains journalistes, échos télévisés, cinéastes et éditeurs ont associé l'exhibitionnisme des patients et des docteurs au plaisir du public pour les expositions de monstres, dans une entreprise payante pour tous les participants. Dans cette affaire, où chacun est satisfait en y mettant le prix, les media sont les pourvoyeurs.

Professionnels de la santé mentale. On trouve ici ceux qui sont les plus responsables de cet épisode honteux de la pratique médicale. Ces gens — chose pas vraiment surprenante — ont été aussi sensibles que tout le monde aux désirs primordiaux et aux angoisses à la base de l'intérêt pour le « changement de sexe ». Et ils ont été heureux d'alimenter la curiosité des moins informés. Une recherche médiocre, une pratique médiocre, des données médiocres et des idées médiocres sont allées de pair avec la basse flatterie et l'alimentation très manifestes des perceptions erronées du public et des patients.

Il n'en aurait pas nécessairement été ainsi si la profession médicale avait agi avec intégrité. Il est évident que le « changement de sexe » est un sujet excitant, et nul n'est surpris qu'il ait été si populaire. Mais notre profession aurait pu court-circuiter les réactions qui ont mené aux controverses évidentes d'aujourd'hui. Les controverses étaient présentes dès le début. Si elles ont été ignorées toutes ces années, la faute en revient à la médecine. Nous avons au contraire mal agi envers le public, nos patients et nous-mêmes. Nous avons doublement échoué. D'abord, nous aurions dû exiger que le traitement demeure expérimental, limitant ainsi son emploi et son développement à des investigateurs responsables. On aurait pu faire un travail de meilleure qualité ; ce qu'on sait d'après les bons exemples établis par plusieurs cliniques universitaires. Ensuite, si on avait fait cas de cette approche prudente, on aurait pu faire savoir au public et aux patients que ces traitements n'étaient pas accessibles en toute liberté, que leurs effets étaient incertains, qu'ils comportaient des dangers physiques et affectifs — en d'autres termes, qu'ils étaient sujets à controverse dès le départ.

Qui peut reprocher aux patients leurs grands espoirs face au « changement de sexe » ? Ce sont des personnes profondément perturbées. Lorsque la disgrâce sociale s'ajoute à un conflit intrapsychiquement induit, il ne faut pas une bien grande intuition pour deviner la souffrance de ces patients, et leur joie d'apprendre qu'il y a censément un remède à leur souffrance. S'ils peuvent empaqueter toutes leurs difficultés dans un seul ballot appelé transsexualisme, alors le bonheur à jamais les attend à l'issue d'une matinée au bloc opératoire.

Du public aux patients, à la médecine en général, aux endocrinologues et aux chirurgiens, aux media, chacun s'est comporté essentiellement en fonction de son intérêt personnel, en se frottant le moins possible aux problèmes éthiques. Mais qu'en est-il des professionnels de la santé mentale — psychologues, travailleurs sociaux et, en particulier, psychiatres ?

Par contre, il y a ceux — médecins et autres — qui estiment que les hormones et l'intervention chirurgicale ne devraient jamais être utilisées. Quels résultats ont obtenus ceux qui donnent un tel conseil ? D'où venaient leurs convictions ?

Leur argumentation est fondée sur la position raisonnable selon laquelle le traitement le plus sûr est celui qui vise à modifier les causes du trouble. Le désir de changer de sexe, estiment-ils, s'origine dans des conflits profonds, et est la manifestation de manœuvres de défense inventées pour atténuer la douleur de ces conflits. Par conséquent, le traitement devrait d'abord consister à découvrir les conflits et leur dynamique et, ces insights une fois saisis, à permettre au patient de trouver de meilleures solutions. De ce point de vue, fermer les yeux sur l'utilisation d'hormones et de l'intervention chirurgicale et encourager le patient à vivre comme s'il faisait partie du sexe opposé, c'est lui permettre de demeurer malade au plus haut point et de façon permanente. Tout comme, en matière de traitement, vous ne seriez pas d'accord avec un paranoïaque mégalomaniaque pour dire qu'il est réellement Napoléon, vous ne devriez pas être d'accord avec le patient qui affirme être dans un corps qui n'est pas le bon. (Qu'un patient émette même une telle assertion est, selon cette argumentation, la preuve à première vue d'un délire ; et le délire est une psychose, et la psychose doit être extirpée.)

Même si nous admettons que ce raisonnement est correct (et je ne crois pas qu'il le soit toujours), une question empirique demeure : pourquoi n'y a-t-il pas de rapports de psychanalyse réussie d'un patient qui souhaitait un « changement de sexe » ? Pourquoi n'y a-t-il pas même de rapports qui révèlent, à l'aide de données issues d'une analyse, la dynamique — pour ne pas dire les causes — du désir du « changement de sexe » ? Pour quelle raison demander que l'analyse — traitement non démontré pour un trouble profond du genre, terriblement complexe et coûteux — soit le seul traitement autorisé ?

Cependant, nous ne devrions pas confondre cette position avec celle pour laquelle, moyennant une évaluation psychiatrique minutieuse et une psychothérapie, nombre de ceux qui cherchent à changer de sexe découvriraient que ce qu'ils veulent n'est pas dispensé par les hormones et la chirurgie. Lothstein et Levine (1981) nous ont donné la meilleure revue qui soit de la littérature sur les problèmes et l'emploi de la psychothérapie pour venir en aide aux patients qui présentent de pressantes impulsions transsexuelles. En outre, Lothstein, dans une série d'articles (1977 *a*, 1977 *b*, 1978, 1979 *a*, 1979 *b*, 1979 *c*, 1980), a écrit davantage, et de façon plus réfléchie que quiconque, sur les indications d'une psychothérapie et les types de psychothérapie qui conviennent le mieux aux problèmes cliniques particuliers. Ses écrits confirment l'impression que quelques-uns d'entre nous ont exprimée : nombre des patients qui affirment avoir besoin d'un « changement de sexe » sont en réalité loin d'en être sûrs, y compris même ceux qui sont devenus avec succès membres du sexe opposé. Bien qu'un trouble du genre diminue rarement avec la psychothérapie, certains patients se trouvent eux-mêmes et, ce faisant, prennent conscience que le « changement de sexe » ne conviendra pas à leur identité de genre.

Je ne sais toujours pas dans quelle mesure il vaut la peine d'utiliser les hormones et une intervention chirurgicale chez les patients qui, peu après, ou des années après leur traitement, disent qu'ils sont contents d'avoir subi le « changement de sexe » bien qu'ils sachent que leur sexe ne pouvait pas vraiment être changé. Selon moi, aucun des rapports, avant ou après celui de Meyer et Reter, ne résout le problème. Obstinément, je continue à être plus impressionné par les quelques patients que j'ai suivis pendant des années que par les plus grands nombres de patients dont parlent les collègues à l'aide

d'évaluations standardisées[7]. Aucun de ceux que j'ai
suivis n'a l'impression d'avoir bien utilisé sa vie, bien
que tous soient heureux d'avoir bénéficié d'un « changement de sexe » et que tous disent qu'ils préfèrent leurs
problèmes et leurs misères actuels à ce qui existait avant
le traitement (Stoller, 1975 *a*). Mais les médecins que nous
sommes ne peuvent oublier que le coût de ce bonheur
équivoque peut être élevé : en dollars, en complications
médicales et chirurgicales, en temps des professionnels et
en faible rapport pour la société en général. Et, ayant
fait de l'étude catamnestique une affaire tellement exé-
crable, nous ne pouvons pas mesurer l'ampleur de ce
coût ou la valeur de contrepoids que constitue le soulagement qu'éprouvent les patients à vivre dans leur nouveau sexe. Nous ne pouvons que donner nos opinions
personnelles, empreintes de moralité et d'éthique.

Ces controverses sont-elles dues au fait que les investigateurs ont des données différentes ? Oui. Des méthodes
différentes de recueil des données ? Oui. Des interprétations différentes des mêmes données ou de données comparables ? Oui. Lorsque les données dépendent des études
catamnestiques, les positions sont-elles affaiblies parce
que les patients sont de toute évidence non fiables ? Oui.
Mais ces facteurs n'expliquent pas totalement les controverses. Les raisons en sont plus humaines, plus épouvan-
tables. Bien que, comme on l'a vu, je n'aie pas présenté
une argumentation contraignante — cela nécessiterait des
données nettes et adéquates —, je crois que presque tous
ceux qui sont impliqués dans la recherche sur le « changement de sexe », quelque camp des controverses qu'ils
adoptent, ont rapporté des données qui sont suspectes
et des conclusions qui ne sont pas encore soutenues par
les faits : la méthodologie et une rhétorique de l'objectivité sont façonnées pour cadrer avec les conclusions
recherchées. (N'en est-il pas ainsi de la plupart des
controverses passionnées ?)

---

7. Ce n'est pas dire que je ne respecte pas une méthodologie plus scientifique. Je veux seulement dire que, jusqu'ici, les données mises en ordina-
teur sont beaucoup moins fiables que la capacité de calcul de la machine.

Cela s'est produit, à mon sens, parce que, sous les controverses visibles sur la recherche et le traitement, existent de vieux problèmes moraux bien enracinés. Que l'on nous fixe à un pléthysmographe et que l'on observe l'affolement des cadrans lorsque nous entendons « homosexuel », « bisexuel », « hétérosexuel », « fétichiste », « promiscuité », « masturbation », « rapport sexuel », « pénis », « vagin », « seins », et même « cheveux ». Jusqu'à ce que nous admettions les problèmes moraux que les chercheurs sur le sexe apportent dans leurs laboratoires et leurs cliniques, il sera très difficile d'ajouter foi aux données. Mais n'en est-il pas ainsi pour beaucoup du corps de connaissances du psychiatre, bien au-delà de ces problèmes de sexualité ? Ne sommes-nous pas tous conscients du risque infini de voir la moralité personnelle corrompre l'objectivité ? Voici des items issus de notre vocabulaire de travail, langage transpercé de jugements moraux : « forces de l'ego », « psychopathie », « perversion », « psychose latente », « narcissisme », « masochisme », « compulsion », « alcoolisme », « formation de réaction », « identification à l'agresseur », « primitif », « schizoïde », « jugement médiocre », « infantile », « érotique anal », « contre-phobique », « résistance », « déni », « transfert négatif », « faible tolérance à la frustration », « alliance thérapeutique », « hystérique », « passif », « agressif », « névrotique ». Qu'en est-il même de « docteur » ou « patient » ? Notre lexique est un lexique « scientifique » qui est facilement utilisé à tort afin de dissimuler l'évaluation personnelle et honteuse d'un patient de la part d'un thérapeute. (Nous osons à peine dire — même à nous-mêmes — « courageux » ou « lâche », « égoïste » ou « généreux », « coopératif » ou « manipulateur », « chaud » ou « froid », « dissimulé » ou « ouvert », « digne d'intérêt » ou « crapule », « sale » ou « propre », « moral » ou « immoral », « cruel » ou « bienveillant », « bon » ou « mauvais ».) Tout le monde sait tout cela.

Nous aimons certains patients et en détestons d'autres (et souvent, aimons et détestons le même patient), et nous traduisons ces convictions, parfois à juste titre, en « traitable » ou « non traitable », « pronostic favorable »

·ou « pronostic réservé ». Aux patients qui présentent quelque aspect de notre idéal du moi, tel que courage, honnêteté, capacité d'aimer, on pardonnera beaucoup de leur pathologie ; ceux qui nous provoquent doivent supporter notre courroux bien que nous puissions être trop bien élevés, insensibles ou inconscients pour l'exprimer ouvertement. La moralité est peut-être le plus rigide des contre-transferts.

COMPLICATIONS

Qu'est-ce qui pèche dans les traitements par « changement de sexe » ? Aucune remarque plus navrante ne pourrait être faite, à cet âge de la médecine moderne, que de dire, pour les accidents énumérés ci-après, qu'il n'y a pas de statistiques sur la fréquence, la gravité ou la mortalité : les morbidités et mortalités habituelles associées à l'anesthésie et à une chirurgie extensive (par exemple, hémorragie, anurie, arrêt cardiaque, embolie), perforation des viscères, défaut de prise du phallus greffé chez les femelles, cicatrisation du vagin artificiel chez les mâles avec perte de tout ou partie de la puissance, cystite chronique, organes génitaux d'allure bizarre, urètre anormal entraînant un écoulement anormal de l'urine, décollement des greffes de peau, infections chroniques (des vagins, ou post-mastectomie), psychose paranoïde, dépression psychotique, dépression chronique mais non psychotique, suicide, désespérance, regret du « changement de sexe », procès.

Quels sont les effets à long terme, s'il y en a, de la prise d'hormones du sexe opposé ? Cela entraîne-t-il un cancer ? Combien de patientes femelles ont maintenant des organes génitaux mâles fonctionnant normalement ? Combien de mâles ont reçu une vulve d'allure normale ou un vagin qui a conservé sa taille normale sans rétrécissement cicatriciel. Combien de patients ont besoin d'une intervention supplémentaire pour corriger les effets de complications ? Je ne connais l'existence d'aucun rapport acceptable sur les complications, comme s'il était au-dessus de la dignité des médecins traitants de les étudier, même pour en dire — si tel était le cas — qu'elles sont insignifiantes.

CONCLUSIONS

Après avoir, dans ce chapitre, éparpillé mes opinions et mes penchants, mes implications et mes déclarations, je vais maintenant les rassembler.

1. Peu de bien est sorti de l'expérimentation sociale du « changement de sexe ». Nous ne savons pas combien de patients ont de graves problèmes du genre ; combien ont été traités ; combien ont été aidés et comment ; combien se portent moins bien et en quoi ; quelles sont les complications et combien de patients en souffrent ; quels sont les noms et les formes des troubles qui amènent les patients pour un traitement ; quelles sont les étiologies, dynamiques et manifestations cliniques de ces états ; quels sont les traitements qui conviennent le mieux pour quels patients ; quelle recherche devrait être menée et comment elle devrait être menée ; quels critères utiliser pour juger les rapports rédigés sur le sujet.

Je me pose la question tandis que j'écris : la situation est-elle réellement aussi mauvaise ? Sans aucun doute, les collègues qui ont été plus enthousiastes sont tout aussi conscients des problèmes éthiques et se sentent tout aussi engagés dans la pratique de l'éthique que ceux d'entre nous qui sont inquiets. Il semble qu'il n'y ait pas eu de conséquences désastreuses pour la plupart des patients. La plupart des participants — patients et docteurs — étaient des partenaires responsables, informés et consentants, et la plupart sont plus satisfaits des résultats que moins satisfaits. Peut-être n'avons-nous été témoins de rien de plus que d'un phénomène insolite, un engouement extravagant qui est peut-être en train de s'éteindre. Il se peut que les consultations d'identité de genre — quel euphémisme ! — ferment bientôt, et que les Pygmalions s'en aillent à la dérive, et que les patients abandonnent leur espoir du remède merveilleux. S'il en est ainsi, il ne nous restera dans notre arsenal rien de plus séduisant que ces techniques difficiles, incertaines et extrêmement modestes que sont la « prise en charge » et la « psychothérapie », fortifiées peut-être par de nouveaux progrès dans l'établissement du diagnostic et dans le traitement des enfants et par des techniques de modification du comportement efficaces et humaines.

2. J'ai été, je crois, le premier de ceux qui ont travaillé en profondeur avec des patients à « changement de sexe » à ne pas partager l'enthousiasme qui s'était développé à la fin des années 1960 à l'égard du traitement par les hormones et la chirurgie. Ma position, à l'heure actuelle, est ce qu'elle était alors : la plupart de ceux qui demandent le changement de sexe n'en tireront pas grand bénéfice. Une évaluation minutieuse, une psychothérapie et/ou une thérapie comportementale leur conviennent mieux. Par contre, les années passant n'ont pas encore révélé de traitements qui, pour un petit nombre de patients, fassent aussi bien que le « changement de sexe ». J'ai toujours l'impression que les mâles les plus féminins et les femelles les plus masculines se portent mieux s'il y a « changement de sexe » que dans le cas contraire (Stoller, 1968 a). Si la chirurgie cessait d'être possible, les transsexuels primaires seraient pris au piège, mais la plupart des transsexuels secondaires — de loin le groupe le plus important à rechercher le « changement de sexe » — n'iraient, à tout le moins, pas plus mal, libres de trouver leur identité et non littéralement coupés d'eux-mêmes.

3. Mais les impressions n'ont pas grande valeur si on ne leur adjoint pas des données solides. Durant ces années, je me suis également plaint (et — qu'il me soit permis d'ajouter, avec un pâle mérite — avec quelques autres) que nous n'avions pas assez de données pour juger avec compétence quels patients gagneraient à tel ou tel traitement. Le temps a montré que non seulement ces données nous font toujours défaut, mais que des

méthodes fiables de recueil de l'information n'ont pas encore été appliquées. Rien d'étonnant que nous ne soyons pas convaincus quand des collègues, fût-ce sur la base d'une recherche formelle, concluent pour ou contre quelque aspect du « changement de sexe » que ce soit.

4. En partie en raison de ces problèmes de mise en œuvre d'études catamnestiques, mais pour d'autres raisons encore plus claires, de nouvelles techniques de traitement apparaissent, dont on rend compte avec enthousiasme, mais qui ensuite ne tiennent pas — par exemple, modification du comportement pour les adultes (Barlow *et al.*, 1973) et les enfants (Rekers, 1977), et psychothérapie pour enfant (Greenson, 1966).

5. Ma suggestion, depuis des années, de considérer les hormones et la chirurgie comme expérimentales et administrées uniquement dans le cadre de la recherche universitaire, a depuis été approuvée par un ou deux collègues, mais n'a presque jamais été mise en œuvre (excepté en Autriche). Tout le monde en a payé le prix.

6. On a pris quelque intérêt (par exemple, Fisk, 1973) pour mon idée selon laquelle il convenait de développer le diagnostic différentiel des troubles sévères du genre afin d'améliorer et notre travail clinique et nos tentatives de mieux comprendre la nature de l'identité de genre. Toutefois, cet effort est estompé lorsque nous nous entichons des termes fourre-tout que sont *transsexualisme* ou *syndrome de dysphorie de genre.*

7. En dépit du glaçage scientifique des publications sur le « changement de sexe » (mise à jour des techniques des traitements hormonaux et chirurgicaux, collecte d'information sur des variables sociales, préoccupations relatives aux méthodes d'échantillonnage, examen statistique des résultats pré- et post-traitement), je ne trouve pas les données de mes collègues plus fiables que les miennes qui sont impressionnistes. En fait, le manque

d'étude en profondeur des patients à l'aide de contacts se poursuivant sur des années (comme il ne peut probablement y en avoir que dans une psychothérapie élargie) me laisse souvent très incertain sur la nature réelle des assertions cliniques compactées dans les tableaux de nombres qui renforcent la plupart des études.

8. Il y a des années, je considérais que tout ce que nous faisions concernant le « changement de sexe » était mauvais, mais que nous pourrions, en nous y appliquant, faire moins mal. Je crains qu'il n'en soit toujours ainsi ; nous n'avons pas beaucoup fait avancer le sujet. Au bout de presque trente ans, l'argument en faveur du « changement de sexe » est encore à démontrer : les traitements et les patients (des deux sexes) ont été, tout au plus, des « Mademoiselle ou presque... manqué », des « Near miss ».

Deux Indiens
d'Amérique
mâles féminisés

Depuis de nombreuses années, ont été publiés des rapports, dus en particulier à des anthropologues, sur les cultures qui permettent aux mâles de choisir de vivre dans des rôles de femme, ou d'être choisis à cette fin (voir Green, 1969, p. 13-22 ; Forgey, 1975). Parmi les plus connus figurent les *berdaches*, qui représentaient l' « homosexualité institutionnalisée » des Amérindiens des Plaines, ou les *alyhas*, qui étaient des Mohaves. (Pour plus de brièveté, nous utiliserons ici le terme générique *berdache*.) Tout en poursuivant mes lectures sur ces gens, je me demandais à quoi ils ressembleraient vus par les yeux de quelqu'un de notre culture ayant observé des transsexuels, transvestis, homosexuels et autres mâles présentant un comportement correspondant à l'autre genre. Ces rapports présentent des données que l'on ne peut juger relativement aux questions que j'aime soulever lorsque j'étudie des patients présentant des troubles du genre.

Ce chapitre est un exposé sur deux mâles indiens que j'ai interviewés et qui désiraient changer de sexe. Ce qui suit est rudimentaire ; un membre d'une minorité raciale, pauvre et déviant dans sa propre culture ne donne sans doute pas l'histoire la plus précise, la plus directe et la plus digne de foi à un étranger blanc, docteur d'université. Cependant, ce rapport peut en sensibiliser d'autres à rechercher si ces impressions peuvent être confirmées.

— *Cas 1*

Le patient a été vu seul, et, quand j'eus épuisé cette situation, je me suis entretenu avec sa mère.

Le patient a la trentaine, indien de race pure, célibataire, il vit actuellement sur la réserve où il est né, et est le troisième d'une fratrie de six. Sa tribu est géographiquement et linguistiquement proche des Mohaves, tribu la mieux étudiée — par Devereux (1937) — quant au comportement correspondant à l'autre genre. Son père avait plus de soixante ans à sa naissance, sa mère, la trentaine. Tous les deux vivants, ils sont des membres de race pure de cette tribu qui a habité la même région depuis d'innombrables générations.

A la naissance, le patient était un mâle d'apparence anatomique normale ; aucune question ne s'est posée quant au sexe à lui assigner, et les deux premières années il n'y eut aucune attitude équivoque concernant l'assignation. (Du développement qui a suivi et jusqu'à maintenant, il est dit qu'il ne révèle pas de problèmes biologiques intersexuels ; je n'ai procédé ni à un examen physique, ni à aucune étude de laboratoire.)

Il dit, et sa mère le confirme, que vers l'âge de deux ans, comme cela se produit parfois dans cette tribu, lui fut donné pour la première fois son nom définitif. Jusqu'alors, il n'avait pas de dénomination précise, ni indienne ni anglaise, mais, à ce moment, on considérait qu'un oncle de la mère avait le droit de donner un nom à l'enfant. La règle voulait que l'oncle fît le choix qui, selon lui, correspondait à l'apparence (comportement ou personnalité, je ne sais pas exactement comment cela se fait) du petit garçon. Le nom choisi fut sans ambiguïté un nom de fille. La mère du patient dit nettement — et sans varier dans ses réponses à des questions formulées différemment — qu'elle n'avait vu aucune féminité chez l'enfant jusqu'à ce moment, pas plus que son mari, ni d'autres membres de la tribu.

La mémoire du patient débute plusieurs années après, mais ne cesse de témoigner d'un manque d'intérêt à être mâle, à assumer les aspects des rôles de mâles, ou à

avoir des rêveries d'expériences masculines voluptueuses.
Il dit que spontanément il jouait avec des filles, et à des
jeux auxquels seules jouaient les filles, et que, bien qu'il
fût contraint en grandissant — en particulier du fait
qu'on l'envoya à une école indienne — de participer avec
des garçons à des jeux de garçons, il s'y prêtait contre
son gré et sans compétence.

Depuis ses premières années, période durant laquelle
sa mère dit qu'on ne pouvait le distinguer des autres
garçons (c'est-à-dire qu'elle ne soupçonnait pas qu'il
deviendrait efféminé), il n'a pas eu d'épisodes de comportement masculin, et n'a jamais pris un rôle masculin de
courte ou de longue durée. Sa mère dit que ni elle, ni
qui que ce soit, n'a vu, ni mentionné, chez lui, un comportement de genre inhabituel jusqu'à ce qu'il ait environ
neuf ou dix ans, époque à laquelle elle nota son aversion
pour les jeux de garçons et sa préférence de se trouver
avec des filles. A ce point du questionnement, ses dires
sont vagues ; les années indiquées variaient un peu
chaque fois que je posais des questions, mais elle répondait clairement que dans la petite enfance aucun trouble
du genre n'était apparent.

Le patient dit qu'il a l'impression d'avoir été intéressé par les rôles de fille dès cinq ou six ans, époque
de ses premiers souvenirs. Lorsqu'il alla à l'école indienne,
vers sept ou huit ans, il constata que des garçons masculins plus âgés étaient attirés par lui et par plusieurs
autres garçons comme lui, d'une tribu différente mais
non apparentée. Avant la puberté, il prenait part à des
expériences homosexuelles. Il a toujours pris ce qu'il se
disait être le rôle féminin, et il avait des érections et
des éjaculations, prenait plaisir aux sensations érotiques.
Cependant, il avait pour règle, comme c'est le cas chez
les transsexuels, que l'on ne touchât pas à son pénis
(Devereux, 1937, p. 511). Il nie avoir eu une expérience
érotique avec quelque femelle que ce fût. Il nie avoir
jamais été excité par des vêtements de femme. Ces derniers temps, il sort exclusivement avec un homme ; ils
souhaitent se marier s'il obtient un « changement de
sexe ». Il n'a pas entendu parler d'une tradition tribale

dans laquelle certains mâles sont choisis pour vivre en tant que femelles ou autorisés à vivre comme telles. Il ne connaît personne d'autre que lui qui ait désiré cela, encore qu'il y ait un garçon de huit ou neuf ans qui lui paraît être comme lui. Toutefois, il a connu des mâles efféminés, issus d'autres tribus, depuis qu'il a commencé à aller à l'école.

L'homme et sa mère décrivent tous deux son acceptation sans problème dans la tribu ; il n'a jamais été humilié par les autres, et aucune restriction n'a été apportée à aucun de ses comportements qui pourraient indiquer la féminité. En fait, il est maintenant le meilleur tresseur de paniers et le meilleur couturier de la tribu, créant les produits traditionnels les plus beaux et les plus fidèles. Lorsque les musées veulent des spécimens des travaux de la tribu pour ces arts, ils s'adressent à lui. Ces compétences lui ont été enseignées par sa mère, et il est reconnu par tous comme plus expert qu'aucune des femmes[1]. Sa mère et lui disent tous deux qu'il n'existe pas de théorie tribale, tradition ou mythe, qui recouvre ses pulsions de genre ou son statut.

Pour moi, son apparence est neutre, pas féminine, efféminée ou masculine. Il est grand et mince, avec de longs cheveux noirs et raides dont il dit qu'ils ne sont pas plus longs que ceux des hommes de la tribu, mais ils flottent librement sur ses épaules, coutume chez les femmes seulement. Il est vêtu d'une blouse violette, d'un pantalon à carreaux noirs et blancs (comme on pourrait en voir aujourd'hui dans le Sud-Ouest sur des hommes ou des

---

1. « De nombreux berdaches acquéraient une très grande renommée pour leur habileté dans les arts des femmes et, en fait, surpassaient les femmes dans ces tâches. Il apparaîtrait donc que nombre des hommes qui adoptaient le rôle de berdache — abandonnant par là les travaux des mâles — n'abandonnaient pas simultanément l'objectif mâle impliquant le désir intense de prestige social. Mais les moyens par lesquels atteindre le prestige furent simplement réorientés sur les travaux des femmes. Bien que les Indiens eux-mêmes expliquent l'adresse des berdaches aux arts des femmes par une « aide surnaturelle », on suggère ici que leur habileté était due à une intense motivation à gagner du prestige dans la compétition. Le rôle du berdache, par conséquent, remplissait la fonction d'intégration personnelle visée et reconnue de fournir à l'individu la chance d'obtenir le prestige » (Fogey, 1975, p. 10).

femmes, indiens ou non) et de sandales de cuir ; ses doigts sont parés de bagues en argent et turquoises. Ses yeux sont légèrement fardés avec une substance qui les fonce. S'il produit aux autres l'impression qu'il me produisit, quand il passe dans la rue, ils ne sauront pas s'ils regardent un homme ou une femme, à la différence des hommes très féminins dont je pense que ce sont des transsexuels, qui ont tout à fait l'air de femmes.

Sa voix est artificiellement montée d'environ une octave, et n'a pas la sonorité transsexuelle typique, sensuelle et voilée, mais est plutôt celle d'un homme qui imite une voix de femme. Il zézaie légèrement, mais n'a pas la façon caricaturée de s'exprimer que l'on entend chez les homosexuels efféminés. Lorsqu'il parle, les gestes de ses mains sont tels qu'on a l'impression qu'il essaie constamment de créer un effet de grâce. Cependant, la grâce ne vient pas de l'intérieur, mais paraît plutôt plaquée sur un corps trop grand, trop musclé, trop maigre et trop fort. Le mouvement le plus féminin de sa part fut un petit gloussement après quoi il dissimula sa bouche du bout des doigts lorsqu'il exprima un léger embarras ou une certaine coquetterie. Cela me frappa comme étant un mouvement ritualisé que j'avais seulement vu avant chez les femmes japonaises qui exprimaient de la timidité. J'ai lu plus tard (Devereux, 1937) que les Indiens Mohaves homosexuels font cela.

Le patient était plein d'entrain, vif, et le contact avec moi était toujours bon. Je pouvais me rendre compte de ses affects, lesquels étaient appropriés, non histrioniques, non surveillés, et jouaient librement au-dedans de lui et s'extériorisaient dans la communication avec moi. L'humeur de base, tout au long de l'entretien, a été la bonne humeur, plaisanteries et taquinerie pour me tester. Mais lorsqu'il exprima le désir de changer de sexe, son humeur se changea en franchise et préoccupation. Il n'était pas gêné de parler de sa sexualité, ni du comportement érotique, ni des problèmes de masculinité et de féminité. Il n'y avait aucun signe de psychose ou d'état limite. Il n'y avait pas de comportements grossièrement névrotiques, et il ne donnait pas l'impression de quelqu'un d'affligé d'anxiété, de dépression chroniques ou de leurs transformations.

Un indice important pour juger de l'identité de genre est pour moi le pronom masculin ou féminin dont je me trouve faire usage avec une personne. Indépendamment de l'anatomie, je ne peux dire « elle » sans réfléchir que lorsque les comportements d'une personne se situent dans la gamme de ceux de femmes que j'ai connues, et il en est de même pour « il » et les hommes. Mais on voit parfois ceux pour qui ni le pronom masculin, ni le pronom féminin n'est tout à fait exact, et d'autres qui prétendent que leur identité de genre est de tel type, et les pronoms que j'ai sur la langue démentent cette assertion. Ce patient tombe dans cette dernière catégorie. Je ne pouvais pas, sans réfléchir, dire « elle » et, si « il » me fait hésiter, c'est le pronom le plus facile à employer.

Une demande de renseignements auprès de l'Assistant du Service de Santé Publique des Etats-Unis qui vit sur la réserve fournit les informations suivantes :

En ce qui concerne les coutumes et les traditions de la tribu X, il apparaît, en fonction des questions posées à certains des membres âgés de la tribu, qu'ils ne semblent avoir connaissance d'aucune coutume solide et bien établie selon laquelle on attendrait deux ans pour nommer un enfant. Bien que certains des membres âgés aient effectivement dit que certaines familles attendaient que les enfants marchent pour leur donner un nom, je n'ai pas pu en trouver de véritable fondement, si ce n'est que les enfants sont nommés beaucoup plus tard et de façon beaucoup plus fortuite que ce que l'on trouverait dans une communauté de race blanche.

En ce qui concerne les écrits de Devereux sur les Alyhas, tout ce que je peux dire c'est que, dans la tribu, ici, D... semble être accepté sans raillerie, et il semblerait que la plus grande partie du peuple local ait tout à fait la même impression de D... que celle que vous avez notée dans votre entretien, l'impression de quelqu'un de neutre. Pour autant que je puisse m'en rendre compte, il n'y a pas de galant proprement dit parmi les hommes du coin, bien que nombre d'hommes jeunes s'accusent les uns les autres d'être son/sa copain(ine). Apparemment, il est très bien accepté par les femmes aux réunions sociales.

— *Cas 2*

Ce second cas est également celui d'un mâle apparemment normal anatomiquement, qui désirait changer de sexe pour vivre en permanence en tant que femme. (Ici encore, je n'ai procédé ni à un examen physique ni à des tests de laboratoire.) Le patient, d'allure plus féminine que le premier, est un Indien du Middlewest de trente ans. Il est, toutefois, indien d'une façon différente du premier. Bien qu'il soit né dans une réserve, qu'il ait vécu sur la réserve, ou à sa frontière, jusqu'à l'âge adulte, qu'il soit catégorisé comme indien par la société extérieure, qu'il ait fait ses études dans des écoles indiennes et se considère comme indien, son hérédité est seulement à moitié indienne. Son groupe est une sous-tribu dont les membres descendent du mariage d'un colon français et d'une femme indienne il y a plus d'un siècle. Ils se considèrent tous mi-indiens, mi-blancs du fait de cette union, et puisque tous se réclament de cette origine, ils se considèrent comme homogènes. On peut donc dire que leur identité est indienne, mais comporte le sentiment d'avoir un héritage à moitié blanc datant de plusieurs générations.

Ni le patient, ni sa mère ou sa sœur, qui furent également interviewées (chacune séparément), n'est au fait d'une tradition tribale qui institutionnalise le comportement correspondant à l'autre genre.

Le patient est un jumeau, considéré par tout le monde identique à son frère (il n'a pas été procédé à une détermination des groupes sanguins pour confirmer cela). Personne ne pouvait les distinguer l'un de l'autre dans leur enfance et leur adolescence s'ils étaient nus et au repos. Toutefois, lorsqu'ils étaient habillés ou qu'ils se déplaçaient, les signaux de masculinité, chez l'un, et de féminité, chez l'autre, les identifiaient facilement. Ils étaient les neuvième et dixième enfants d'une série de quatorze. La famille se divise en deux, les huit premiers forment une unité, les six derniers, une autre unité, chacun des groupes se sent nettement différent de l'autre, et les membres de chaque groupe n'éprouvent de pulsions filiales qu'au sein de leur propre groupe. On ne rapporte de troubles de genre chez aucun des frères et sœurs. Les quatorze avaient la même mère et le même père bien que les parents aient divorcé quand le patient avait cinq ou six ans. La sœur vue en entretien vient, dans la fratrie, immédiatement après les jumeaux ; elle a un an de moins qu'eux.

Le patient est le jumeau né en second et, à la naissance, il était un peu plus petit. La mère dit :

> Quand il est né, B... [patient] avait un léger trouble gas-trique, davantage que l'autre jumeau, et je l'ai amené chez le docteur, car je me faisais beaucoup de souci. Tout le monde a dit que chez les jumeaux l'un n'est pas aussi fort que l'autre et qu'on en perd un. Alors, je me suis fait du souci à son propos et je l'ai amené chez le docteur. Et il a dit qu'il avait beaucoup de gaz dans l'estomac et que c'était tout. Mais il était un peu plus lent que l'autre, pas d'esprit, mais pour marcher et pour manger. Il était plus long à manger que l'autre. En fait, nous continuons à en rire. Nous disons que l'autre jumeau prenait son biberon et le finissait en un rien de temps. Je me retour-nais, et A... [le plus âgé] finissait de boire et rampait et prenait le biberon de son frère. Et A... a marché plus tôt que B... A... a toujours été plus semblable, je dirais, à tous les garçons. Il aimait les garçons. Et celui-ci, B..., n'aimait pas monter à cheval. Nous avons essayé de le faire monter à cheval. Et l'autre voulait absolument monter si le cheval ne voulait pas partir.

En grandissant, ils furent tous deux d'une bonne santé et forts ; le patient, bien que non masculin, lorsqu'il était provoqué, pouvait se battre avec autant de vigueur et de rage que son jumeau masculin[2]. Mais c'était rare, et c'était la seule exception dont il ait été fait mention à une façon d'être par ailleurs régulièrement calme et aimable qui reflétait le sentiment qu'avait le patient d'être féminin.

Il dit que ce sentiment remonte aussi loin qu'il se souvienne, et sa sœur le confirme depuis ses premiers souvenirs (entre trois et quatre ans). Cependant, leur

---

2. Devereux (1937) rapporte les paroles d'un Indien : « Si tu tourmentes un Alyha, qui a la force d'un homme, il te courra après et te tabassera » (p. 510). On n'entend pas dire cela des transsexuels primaires.

mère ne se souvient pas qu'il ait été étrange à cet égard jusqu'à, peut-être, l'âge de neuf ans. Bien qu'imprécise quant aux détails se rapportant à sa féminité, elle répond aux questions directes sur le comportement d'une façon qui montre qu'elle voyait les différences, mais ne les interprétait pas comme étant masculines ou féminines. Exemple : La sœur dit : « Quand nous étions petits, Maman disait "Pourquoi ne vas-tu pas dehors jouer avec les autres gosses ? Pourquoi ne vas-tu pas jouer au base-ball ou monter les chevaux ? [Cette dernière activité était particulièrement la marque de la véritable masculinité.] Ne pleure pas tant". »

Les premiers souvenirs de B... sont ceux de ses jeux avec cette sœur plus jeune ; elle confirme les détails de l'histoire du garçon. Ils disent l'un et l'autre que, avant que la seconde « famille » soit créée, leur mère était trop occupée pour passer beaucoup de temps avec eux, et comme la relation conjugale se détériorait et en était à ses dernières années, elle laissait souvent les enfants seuls. Leur père, personne calme, moins énergique que leur mère, était présent au foyer bien qu'il travaillât dans la journée. Il n'était pas absent physiquement, mais, à mesure que les années passaient, il devint de plus en plus alcoolique, et de ce fait, même quand il était à la maison, il n'était pas souvent disponible affectivement.

Ni la sœur, ni le patient ne se souviennent d'un temps antérieur au moment où ils jouaient constamment ensemble à jouer à des jeux. Laissés seuls une grande partie de la journée par leurs frères et sœurs plus âgés et par leurs parents, ils s'amusaient à jouer avec des poupées et à des versions infinies de « papa maman ». Ils s'habillaient tous les deux avec des vêtements de fille ; un jeu n'était considéré commencé que quand il mettait les vêtements de sa sœur. Cela n'était jamais fait pour des raisons d'excitation sexuelle ; il n'a jamais été excité par les vêtements. Invariablement, ils prenaient tous les deux des rôles de femme et prenaient l'autre jumeau ou d'autres garçons pour les rôles de mâles. Aucun des enfants qui prenaient part aux jeux n'a jamais contesté cela ; le fait que le patient s'habille en vêtements de fille n'a jamais fait partie d'une expérience destinée à l'humilier, et il ne s'est jamais senti humilié. Que l'on oppose cela à l'histoire que donnent fréquemment ceux qui pratiquent le travestissement fétichiste, celle d'avoir été la première fois mis dans des vêtements de fille pour les punir ou les humilier. Le frère et la sœur disent tous deux que ce jeu a duré des heures, tous les jours, pendant des années, et que c'était leur période la plus heureuse. Je ne peux pas avoir de preuve que ces jeux étaient provoqués par de l'hostilité de la part de la sœur. Au contraire, ils trouvaient tous deux ce jeu extrêmement agréable, et, qui plus est, il les empêchait de souffrir de la solitude, souffrance qui sans cela se serait produite dans une famille où les frères et sœurs plus âgés n'étaient pas dans les parages et où le père et la mère étaient rarement à la maison.

Bien que ces activités fussent interrompues lorsque les jumeaux furent envoyés à l'école à l'âge de cinq ou six ans, ce jeu non conscient de lui-même, non érotique, comme si l'un et l'autre avaient été des filles, recommençait chaque fois que le patient et sa sœur se retrouvaient ; il se poursuivit dans l'adolescence. A la longue, il s'étendit à d'autres filles, et quand les jeux étaient de ceux dont les garçons étaient exclus, le patient était néanmoins admis. Ainsi, lui et sa sœur, de la toute petite enfance jusqu'à maintenant, ont partagé un intérêt consolant, non hostile, non traumatisant, non conflictuel pour les choses féminines, au sein duquel le patient était admis comme compagnon féminin de sa sœur. Apparemment, cette sous-culture indienne ne comporte pas d'ensemble de comportements de rôle ayant pour objectif d'humilier les garçons féminins ou les hommes qui préfèrent sexuellement les hommes. Aussi les pairs de ce garçon n'étaient-ils pas formés à se moquer de lui et n'en ont-ils pas fait un bouc émissaire. Ils l'ont, au contraire, accepté comme un garçon qui se sentait comme une fille. Lorsqu'il partit à l'école indienne, on continua à ne pas faire pression sur lui pour qu'il haïsse son comportement féminin.

Il n'y avait en rien de tout cela le moindre soupçon qu'il ne fût pas un mâle ; l'assignation de son sexe était sans équivoque, et ne fut jamais contestée tout au long de sa vie. Il n'a jamais eu l'impression d'être une femelle, seulement, qu'il se trouvait bien dans le rôle d'une fille. Etant donné que ce sentiment a persisté jusqu'à présent, il aimerait que l'on change son sexe pour que son corps soit en conformité avec le seul rôle dans lequel il se sent à l'aise[3].

Comme dans le premier cas, je ne constatai rien qui puisse témoigner d'une symptomatologie névrotique ou psychotique. Le patient était toujours direct et d'excellent contact : j'avais l'impression de parler à une personne réelle, non pas à quelqu'un de caché derrière une structure défensive ou flottant hors de ma portée, comme on peut l'éprouver avec les schizoïdes.

Il était doux, aimable — féminin — sans singerie, le pronom aisé eût été « elle ». Il jugeait bon de ne pas apparaître ainsi (bien que jusqu'à ces derniers il eût vécu, par intermittence, en femme, quelques années) parce que, disait-il, il voulait attendre de pouvoir le faire légitimement.

DISCUSSION

Etant donné que les données sont minces, j'ajouterai seulement quelques commentaires.

Premièrement, ces sujets mettent en évidence des observations notées de longue date sur la détérioration, chez les Indiens d'Amérique, des techniques de ritualisation du comportement correspondant à l'autre genre. Il n'y a plus de place pour le rôle — qui plus est, l'identité — d'une femme-mâle, dont le champ est fixé par des cou-

---

3. Green et moi-même (1971) avons parlé précédemment de deux paires de jumeaux identiques qui différaient dans leur comportement de genre, où les familles réagissaient différemment aux jumeaux et peuvent avoir encouragé le comportement correspondant à l'autre genre chez un seul des enfants. Voir aussi Green (1985).

tumes, des règles, des concessions mutuelles ou des responsabilités. Les tribus ont oublié. Et ce rôle n'est plus qu'un fantôme. Du moins est-ce tout ce qui en reste dans le cas 1, considéré comme rien de plus qu'un amusement innocent, auquel on permet de traîner en habits de femme, de tisser et de coucher avec des hommes. Nul ne pense qu'il est sous l'empire des esprits ; il ne produit pas de magie et n'en est pas le bénéficiaire. Il est pleinement laïcisé ; on le considère sans drame comme un gay qui souhaite se comporter comme une femme. Le cas 2, quant à lui, a abandonné sa tribu vers la fin de son adolescence, mais avant cela, on ne le tourmentait pas pour être féminin ; personne ne paraît s'être senti menacé. Bien que les tribus aient perdu le rituel par lequel le comportement correspondant à l'autre genre était non seulement significatif, mais utile, elles ne comblent pas ce vide, comme c'est notre cas, par des techniques humiliantes ; apparemment, la culture américaine a besoin de ces techniques pour se protéger.

La détérioration du rôle de berdache n'est guère une nouveauté. Devereux en parla en 1937 ; en 1900, elle était déjà évidente pour Stevenson :

> Il n'y a eu que cinq personnes de ce type chez les Zunis depuis que l'auteur a rencontré ces gens ; et jusqu'à il y a environ dix ans, il n'y en avait que deux (p. 37).
> L'homosexualité chez les Mohaves a été mentionnée par les premiers voyageurs dans cette région. Bien qu'à l'heure actuelle les Mohaves désapprouvent peu, ou pas du tout, l'homosexualité, aucun homosexuel avéré ne vit sur la réserve... Néanmoins, selon les potins, certaines personnes se livrent en secret à l'homosexualité (p. 498).
> Il n'est peut-être pas inutile de rappeler ici que les homosexuels mâles étaient autorisés à adopter officiellement le statut de femme dans de nombreuses tribus d'Indiens d'Amérique. Les données sont toutefois très incomplètes, et incluent rarement des histoires de cas (p. 520).

Non seulement Devereux ne put pas trouver de personnes de ce type au cours de son étude des Mohaves, mais, en relatant deux histoires de cas, ne put recueillir des données que de la part d'un informateur qui avait connu ces gens des années auparavant.

Opler (1967) écrit :

La caractéristique de ces sociétés, et d'autres sociétés sans écriture vivant de chasse et de cueillette, est que l'homosexualité est généralement rare et, dans certains cas, pratiquement inexistante. Dans les premières tribus que cet auteur ait étudiées en situation de terrain, les Mescaleros et les Apaches Chiricahuas, cette rareté contraste nettement avec la culture urbaine moderne anglaise ou américaine. L'ouvrage de base sur les Chiricahuas, *An Apache Life-Way*, de Morris E. Opler, note que l'homosexualité est interdite chez eux et considérée comme une forme de sorcellerie. Les informateurs avaient entendu parler de garçons, mais non pas d'hommes adultes, pratiquant l'homosexualité. Selon les informateurs, un berdache, ou travesti, qui se livrait à des activités de femmes (mais, apparemment, pas à l'homosexualité) était mort avant 1880. Quelques lesbiennes remontaient à l'époque de la détention à Fort Sill en Oklahoma. Certaines femmes avaient des intérêts masculins, mais en dehors de ces cas dispersés et historiques dans lesquels, soit dit en passant, n'existait aucun constat organique, l'homosexualité était notable par sa rareté. Par la suite, dans un travail de terrain chez les Indiens Ute du Colorado, le questionnement de l'auteur sur de tels sujets donna lieu à un certain amusement, à de l'incrédulité et à un questionnement en retour sur la culture urbaine américaine.

Les réactions des peuples sans écriture, avec des niveaux de développement économique rudimentaires de chasse et de cueillette, aident à répondre à la question de savoir si les taux de comportement homosexuel varient dans les différentes sociétés. Driver, dans *Indians of North America*, expose des exemples typiques de berdaches indiens des Plaines, ou travestis mâles. Il note que les relations avec les femmes étaient des symboles du prestige mâle, dans ces cultures, et que la dominance sociale des hommes sur les femmes était probablement plus marquée là que dans toute autre région du nord du Mexique, exception faite de la côte Nord-Ouest. Dans ce milieu, certains hommes ayant de vives aversions pour le rôle ultra-masculin revêtaient un habillement de femme, faisaient le travail des femmes, et, parfois — apparemment une minorité —, vivaient en fait de manière homosexuelle.

Ceux qui ont écrit sur les Indiens d'Amérique du Sud présentent de rares exemples. Steward et Faron, dans *Native Peoples of South America*, mentionnent des exemples uniquement pour les Calamari, chez lesquels existaient une classe particulière d'invertis mâles, ainsi qu'une classe de prostituées femmes, qui allaient de village en village vendre leurs services sexuels, et pour les Nata citadins, chez lesquels existait une classe d'esclaves mâles homosexuels qui faisaient le travail des femmes (p. 252-253).

Le second point ne requiert qu'un bref commentaire. Comment pourrait-on relier le berdache aux patients présentant des problèmes du genre vus aujourd'hui dans les environnements de langue anglaise. Et, d'un intérêt particulier pour moi, y a-t-il des influences précoces, interpersonnelles — en particulier intrafamiliales — qui contribuent au comportement ? Si on se souvient de la limitation des données, quelques remarques sont possibles.

Les influences dans l'enfance, différentes dans ces deux cas, ressemblent néanmoins à certaines de celles dont nous avons eu connaissance antérieurement. D'une part, les pères étaient trop éloignés de leurs familles pour servir de modèle de masculinité, pour s'opposer aux influences féminisantes émanant des autres ou pour tenir à influencer le comportement de leurs fils. D'autre part, des personnes ont aidé à façonner le comportement féminin chez les deux garçons — un oncle qui donna à un garçon un nom expressément féminin, et une sœur qui encouragea un garçon à jouer comme étant une fille. Dans quelle mesure et sur quelle personnalité d'enfance déjà développée ces influences se sont-elles exercées ? Nous l'ignorons, mais elles donnent à penser que des forces exceptionnelles se sont exercées dans la petite enfance, forces en vertu desquelles il est moins surprenant que ces garçons soient devenus féminins en grandissant. (Nous ne pouvons rien savoir des précurseurs dans la toute petite enfance — traumatismes ou satisfactions dans l'interaction mère-bébé, ou fantasmes primitifs et défenses intrapsychiques établies dans l'esprit du bébé.)

Troisièmement, on peut difficilement estimer, d'après la littérature, quelle était la nature du comportement correspondant à l'autre genre chez les Indiens d'Amérique. Certains étaient-ils sexuellement excités par les vêtements de femme ? Combien étaient anatomiquement ou physiologiquement intersexués ? Combien étaient féminins dès le début, et chez combien le comportement correspondant à l'autre genre est-il apparu avant l'âge de cinq ans, ou dix, ou quinze, ou plus tard ? Combien d'allure neutre? Combien contrefaisaient les femmes avec une hostilité voilée ? Certaines tribus condamnaient-elles un tel comportement ? D'après la littérature et ces deux patients aux tableaux cliniques et aux antécédents différents, j'ai l'impression que les cultures indiennes ne produisaient pas un état — berdache — différent de ce fourre-tout : « syndrome de dysphorie de genre ».

Quatrièmement, dans quelle mesure ce comportement était-il courant ? Bien que le sujet ait attiré l'attention des anthropologues et des psychiatres, c'est peut-être davantage pour son étrangeté que pour sa fréquence. Lorsqu'on passe en revue la littérature anthropologique, on ne peut dire combien de personnes de ce type existaient à l'époque. A mon sens, ce comportement était rare, à tel point que, lorsqu'un anthropologue entendait parler d'une telle personne, il déposait un rapport. Tout le sujet est sans consistance. Et maintenant il est trop tard pour savoir. Des coutumes comme le berdache existent peut-être encore, intactes, quelque part. S'il en est ainsi, espérons que les anthropologues qui étudient de tels groupes apporteront des réponses à nos questions.

Un dernier commentaire et une opinion. Avant leur conquête, les Indiens d'Amérique aimaient que leurs hommes soient des hommes et que leurs femmes soient des femmes ; chacun savait quelle était sa place et quels étaient les comportements qui marquaient cette place. Et si les mâles indiens pouvaient être aussi machistes que tous les mâles d'où qu'ils soient, il semble qu'ils pouvaient néanmoins traiter avec bienveillance ceux qui étaient excités sexuellement par des individus de leur propre sexe ou ceux qui souhaitaient vivre en tant qu'appartenant au sexe opposé. On n'était pas mis au ban de la société pour avoir ces tendances[4], et personne

---

4. Ni complètement accepté, encore moins sujet à raillerie si l'on ne se cachait pas. « En règle générale, les homosexuels officiels n'étaient pas l'objet de railleries. Les Mohaves croient aux compulsions du tempérament et considèrent "qu'ils ne peuvent s'en empêcher". Le plus gros des plaisanteries inévitables venait de leurs épouses qui avaient tant de bonnes raisons » (Devereux, 1937, p. 518).

ne se voyait infliger de force un traitement. La culture n'était pas menacée : ni la capacité de produire de la nourriture ou de faire la guerre, d'élever les enfants ou de transmettre l'héritage culturel, ni la structure de la famille ou de la religion. Cette attitude ne causait pas de tort aux individus ; elle ne nous en causerait pas non plus.

11

Développement de la masculinité :

une contribution transculturelle

Ce chapitre, rédigé en collaboration avec le Pr Gilbert H. Herdt, est édifié à partir de ses travaux d'ethnographie.

Une nouvelle théorie du développement de la masculinité et de la féminité, due à un certain nombre de chercheurs, a récemment été proposée (une revue en a été faite dans Stoller, 1975 a, 1976). Si elle était validée, elle mettrait en question la croyance de Freud selon laquelle le mâle est le sexe biologique et psychologique supérieur en plaçant les femelles et la féminité dans un rôle plus primitif.

L'argument selon lequel la féminité n'est pas éprouvée par les mâles ou les femelles comme fondamentalement inférieure à la masculinité est ancré dans les constats qui sous-tendent le concept de noyau de l'identité de genre, sentiment d'être un mâle ou une femelle. Comme je l'ai exposé antérieurement, cela commence à émerger autour de la première année de la vie en tant que partie de la subjectivité connotée par les termes tels que *self* et *identité*. Freud disait que la masculinité était le mode originel, naturel, de l'identité de genre dans les deux sexes. Il pensait qu'elle résultait en particulier de la première relation d'objet hétérosexuelle du garçon avec la mère, et de la première relation d'objet homosexuelle de la fille avec la mère — en même temps que de la supériorité inhérente au fait de posséder un pénis. Cependant, selon la nouvelle théorie, la première forme de l'identité de genre (précédant la relation d'objet) est celle d'être fusionné avec la mère, de ne pas opérer de distinction entre ses propres frontières, anatomiques et psychiques, et la mère. Cette « identification » préverbale[1] peut aisément augmenter la création de la féminité chez une fille, mais, chez un garçon, elle devient un obstacle à surmonter pour devenir une personne masculine distincte. Ces processus favorisant la féminité font courir des risques au noyau de l'identité de genre du garçon, non à celui de la fille.

La règle selon laquelle des androgènes doivent être ajoutés pour convertir la diathèse de la femelle en état de mâle a survécu à tous les défis expérimentaux. Néanmoins, l'argument en faveur de notre hypothèse — la relation mère-bébé pèse davantage sur le premier développement de l'identité de genre des garçons que sur celui des filles — nécessite encore d'autres mises à l'épreuve. Ces mises à l'épreuve ont été fournies par les analyses d'adultes et d'enfants ; les évaluations et le traitement non analytique de très nombreux sujets adultes et enfants présentant, ou non, des troubles du genre ; des observations d'enfants non anormaux, non en traitement et de leurs familles ; et des observations naturalistes de la symbiose mère-bébé chez des bébés mâles et femelles. L'étude de l'excitation sexuelle elle-même — perverse ou normale — fournit en outre des données et des indices (Stoller, 1975 *b*, 1979).

Et par-delà ces possibilités se situe la mise à l'épreuve longtemps admirée, mais rarement utilisée, qui suscite ce chapitre : l'étude de l'identité de genre dans d'autres cultures.

---

1. Les guillemets indiquent notre sentiment de ne plus très bien comprendre, en particulier chez les bébés, ce qui constitue le processus dit identification.

HYPOTHÈSES
SUR LES ORIGINES
DE LA MASCULINITÉ

Pour centrer le lecteur sur l'argument de ce chapitre, nous répétons certaines propositions antérieures. Nous ne pensons pas qu'elles couvrent tous les facteurs qui mènent à la masculinité, mais plutôt que les trois propositions qui suivent menacent le développement de la masculinité à ces stades précoces.

1. Si l'on met de côté les facteurs biologiques, tels que SNC/influences hormonales (pour isoler l'argument, non parce que l'on peut ne pas tenir compte de ces facteurs), plus la symbiose mère-bébé est longue, intime, et source de plaisir mutuel, plus est grande la probabilité que le garçon devienne féminin ; et cet effet persistera si le père du garçon n'interrompt pas la fusion qualitativement et quantitativement. Moins la constellation familiale est présente, moins la féminité se produit.

2. Postérieurement aux premières semaines qui suivent la naissance, au cours desquelles il n'est pas nécessaire de postuler quelque comportement ou élément mentaux qui puissent être considérés comme teintés de genre (en se souvenant que le cerveau mâle diffère du cerveau femelle), le premier stade n'est pas un stade de masculinité mais de protoféminité, état induit par la fusion qui se produit dans la symbiose mère-bébé.

3. Pour que la masculinité se développe, tout garçon bébé doit ériger des barrières intrapsychiques qui évitent le désir de maintenir le sentiment merveilleux de faire un avec la mère. En se développant — résultats combinés des fonctions biologiques en expansion, des compétences acquises et du plaisir de la maîtrise — le garçon acquiert de puissants soutiens dans la lutte contre ses propres pulsions à fusionner avec la mère. Inversement, dans la mesure où la fusion est renforcée pour avoir été encouragée, le sentiment d'être comme elle — identifié à elle —

interfère avec sa masculinisation[2]. Le garçon qui n'attache pas de prix à la masculinité — chez qui elle n'a pas été encouragée — aura peu de raisons de résister à son sentiment de féminité et de faire un avec l'état de femelle de sa mère. Nous présumons (« séries complémentaires » de Freud) que des forces biologiques sont à l'œuvre et qui font que certains garçons se trouvent davantage contraints d'échapper à cette symbiose et de dépasser le stade protoféminin, tandis que chez d'autres, une poussée biologique (mâle) de moindre force est insuffisante pour surmonter l'attraction de la protoféminité précoce.

Si, comme cela se produit le plus souvent, la première année environ permet qu'un désir suffisant de masculinité anéantisse les pulsions protoféminines, et si ce premier désir de masculinité est encouragé, alors, le garçon essaiera non seulement de préserver, mais aussi, d'accroître sa masculinité au-delà du noyau de pulsions vers la féminité déjà construit. Il crée par conséquent un écran de protection — l' « angoisse de symbiose » — en lui, sous forme de fantasmes qui, s'ils réussissent, durent, c'est-à-dire deviennent la structure du caractère. Le comportement que les sociétés définissent comme convenablement masculin est fait des formes de cette manœuvre de défense : crainte de l'anatomie femelle, envie et dérision subséquente des femmes ; crainte de pénétrer dans leur corps, crainte de l'intimité (de pénétrer — encore plus que dans leur corps — dans le soi interne des femmes) ; crainte de manifester, et, par là, de révéler que l'on possède des attributs « féminins », catégorisés dans de nombreuses cultures par les qualités que sont la tendresse, l'affection, l'inhibition de l'expression des sentiments ; la générosité, la dispense de soins, ou le désir d'entourer les autres ; crainte des attributs femelles tels que rondeurs, absence de pilosité, voix

---

2. Nous indiquons seulement ici, sans en discuter, qu'une expérience erratique, frustrante, de fusion avec une mère terriblement tentante peut également, avec son mélange de besoin de fusion et de colère accrus, interférer avec la masculinisation. Le résultat, dans ce cas, n'est pas la féminité, mais sa caricature : le caractère efféminé.

haute ; et crainte d'être désiré par un homme. Par conséquent, être rude, tapageur, belligérant ; maltraiter et
fétichiser les femmes ; rechercher seulement l'amitié des
hommes mais aussi détester les homosexuels ; parler
grossièrement ; dénigrer les occupations des femmes. Le
premier devoir pour être un homme est : ne pas être
une femme. (Comme noté précédemment dans ce livre,
nous ne sous-entendons en aucune façon que la séparation d'avec le corps de la mère est capitale uniquement
pour le développement de l'identité chez les garçons.
Nous voulons au contraire souligner, d'abord, que la
fusion avec la mère durant les premiers mois de la vie
promeut la protoféminité dans les deux sexes, ce qui en
soi ne cause pas nécessairement de problème chez une
fille. Ensuite, que dans la mesure où une fille retarde
sa séparation intrapsychique d'avec sa mère, les effets
ne se manifestent pas dans une apparence non féminine,
mais plutôt dans d'autres signes d'aberration moins liés
au genre.)

CONSTATS TRANSCULTURELS : NOUVELLE-GUINÉE

Aux mises à l'épreuve ci-dessus, nous en ajouterons
maintenant une autre : une étude anthropologique dont
nous extrayons des fragments pour mettre en question
et élargir ces hypothèses. Nous examinerons nos découvertes ethnographiques pour voir si, dans une autre
culture où les liens mère-fils sont généralement prolongés
et chaleureux et où, simultanément, les relations père-
fils sont faibles (mais non de la forme extrême constatée
dans les familles de garçons très féminins), les gens sont
conscients que les garçons courent le risque de devenir
féminins. Puis, suivant l'argument selon lequel cette
autre société ne peut survivre que si les hommes sont
d'une âpre masculinité, nous rechercherons le témoignage
d'une « angoisse de symbiose » — barrières élevées pour
empêcher les effets féminisants de faire irruption dans
la conscience des hommes.

Il convient d'indiquer, au début de notre description,

la méthodologie de la recherche de terrain[3]. Ses objectifs premiers comportaient une description systématique du comportement de l'initiation rituelle et sa signification pour les garçons qui l'ont subi. L'observation du participant a permis la documentation du comportement rituel. Des entretiens tant ouverts que structurés ont été utilisés dans la collecte de nombreuses études individuelles de cas de type clinique de garçons et d'hommes, en vue de comprendre leur expérience du rite et le fonctionnement psychodynamique des symboles rituels dans leur sentiment du soi et la structure de leur caractère.

Dans ce travail clinique, le problème de ce qui constitue le niveau de référence normatif des expressions psychodynamiques et comportementales est, naturellement, crucial. Le traitement de cette évaluation psychosociale est analogue à celui de Levy (1973). Après des mois de travail minutieux avec de petits nombres de Sambia mâles, Herdt a procédé à une classification qualitative — et à une évaluation — de ce qui paraissait statistiquement normatif ou aberrant et de ce qui semblait normal ou aberrant au plan psychodynamique, à partir de l'adaptation de la culture sambia, de la biographie de l'individu, des contextes des actes de communication dans l'entretien, et de la « continuité de la preuve » (Erickson, 1958) de la relation clinique en cours. Des entretiens structurés faisant intervenir des procédures d'évaluation du comportement ont également été effectués sur un plus grand échantillon de garçons, des échantillons restreints de femmes, et sur de petits nombres de parents dont les bébés avaient été observés par intermittence. Des observations des enfants et des interactions mère-bébé furent effectuées pour comprendre les modèles de développement normatifs et la façon dont les idéaux culturels correspondent à ces normes. L'exposé suivant du développement du genre chez les Sambia résume ces constats.

---

3. Les lecteurs intéressés peuvent aussi consulter G. H. Herdt (1977, 1981) pour une documentation plus ethnographique. L'étude de terrain chez les Sambia fut menée par G. H. Herdt, en 1974-1976, 1979, 1981 et 1983.

Les Sambia, peuple tribal isolé, de quelque 2 300 guerriers-chasseurs et horticulteurs, habitent une région montagneuse extrêmement déchiquetée des Hautes-Terres orientales[4] de Nouvelle-Guinée. La société sambia fonctionne avant tout pour perpétuer l'état de guerrier de ses hommes dont on attend de tous qu'ils deviennent de farouches combattants capables de tuer[5]. A la différence d'autres cultures guerrières connues du monde de l'Antiquité et du monde contemporain, les Sambia n'admettent aucune alternative à leur modèle du rôle de genre masculin, le guerrier phallique. Même le rôle d'évasion institutionnalisé du chaman n'admet pas de réelles exceptions (comparer Devereux, 1937)[6], et, à une exception près (voir chap. 10), l'inversion sexuelle chez l'adulte n'existe pas. Entourés de toutes parts par des ennemis qui razziaient et tuaient, les hommes, même maintenant, sont formés à être constamment en éveil, agressifs et méfiants de crainte qu'eux-mêmes ou leur communauté ne soient attaqués et anéantis. Leur technologie étant celle de l'Age de pierre, les Sambia ne peuvent atténuer, en substituant à leur propre force des armes de qualité supérieure, l'exigence primordiale d'avoir à être physiquement et affectivement puissants. Pour toute arme ou instrument de leur puissance, ils ne possèdent que leurs corps, des arcs et des flèches ou des massues : pas de fusils, de bombes ou de gaz ; pas de signaux électriques ou de gadgets subtils ; pas de médecins ni d'hôpitaux ; peu d'art ; et un système religieux simple et peu réconfortant fait d'esprits malveillants et de techniques pour les tenir à distance.

4. « Hautes-Terres » est presque un euphémisme : l'altitude des montagnes est de l'ordre de celle des Alpes.

5. L'utilisation du temps présent renvoie à la société sambia dans les années 1960, lorsque la guerre se produisait encore, antérieurement à la pacification en 1965. En dépit du changement, et de plus nombreux changements vers l'occidentalisation à la fin des années 1970, les faits relatés ici sur l'initiation, la masculinité et l'identité de genre, sont fondés sur des observations effectuées de 1974 à 1976. Bien que les haches d'acier aient remplacé celles de pierre, tout l'armement et presque tous les outils sont toujours faits en bois ou autres matériaux du pays.

6. La plupart des chamans sont des mâles. Tous ceux qui sont des mâles sont des guerriers, et quelques-uns étaient aussi des chefs de guerre.

Ces hommes sont l'illustration des nombreux peuples de Nouvelle-Guinée où la survie de l'individu et du groupe dépend de la portée pure et à très longue distance de ces comportements qui protègent ceux qui ne sont pas défendus par les artefacts des techniques issues de la science. Leur exemple est un exemple vivant — bien qu'un anachronisme — d'un état de mâle particulièrement harnaché, une masculinité primordiale. Comment est-il édifié ? Que savent les Sambia, à un niveau subliminal, qui leur a permis de développer une culture, une unité familiale et une forme d'identité de genre mâle ritualisée qui se reproduit, et ce avec succès, depuis des générations ? Et en quoi peuvent-ils nous servir d' « expérimentation naturelle » pour l'étude de l'identité de genre ? Donnons, pour commencer, une description sommaire de la masculinité des Sambia, de leur théorie des origines du sexe (état de mâle et de femelle) et du genre (masculinité et féminité) et du contexte culturel de ces attributs.

La société sambia — tant en nombre relatif qu'absolu — est une petite société selon les normes des groupes des Hautes-Terres ; et le monde social de ses minuscules hameaux est encore plus restreint. Ces réalités aident à rendre compte — et sont des défis qui les forment — du mariage sambia et de l'unité familiale, du lien mère-enfant, et de la féminité et de la masculinité façonnées de manière rigoureuse qui identifie toute femelle comme épouse future et tout mâle comme indispensable à la productivité de la communauté et à la défense militaire.

Ces hameaux, nichés sur des crêtes élevées, sont des blocs fortifiés quasi imprenables. La population de chacun d'eux compte rarement plus de cent individus. Les hommes chassent dans les forêts proches et les femmes font du jardinage tout près du hameau. Les enfants sont toujours à portée de voix. La parenté est patrilinéaire et la résidence est patrilocale ; deux clans exogames ou plus constituent les hameaux, ce qui permet le mariage intra-hameau. Les femmes importées d'autres hameaux appartiennent à des groupes ennemis potentiellement hostiles. Mais que les épouses viennent du hameau ou

d'en dehors du hameau, tout mariage, sauf par enlève-
ment, est arrangé à l'avance (par fiançailles du bébé ou
échange de la sœur). La fréquentation avant le mariage
n'existe pas, et les mariages ont lieu, sans grand choix
personnel, entre des étrangers. Cet état de choses ne
fait qu'exacerber la polarité sexuelle qui, comme dans
d'autres sociétés mélanésiennes, est institutionnalisée par
un culte mâle secret et un système de croyances miso-
gynes qui déprécie les femmes comme étant des êtres
inférieurs polluants et épuisants dont l'homme se méfie
toute sa vie[7].

Chaque couple marié et ses enfants cohabitent dans
une petite hutte ronde séparée, une douzaine de huttes
environ constituant un hameau. Tous les initiés selon
les rites (de treize à dix-huit ans) résident dans la maison
des hommes située au centre du village, institution qui
est le centre nerveux de l'état de guerre et le centre
des activités rituelles mâles de la communauté. Dans ces
petits mondes tournés vers l'intérieur, les enfants sambia
naissent et sont élevés.

Pour que les Sambia l'emportent dans cet environnement, ils doivent dépendre du succès de deux composantes complexes chargées de conflit. La première est
une unité familiale persistante dont l'homéotasie est
grandement contrainte par la polarité mâle-femelle mentionnée plus haut. La seconde est la farouche et néanmoins inébranlable masculinité des hommes. Examinons
de plus près ces deux facteurs, leur interaction et leurs
effets sur la culture et sur les individus qui en sont
membres.

Les hommes pensent que les femmes sont source de
contamination en raison de leurs liquides menstruels et
vaginaux fondamentalement dangereux ; aussi des règles
strictes régissent-elles tout contact entre les sexes, et,
en particulier, entre les époux. Manger, boire, cracher,
parler, rester assis, regarder et, en particulier, avoir des
rapports sexuels, tout cela est minutieusement examiné,

7. Comparer Brown et Buchbinder, 1976 ; Langness, 1967, 1974 ; Meggitt,
1964 ; Read, 1954.

ritualisé et inhibé de manières grossières ou fines qui assurent la séparation et la distance entre les sexes. (Cette généralisation mérite d'être soulignée : en trois ans où H... a vécu avec les Sambia, il n'a pas vu une seule fois un homme et une femme se toucher délibérément, pas même se tenir par la main soit en public, soit dans l'intimité de leur foyer.)

Le hameau lui-même est un labyrinthe d'espaces tabous et de panneaux de signaux de circulation : les voies sont « mâles » ou « femelles » ; de nombreuses zones sont interdites à l'un ou à l'autre sexe, et les intérieurs des huttes sont partagés en espaces « femelle » et « mâle » où les femmes sont respectivement envoyées ou interdites d'entrée. Tout cela est fait pour réduire les risques que le corps d'une femme, les liquides de son corps et autres, odeurs et regards, ne pénètrent dans la nourriture de l'homme, dans son eau, dans ce qui lui appartient ou dans ses entrailles.

Au-delà de tout cela, il y a la conviction que les femmes dépouillent les hommes de leur force et, le cas échéant, de leur vie même, en leur volant — les vidant —, dans les rapports sexuels, de leur substance mâle, le sperme. Pour les hommes, le sperme est bel et bien la substance de l'existence, de la vitalité, et l'unique origine de l'anatomie identifiée comme étant l'état de mâle. Cependant, les femmes doivent acquérir des forces de manière à produire leur lactation et à créer et constituer les bébés. Les garçons ne peuvent devenir des hommes sans que leur soit fourni du sperme exogène, car les hommes croient que le corps mâle ne peut pas fabriquer de sperme. Mais les femmes le veulent, elles aussi, et leurs besoins et leurs demandes sont sans fin (ce qui n'est pas le moins excitant pour les hommes).

Les femmes polluent et affaiblissent : deux contraintes qui menacent la masculinité et s'immiscent à jamais dans le mariage. Exemple : les hommes s'inquiètent de ce qu'ils mangent, en particulier de la nourriture venant de leurs épouses ; ils redoutent l'intimité ; une maladie inexplicable et une chasse infructueuse peuvent être imputées à la propre épouse ; les relations sexuelles sont souvent empoisonnées par la suspicion, la convoitise et l'attente de l'adultère. Et cependant, les unités familiales sont créées sur ce marais d'hostilité et de silence, de demandes et de punitions, de querelles et d'imprécations, de châtiments corporels sur les femmes, de meurtre, de suicide des femelles. Car il y a également, entre les sexes, besoin et satisfaction, respect, partage, et plaisir avec les enfants. Et les enfants sont complices — objets, public, êtres aimés et pions — de ces drames.

Quand une femme entre en travail, elle se retire dans la hutte menstruelle. Là, seules des femmes s'occupent d'elle ; les hommes sont exclus. Mère et bébé sont considérés comme contagieux en raison de la masse de polluants émis là, aussi les hommes évitent-ils farouchement cette zone[8]. La femme retourne dans sa maison au bout d'une semaine ou deux, mais les tabous rituels post-partum interdisent strictement à un père de voir son bébé pendant des mois. Qui plus est, le bébé est toujours couvert par la cape d'écorce de sa mère, car la croyance veut que les regards du père lui soient préjudiciables et tarissent le lait de la mère.

Les tabous post-partum interdisent toutes activités sexuelles entre les membres du couple jusqu'à ce que l'enfant soit dans sa deuxième année. Le nouveau père doit éviter la mère et l'enfant d'abord parce que l'un et l'autre peuvent le polluer du seul fait des contaminants de la mère à la naissance, et ensuite parce que l'excitation sexuelle issue de la vision de l'allaitement pourrait l'amener à enfreindre les tabous du post-partum, et, par là, causer la maladie ou la mort du bébé, et la honte de tous. (Si le père n'a qu'une épouse, les Sambias disent qu'il est frustré et irritable puisque les pollutions nocturnes sont la seule issue érotique que la société puisse accepter.)

8. En fait, les rites initiatiques secrets associés des hommes prônent le saignement de nez et autres actes purificatoires destinés à purger les contaminants que portent dans leur corps tous les garçons et les hommes, issus de la période où ils résidaient dans le corps de leur mère et en furent délivrés, trempés dans les polluants les plus virulents — sang femelle, sécrétions et tissus.

Cette situation se poursuit pendant deux ans et plus, le père voit progressivement davantage son enfant, prend une part plus active dans sa vie. Au sevrage, ces dispositions changent ; jusque-là, la présence physique et psychologique du père reste dans l'ombre. (Par opposition à nos transsexuels et à leurs pères, toutefois, ce père est considéré comme quelqu'un de fort, viril, dangereux, quelqu'un qui — à la longue — mérite d'être imité.) Les Sambia ont tendance à penser que le bébé est un prolongement du corps de sa mère, les neuf premiers mois. Par exemple, redoutant d'éprouver du chagrin si l'enfant mourait (la mortalité infantile est élevée), les parents donnent rarement un nom à l'enfant jusque-là, et n'en parlent qu'avec des pronoms. L'enfant a accès au sein de manière constante, parfois jusque dans sa troisième année. Dans un contact peau à peau, il se nourrit, est porté, et dort nu avec sa mère. On ne se préoccupe guère de l'apprentissage de la propreté que bien après que le bébé marche[9].

Ce n'est qu'après le sevrage que les enfants — garçons et filles — dorment à part de leur mère, dans une couverture d'écorce, à trente ou soixante centimètres d'elle. Avec le temps, les garçons sont incités par leurs parents à dormir encore plus loin de leur mère, plus près, mais cependant à part de leur père, dans l' « espace mâle » de la maison. En dépit d'un contact grandissant avec leur père, les garçons continuent cependant à être surtout avec leur mère, leurs frères et sœurs et leurs camarades, mais pas avec leur père. Un brusque changement vers la séparation d'avec la mère vient seulement — et précipitamment — avec le premier stade de l'initiation, entre sept et dix ans.

Les hommes sont soucieux des effets de l'attachement prolongé à la mère sur les enfants, en particulier leurs fils. En un mot, les hommes considèrent qu'atteindre à la compétence de reproduction chez l'adulte est beaucoup

---

9. En gros, la différence entre cette intimité et celle du garçon très féminin et de sa mère est que cette dernière relation n'est jamais accidentelle, mais, à tout moment, intense, car la mère est à jamais sous la menace de son désespoir à vie de son sentiment de ne rien valoir.

moins certain pour les mâles que pour les femelles. L'état de mâle dépend du fait qu'un garçon reçoit du sperme ; ce qui, seul, peut produire la maturation physique mâle et la capacité d'érotisme et de reproduction. L'état de femelle, état premier des garçons et des filles, repose sur la création et la présence permanente du sang, dont on croit qu'il stimule les règles, la production du sang menstruel et la fertilité. Parce que les filles possèdent un organe menstrue-sang auto-activé *(tingu)*, leur maturation est vue comme un processus continu qui mène de la naissance et du lien avec la mère, à l'âge adulte. Pour les garçons, toutefois, deux obstacles bloquent la croissance mâle. Tout d'abord, vient la pollution par le corps de la mère, la nourriture qu'elle prépare et les soins qu'elle dispense en général, ce qui d'abord nourrit mais ensuite étouffe. Ensuite, les garçons, de manière innée, n'ont pas de sperme, puisque l'organe du sperme *(keruku-keruku)* peut seulement emmagasiner, mais non fabriquer, le sperme. Cette différence, soutiennent les hommes, se solde par le fait très apparent que la maturation[10] physique des filles devance celle des garçons. En d'autres termes, l'état de femelle est un développement naturel qui conduit à l'âge adulte féminin, mais l'état de mâle n'est pas naturel. C'est au contraire une réalisation, une puissance dont les hommes ne s'emparent que par les initiations de leur culte rituel.

Dans les initiations, les hommes essaient donc, par des moyens radicaux, brutaux et héroïques, de couper, en un instant, l'étreinte aimante des mères à l'égard de leurs fils. Le rituel doit faire ce que les parents ne peuvent, ou ne veulent, pas faire : séparer de force les garçons et les individualiser en les enrôlant dans le culte mâle secret. Les garçons sont initiés à ce farouche état de guerrier par un ensemble très long et très ardu d'épreuves rituelles qui découlent de préparations minutieuses des hommes et de leur objectif de faire des garçons des hommes — si besoin est, en arrachant de force

---

10. Comparer Malcolm (1966) sur ce problème envisagé plus amplement en Nouvelle-Guinée.

les garçons à l'étreinte de leur mère qui se répand en hurlements. A partir de cet instant, les garçons, sous la menace des sanctions les plus sévères, ne parleront pas à leur mère, ni ne la toucheront, ni ne la regarderont. (Nous devrions noter, mais sans pouvoir en faire un exposé détaillé, que certains garçons et certaines mères s'opposent à l'initiation jusqu'à la dernière extrémité.) Sur les dix ou quinze ans qui suivent, ils subissent cinq autres cérémonies d'initiation qui conduisent, pour finir, au plein état d'homme — le mariage et la paternité.

Fellation homosexuelle imposée et ritualisée,
et culte du sperme

Ce modèle d'initiation, comme voie à l'état d'homme, est bien connu ailleurs en Nouvelle-Guinée (comparer Allen, 1967). Ce en quoi les Sambia diffèrent, c'est dans la forme saisissante des activités de fellation homosexuelle ritualisée qu'ils jugent nécessaires pour opérer le passage de l'attraction contaminante de l'état de femelle à la séparation courageuse de l'état de mâle et de la masculinité[11]. Puisque l'état de mâle (par opposition à la simple possession d'organes génitaux mâles) n'est pas naturel ou inné, et puisque le corps mâle est perçu comme ne possédant pas de mécanisme endogène pour créer le sperme — le fondement du développement masculin —, il s'ensuit que les hommes considèrent l'insémination constante (qu'ils comparent à l'allaitement au sein) comme le seul moyen pour que les garçons grandissent, mûrissent, et acquièrent la compétence virile. En conséquence, débutant au premier stade de l'initiation, la fellation — à pratiquer aussi souvent que possible — est totalement institutionnalisée. (Le sperme,

---

11. L'homosexualité ritualisée a été mentionnée chez quelque vingt sociétés de Nouvelle-Guinée en dehors des Sambia, voir par exemple, Deacon, 1934, p. 191 sq. ; Schieffelin, 1976, p. 124-126 ; Williams, 1936, p. 158 sq. (dont Herdt (1981) a fait une revue partielle). Bien que ces sociétés représentent un échantillon restreint (sur des centaines de tribus), nous croyons qu'elles ont une grande importance pour la recherche sur l'identité de genre.

sur ce point, a une fonction analogue à celle de la prise artificielle d'androgènes chez l'eunuque.) Ce comportement est un fantastique secret qui ne doit pas être révélé, sous peine de mort, à tous les enfants et à toutes les femmes.

Dans les circonstances les plus puissantes, les plus effrayantes et cependant attrayantes, au cours du premier stade de l'initiation, qui suit la séparation de force d'avec leur mère, les garçons sont contraints de pratiquer la fellation avec les (de prendre le sperme des) célibataires[12]. A la puberté et son troisième stade d'initiation, les jeunes adolescents deviennent eux-mêmes les objets dominants de fellation — les pourvoyeurs de sperme — pour un nouveau groupe d'initiés. Pendant cette période, tous contacts avec des femelles sont interdits, et les pressions sociales les plus fortes sont exercées sur les garçons pour qu'ils se conforment à leur rôle fellateur. Ceci entraîne une structure rigide précise de masculinité ritualisée, qui, en tant que partie normale du développement, permet aux mâles d'être excités d'abord par (et d'avoir des rêveries sur) les garçons comme objets sexuels (en particulier leur bouche, qui est fétichisée) et, ultérieurement, par les femmes dont la bouche[13], le vagin et le corps sont excitants, dangereux, fétichisés. Plus tard, avec le mariage et la famille, toute activité homosexuelle doit cesser. A partir de ce moment, les hommes se comportent exclusivement en adultes hétérosexuels. Mais l'hétérosexualité adulte, avec sa masculinité entremêlée, ne cessera d'être empreinte des stress dus à la symbiose étroite mère-fils, à l'absence relative du père, et aux

---

12. Quelques remarques sur l'homosexualité ritualisée : elle est rigoureusement structurée par les règles de l'inceste qui empêchent de tels contacts avec les hommes apparentés ; elle est généralement immorale, aussi les garçons ne peuvent-ils la pratiquer qu'avec des jeunes de groupes ennemis hostiles ; les garçons en viennent à l'éprouver comme à la fois excitante et humiliante ; les garçons ne peuvent se comporter que comme fellateurs, jamais comme celui qui est sucé ; et les célibataires ne peuvent jamais être les fellateurs de jeunes garçons. Désirer sucer le pénis d'un garçon prépubère serait une perversion — choquant. Ce serait, selon nos termes, de l'homosexualité.

13. Les premiers rapports hétérosexuels sont également pratiqués seulement par fellation.

rites d'initiation traumatisants conçus pour maîtriser la menace de féminité introduite par cette dynamique familiale.

Nous regrettons, mais nous ne perdons pas de vue, l'insuffisance de nos données pour révéler les complexités inconscientes de la signification et de la motivation des pratiques de fellation des garçons sambia. Ce que nous ne pouvons savoir, c'est la mesure dans laquelle les Sambia font passer dans *leur* comportement homosexuel les mêmes thèmes dynamiques (encore que sans aucun doute dans des proportions et des compositions différentes) que ceux qui conduisent à des pulsions homosexuelles (inconscientes, préconscientes ou conscientes) dans d'autres cultures : crainte de l'intimité avec des femelles, êtres dépourvus du pénis ; crainte de la puissance des femelles ; déviation de l'hostilité loin des autres mâles (finalement, du père, des frères) ; choix narcissique de quelqu'un comme soi-même ; évitement des dangers des pulsions hétérosexuelles incestueuses ; aspirations au père ; identification aux femmes ; vol de la masculinité à d'autres mâles en prenant leur sperme ; amour du père comme substitut d'une mère absente, haïssable ou dangereuse ; dénigrement du père par la mère ; envie d'un frère préféré par un père ou une mère ; vengeance et triomphe à l'égard d'une mère ou d'un père qui manifeste une préférence évidente pour un fils hétérosexuel masculin. (Nombre de ces facteurs ont été décrits il y a des années par Nunberg, 1938.) Nous ne pouvons pas non plus voir dans l'esprit des garçons pour déterminer la mesure dans laquelle les menaces terrifiantes de leurs pères peuvent découler de désirs œdipiens des garçons à l'égard de leurs mères.

Le culte rituel met un frein absolu au développement de l'hétérosexualité. Trois mécanismes font la plus grande part du travail : fellation institutionnalisée ; tabou d'évitement des femmes, en particulier en ce qui concerne la pollution menstruelle ; et crainte de la réduction du sperme. Mais nous devons souligner que lorsque nous parlons des relations homosexuelles absolument obligatoires entre les garçons et les jeunes gens, nous ne parlons que des *pratiques manifestes*. Toute l'hétérosexualité n'est pas écartée, naturellement, seulement son expression manifeste. Et bien que l'hétérosexualité soit sévèrement réprimée, les garçons sont incités par leurs pères et leurs aînés à acquérir du sperme de façon qu'eux aussi puissent accéder au mariage et à la paternité. Le culte rituel a pour fonction de créer la masculinité d'un guerrier puissant sur qui on puisse compter, d'un mode d'hétérosexualité très précisément réglé. Et cela devra suffire. Si, pour leur survie, les Sambia ont besoin, à la fois, de guerriers féroces pour défendre la communauté et de l'hétérosexualité pour produire de futures communautés, les premiers doivent être hautement efficaces, tandis que pour la seconde — l'hétérosexualité — la marge peut être plus grande : les hommes doivent être d'excellents guerriers, mais pas nécessairement des amants chaleureux. C'est une chance, car le monde produit peu d'hommes qui soient et des guerriers féroces et des maris aimants.

En résumé, l'ensemble suivant de failles du développement sont des forces extérieures capitales pour la structure du caractère du mâle sambia adulte : attachement à la mère et symbiose prolongés ; faible profil du père dans le foyer ; conflit parental ; initiation, par des rites traumatisants, à un culte secret qui requiert une activité exclusivement homosexuelle permanente jusqu'au mariage, et évitement rigoureux de toutes les femelles (avant tout de la mère) pendant les années de la seconde enfance et de l'adolescence. La masculinité n'est atteinte qu'après une lutte considérable, effrayante, douloureuse, rendue particulièrement poignante du fait que le garçon doit se séparer précipitamment de la mère aimante et chaleureuse. Et bien que les hommes enseignent que les garçons *doivent* être initiés et *doivent* être séparés de leur mère[14], nombre de garçons essaient de résister à ce clivage, certains allant jusqu'à dire

---

14. « Une admonition courante est : "Si vous restez toujours avec les femmes, vous devez vous attendre à être faibles comme elles, et vous ne deviendrez jamais un tueur d'hommes" » (Meggitt, 1977, p. 60-61).

— jusqu'à ce qu'ils redoutent de le faire — qu'il leur est égal de ne pas parvenir à l'état d'homme ou aux prouesses du guerrier.

Etant donné que les hommes considèrent que l'état de mâle est artificiel, il est logique qu'ils craignent l'atrophie de la masculinité et de l'état de mâle : crainte atroce qui découle de ce type de développement, car ce qui a été édifié artificiellement peut aussi s'évanouir. Tout d'abord, pendant des années après la puberté, on abandonne en permanence son sperme aux initiés pour qu'ils fassent croître leur état de mâle, et ensuite, après la phase de l'homosexualité rituelle, on ne peut que continuer à épuiser son sperme dans les plaisirs sensuels de l'hétérosexualité. (C'est pourquoi, après les rapports sexuels, les hommes absorbent régulièrement et en secret, dans la forêt, le « lait » fait de la sève blanche d'arbres, un des quelques succédanés du sperme perdu dont le réapprovisionnement par la fellation cesse à la puberté. On notera que, curieusement, cela n'est pratiqué qu'à l'issue des rapports hétérosexuels ; l'insémination homosexuelle n'est pas considérée aussi épuisante que les rapports hétérosexuels ultérieurs, en particulier génitaux.)

Quelle expérience de développement complexe est donc l'hétérosexualité pour les hommes sambia. Le contact d'une femme et — bien plus encore — ses sécrétions entraînent inévitablement la maladie, voire la mort, si non exorcisés. L'intensité du conflit fait que certains hommes tremblent, ou sont même pris de panique, avant et après les relations hétérosexuelles. (Cela nous paraît terriblement exotique, à moins que nous nous souvenions que l'on trouve des mécanismes et des symptômes similaires dans le monde occidental.)

DISCUSSION

Distinguons les facteurs communs à ces deux états opposés chez les mâles : extrême féminité chez les transsexuels primaires, et extrême masculinité chez les Sambia. Et nous devrons ensuite essayer d'expliquer — en dépit des pratiques homosexuelles exclusives et intenses des garçons et des jeunes, de la crainte et de l'envie des femmes de la part des hommes et de l'hostilité flagrante entre les sexes — comment les Sambia édifient une société qui a fonctionné correctement depuis des générations. De quelles forces émergent ces guerriers qui non seulement protègent le hameau, établissent des unités familiales d'une hétérosexualité permanente et s'engagent dans la paternité, mais, en outre, offrent une masculinité tentante à partir de laquelle leurs fils peuvent modeler les identifications nécessaires pour créer et protéger la génération suivante ?

Avant d'examiner plus avant les données issues des Sambia, nous passons à nouveau en revue nos hypothèses. *Facteurs parentaux :* une relation mère-fils prolongée et chaleureuse fait courir aux garçons le risque d'être féminisés dans les débuts de leur vie ; le degré de risque déterminé par les facteurs biologiques ; la mesure dans laquelle une mère crée et maintient, chez son fils, un état de félicité non traumatisant, dépourvu de frustration, de souffrance ; le nombre d'heures par jour et le nombre d'années où elle agit ainsi ; la mesure dans laquelle elle soutient son comportement féminin à partir du moment où il débute ; comment, quand, et dans quelle proportion le père du garçon, ou la figure du père, interrompt la symbiose ; et comment le père est un modèle de masculinité du garçon. *Facteurs intrapsychiques :* dans la mesure où les prédispositions à la masculinité (celles-ci peuvent s'observer, en gros, à un an) se développent et où le garçon leur accorde de la valeur, il doit défendre ce noyau — qui est lui-même — en résistant à l'attraction primitive des pulsions à demeurer fusionné à la mère. Il le fait par crainte de ne pas demeurer séparé de la mère — « angoisse de symbiose ». Cette réaction de protection conduit à des comportements qui deviennent l'impulsion prépondérante de la masculinité chez de nombreux hommes de nombreuses cultures : pour être un mâle, l'individu doit se garder d'être (comme) une femelle dans ses traits physiques, ses mouvements, ses émotions, son érotisme, etc. Cette tâche peut devenir une préoccupation frénétique (par exemple, machisme) dans les cultures polarisées sexuellement où les garçons, dans les premières années, sont proches de leur mère et dont les pères sont distants (B. Whiting, 1965 ; J. W. M. Whiting et B. Whiting, 1975 ; J. W. M. Whiting et al., 1958, p. 359-370).

En passant en revue le matériel sambia, nous avons aussi confirmation que « trop de mère et trop peu de père » place la masculinité du garçon dans une situation à haut risque. Comme « expérience » culturelle, les Sambia fournissent une mise à l'épreuve plus intéressante — et plus complexe — que les cas individuels de psychopathologie rapportés jusqu'ici, car dans ce cas nous sommes confrontés à un complexe institutionnalisé : hommes, femmes, enfants, leurs pratiques culturelles et leurs croyances —, tous en interaction pour maintenir une société. Par comparaison avec nos « expériences » cliniques antérieures, où l'évolution est un individu plus ou moins aberrant, ici, nous sommes en présence d'une société d'individus qui non seulement ne sont pas aberrants, mais sont normatifs — et nécessaires — à la survie de leur mode de vie.

S'ils n'étaient pas réprimés, les Sambia s'exposeraient au désastre des conséquences de laisser les garçons demeurer si longtemps proches de leurs mères. (Aucune société guerrière ne pourrait survivre dans cette situation impossible qui consiste à ne former que des hommes féminisés.) Mais par l'initiation rituelle, le mythe et les systèmes tabous, ces gens institutionnalisent une réaction violemment centrée — une extrême angoisse de symbiose — dont l'issue a pour effet, en fin de compte, d'arracher les garçons à l'étreinte de leurs mères. A partir de la première initiation, les hommes terrorisent les garçons, instillant la crainte des femmes, alors qu'en même temps les pères encouragent le développement de la masculinité par des activités essentiellement homosexuelles multiples, constantes. Notre théorie doit donc rendre compte du développement, en fin de compte, de l'hétérosexualité. Il nous faut comprendre ce système homéostasique complexe dans lequel doivent être assurés deux grands impératifs : la *conservation* de la tribu — aujourd'hui, tous les jours — par ce mélange primordial de puissance physique, d'habileté et de ruse dans la bataille, de bravoure et d'altruisme (liens d'affection et d'identification aux compagnons d'armes) ; et deuxièmement, la *reproduction* de la tribu par la création d'une hétérosexualité suffisante pour permettre les rapports sexuels, d'un lien syntonique suffisant entre les hommes et les femmes pour permettre des unités familiales dans lesquelles les enfants sont socialisés et protégés, et assez d'attention et de sensibilité des garçons et des filles vis-à-vis de leurs pères guerriers pour donner lieu à une résolution de l'Œdipe socialement réalisable (bien que radicale selon nos normes) — les initiations.

Les données issues des Sambia ne se comprennent que si on utilise un cadre pré-œdipien/œdipien. Les *deux* sont nécessaires, non pas l'un ou l'autre. Créer et maintenir la famille sambia présente une mise à l'épreuve transculturelle de l'universalité de ce fondement de la théorie analytique qu'est le développement de la situation œdipienne. Nous souhaiterions donc savoir comment les garçons, en dépit de nombreux obstacles, progressent suffisamment dans un sens masculin pour être à même de vivre le conflit œdipien sans que celui-ci les submerge, et de résoudre ensuite ce conflit suffisamment bien pour se marier et avoir une famille.

Quelles sont les origines de l'hétérosexualité des garçons ? Selon nous, elle résulte en particulier, comme on le constate dans notre société, des attitudes et des actes des mères et des pères[15]. Quand une mère, si aimante soit-elle, permet également que son fils se sépare de son corps, l'y incite et tient à ce qu'il en soit ainsi, le garçon sera davantage capable de lâcher prise. Ce processus est particulièrement efficace quand il cadre avec sa vitesse interne de développement neuromusculaire et neuropsychologique.

_____

15. En l'absence de données recueillies dans des psychanalyses, nous devons donner du poids à nos données à partir des influences parentales ; la dynamique intrapsychique des garçons ne peut être appréhendée qu'à un niveau conscient/préconscient.

Le mot clé, dans ce qui précède, est *amour*. Il y a un amour qui vient d'une identification idéalisée. Un exemple extrême en est la mère du garçon très féminin qui aime[16] son fils en tant que l'incarnation de l'état de mâle qu'elle ne pouvait atteindre sans l'avoir développé à partir de son corps, comme le porteur d'un sentiment de valeur de soi-même qu'elle n'a jamais reçu de sa propre mère, et comme une extériorisation de son self qui sera désormais aimé sans fin par une mère (elle-même) qui essaiera, de manière surhumaine, d'être la mère parfaitement bonne. Bien que nous attendions un rien de cette idéalisation dans toute fonction maternelle (comparer Winnicott, 1956), dans la fonction maternelle non malfaisante, nous savons qu'à la longue il diminuera spontanément.

Il y a par ailleurs un amour très différent, celui qui consiste à reconnaître que cet objet aimé est séparé de soi-même et en possession de sa propre identité indépendante. Quand ce type d'amour prédomine, un garçon absorbera moins sa mère, quel que soit le temps pendant lequel il boit son lait. C'est la relation mère-fils — véritable relation d'objet — que Freud considérait comme le fondement de la situation œdipienne positive.

Nous souhaitons souligner que si les mères de garçons très féminins et les mères sambia sont les unes et les autres ravies d'avoir des fils, les premières font tout ce qu'elles peuvent pour décourager, chez leurs fils, un comportement brutal, mordant, rauque. Consciemment, elles définissent ces actions non pas comme masculines, mais comme « mauvaises », « déplaisantes », « grossières ». Par opposition, les mères sambia encouragent tout comportement que leur culture définit comme étant masculin ; elles savent que la survie dépendra de cette masculinité et qu'une femme sambia ne peut pas, dans le développement de son identité, se définir comme femme jusqu'à ce qu'elle établisse une famille avec un homme

---

16. A besoin de ; admire ; traite avec altruisme ; s'y prend avec lui avec douceur et a le souci de porter son plaisir au maximum et lui évite d'endurer toute souffrance physique et psychique.

viril. Bien que nous ne disposions pas de données analytiques sur les mères sambia, nous estimons qu'il est évident que la totalité de leurs processus intrapsychiques vis-à-vis de leurs fils est extrêmement différente de celle observée chez les mères de garçons très féminins. Ces dernières produisent une chose, une sorte de fétiche (non érotique), tandis que les mères sambia désirent créer un homme puissant. Les systèmes fantasmatiques des femmes des deux cultures sont par conséquent tout à fait différents — encore qu'elles aient peut-être en commun une dynamique inconsciente : « Mon fils est le phallus qu'autrement je ne pourrais avoir. »

Il entre bien davantage, naturellement, dans le développement de la masculinité chez les garçons sambia et dans l'échec de ce développement chez les garçons très féminins, que ce qui se produit dans la symbiose étroite ou ce qui en découle. Au fil des années, les garçons sambia sont incités au comportement masculin et à prendre les hommes du hameau pour modèles. Incontestablement, on ne peut en dire autant dans la situation transsexuelle[17].

L'observation des mères sambia et de leurs bébés/enfants — de façon approfondie par Herdt, et pendant une courte période par Stoller — n'a jamais révélé un comportement que nous puissions interpréter comme une symbiose excessivement étroite. Lorsqu'ils deviennent à même de se déplacer, les enfants ont à tout moment la possibilité d'être en contact physique avec leur mère. Mais lorsqu'ils sont dans leur deuxième année, une qualité fortuite apparaît dans la relation : peu d'effort est fait pour les garder près de soi au-delà de les protéger des dangers de l'environnement. Le sein peut demeurer sans cesse à leur disposition, jusque vers trois ans, même, mais les enfants le manient de plus en plus comme s'il s'agissait d'un gadget et moins comme d'un synonyme d'amour. Contrairement aux mères des transsexuels pri-

17. Pour une plus ample discussion du rôle de l'apprentissage, de l'établissement d'indices et de l'identification non conflictuelle et de leurs contributions au développement de l'identité de genre, voir Blum (1976) et Kleeman (1976).

maires, les femmes sambia sont souvent avec d'autres qui prennent soin des enfants, et elles ne se concentrent pas avec passion sur l'intimité. Elles portent leurs bébés avant tout parce que c'est pratique. Néanmoins, il y *a* cette intimité prolongée entre mère et fils, des années au-delà de ce qui est typique dans notre société. Et l'intimité n'est pas, comme chez nous, interrompue de manière draconienne par l'entrée à l'école qui, vers l'âge de cinq ans dans notre société, interrompt de force la symbiose. C'est l'âge où les garçons très féminins sont souvent envoyés pour une évaluation, non par les parents du garçon, mais par l'école ou par des voisins.

Par ailleurs, à la différence des femmes sambia, les mères de garçons très féminins encouragent tous les comportements que nous définissons comme féminins. Mais chez les Sambias, personne ne dévalue le comportement masculin ne serait-ce que parce qu'il se situe entre la survie et la destruction.

Les Sambia (hommes et femmes) préfèrent que leur aîné soit un garçon (Herdt, 1981, chap. 6, 7). Mais les femmes pratiquent aussi — de manière illicite — l'infanticide des mâles, surtout quand il y a déjà trop de garçons. Les femmes disent qu'elles préfèrent les garçons aux filles, car les garçons demeurent au hameau après leur mariage et peuvent subvenir à leurs besoins quand elles sont vieilles. Mais sur certains points, comme chez nous, les filles sont plus proches de leurs mères, et le demeurent des années de plus que les garçons ; les filles sont de meilleures compagnes ; en apprennent davantage sur la magie du jardin, partagent des histoires secrètes, et cancanent avec leurs mères. On s'attend à ce que les garçons se comportent de manière plus rude que les filles ; les femmes taquinent davantage les garçons que les filles (qui pleurent plus facilement que les garçons), et les garçons sont plus gâtés et dorlotés que les filles. Les garçons sont plus impertinents et plus chahuteurs que les filles et on les autorise à piquer des colères — et même, on s'y attend de leur part —, chose que l'on ne permet jamais aux filles. Mais en même temps, le garçon peut avoir avec sa mère une intimité d'un autre type, un amour d'un autre type, d'un type plus fin et plus effarouché, car le garçon réclame de sa mère davantage d'attentions que sa sœur, et pleure s'il n'obtient pas ce qu'il veut.

Les femmes sambia sont donc fières d'avoir des fils : elles ne pourraient récompenser, chez les garçons, un comportement que leur culture définit comme étant féminin. Dès sa toute petite enfance, une femme sambia est affrontée à des relations mâle-femelle pleines de danger et d'hostilité. (Pour nous répéter, disons que de nombreuses femmes sont recrutées pour épouses dans des hameaux qui ont combattu celui dans lequel elles se marient.) Il se peut que le mari d'une femme, ses parents ou ses amis aient tué dans une bataille les gens de chez elle. Aussi, bien que fière d'avoir des fils, elle a des raisons d'être anxieuse, car elle sait que cet enfant admiré deviendra, en grandissant, aussi phallique et aussi dangereux que son père et le reste de ce sexe cruel.

La meilleure validation de notre hypothèse selon laquelle les garçons sambia sont dans une situation à haut risque d'être féminins réside dans les initiations. Dans ces expériences, les hommes ont en vue de la façon la plus nette que, du fait que les garçons ont trop été avec leurs mères, leur masculinité est compromise. Ceci ne relève pas de notre théorie, mais représente l'expression de leur expérience. Les hommes savent aussi, intuitivement, qu'ils doivent compenser très vite, et avec force, le fait d'avoir été des pères éloignés. Dans les initiations, par conséquent, les hommes sont présents d'une manière soudaine et écrasante. A partir de ce moment, les garçons ne peuvent vivre que dans le monde mâle, isolés des femelles sous peine de maladie et de mort. Coupés de leurs mères, les garçons sont sermonnés, battus, resocialisés du tout au tout, et menacés d'effroyables dangers physiques, y compris de mort. Les initiations démontrent avec force la puissance de punir des pères, et tout désir incestueux des garçons envers leurs mères est contrecarré de façon terrible dans les rituels. Mais dans les mêmes cérémonies, les garçons sont également alléchés par la promesse ferme de devenir en grandissant

l'un des hommes, de devenir un mari, un père, un guerrier, un héros, et même, le moment venu, un ancêtre
honoré.

Vidé de son formidable drame, cela ne décrit-il pas
aussi le stade culminant du conflit œdipien pour les
garçons du monde manifestement plus doux qu'est le
nôtre : l'individu renoncera au désir présent, tâche rendue
supportable par la promesse résidant dans l'identification
aux hommes adultes ?

Si notre interprétation des Sambia est exacte, alors
ils fournissent la confirmation des aspects pré-œdipiens
et œdipiens du développement de la masculinité. Pour
ce qui est du pré-œdipien, présence de la proto-féminité
formée au sein de l'étreinte de la mère, qui sera par la
suite — bien que plus tard par comparaison avec notre
société — neutralisée par les barrières de l'angoisse de
symbiose. S'étant par là séparé psychologiquement de
sa mère, un garçon est à même de progresser dans les
problèmes œdipiens : de désirer la posséder, non pas
simplement d'*être* elle (Greeson, 1968). Et, cela réalisé,
il a gagné le droit à la névrose — conflit œdipien — et
à la résolution de la névrose par l'identification au père
admiré, désiré, craint. La promesse au centre de cette
identification devient explicite pour les Sambias dans
la progression des initiations alors portée à la connaissance du garçon : le moment venu, l'individu est capable
de se marier, crée un foyer séparé, est père, et atteint le
statut d'adulte accompli comme guerrier, deviendra même
peut-être chef de guerre. (C'est le plus haut statut auquel
on puisse accéder : les Sambia n'ont ni chefs, ni princes,
ni poètes.)

La question se pose de savoir s'il n'est pas plus proche
des faits de ne voir le premier stade d'initiation comme
simplement une scène du plus vaste drame œdipien. Autrement dit, plutôt que de découler de la conscience qu'a
le père de la symbiose trop satisfaisante qui mène à la
féminité (affaire pré-œdipienne), l'initiation sert à écarter
les garçons de la rivalité avec leur père pour l'affection
et à l'intimité des mères (Whiting *et al.*, 1958). Nos données comportent des indices qui peuvent nous aider ;

elles suggèrent que sont à l'œuvre des facteurs tant œdipiens que pré-œdipiens. L'inférence œdipienne s'appuie sur le fait que nous savons que les femmes éprouvent une énorme fureur envers leurs maris parce que les hommes sont des compagnons et des amants qui leur donnent peu de satisfaction[18]. Par ailleurs, les mariages sont des contrats arrangés, souvent entre étrangers, et on voit que sur certains points les fils sont susceptibles d'être préférés aux maris, lesquels pourraient devenir jaloux. Les initiations servent donc à faire remarquer aux garçons qu'il doit être mis fin à leurs espoirs de posséder leur mère, encouragés par une intimité longue et plaisante. Les pères — ces rivaux insurmontables — dictent la loi. Cela par-dessus tout, comme l'a décrit Freud, contraint les garçons au conflit dont la résolution couronnée de succès conduit à la masculinité et à l'hétérosexualité.

Le second facteur permettant une résolution heureuse du conflit œdipien pour les garçons est l'opportunité de s'identifier à leurs pères admirés, l'identification ouvrant la voie de, ou promettant plus ou moins, l'hétérosexualité et la paternité futures. Et de cela aussi nous trouvons la preuve dans les initiations. Bien plus que d'attaquer simplement les garçons comme rivaux, les hommes, comme on l'observe tout au long des initiations, amènent les garçons, à force de cajoleries, à être la réplique de ces pères : quant à la virilité, la compétence et la détermination à mourir pour le hameau. Cela paraît un paradoxe que les hommes sambia promeuvent l'hétérosexualité et la masculinité à l'aide d'une homosexualité obligatoire et exclusive. On notera que même si ces pères *sont* jaloux de leurs fils, cette jalousie ne détruit pas la masculinité, comme cela tend souvent à être le cas chez les pères de certains homosexuels efféminés et certains transvestis.

Pourquoi alors, avec ce témoignage de conflit œdipien, faisons-nous valoir que c'est également un problème

18. Au moins en partie du fait de la crainte des corps des femmes, les hommes sambia ne se livrent pas aux jeux d'approche ; la plupart des hommes font durer les rapports sexuels le moins possible afin de réduire le contact avec la femme « polluante ».

pré-œdipien ? Parce que nous pensons que l'explication œdipienne, tout en étant correcte, est incomplète. Elle ne rend pas compte de la violence et du caractère massif (en effort, temps, organisation et excitation) des initiations ; l'accent exceptionnel mis sur le danger de mort du contact des corps femelles, du sang menstruel et autres sécrétions femelles ; la pollution contaminante qui peut découler de la nourriture et des objets touchés par les femmes ; ou l'attente que les femmes sont tentées de tuer et ont tué des hommes par leur sorcellerie[19].

Lidz et Lidz (1977), dans leur revue des études ethnographiques sur les rites de la saignée[20] en Malaisie, parvinrent à des conclusions qui, selon nous, sont confirmées par nos données :

> La tâche fondamentale qui doit être effectuée dans toutes les sociétés est la différenciation de l'enfant d'avec la symbiose initiale avec la mère, et l'établissement de frontières adéquates entre l'enfant et sa mère ; cette tâche consiste ensuite à conduire le garçon à annuler son identification initiale à sa mère et à acquérir une solide identité de mâle. Alors que la fille doit établir des frontières, elle n'annule pas l'identification initiale à sa mère en tant que femelle. En cela réside une des raisons pour lesquelles ont échoué les premiers efforts de Freud pour décrire la transition œdipienne de la fille comme l'image en miroir de celle, non réussie, du garçon. Cela semble également une raison pour laquelle, en Nouvelle-Guinée, on croit que la fille mûrit de manière naturelle, et les cérémonies

19. Nous ne pouvons que penser, par conséquent, que lorsque, dans notre pratique analytique, des hommes manifestent des aspects de ce stade œdipien d'identification au père, nous évoquons, à travers la résolution de l'Œdipe entreprise, la résolution antérieure — séparation-individuation — rendue possible par l'angoisse de symbiose. Nous émettons l'idée que, dans notre société comme chez les Sambia, les pères qui veulent que leurs fils soient effectivement masculins et hétérosexuels œuvrent de manière intuitive, même à cet âge avancé de l'enfance où le conflit œdipien est maximal, à éloigner leurs fils des influences affaiblissantes, féminisantes, des mères, et à les dévier vers eux.

20. Ils appellent cela la « menstruation mâle », terme chargé, à laquelle font allusion des ethnographes comme Hogbin (1970 *a*), Newman (1965) et Salisbury (1965, p. 50-77). Le sujet de la saignée rituelle, comme Lidz et Lidz l'exposent de manière détaillée, comporte en lui la question des facteurs pré-œdipiens *versus* œdipiens, et de la dynamique d'identification *versus* la dynamique de l'objet séparé, en tant que centre de l'identité de genre.

de la puberté femelle célèbrent la maturation de la fille, tandis que l'initiation du garçon est nécessaire pour induire la maturation. Le garçon ne devient pas spontanément un homme en grandissant parce qu'il est né d'une femme et s'est identifié à l'origine à une femme... la tâche de développement du garçon pour inverser son identification première est plus difficile et, partant, nécessite davantage de renforcement que ce n'est le cas de la réalisation d'une solide identité de genre par la fille (p. 28).

Le matériel sambia, en illustrant la façon dont les hommes détachent leurs fils de leurs épouses (en enrôlant les garçons dans le culte mâle secret), souligne la corroboration de nos hypothèses sur le développement de la masculinité fournie par Lidz et Lidz. Mais nous souhaitons mettre à jour et corriger leur opinion selon laquelle [« nous ne pouvons trouver] aucune preuve que les rituels sont des efforts faits par les pères pour harceler les garçons de menaces de mort ou de castration à moins qu'ils renoncent à leur attachement libidinal à leurs mères, comme cela a souvent été soutenu » (p. 30). De toute évidence, des attaques par surprise des garçons, spectaculaires et terrifiantes, dans lesquelles on leur inflige de force un saignement du nez ou du pénis (Salisbury, 1965 ; Tuzin, 1980), sont traumatisantes. La description classique qu'a donnée Read du Gahuku-Gama l'a bien précisé. Les Sambia pratiquent le saignement du nez, et ils menacent, *dans les rituels*, et probablement d'autres également, d'infliger par la suite le saignement du nez à moins que les garçons n'en viennent à se montrer obéissants à l'autorité mâle[21]. Les garçons sambia, comme d'autres habitants des Hautes-Terres orientales (Read, 1954 ; Watson, 1960, p. 127-173), disent très nettement qu'ils craignent d'être tués lors des saignées. Les hommes sambia, note Herdt (1981), pratiquent des menaces secrètes, tant de mort que de castration, dans

21. En d'autres termes, les menaces envers les garçons sont sanctifiées et perpétuées par l'autorité collective des hommes, au cours du rituel ; à moins que des observateurs n'assistent effectivement aux rites, ils n'auraient pas connaissance de ces menaces et, rétrospectivement, les garçons pourraient les refouler en idéalisant les événements par la suite, face à des observateurs.

la première phase de l'initiation, pour imposer aux garçons l'évitement absolu des femmes (non pas simplement l'évitement de l'hétérosexualité) et pour exiger le silence des garçons sur les secrets rituels, en particulier ceux qui concernent les activités homosexuelles[22].

DÉNOUEMENT

L'effort pour créer et maintenir cette masculinité belligérante face aux menaces cruelles de l'environnement est le ciment qui lie la culture sambia. Si la réalité extérieure se faisait moins dangereuse, la culture traditionnelle pourrait se désagréger. Par exemple, si l'état de guerre cessait, et si des armes plus efficaces étaient introduites, les hommes n'auraient plus à compter, à la chasse et à la guerre, sur leur propre force, leur habileté et leur état de préparation à combattre et à tuer ; et une telle modification de la puisssance amènerait sûrement à une égalisation des hommes et des femmes.

En fait, les Sambia n'ont pas acquis d'armes nouvelles. Ils continuent à se battre et à chasser avec le même équipement de l'Age de pierre qu'avant. Mais ce qui s'est passé, c'est qu'une puissance extérieure est intervenue avec des armes modernes, et a interdit aux Sambia de se faire la guerre.

Jusque dans les années 1960, on croyait que la vaste région montagneuse impénétrable de Nouvelle-Guinée, connue sous le nom de Hautes-Terres, était inhabitée. Les Occidentaux furent surpris de découvrir, chaîne de montagne après chaîne de montagne, vallée après vallée, que de vastes populations humaines vivaient là. Effrayés par la farouche capacité des habitants des Hautes-Terres de faire la guerre et de se défendre en tuant, les Australiens se sont mobilisés, avançant dans des régions de plus en plus reculées. La pacification s'est accélérée à la

---

22. Jucovy (1976) a montré les liens qui existent entre ces rites d'initiation, le renforcement de la masculinité et le transvestisme dans notre culture.

fin des campagnes de la Seconde Guerre mondiale, et il a été mis fin à la guerre ouverte des tribus ; seules des tueries de revanche (talion) ont continué[23].

Cela est aussi arrivé aux Sambia lorsque les forces australiennes pénétrèrent dans leur région et soumirent les guerriers dans les années 1960. La raison d'être* des Sambia fut minée ; le fondement de leur état de guerrier dans une réalité dangereuse disparut. On s'attendrait donc à une transmutation de la culture, manifestée principalement par des modifications des formes et des fonctions de la masculinité (et de la féminité). Si cela se produit progressivement sur des siècles, comme cela s'est produit dans les sociétés occidentales, *transmutation* est le terme juste pour décrire ce processus. Cependant, lorsque cela se produit en quelques années, pas même en quelques décennies, la forme habituelle de la masculinité ne remplit plus ses anciennes fonctions ; la culture traditionnelle est ébranlée et s'effondre. Comme pour d'autres habitants des Hautes-Terres, c'est ce qui est en train d'arriver aux Sambia.

Ces peuples, dont les vallées reculées ne comportaient pas de tentations, à peine un défi, et à coup sûr aucune menace pour les étrangers, n'ont jamais attiré l'attention des autorités. Après un premier accrochage ou deux, et quelques arrestations — expérience terriblement humiliante pour un guerrier —, les peuples ont été abandonnés de force aux fusils et à l'argent des Australiens. A partir de là, les hommes jeunes sont partis pour la côte chercher une autre vie, une vie urbaine. Ces quelques dernières années, les institutions et autres mécanismes culturels par lesquels la masculinité des Sambia avait été créée — cérémonies d'initiation, tabous, fier état de guerrier — ont commencé à perdre leurs fonctions génératives. Une masculinité qui était la plus vive dans les batailles, qui était transmise pour empêcher la destruction de l'individu

---

23. L'ordre civil continue à être rompu lorsque les autorités se relâchent. L'été 1979, lorsque j'étais dans les Hautes-Terres occidentales, j'ai vu des groupes importants ouvertement en guerre, le gouvernement monter mettre fin à la violence meurtrière. Voir aussi Meggitt (1977, p. 156 sq.).

* En français dans le texte. *(N.d.T.)*

et celle de la communauté, qui créait et transmettait son propre type d'hétérosexualité à la génération suivante, a commencé à devenir un anachronisme.

Les ennemis n'attaqueront probablement jamais plus. A quoi servent alors des initiations centrées sur la création de l'état de guerrier ? Les rituels avaient leurs terreurs, leurs épreuves angoissantes, mais en les endurant un garçon en tirait une grande fierté. Maintenant, avec la fin de l'activité guerrière, cela a disparu. Il nous paraît certain que le rassemblement des hommes et des garçons pour l'initiation à l'état de guerrier a, à jamais, disparu.

12

Un programme préliminaire

pour l'observation naturaliste d'un problème psychodynamique

J'ai présenté une hypothèse qui, je crois, est confirmée, plus une supposition qui échappe à la confirmation. L'hypothèse est qu'une mère qui essaie de créer une fusion merveilleuse, sans limites et sans fin, entre elle-même et son fils superbe très désiré lui fait courir un grand risque de devenir féminin si son père n'interrompt pas le processus. La supposition est que ce processus malin n'est pas causé essentiellement par les défenses du garçon contre une angoisse insupportable — n'est pas, au départ, une structure névrotique au sens d'être un compromis, une défense, une résolution de conflit — mais est le résultat d'un arrêt du développement qui a empêché l'épanouissement de la masculinité attendu sinon.

Pour vérifier l'hypothèse, j'ai procédé selon les catégories d'investigation qui suivent. (Ce sont moins des recommandations pour les autres que pour moi-même, mais elles suggèrent que les problèmes psychanalytiques pourraient être transformés en tentatives ayant un caractère de recherche.)

1 / *Styles de recueil des données :*
   a) Chaque fois que possible, recueillir les données à l'aide du traitement plutôt que des évaluations ou de

techniques formelles de recherche telles que questionnaires et tests standardisés[1].

b) Présumer que la relation avec les patients se pour-
suivra indéfiniment. Cela ne veut pas dire, toutefois,
que le *traitement* continue à jamais.

c) Toujours, lorsque cela est possible, voir les familles
des patients — enfants ou adultes — en consultation.

d) Lorsque cela est indiqué, traiter d'autres membres
de la famille. La règle directrice est toujours que l'indi-
cation de traitement est la souffrance, non la recherche.

2 | *Techniques de recueil des données :*
   a) Consultation — avec le patient ; avec les familles.
   b) Prise en charge du cas (conseils, transmission, étude
catamnestique).
   c) Psychothérapie.
   d) Analyse des sujets ayant des troubles du genre.
   e) Analyse des parents de sujets présentant des
troubles du genre, et traitement simultané de la personne aberrante (généralement un enfant).
   f) Confirmation en voyant de plus grands nombres de
cas et de familles.
   g) Confirmation en demandant à des collègues liés à
la recherche de voir les patients et les familles.
   h) Confirmation par des rapports émanant de ceux qui
ne sont pas liés à la recherche ; particulièrement utiles,
ici, sont les rapports parus dans la littérature, les plus
précieux étant, peut-être, ceux publiés avant que je
commence à exposer mes constats et mes théories.
   i) Etudes transculturelles.

3 | *Dispositifs mécaniques :*
   a) Photos, films, journaux intimes, lettres.
   b) Faire mes propres photographies et films.

---

1. Du fait que le traitement, en particulier l'analyse, est un processus
long et lent, aujourd'hui, je ne traite personne qui ne soit lié à cette étude
de l'identité de genre. Mais cela même doit être modifié, car, ayant maintenant une certaine idée de la dynamique de l'identité de genre normative,
je présume que tous les individus peuvent nous apprendre quelque chose
sur le sujet.

c) Enregistrer toute rencontre — consultation ou traitement — sauf contre-indication (comme dans certaines analyses).

d) Pour les séances non enregistrées, dicter des notes sur le processus (éventuellement à dactylographier et à utiliser dans la rédaction de rapports).

e) Dessins faits et histoires écrites par les enfants et les adultes.

4 | *Présentations :*

La responsabilité de communiquer des données amène à mettre en forme et à faire une synthèse. Par là, il se peut que l'on voie de nouveaux arrangements menant à de nouvelles hypothèses ; on peut aussi faire entrer les données dans des arrangements non réels et des hypothèses erronées. Quoi qu'il en soit, à moins que la recherche soit formalisée pour une présentation orale ou écrite, non seulement les idées que l'on a ne sont pas examinées, mais elles ne sont pas soumises, par l'auteur et par les critiques, au brassage que demande toute recherche pour prendre la forme qui convient.

5 | *Patients « contrôles » :*

Pour vérifier l'hypothèse et ses corollaires, à l'aide de l'une ou l'autre des méthodes mentionnées ci-dessus, j'ai vu des patients, et leurs familles, des catégories suivantes :

a) Jumeaux mâles identiques, dont l'un est masculin et l'autre, féminin.

b) Jumeaux femelles identiques, dont l'un est masculin, et l'autre, féminin.

c) Familles où plus d'un fils est très féminin.

d) Transsexuels mâles adoptés.

e) Intersexuels.

f) Travestis fétichistes.

g) Homosexuels efféminés.

h) Patients demandant un changement de sexe qui, soit, sont d'allure masculine au moment présent, soit, ont eu des périodes de masculinité dans le passé.

i) Psychotiques : ceux qui sont angoissés par leur croyance délirante ou hallucinatoire que leur corps est en train de changer de sexe, et, également, ceux qui désirent un « changement de sexe ».

j) Transsexuels femelles.

k) Individus sans trouble du genre en eux-mêmes ou dans leur famille.

Jusqu'ici, pour chacune de ces catégories — *en gardant à l'esprit que les nombres de cas vus sont beaucoup trop peu importants* — l'hypothèse et ses corollaires ont été confirmés. Dans *aucun* cas, excepté ceux de transsexualisme primaire (souvenons-nous : biologiquement normaux, mâles les plus féminins, sans épisodes de masculinité, et débutant dès la plus précoce apparition de tout comportement de genre), la dynamique familiale n'a été constatée. Néanmoins, plus la féminité — passée et présente — est importante chez ceux qui ne sont pas des transsexuels primaires, plus ont été trouvés d'éléments de la dynamique familiale transsexuelle.

Outre les études catamnestiques d'autant de patients que possible appartenant à autant de catégories que possible, j'ai étudié trois familles où il y avait des garçons présentant un comportement correspondant à l'autre genre, dont aucun n'était un transsexuel primaire. Pour chacune, j'ai travaillé avec la mère à l'aide d'une analyse ou d'une psychothérapie d'orientation analytique ; le garçon était traité en même temps, mais le père ne consentait à se prêter à rien d'autre que l'évaluation. Dans un cas, le garçon était un enfant très féminin, mais avec un mélange d'attributs masculins (chap. 2), le deuxième était un enfant de deux ans et demi que les collants de sa mère excitaient sexuellement (chap. 7), et le troisième était un adolescent travesti fétichiste (chap. 8).

Comme on l'a vu, le garçon féminin venait d'une dynamique familiale de maintes façons similaire à celle décrite pour les mâles transsexuels (par exemple, symbiose étroite, bébé superbe ; chez la mère, sentiment de sa propre valeur dégradé par une mère lointaine et inaffective), mais le père, bien que passif et éloigné, passait beaucoup de temps avec son fils. Le père n'attachait aucune importance au fait que son fils s'habille en vêtements de femme et se maquille, ayant fait de même étant enfant. Les deux autres garçons étaient tous deux masculins à ceci près que leur comportement était ponctué de fétichisme. Dans aucun des deux cas n'était présente la même dynamique familiale que chez les garçons très féminins.

Deux exceptions à l'hypothèse sont apparues, qui rendirent le problème plus intéressant. Le premier cas était un garçon aussi féminin que le plus féminin, sans anomalie biologique perceptible, dont la féminité, qui avait débuté à un peu plus d'un an, n'avait pas été interrompue par de la masculinité jusqu'au moment où, à cinq ans, il fut vu en évaluation. Rien de la dynamique familiale décrite ne fut trouvé à aucun moment. Ce garçon ne différait des autres garçons très féminins étudiés qu'en ce que le comportement disparut en quelques mois avec seulement le traitement le plus superficiel : conseil aux parents de décourager le comportement (Stoller, 1975 *b*).

Le second cas, qui représentait une classe méritant davantage d'étude, était également celui d'un garçon très féminin. Bien que son père fût éloigné et sans importance tout au long de la petite enfance et de l'enfance de l'enfant, sa mère était différente des autres mères. Elle se mit, tout à fait consciemment, à féminiser le garçon, et fit tout ce qui était possible — comme de l'habiller constamment en fille, et de lui coiffer les cheveux à la manière des filles féminines de cette culture —, si bien que, sans jamais nier qu'il fût un mâle, elle aimait qu'il paraisse féminin (Stoller, 1975 *a*).

Malheureusement, le prix que coûte à l'analyste sa capacité de mettre au jour des données puissantes et détaillées — bien au-delà de la portée du simple questionnement, des questionnaires ou de l'amoncellement statistique d'autres observations superficielles — est que chaque analyse prend des années. Je ne peux pas couvrir toutes les possibilités, ne serait-ce qu'une seule fois dans ma vie, encore moins confirmer les premières observations avec des nombres satisfaisants de cas. Néanmoins, comme le savent les analystes, dans le transfert sont revécus les anciens modes de fonctionnement de la petite enfance et de l'enfance. Nous ne faisons pas que prendre une histoire ; nous observons directement le passé toujours présent. Il faut cependant se méfier. Dans l'analyse, nous ne voyons pas à nouveau ce qui a été fait à l'enfant. Plus exactement, nous apprenons ce que l'enfant, maintenant adulte, pensait qui était fait et quelles réactions étaient créées. Pour cette raison, je dois aussi analyser les parents pour avoir leur version, y compris leurs fantasmes, conscients et inconscients, et observer la réaction conjointe des parents et des enfants.

Comme d'autres l'ont constaté, une étude des cas extrêmes peut renseigner sur des mécanismes de nature similaire mais de degré moindre. En résumé, nous commençons à comprendre le comportement ordinaire. Exemple : si une symbiose excessivement étroite et merveilleuse conduit à la féminité, et si une symbiose moins profonde est suivie de moins de féminité, la symbiose ordinaire mère-bébé fait-elle un peu courir aux garçons le risque de féminité ? La réponse peut être oui. Au moins peut-on émettre une hypothèse qui permettra une mise à l'épreuve de cette intuition. Peut-être avons-nous, avec ces constats sur les garçons très féminins, un indice de l'incertitude qu'expriment de nombreux hommes quant à leur masculinité (Stoller, 1975 b). Nous nous trouvons ainsi sur la voie d'une meilleure compréhension de la dynamique de l'hostilité entre hommes, et entre hommes et femmes. Notons que cette compréhension sera utile. Elle n'est pas aussi gratifiante que la haine.

Qu'il me soit permis ici, juste avant la fin, de flanquer une gifle à ceux de mes collègues qui croient que la psychanalyse est une science, « notre science », comme ils ne cessent de le répéter.

Dans la définition de *science*, le dictionnaire (Webster's, 1961) donne comme exemples lecture, écriture, calcul, théologie, sport, la science du travail d'esquive, cartes, escrime, boxe, esthétique, etc. Cela est-il acceptable par les psychanalystes ? A la différence, toutefois, de ce qu'il dit de la science, le dictionnaire définit la *méthode scientifique*, cette fois, de façon suffisamment rigoureuse pour exclure de la méthode scientifique la plupart des sciences qu'il énumère. « Méthode scientifique : les principes et les procédures utilisés dans la poursuite systématique de connaissances intersubjectivement accessibles, et impliquant comme conditions nécessaires l'identification et la formulation d'un problème, le recueil de données par l'observation et si possible l'expérimentation, la formulation d'hypothèses, et la mise à l'épreuve et la confirmation des hypothèses formulées. » Aussi, si nous voulons appeler science la psychanalyse, nous le pouvons. Mais si nous souscrivons à la définition du dictionnaire, nous devons admettre que la psychanalyse ne se conforme pas à la méthode scientifique ; jusqu'à ce que nous ayons des connaissances intersubjectivement accessibles, nous n'avons, comme pour les religions, aucun autre moyen de confirmer les hypothèses que de les proclamer ou de les dénoncer.

Néanmoins, ce qui compte, ce n'est pas l'étiquetage, mais les engagements et les capacités de la discipline étiquetée. Pour moi, *science* vaut pour un état de confiance, comme cela est impliqué dans *objectivité* : moins une confiance interpersonnelle que la confiance que la description d'un fait allégué (événement, état, dynamique) est une description fidèle. Le mot clé est *fidèle*. La science n'est pas définie par sa certitude, son champ d'étude ou ses découvertes, mais par sa méthode (reflet du sérieux d'un dessein : caractère mesurable et répliquable).

De loin la plus grande partie de « notre science » est extraite du traitement analytique. Mais nous ne pouvons présenter ne serait-ce que le fragment le plus infime de cette expérience à une tierce personne. Il y a là plusieurs raisons. La vie intérieure de quelqu'un d'autre ne peut pas être observée, mais seulement inférée. La vie privée du patient doit être préservée. Si nous voulons être davantage qu'anecdotiques, un résumé ne conviendrait pas. Pas plus qu'une transcription écrite des mots énoncés. (Dans les descriptions que vous avez lues dans les chapitres précédents, vous n'avez que votre impression issue de ma version rédigée de conversations que vous n'avez jamais observées.) Un enregistrement ne conviendrait pas non plus, bien qu'il reproduise les sons — mots, pauses, inflexions — plus fidèlement. Un enregistrement audio-visuel nous trahirait aussi, même s'il était en couleurs ; tout léger détail, tel que bouger la caméra, modifie l'observation. Une grande partie des données — sentiments, fantasmes, souvenirs : le flot incessant de l'expérience intérieure qui, au-delà des dimensions et des mots, emplit les participants — ne peut pas, nous le savons, être saisie par l'enregistrement. Et puis, si cela était de la science et que des tiers puissent être initiés aux données, il nous faudrait tout autant rendre compte de la vie psychique du nouvel observateur que de celle des participants. Aussi, lorsque nous lisons « il est clair que... », nous devrions être certains de reconnaître que nous ne sommes pas au clair.

Chacun sait que la version du patient relative à une séance clinique — ou à un moment clinique — est différente de celle de l'analyste ; et que les notes de l'analyste, à la fin de la séance, sont différentes de ce qui est vécu dans la séance et que si nous regardons nos notes ultérieurement, notre interprétation est encore différente (au point même, parfois, que nous n'avons pas la moindre idée de ce à quoi les notes renvoient) ; et que, lorsque nous incorporons le moment clinique dans un rapport publié, le produit est encore plus éloigné de (cette effervescence que nous appelons) la réalité. Chacun sait qu'un autre analyste, à ce moment clinique, aurait différé de l'analyste qui était présent ; et que l'analyste qui était présent aurait fait quelque chose d'autre si le même moment clinique était venu un moment plus tard.

Aucun analyste ne sait ce que fait un autre analyste dans sa pratique. Si rien dans l'analyse n'est mesurable (au sens habituel de « mesurer »), si elle ne peut pas être reproduite, si d'autres observateurs ne peuvent pas participer à l' « expérience », si l'expérience ne peut pas être répétée, et si des modèles d'un moment clinique ne peuvent pas être construits, la psychanalyse est-elle une science ? Uniquement si la définition de la science est élargie au point que tout effort pour savoir (*scire* : savoir) est une science.

Des analystes différents ont une habileté clinique différente ; un même analyste a une habileté différente d'un moment à un autre, à mesure que la journée passe, et que les années passent ; un même analyste travaille mieux avec une personne qu'avec une autre. Un analyste de grande compétence clinique est peu capable de communiquer aux autres ce qu'il observe, un autre est un écrivain brillant et poétique, mais il y a peu de rapport entre ce qu'il observe et ce qu'il rapporte. Que l'on songe à la façon très différente dont nous évaluons les écrits d'un ami par comparaison à ceux d'un étranger, ou à la façon dont la réputation agit sur le jugement. Mais ces facteurs, si bien connus, sont censés être constants dans la construction de la théorie psychanalytique à partir des « données ». Lorsque je lis l'article de quelqu'un, comment puis-je savoir dans quelle mesure la description est vraie ? Où est la preuve que mon opinion est plus exacte que la sienne, ou la vôtre ?

Les analystes que nous sommes ont un problème insupportable qu'il leur faut supporter : nous ne pouvons traiter objectivement nos données. Nous ne pouvons que les absorber, les digérer et les transformer comme le fait un artiste ; Freud savait ce qu'il faisait lorsqu'il donnait à ses rapports cliniques la forme d'une fiction. (Ce *sont* des fictions.) Comment, alors, devons-nous reproduire nos données ? Comment dirons-nous qu'elles sont des groupes d'indices auxquels nous prêtons attention — ou devrions prêter attention ? Ce qu'un analyste entend comme une tragédie est un opéra pour un autre : j'ai traité des patients qui convaincaient un thérapeute précédent que leurs associations étaient pleines de vérités archaïques, mais qui pour moi se présentaient comme les balivernes qu'un patient fournit à un analyste avide de vérités archaïques et riches. Les interprétations sont des spéculations.

Que les dires de Freud selon lesquels il n'a jamais,

dans sa pratique, abusé de la suggestion[2] illustrent le nombre infini de fois où nous devons accepter une déclaration parce que, à la différence de la véritable science, les données ne sont pas fournies. Au lieu d'observations, il y a une lutte dans laquelle une des parties fait valoir, par exemple, que l'on peut prendre Freud au mot parce que c'est Freud, alors que l'autre fait valoir que cela n'est pas possible. Mais toutes les raisons mobilisées ne peuvent nous dire ce qui s'est passé dans son cabinet. J'insiste seulement sur le fait que notre suffisance nerveuse par laquelle nous déclarons que nous faisons de la science nous sert à éviter de faire de meilleur travail. (Et peut-être d'autres types de découverte que nous pourrions faire si notre moral n'était pas bas parce que nous nions énergiquement la faiblesse de notre science.) La psychanalyse est de l'investigation, parfois de la recherche. Toute investigation fructueuse ne nécessite pas la méthode scientifique.

Cessons de défendre « notre science ». J'estime que nous posons avec notre nouveau jargon qui déshumanise son sujet notre redéfinition de « science » jusqu'à ce qu'elle soit assez vague pour inclure notre travail, notre style de présentation lourd et terne qui est censé indiquer l'objectivité, notre dénégation de la subjectivité à partir de laquelle nous créons nos données et notre théorie, nos métaphores qui, pleines de l'imagerie de la biologie et des sciences dures, glissent subtilement de façon à perdre leur caractère de métaphore, et notre utilisation du vocabulaire des quantités pour parler du non-quantifié et du non-quantifiable.

---

2. La présence, la renommée, se laisser appeler « le Professeur », ne peuvent influencer — ne peuvent abuser — les patients ?

Références bibliographiques

Abelin E. L. (1971), The role of the father in the separation-individuation process, in J. B. McDevitt et C. F. Settlage (eds), Separation-individuation, New York, International Universities Press.

Abelin E. L. (1975), Some further observations and comments on the earliest role of the father, *Internat. J. Psycho-anal.*, *56*, 293-302.

Abraham F. (1931), Genetalumwandlung an zwei maennlichen transvestten, *Z. Sexualwissenschatf*, *18*, 223-226.

Akesode F. A., Meyer W. J. et Migeon C. J. (1977), Male pseudohermaphrodism with gynaecomastia due to testicular 17-Ketosteroid Reductase deficiency, *Clin. Endocrin.*, *7*, 443-452.

Allen M. R. (1967), *Male cults and secret initiation in Melanesia*, Melbourne, Melbourne University Press.

Bak R. C. (1953), Fetishism, *J. Amer. Psychoanal. Assn.*, *1*, 295-298.

Barlow D. H., Reynolds E. J. et Agras W. S. (1973), Gender identity change in a transsexual, *Arch. Gen. Psychiat.*, *28*, 569-579.

Blum H. P. (1976), Masochism, the Ego ideal, and the psychology of women, *J. Amer. Psychoanal. Assn.*, *24* (Supplement), 157-191.

Blum H. P. (1981), The maternal Ego ideal and the regulation of maternal qualities, in S. I. Greespan et G. H. Pollock (eds), *The course of life*, vol. 3 : *Adulthood and the aging process*, Maryland, US Department of Health and Human Services, p. 91-113.

Blumer D. (1969), Transsexualism, sexual dysfunction, and temporal lobe disorder, in R. Green et J. Money (eds), *Transsexualism and sex reassignment*, Baltimore, Johns Hopkins University Press, p. 1-12.

Brown P. et Buchbinder G. (1976), Introduction, in P. Brown et G. Buchbonder (eds), *Man and woman in the New Guinea Highlands*, Washington, DC, American Anthropological Association, p. 1-12.

Bullough V. L. (1975), Transsexualism in history, *Arch. Sex. Behav.*, *4*, 561-571.

Deacon A. B. (1934), *Malekula : A vanishing people in the New Hebrides*, London, Routledge.

Devereux G. (1937), Institutionalized homosexuality of the Mohave Indians, *Hum. Biol.*, *9*, 502-527.

Dickes R. (1963), Fetichistic behavior, *J. Amer. Psychoanal. Assn.*, *11*, 303-330.

Dörner G., Rhode W., Stahl F., Krell L. et Masius W.-G. (1975), A neuroendocrine predisposition for homosexuality in men, *Arch. Sex. Behav.*, *4*, 1-8.

Eber M. (1982), Primary transsexualism, *Bull. Menn. Clin.*, *46*, 168-182.

Eicher W., Spoljar M., Cleve H., Murken J.-D., Richter K. et Stebgel-Rutkowski S. (1979), H-Y antigen in transsexuality, *Lancet*, *2*, 1137-1138.

Engel W., Pfäfflin F. et Wiedeking (1980), H-Y antigen in transsexuality, and how to explain testis differentiation in H-Y antigen-negative males and ovary differentiation in H-Y antigen-positive females, *Hum. Genet.*, *55*, 315-319.

Epstein A. W. (1960), Fetishism : A study of its psychopathology and particular reference to a proposed disorder in brain mechanisms as an etiological factor, *JNMD*, *130*, 107-119.

Erikson E. (1958), The nature of clinical evidence, *Daedalus*, *87*, 65-87.

Ferenczi S. (1930), The principle of relaxation and neocatharsis, *Internat. J. Psycho-anal.*, *11*, 428-443.

Fisk N. (1973), Gender dysphoria syndrome (The how, what, and why of a disease), *in* D. R. Laub et P. Gandy (eds), *Proceedings of the second interdisciplinary Symposium on gender dysphoria syndrome* Stanford, Calif., Stanford University Medical Center.

Fleming M., Steinman C. et Bocknek G. (1980), Methodological problems in assessing sex-reassignment surgery : A reply to Meyer and Reter, *Arch. Sex. Behav.*, *9*, 451-456.

Forgey D. G. (1975), The institution of Berdache among the North American Plain Indians, *J. Sex. Res.*, *11*, 1-15.

Freud A. (1965), *Normality and pathology in childhood*, New York, International Universities Press ; trad. franç. *Le normal et le pathologique chez l'enfant*, Paris, Gallimard, 1968.

Freud S. (1905) 1953, Three essays on the theory of sexuality, *Standard Edition* (ci-après *SE*), *7*, 135-243, London, Hogarth.

Freud S. (1909) 1955, Analysis of a phobia in a five-year-old boy, *SE*, *10*, 5-149.

Freud S. (1919) 1927, A child is being beaten, *SE*, *17*, 179-204, London, Hogarth.

Freud S. (1927) 1961, Fetishism, *SE*, *21*, 152-157, London Hogarth.

Freud S. (1933) 1964), Feminity, *SE*, *22*, 112-125, London, Hogarth.

Freud S. (1937) 1964, Analysis terminable and interminable, *SE*, *23*, 216-253, London, Hogarth.

Freud S. (1940 *a*) 1964, An outline of psycho-analysis, *SE*, *23*, 144-207, London, Hogarth.

Freud S. (1940 *b*) 1964, Splitting of the ego in the process of defence, *SE*, *23*, 275-278, London, Hogarth.

Friedjung *in* Wulff M. (1946), Fetishism and object choice in childhood, *Psychoanal. Quart.*, *15*, 450-471.

Garma A. (1956), The meaning and genesis of fetishism, *Internat. J. Psycho-anal.*, *37*, 414-415.

Gill M. M. (1976), Metapsychology is not psychology, *in* M. M. Gill et P. S. Holzman (eds), *Psychology versus psychology. Psychol. Issues*, *36*, 71-105.

Gillespie W. H. (1940), A contribution to the study of fetishism, *Internat. J. Psycho-anal.*, *21*, 401-415.

Gillespie W. H. (1952), Notes on the analysis of sexual perversions, *Internat. J. Psycho-anal.*, *33*, 347-402.

Glover E. (1932), On the aetiology of drug-addiction, *Internat. J. Psycho-anal.*, *13*, 298-328.

Glover E. (1933), The relation of perversion-formation to the development of reality-sense, *Internat. J. Psycho-anal.*, *14*, 486-504, p. 496.

Green R. (1969), Mythological, historical, and cross-cultural aspects of transsexualism, *in* R. Green et J. Money (eds), *Transsexualism and sex reassignment*, Baltimore, Johns Hopkins University Press, p. 13-22.

Green R. (1987), *The « Sissy Boy Syndrome » and the development of homosexuality*, New Haven, Yale University Press.

Green R. et Stoller R. J. (1971), Two monozygotic (identical) twin pairs discordant for gender identity, *Arch. Sex. Behav.*, *1*, 321-327.

Greenacre P. (1953), Certain relationships between fetishism and the faulty development of the body image, *Psychoanal. Study Child*, *8*, 79-98.

Greenacre P. (1955), Further considerations regarding fetishism, *Psychoanal. Study Child*, *10*, 187-194.

Greenacre P. (1960), Further notes on festishism, *Psychoanal. Study Child*, *15*, 191-207.

Greenacre P. (1968), Perversions : General considerations regarding their genetic and dynamic background, *Psychoanal. Study Child*, *23*, 47-62.

Greenacre P. (1969), The fetish and the transitional object, *Psychoanal. Study Child*, *24*, 144-164.

Greenacre P. (1970), The transitional object and the fetish with special reference to the role of illusion, *Internat. J. Psycho-anal.*, *51*, 447-456.

Greenson R. R. (1966), A transvestite boy and a hypothesis, *Internat. J. Psycho-anal.*, *47*, 396-403.

Greenson R. R. (1968), Dis-identifying from mother, *Internat. J. Psycho-anal.*, *49*, 370-374.

Hamburger C., Stürup G. K. et Dahl-Iverson E. (1953), Transvestism : Hormonal, psychiatric and surgical treatment, *JAMA*, *152*, 391-396.

Hamilton J. W. (1978), Preoedipal factors in a case of fetishism, *Bull. Menn. Clin.*, *42*, 439-444.

Herdt G. H. (1977), The shaman's « calling » along the Sambia of New Guinea, *J. de la Société des Océanistes*, *33*, 153-157.

Herdt G. H. (1981), *Guardians of the flutes*, New York, McGraw-Hill.

Hogbin I. (1970), *The island of menstruating men*, Scranton, Pa, Chandler.

Hopkins J. (1984), The probable role of trauma in a case of foot and shoe fetishism : Aspects of the psychotherapy of a 6-year-old girl, *Internat. Rev. Psycho-anal.*, *11*, 79-91.

Hunt D. D. et Hampson J. L. (1980 a), Follow-up of 17 biologic male transsexuals after sex-reassigment surgery, *Am. J. Psychiat.*, *137*, 432-438.

Hunt D. D. et Hampson J. L. (1980 b), Transsexuals : A standardized psychosocial rating format for the evaluation of results of sex reassignment surgery, *Arch. Sex. Behav.*, *9*, 255-263.

Hunter D. (1962), Object-relation changes in the analysis of a fetishist, *Internat. J. Psycho-anal.*, *35*, 302-312.

Idelsohn *in* Wulff M. (1946), Fetishism and object choice in early childhood, *Psychoanal. Quart.*, *15*, 450-471.

Imperato-McGinley J., Peterson R. E., Gautier T. et Sturla E. (1979), Androgens and the evolution of male-gender identity among male pseudohermaphrodites with 5α-reductase deficiency, *N. Eng. J. Med.*, *300*, 1233-1237.

Jost A. (1972), A nex look at the mechanisms controlling sex differentiation in mammals, *Johns Hopkins Med. J.*, *130*, 38-53.

Journal of the American Psychoanalytic Association, *24* (Supplement), 1976.

Jocovy M. E. (1976), Initiation fantasies and transvestism, *J. Amer. Psychoanal. Assn.*, *24*, 525-546.

Katan M. (1964), Fetishism, splitting of the ego and denial, *Internat. J. Psycho-anal.*, *45*, 237-245.

Kleeman J. A. (1971), The establishment of core gender identity. I and II, *Arch. Sex Behav.*, *1*, 103-129.

Kleeman J. A. (1976), Freud's views on early female sexuality in the light of direct child observation, *J. Amer. Psychoanal. Assn.*, *24* (Supplement), 3-27.

Krafft-Ebing R. von (1906), *Psychopathia sexualis*, Brooklyn, Physicians and Surgeons Book Co.

Kubie, L. S. (1974), The desire to become both sexes, *Psychoanal. Quart.*, *43*, 349-426.

Kubie L. S. et Mackie J. B. (1968), Critical issues raised by operations for gender transmutation, *JNMD*, *147*, 331-343.

Langness L. L. (1967), Sexual antagonism in the New Guinea Highlands : A Bena Bena example, *Oceania*, *37*, 161-177.

Langness L. L. (1974), Ritual power and male domination in the New Guinea Highlands, *Ethos*, *2*, 189-212.

Levy R. I. (1973), *The Tahitians*, Chicago, University of Chicago Press.

Lidz R. W. et Lidz T. (1977), Male menstruation : A ritual alternative to the oedipal transition, *Internat. J. Psycho-anal.*, *58*, 17-31.

Limentani A. (1979), The significance of transsexualism in relation to some basic psychoanalytic concepts, *Internat. Rev. Psychoanal.*, *6*, 139-153.

Loeb L. et Shane M. (1982), The resolution of a transsexual wish in a five-year-old boy, *J. Amer. Psychoanal. Assn.*, *30*, 419-434.

Loewald H. W. (1951), Ego and reality, *Internat. J. Psycho-anal.*, *32*, 10-18.

Lorand A. S. (1930), Fetishism in statu nascendi, *Internat. J. Psychoanal.*, *11*, 419-427.

Lothstein L. M. (1977 a), Countertransference reactions to gender dysphoric patients : Implications for psychotherapy, *Psychotherapy : Theory, Research and Practice*, *14*, 21-31.

Lothstein L. M. (1977 b), Psychotherapy with patients with gender dysphoria syndromes, *Bull. Menn. Clin.*, *41*, 563-582.

Lothstein L. M. (1978), The psychological management and treatment of hospitalized transsexuals, *JNDM*, *166*, 255-262.

Lothstein L. M. (1979 a), The aging gender dysphoric (Transsexual) patient, *Arch. Sex. Behav.*, *8*, 431-444.

Lothstein L. M. (1979 b), Psychodynamics and sociodynamics of gender-dysphoric states, *Am. J. Psychother.*, *33*, 214-238.

Lothstein L. M. (1979 c), Group therapy in gender-dysphoric patients, *Am. J. Psychother.*, *33*, 61-91.

Lothstein L. M. (1980), The adolescent gender-dysphoric patient : An approach to treatment and management, *J. Ped. Psychol.*, *5*, 93-109.

Lothstein L. M. (1982), Sex reassignment surgery : Historical, bioethical and theoretical issues, *Am. J. Psychiat.*, *139*, 417-426.

Lothstein L. M. et Levine S. B. (1981), Expressive psychotherapy with gender dysphoric patients, *Arch. Gen. Psychiat.*, *38*, 924-929.

Mac Lusky N. J. et Naftolin F. (1981), Sexual differentiation of the central nervous system, *Science*, *211*, 1194-1303.

Mahler M. S. (1968), *On human symbiosis and the vicissitudes of individuation*, New York, International Universities Press ; trad. franç. *Psychose infantile*, Paris, Payot, 1973.

Malcolm L. A. (1966), The age of puberty in the Bundi peoples, *Papua New Guinea Med. J.*, *9*, 16-20.

Medawar P. B. (1963), Is the scientific paper a fraud ?, *Listener*, September *12*, 377-378.

Meggitt M. J. (1964), Male-female relationships in the Highlands of Australian New Guinea, *Amer Anthrop.*, *66* (Part 2), 204-224.

Meggitt M. J. (1977), *Blood is their argument*, Palo Alto, Mayfield.

Meyer J. K. (1974), Clinical variants among applicants for sex reassignment, *Arch. Sex. Behav.*, *3*, 527-558.

Meyer J. K. et Reter D. J. (1979), Sex reassignment, *Arch. Gen. Psychiat.*, *36*, 1010-1015.

Mittelmann B. (1955), Motor patterns and genital behavior : Fetishism, *Psychoanal. Study Child*, *10*, 241-263.

Money J. (1955), Hermaphroditism, gender, and precocity in hyperadrenocorticism : Psychologic findings, *Bull. Johns Hopkins Hosp.*, *96*, 253-260.

Money J. et Ehrhardt A. A. (1972), *Man & woman boy & girl*, Baltimore, Johns Hopkins University Press.

Money J., Hampson J. G. et Hampson J. L. (1955 *a*), An examination of some basic sexual concepts : The evidence of human hermaphroditism, *Bull. Johns Hopkins Hosp.*, *97*, 301-319.

Money J., Hampson J. G. et Hampson J. L. (1955 *b*), Hermaphroditism : Recommendations concerning assignment of sex, change of sex, and psychologic management, *Bull. Johns Hopkins Hosp.*, *97*, 284-300.

Money J., Hampson J. G. et Hampson J. L. (1957), Imprinting and the establishment of gender role, *Arch. Neurol. Psychiat.*, *77*, 333-336.

Newman P. (1965), *Knowing the Gururumba*, New York, Holt, Rinehart & Winston.

Nunberg H. (1938), Homosexuality, magic and aggression, *Internat. J. Psycho-anal.*, *19*, 1-16.

Ohno S. (1978), The role of H-Y antigen in primary sex determination, *JAMA*, *239*, 217-220.

Opler M. K. (1967), *Culture and social psychiatry*, New York, Atherton.

Ostow M. K. (1953), Letter to the Editor, *JAMA*, *152*, 1553.

Payne S. M. (1939), Some observations on the Ego development of the fetishist, *Internat. J. Psycho-anal.*, *20*, 161-170.

Peabody G. A., Rowe A. T. et Wall J. H. (1953), Fetishism and transvestism, *Internat. J. Psycho-anal.*, *20*, 161-170.

Read K. E. (1954), Cultures of the Central Highlands, *Southwest J. Anthrop.*, *10*, 1-43.

Reinhardt R. F. (1970), The outstanding jet pilot, *Amer. J. Psychiat.*, *127*, 732-736.

Rekers G. A. (1977), Assessment and treatment of childhood gender problems, *in* B. B. Lakey et A. E. Kazdin (eds), *Advances in child clinical psychology*, vol. 1, New York, Plenum, chap. 6.

Renik O., Spielman P. et Aftermn J. (1978), Bamboo phobia in an eighteen-month-old boy, *J. Amer. Psychoanal. Assn.*, *26*, 255-282.

Roiphe H. et Galenson E. (1973), The infantile fetish, *Psychoanal. Study Child*, *28*, 147-166.

Roiphe H. et Galenson E. (1975), Some observations on transitional object and infantile fetish, *Psychoanal. Quart.*, *44*, 206-231.

Saez J. M., Peretti E. de, Morera A. M. et Bertrand J. (1971), Familial male pseudohermaphroditism and gynecomastia due to 17-Ketosteroid Reductase Defect. I. Studies *in vivo*, *J. Clin. Endocrin. Metab.*, *32*, 604-610.

Salisbury R. F. (1965), The Siane of the Eastern Highlands, *in* P. Lawrence et M. Meggitt (eds), *Gods, ghosts and men in Melanesia*, Melbourne, Melbourne University Press, p. 50-77.

Satterfield S. (1980), *Outcome of transsexual surgery*, Paper read at the American Psychiatric Association Annual Meeting, San Francisco.

Scharfman M. A. (1976), Perverse development in a young boy, *J. Amer. Psychoanal. Assn.*, *24*, 499-524.

Schiffelin E. L. (1976), *The sorrow of the lonely and the burning of the dancers*, New York, St. Martin Press.

Schwabe A. D., Solomon D. H., Stoller R. J. et Burnham J. P. (1962), Pubertal feminization in a genetic male with testicular atrophy and normal urinary gonadotropin, *J. Clin. Endocrin. Metab.*, *22*, 839-845.

Silberman M. A. (1981), Cognitive development and female psychology, *J. Amer. Psychoanal. Assn.*, *29*, 581-605.

Socarides C. W. (1960), The development of a fetishistic perversion : The contribution of preoedipal phase conflit, *J. Amer. Psychoanal. Assn.*, *8*, 281-311.

Sperling M. (1963), Fetishism in children, *Psychoanal. Quart.*, *32*, 374-392.

Sterba E. (1941), An important factor in eating disturbances of childhood, *Psychoanal. Quart.*, *10*, 365-372.

Stern D. (1983), Some implications of infancy research for clinical theory and practice, *Dialogue*, *6*, 9-17.

Stevenson M. C. (1901-1902), *The Zuni indians — destruction of the Kianakwe*, Washington, DC, US Bureau of American Ethnology Annual Report.

Stoller R. J. (1964), A contribution to the study of gender identity, *Internat. J. Psycho-anal.*, *45*, 220-226.

Stoller R. J. (1968 *a*), *Sex and gender*, vol. 1, New York, Science House ; trad. franç. *Recherches sur l'identité sexuelle*, Paris, Gallimard, 1978.

Stoller R. J. (1968 *b*), A further contribution to the study of gender identity, *Internat. J. Psycho-anal.*, *49*, 364-368.

Stoller R. J. (1969), Editorial — A biased view of « Sex transformation » operations, *JNMD*, *149*, 312-317.

Stoller R. J. (1973 *a*), *Splitting*, New York, Quadrangle.

Stoller R. J. (1973 *b*), Male transsexualism : Uneasiness, *Am. J. Psychiat.*, *130*, 536-539.

Stoller R. J. (1975 *a*), *Sex and gender*, vol. 2, London, Hogarth.

Stoller R. J. (1975 *b*), *Perversion. The erotic form of hatred*, New York, Pantheon ; trad. franç. *La perversion. Forme érotique de la haine*, Paris, Payot, 1978.

Stoller R. J. (1976), Primary feminity, *J. Amer. Psychoanal. Assn.*, *24* (Supplement), 59-78.

Stoller R. J. (1978), The indications are not clear, *in* J. P. Brady et H. K. H. Brodie (eds), *Controversy in psychiatry*, Philadelphia, W. B. Saunders, p. 846-855.

Stoller R. J. (1979), *Sexual excitement*, New York, Pantheon ; trad. franç. *L'excitation sexuelle. Dynamique de la vie érotique*, Paris, Payot.

Stoller R. J. (1985), *Observing the erotic imagination*, New Haven, Yale University Press ; trad. franç. *L'imagination érotique telle qu'on l'observe*, Paris, Presses Universitaires de France, 1988.

Stoller R. J. et Rosen A. C. (1959), The intersexed patient, *Calif. Med.*, *91*, 261-265.

Szasz T. (1979), Book review of *The transsexual empire* by J. G. Raymond, *New York Times Book Review*, June 10.

Tuzin D. F. (1980), *The voice of the Tambaran : Truth and illusion in Ilahita Arapesh religion*, Berkeley, University of Calif. Press.

Volkan V. D. (1979), Transsexualism : As examined from the viewpoint of internalized object relations, *in* T. B. Karasu et C. W. Socarides (eds), *On sexuality*, New York, International Universities Press.

Watson J. B. (1960), A New Guinea « Opening Man », *in* J. B. Casagrande (ed.), *In the company of man*, New York, Harper & Row.

Weissman P. (1957), Some aspects of sexual activity in a fetishist, *Psychoanal. Quart.*, *26*, 449-507.

Whiting B. (1965), Sex identity conflict and physical violence : A comparative study, *Amer. Anthrop. 67* (Part 2), 123-140.

Whiting J. W. M., Klickhohn R. et Anthony A. (1958), The function of male initiation ceremonies at puberty, *in* E. E. Maccoby, T. M. Necomb et E. L. Hartley (eds), *Readings in Social Psychology*, New York, Holt.

Whiting J. W. M. et Whiting B. (1975), Aloofness and intimacy in husbands and wives : A cross-cultural study, *Ethos*, *3*, 183-207.

Williams F. E. (1936), *Papuans of the Trans-Fly*, Oxford, Clarendon Press.

Winnicott D. W. (1953), Transitional objects and transitional phenomena, *Internat. J. Psycho-anal.*, *34*, 89-97.

Winnicott D. W. (1956), Primary maternal preoccupation, in *Collected papers*, London, Tavistock, p. 300-305.

Wolf E. (1976), Ambience and abstinence, *Annual Psychoanal.*, *4*, 101-115.

Worden F. G. et Marsh J. T. (1955), Psychological factors in men seeking sex transformation, *JAMA*, *157*, 1291-1298.

Wulff M. (1946), Fetishism and object choice in early childhood, *Psychoanal. Quart.*, *15*, 450-471.

Yalom I. D., Green R. et Fish N. (1973), Prenatal exposure to female hormones, *Arch. Gen. Psychiat.*, *28*, 554-561.

Zavitzianos G. (1982), The perversion of fetishism in women, *Psychoanal. Quart.*, *51*, 405-425.

Zilboorg G. (1944), Masculine and feminine, *Psychiatry*, *7*, 257-296.

Zuger B. (1984), Early effeminate behavior in boys, *JNMD*, *172*, 90-97.

Index

Frustration, 26 ; absence de —
chez les garçons féminins, 74-80,
110-112, 116.
Fusion, 76 n., 77-78.

GALENSON E., 218 et n., 229.
Garçon(s) féminin(s), 53-105, 228,
230, 304, 342-344 ; absence de
conflit chez le —, 74-80, 110-111;
— d'intensité modérée, 139-164;
mère de —, 53-81, 86-104, 109-
112, 140-163, 236-237, 292-294,
297-299, 307, 318 n., 325, 327
et n., 329, 339, 342-344 ; — dans
la relation faible père-fils, 60,
64 et n., 70, 73, 79, 81, 85-104,
109-112, 140-163, 299, 304, 311,
342-344 ; *voir aussi* : Transsexualisme mâle.
Généticiens, 30.
Génétique (anomalie), 49.
Génital (anatomie), 35, 134.
Genre :
Définition, 21 et n.
Développement dans l'enfance,
discussion générale, 29-42.
Dysphorie de — (syndrome de),
274-276, 289.
Identité de — : définition, 29-
31 ; développement de l'—,
29-42 : filles masculines, 105-
107, 114 ; Freud sur l'—, 25,
29, 35-40, 55, 56 et n.; garçons
féminins, 53-54, 109-112, 136-
137, 140-163, 292-295, 297-
300, 309, 324-325, 327 et n.,
330, 339, 342-344 ; — Société
Sambia (dans la), 217, 311-
338 ; — et symbiose mère-
bébé, 24, 40, 55, 61-67, 71,
76 et n., 77, 90, 143, 223-
229, 308-310, 323, 324, 329,
339, 342-343 ; noyau de l'—,
31-35, 273, 307 ; Freud sur
le —, 38-41, 307.
Troubles : — dans l'enfance, 22-
23 ; — chez les femelles, 49 ;
— chez les mâles, 22, 23-24.
Voir aussi : Enfance (toute
petite) et expérience sexuelle
infantile ; Féminité ; Fétichisme dans l'enfance ; Filles
masculines ; Garçons féminins ; Homosexualité mâle ;
Masculinité ; Mère ; Œdi-

piennes (situations) ; Père ;
Préœdipiennes (situations) ;
Transsexualisme ; Transves-
tisme ; Travestissement.
GLOVER E., 227, 230.
GOODWIN W. E., 120 n.
Grands-parents, 59, 66, 107, 179,
205, 207.
GREEN R., 80 n., 114, 291, 301.
GREENACRE P., 221, 222, 224,
231 et n.
Gynécomastie, 50, 136.

Hallucinations, 52.
HAMBURGER C., 259.
HAMILTON J. W., 220.
HAMPSON J. L., 268.
HERDT G. H., 217, 307, 312 et n.,
329, 335.
Hermaphroditisme, 19, 20, 51,
122-138, 274.
Hétérosexualité, 67 ; origines de
l'—, 327 et n. ; influences parentales sur l'—, 327 n. ; —
dans la société Sambia, 322-324,
326, 333 et n.
Homéovestisme, 219.
Homosexualité, 215, 263 ; — et
noyau de l'identité de genre
dans la toute petite enfance,
38, 40, 307 ; — du genre opposé,
48 ; Freud sur l'—, 37, 40, 307 ;
voir aussi : Homosexualité
mâle.
Homosexualité mâle, 48, 73-74 n.,
80 et n., 111, 142, 227 ; — des
Indiens d'Amérique, 291-306 ;
— ritualisée dans la tribu
Sambia, 320-324.
Homosexuels correspondant à l'autre genre, 48.
Hormones, 33, 43 et n., 50, 112 ;
voir aussi: Hormones spécifiques.
Hormonal : procédures — pour le
changement de sexe, 260, 265,
277, 279, 282 ; troubles —, 49-
51, 120-123, 134-136.
Hostilité, 79, 109.
Humiliation, 48, 237, 300.
HUNT D. D., 268.
HUNTER D., 220.
H-Y antigène, 273.
Hypogonadisme mâle constitu-
tionnel, 50.
Hystérectomie totale, 18, 43, 261.

Imprimé en France
Imprimerie des Presses Universitaires de France
73, avenue Ronsard, 41100 Vendôme
Octobre 1989 — Nº 34 786

Le fil rouge

Le fil rouge